Norbert Sedlacek

Im Grenzbereich des Möglichen

Als Einhand-Segler um die Welt

Orac
WIEN • MÜNCHEN • ZÜRICH

Ein Verlag der Donauland-Gruppe im Hause Bertelsmann

ISBN 3-7015-0412-1

Schutzumschlaggestaltung: Kurt Rendl
Fotos auf dem Schutzumschlag und im Innenteil: Norbert Sedlacek
Weltkarte auf Vor- und Nachsatz: Elisabeth Huemer
Satz: Zehetner Ges. m. b. H., A-2105 Oberrohrbach
Repros: Repro Wohlmuth, Wien
Druck und Bindung: Wiener Verlag, Himberg bei Wien

Gesetzt nach der neuen deutschen Rechtschreibung

Inhalt

Für Anita

ohne deren Hilfe
mein Abenteuer nie das geworden wäre,
was es war:
erfülltes Leben.

Vorwort

Wünsche, Träume, Sehnsüchte und Visionen auch tatsächlich erleben zu dürfen, in die Realität umzusetzen, das wollen wir alle. Jeder von uns arbeitet daran. Dieses Buch dokumentiert die Verwirklichung meiner Wünsche, Träume, Sehnsüchte und Visionen, dokumentiert all die überwältigend schönen, aber auch die deprimierend negativen Erlebnisse. Letztendlich möchte ich keine meiner Erfahrungen missen, die guten ebenso wenig wie die schlechten. Alle waren für mich lehrreich und weckten in mir Gefühle in bisher unbekannter Intensität.
Die mit Sicherheit wichtigste Erfahrung bei der Verwirklichung meines Abenteuers war jedoch die Erkenntnis, dass es ohne die Hilfe zahlreicher Heinzelmännchen, Gönner und Förderer nie so gelungen wäre.
Deshalb möchte ich mich an dieser Stelle bei jedem einzelnen Heinzelmännchen, Gönner und Förderer recht herzlich bedanken. Ohne sie würde ich wohl immer noch an der Umsetzung meines Abenteuers im Grenzbereich des Möglichen arbeiten.
Nicht zuletzt bedarf es aber des sprichtwörtlichen Glücks des Tüchtigen, um erfolgreich zu sein. Diese Tatsache sollten wir uns immer wieder vor Augen führen.

Spannende Unterhaltung wünscht Ihr
Norbert Sedlacek

Prolog

Rauer Start ins Ungewisse

Dunkle Wolkenfetzen ziehen über die imposante Steilküste im Südwesten Gran Canarias. Noch kann ich Einzelheiten im Hafen von Puerto Mogan erkennen. Ich lasse die Maschine mitlaufen, um dem heftig unter Groß und Fock 1 rollenden und stampfenden Schiff zusätzliche Stabilität zu verleihen. Der im Wetterbericht versprochene Nordostwind lässt auf sich warten. Schuld daran ist die Steilküste der bergigen Insel. In etwa einer Stunde werde ich mich aus der Landabdeckung freigesegelt haben. Die Familiencrew der MUFFTI, einer unter deutscher Flagge segelnden 11-Meter-Ketsch, hat abgedreht und läuft zurück nach Puerto Mogan. Sie hatte mich auf den ersten Seemeilen begleitet. Jetzt wünscht sie mir zum wiederholten Male über UKW Mast- und Schotbruch für mein Vorhaben, den Atlantik zu überqueren. Ich fühle mich alles andere als wohl. Die ersten Zeichen beginnender Seekrankheit machen sich in Form von Übelkeit und Schweißausbrüchen bemerkbar. Zusätzlich bin ich angesichts meiner soeben begonnenen ersten Ozeanüberquerung aufs Äußerste angespannt. War mein bisher längster Segeltörn 750 Seemeilen, so stehen mir nun bis Martinique – auf der anderen Seite des Atlantiks – etwa 2.800 einsame Seemeilen bevor. Ich rechne mit einer Fahrzeit von ungefähr viereinhalb Wochen.

Auf welcher Breite werde ich den Passat finden? Wie oft werde ich gegen widrige Wetterverhältnisse kämpfen müssen? Ist meine OASE II auch tatsächlich für eine Ozeanüberquerung ausgerüstet? Kann ich überhaupt die Einsamkeit so lange ertragen? ... Das alles und vieles mehr an unbeantworteten Fragen gehen mir durch den Kopf, während ich die letzten Fender und Festmacherleinen verstaue.

Am frühen Nachmittag setzt Südwind ein. Zwei Stunden später hat der Wind über West auf Nord gedreht. Um 16 Uhr bläst er bereits wie vorhergesagt mit sechs Windstärken aus Nordost. Der böige Wind reißt Gischtwolken aus den Brecherkämmen, die das stark rollende Boot überschütten. Längst sitze ich selbst am Ruder, habe die Maschine gestoppt und steuere meine OASE II unter stark gerefftem Groß und Fock 1 nach Westen. Bereits mehrmals hat mich eine in die Plicht einsteigende Welle komplett durchnässt. Salzverkrustet und schlotternd vor Kälte halte ich mit verkrampften Fingern die Ruderpinne. Auf Grund des böigen Windes und fehlender Routine gelingt es mir nicht, die Windselbststeueranlage einigermaßen brauchbar einzustellen. Der elektrische Autopilot ist schon gar nicht in der Lage, meine Nussschale bei schwerem Seegang zu steuern. Inzwischen ist es stockdunkle Nacht geworden. Nur die weißen Kämme der

Brecher leuchten phosphoreszierend. Das Rauschen und Zischen des Seegangs verursacht mir Unbehagen. Trotzdem spüre ich ein unbeschreibliches Gefühl der Zufriedenheit.
Gegen 22 Uhr entspannt sich die Lage so weit, dass der Windpilot den Kurs ohne meine Unterstützung halten kann. Endlich habe ich Zeit, mich von meiner salzwasserdurchnässten Kleidung zu befreien. Wenig später sitze ich, trocken verpackt, an die Schottwand gelehnt im Cockpit. Meine Symptome von Seekrankheit sind merklich schwächer geworden. Ich esse etwas Obst und Schokolade. Langsam wird mir so richtig bewusst, dass ich – trotz unzähliger spottender und mahnender Stimmen – den Sprung über den Großen Teich tatsächlich in Angriff genommen habe. Noch kann mir dieser Umstand nicht das von mir erhoffte Hochgefühl geben. Zu sehr beschäftigt mich das Ungewisse. Ich versuche mich etwas zu entspannen, und während sich die OASE II ihren Weg durch einen von Starkwind aufgewühlten Nordatlantik sucht, gleiten meine Gedanken zurück in die Kindheit. Welches einschneidende Erlebnis meines bisherigen Lebens mag wohl dafür ausschlaggebend gewesen sein, dass ich vor vier Monaten mein sicheres und geregeltes Leben als beamteter Straßenbahnfahrer der Wiener Linien aufgegeben habe, um in einem selbst gebauten, nur 27 Fuß langen Kunststoffschiff einhand die Welt zu umsegeln?

Werdegang eines Weltumseglers

Wie alles begann

Als Sohn einer Wiener Beamtenfamilie erblickte ich am 27. Januar 1962 in der Wiener Semmelweis-Klinik das Licht der Welt. Eine Bekannte der Familie prophezeite mir schon als Dreijährigem, dass ich einmal große Reisen unternehmen werde. Ein eindeutiges Indiz dafür war – ihrer Meinung nach – der Spalt zwischen meinen Schneidezähnen! Meine Familie, die nie einen Bezug zur Wahrsagerei hatte, konnte diese Feststellung nur belächeln. Warum auch sollte der Sohn eines Wiener Beamten und einer Hausfrau ein weit gereister Mann werden! Außerdem war ja – nach dem Willen meines Vaters – meine Laufbahn als Beamter sowieso vorgezeichnet. Für ihn, der im Krieg Gefahr, unsägliches Leid und Armut zur Genüge erleben hatte müssen, war das Streben nach bescheidenem Wohlstand und Sicherheit im Alter verständlicherweise das Wichtigste.
Dementsprechend verlief dann auch meine Kindheit bis zu jenem Tage in meinem vierzehnten Lebensjahr, an dem wir einen Schulausflug an den Neusiedler See machten und ich zum ersten Mal in meinem Leben eine große Wasserfläche sah. Ein, für mein Empfinden, endloser Horizont erstreckte sich vor meinen Augen. Diese typische Duftmischung aus Wasser, Schilf und Algen stieg mir in die Nase, und unzählige kleinen Boote schaukelten auf dem in der Sonne glänzenden See. Dieses Naturschauspiel beeindruckte mich zutiefst.
Da wir bei unserer Freizeitgestaltung zwischen Wandern, Radfahren oder Rudern wählen durften, stand meiner ersten „Kreuzfahrt“ nichts mehr im Wege. Obwohl mir danach etwas schwindlig war, kannte meine Begeisterung über das soeben Erlebte keine Grenzen. Voller Euphorie erzählte ich zu Hause von meinem Erlebnis. Bei meiner Familie, die zur „Seefahrt“ nie eine Beziehung hatte, stieß meine Erzählung auf nur mäßiges Interesse. Noch weniger zeigten meine Eltern Verständnis für das, was nun folgen sollte!
Mit meinem ersten Fahrrad versuchte ich, den in der Nähe Wiens gelegenen Neusiedler See während der warmen Jahreszeit strampelnd zu erreichen. Bei einer Entfernung von etwa 70 Kilometern ist das ein mehr als nur anstrengendes Unternehmen. Die Tatsache, dass ich am selben Tag auch wieder zu Hause sein musste, machte die Sache fast unmöglich. Freunde konnte ich für meine Touren nur einmal gewinnen. Keiner wollte jemals wieder eine solche „Idiotentour“ mitmachen.
Natürlich waren auch meine Ausflüge ohne Begleitung zum Neusiedler See nicht

immer ein Erfolg; oft erreichte ich mein Ziel nicht, weil das Wetter schlecht wurde oder ich wegen eines Schwächeanfalls umkehrte. Obendrein kam ich danach meistens viel zu spät nach Hause. Da sich meine Eltern in so einem Fall mit Recht große Sorgen machten, musste ich nachher immer sehr viel bitten und sie beschwören, mir wieder eine Fahrt zum See zu erlauben. Niemand in meiner Familie hatte auch nur das geringste Verständnis für diese hirnrissigen Ausflüge. Für sie war es unerklärlich, warum ich all meine Freizeit und Kraft aufbot, um an diese nach Schwefel und Schlamm stinkende „Gatschlacke“ zu gelangen. Für mich lohnte es sich aber immer spätestens dann, wenn ich vom Leithagebirge aus den im Sonnenlicht glänzenden See erblicken konnte. Hatte ich das Pech, nicht an „mein Meer“ zu gelangen, war ich danach oft tagelang deprimiert.
Erst der Antritt meiner Kellnerlehre änderte einiges für mich. Nach einiger Zeit eisernen Sparens und mit der hart erkämpften finanziellen Unterstützung meiner Eltern konnte ich mir ein altes Moped kaufen. Damit fuhr ich nun, wann immer es möglich war, an den Neusiedler See. Manchmal gelang mir dies sogar ohne Reparatur. Meistens jedoch hatte mein „Knattervehikel“ irgendwo auf der Strecke eine Panne. Wohlweislich führte ich daher jede Menge Werkzeug und Ersatzteile mit. Dadurch gelang es mir in den meisten Fällen, wenn auch mit etwas Verzögerung, mein Ziel zu erreichen. Kam ich dann nach einem Tag des Schwimmens und Bootfahrens nach Hause, war für mich die Welt restlos in Ordnung.

Als Schlauchbootskipper an die Adria

An einem trüben und verregneten Herbsttag war ich bei Freunden eingeladen. Wir waren eine fröhliche, ausgelassene Gesellschaft, und zu vorgerückter Stunde, in bierseliger Laune, diskutierten wir über Gott und die Welt. Irgendwann war auch das Thema Wassersport an der Reihe. Einer in der Runde besaß ein Motorboot. Damit, so erzählte er stolz, könne er in der Adria die herrlichsten Reisen unternehmen, jeden Tag einen anderen Hafen oder eine herrliche einsame Bucht anlaufen. Die damit verbundene Freiheit und Unabhängigkeit sei für ihn das höchste der Gefühle. Für meine Ausflüge an den Neusiedler See zum Baden oder Rudern hatte er nur ein mitleidiges Lächeln übrig. Die Adria, so sagte er, sei das einzig Wahre: glasklares Wasser, Schnorcheln, Tauchen oder Wasserskifahren sei dort immer möglich, am Neusiedler See nichts davon. Außerdem könne man dieses, wie er formulierte, mickrige Binnengewässer ja wohl kaum mit dem Meer vergleichen. Als Untermauerung seiner Argumente zeigte er eine Menge Fachzeitschriften über den Motorbootsport. Als Krönung präsentierte er einige Fotos seines eigenen Bootes.
Als wir frühmorgens unser Zusammentreffen beendeten, hatte ich den Kopf voller neuer Ideen. Die Diskussion der vergangenen Nacht eröffnete mir neue Horizonte. Nicht dass ich mit meinem bisherigen „Seefahrerleben“ unzufrieden war, aber die eben gehörten und zum Teil gesehenen Möglichkeiten, welche am Meer jedem Wassersportler offen standen, faszinierten mich. So kam es, dass

sich bald in meiner inzwischen eigenen „Bude" einschlägige Fachzeitschriften über den Motorbootsport türmten. Alles, was ich an Informationen bekommen konnte, wurde von mir aufgesogen. Jeden Artikel und jede Reiseerzählung analysierte ich, so gut ich konnte. Bald stand mein Entschluss fest, ein eigenes Motorboot zu kaufen. Voller Euphorie sprach ich mit meinen Eltern über mein Vorhaben. Diese schüttelten nur verständnislos den Kopf und beendeten das Gespräch mit den Worten „hinausgeschmissenes Geld".
Schon nach kurzer Zeit war mir klar, dass zwischen meinen Vorstellungen und meinen finanziellen Möglichkeiten eine unüberwindliche Kluft bestand. Der Kompromiss stellte sich dann in Form eines neuen Schlauchbootes mit dazugehörendem, sehr betagtem Außenbordmotor ein. Damit und mit einer Menge Vorfreude fuhr ich wenige Wochen später zum Urlaub an die Adria.
Schon kurz nach Urlaubsantritt war ich all meiner Illusionen beraubt. Erstens war mein Schlauchboot Marke „Sonderangebot" für die Küstenfahrt total ungeeignet, zweitens war das Knattern und Stinken des betagten Außenborders einfach nicht auszuhalten. Etwas deprimiert verbrachte ich deshalb die meiste Zeit mit Baden und Schnorcheln am Ausgangsort meiner geplanten Bootstour. Dort lernte ich dann auch Boris kennen, meinen ersten und einzigen „Segellehrer". Mit ihm verabredete ich mich zu einer Segelpartie, zu meiner ersten Segelpartie.

Schuster, bleib bei deinem Leisten

Am nächsten Tag sollte es losgehen. Als ich zum vereinbarten Zeitpunkt den Bootssteg erreichte, wurde ich von Boris schon erwartet. Kurz und bündig erklärte er mir mein Aufgabengebiet. Ich brauchte nichts anderes zu tun, als auf sein Kommando das Vorsegel und mich von Steuerbord nach Backbord oder umgekehrt zu setzen. Nach einem kurzen Trockentraining legten wir ab. Bei leichtem achterlichen Wind hatten wir Zeit, ein wenig über dies und jenes zu plaudern. Unter anderem erzählte mir mein „Segellehrer" so ganz nebenbei, dass er ebenfalls zum ersten Mal auf einer Jolle unterwegs war. Bisher hatte er nur Hobbykats gesegelt, aber das sei ja sowieso dasselbe. Sprach's und holte die Segel dicht. Den Unterschied sollten wir beide nach Passieren der ersten Huk erfahren. Kaum waren wir außerhalb der Landabdeckung, frischte der Wind merklich auf und der Seegang nahm zu. Da sich nun einmal das Segelverhalten einer Jolle grundlegend von dem eines Katamarans unterscheidet, gerieten wir bald in Schwierigkeiten. Schon bei der ersten hart einfallenden Bö kenterten wir. Anstatt einer Schulstunde in Sachen Segeln für mich begann für uns beide ein Kampf mit der in der Zwischenzeit ziemlich rauen See. Unser erklärtes Ziel war es, die Jolle samt Besatzung zurück zum Ausgangshafen zu bringen. Nach mehr als drei Stunden legten wir unter einigen Schwierigkeiten mit einem harten „Bums" und total entkräftet am Bootssteg der Segelschule an. Beide waren wir mehr als glücklich, dass diese „Lehrstunde" zu Ende war. Im Nachhinein möchte ich einen Lerneffekt nicht in Abrede stellen, ich hatte mir aber meine erste Segelstunde weniger anstrengend und weniger angsteinflößend vorgestellt.

Einige weitere Urlaubstage vergingen und ich überdachte meinen Ausbildungssegeltörn. Von euphorischer Begeisterung über das Erlebte zwar noch weit entfernt, war der Prozess des Umdenkens eingeleitet. Das Ausnützen der Windkraft faszinierte mich von Beginn an. Eine Woche später begab ich mich mit dem festen Vorsatz auf die Heimreise, mein motorisiertes Badeboot zu verkaufen und ein Segelschiff anzuschaffen.

OASE I

Es vergingen einige graue Herbst- und Wintermonate, bis sich meine Vorstellungen von einem Segelboot einigermaßen konkretisiert hatten. Ein kleines, trailerbares Kajütsegelboot erschien mir genau richtig. Es sollte groß genug sein, um mit meiner damaligen Freundin Anita im Sommer die Wochenenden am Neusiedler See genießen zu können. Zusätzlich sollte es trailerbar für den Segelurlaub an der Adria sein. Diese Vorstellungen im Kopf, ein bescheidenes Kapital auf meinem Konto und Ahnungslosigkeit im Umgang mit Kajütbooten begleiteten mich auf meinen Besichtigungsfahrten. Diese waren wegen meiner bescheidenen finanziellen Mittel auf den Gebrauchtboote-Markt beschränkt. Ein teilweises Reparieren und Fertigstellen in Eigenregie hatte ich von Anfang an eingeplant. Monate später musste ich jedoch etwas deprimiert zur Kenntnis nehmen, dass ein durchaus begabter, autodidaktischer Handwerker, als den man mich öfters bezeichnete, noch lange kein Bootsbauer ist. Den Unterschied machen Fachwissen und einiges an praktischer Erfahrung. Wir wollen diesem lehrreichen Lebensabschnitt aber nicht vorgreifen und beginnen zu dem Zeitpunkt, als ich das „genau richtige“ Boot in Form einer Swallow 18 gefunden hatte.
Es stand im Garten eines zur Hälfte fertig gestellten Einfamilienhauses in der Nähe Wiens. Die Linien des Rumpfes und der Aufbauten gefielen Anita und mir von Anfang an. Vieles an dem Schiff und dessen Zubehör war in schlechtem Zustand, alles schien sehr abgenützt. Ein jedoch wirklich günstiger Kaufpreis und die Erlaubnis des Besitzers, die notwendigen Arbeiten auf seinem Grundstück durchzuführen, gaben dann den Ausschlag. Ich kaufte das Schiff, mein Schiff!
Schon am nächsten Tag belud ich den Kofferraum meines Autos mit sämtlichem vorhandenem Werkzeug. Voller Tatendrang, geistig schon mit der Bootsarbeit beschäftigt, fuhr ich morgens zur Arbeit. Sofort nach Feierabend ging es zum Bauplatz, um bis zum Einbruch der Dunkelheit zu werken. Der Innenausbau war unvollständig. Einiges an Rumpf und Deck musste laminiert werden. Anita war, nicht immer zu ihrer Begeisterung, zum Besorgen diverser Kleinigkeiten abkommandiert. Unter der fachkundigen Hilfe meiner Schwester entstanden Kissenüberzüge. Anitas Mutter nähte die Vorhänge. Nach diversen Malarbeiten, dem Überprüfen des Riggs sowie Anmelden des Bootstrailers hatte ich es geschafft. Knapp vier Monate nach Arbeitsbeginn strahlte mein Schiffchen in neuem Glanz. An einem sonnigen Juniwochenende trailerte ich mein „Ein und Alles“ unter

Begleitschutz der Familie an den Neusiedler See. Wenige Stunden später hob der Kran meine OASE unter fachkundiger Anleitung in ihr Element. Anschließend halfen alle Anwesenden beim etwas chaotischen Maststellen. Unter Motor verlegte ich das Boot an den mir zugewiesenen Liegeplatz. Restlose Begeisterung machte sich in mir breit. Für das nächste Wochenende war Probesegeln angesagt. Nach der Devise „learning by doing" ging zweimal die Rollfock in handliche Stücke. Letztendlich hatte ich jedoch mein theoretisches Wissen einigermaßen in die Praxis umgesetzt. Nun galt es, die Ausrüstung für die Adria zu vervollständigen. Ich erstand einen zweiten schweren Anker, diverse Leinen und einiges an Reparaturmaterial. Der Hilfsmotor, ein alter 8-PS-Außenborder, wurde von mir persönlich inspiziert (wegen der Kosten – ist ja kein Problem). Als etwas Rußähnliches im Spülwasser schwamm, maß ich dem fachkundig keine Bedeutung zu. Wird wohl Ruß vom Auspuff sein, war meine eindeutige Diagnose. Diese sollte mir noch einige Sorgen beim folgenden Bootsurlaub in der Adria bereiten. Eine Woche vor Urlaubsantritt wurde das Boot gekrant, frisch poliert und sicher auf seinem Trailer verzurrt.

Endlich war der Tag der Abfahrt gekommen. Am frühen Nachmittag begannen Anita und ich, die OASE mit unseren persönlichen Dingen und den noch fehlenden Ausrüstungsgegenständen zu beladen. Kartonweise verschwanden Wäsche, Fotoausrüstung, Angelzeug, Bootszubehör, Lebensmittel, Geschirr, Bücher und vieles mehr im Bauch meines Schiffchens. Nach etwa drei Stunden waren die letzten Dinge verstaut. Ein letzter Rundblick, telefonisches Abmelden bei den Lieben – und der Urlaub konnte beginnen.

Der abendliche Freitagsverkehr hatte voll eingesetzt, als ich das Gespann durch die Innenbezirke Wiens Richtung Südautobahn lenkte. Wir erreichten die Autobahn ohne Probleme. Ich hatte als Zielort Split ausgewählt. Dort gab es eine große moderne Marina mit allen Serviceeinrichtungen. Obendrein versprach die Werbebroschüre einen bewachten Abstellplatz für Auto und Bootstrailer.

Die aufgehende Sonne tauchte die Karstberge Dalmatiens in sanftes rötliches Licht, als wir die letzten Kilometer durch das Hinterland fuhren. Dann lag sie vor uns: Split, eine moderne Hafenstadt mit ihrer typischen Silhouette. Eingefasst von modernen Wohnhäusern umgibt eine verwinkelte Altstadt das weitläufige Hafenbecken. Fährschiffe wurden gerade ein- und ausgeladen, während unzählige kleine Fischerboote über die spiegelglatte See zogen. Betriebsamkeit, wohin man auch blickte.

Wir waren in Hochstimmung und fieberten dem Moment entgegen, wo meine OASE wieder in ihr Element gehoben werden sollte. Der scheinbar kurze Weg dahin entpuppte sich als äußerst dornenreich.

Ein lehrreicher Segelurlaub

In der Marina angekommen, erhielt ich den ersten Dämpfer. Der bewachte Parkplatz war zur Gänze belegt. Ein Abstellen meines Gespannes war daher nur unbewacht möglich. Diese Variante kam für mich nicht in Frage. Also hieß es, einen anderen Hafen ausfindig zu machen. Trotzdem wollte ich in Split einklarieren, um wenigstens die Formalitäten erledigt zu haben. Bewaffnet mit sämtlichen Schiffspapieren und persönlichen Dokumenten betraten Anita und ich das Hafenbüro. Ein mürrischer Kapitän nahm grußlos die Papiere entgegen. Nach kurzem Durchblättern stellte er fest: „Einklarieren nicht möglich. Papiere unvollständig." Danach widmete er sich wieder seiner Zeitung. Auf meine Frage, was denn eigentlich fehle, murmelte er irgendetwas von: „Mit Papieren der Marina wiederkommen." Auf der Straße angelangt, setzten wir uns erst einmal auf die Einfriedung eines Blumenbeetes. Sosehr ich auch überlegte: Was an Papieren fehlen sollte, blieb mir ein Rätsel. Also ab zur Marina. Dort angekommen, studierte eine äußerst nette Rezeptionistin meine Unterlagen. Auch sie konnte sich nicht erklären, welches Dokument nun fehlen sollte, und empfahl mir, das Hafenbüro nochmals aufzusuchen. Langsam keimte der Zorn in mir auf. Anita war von unseren Stadtwanderungen in unausgeschlafenem Zustand, ohne Frühstück und bei extremer Hitze nicht gerade begeistert. Fest entschlossen, diese bürokratische Hürde zu nehmen, betraten wir abermals das Amtszimmer. Jetzt saß ein etwas jüngerer Beamter hinter dem Pult. Ich legte die Papiere vor und wartete gespannt, was nun wohl kommen würde. Ein offensichtlich zufriedener Staatsdiener griff zum Formular und nach wenigen Minuten war die OASE inklusive Crew ordnungsgemäß einklariert. Ein freundliches, in Deutsch gesprochenes „Auf Wiedersehen" beendete die Amtshandlung. Wieder auf der Straße, verstanden wir zwar das soeben Erlebte nicht, freuten uns jedoch über die genommene Hürde.

Zur Aufbesserung der Mannschaftsmoral beschlossen wir, erst einmal ausgiebig zu frühstücken. Bei ofenfrischen Hörnchen, frisch gepresstem Orangensaft und duftendem Kaffee war der Unmut über unser Erlebnis bald verflogen. Danach fuhren wir an der Küste Richtung Süden weiter, um einen geeigneten Ausgangshafen zu finden.

Nach ungefähr eineinhalb Stunden erreichten wir Makarska. Der Ort liegt direkt am Fuße des an dieser Stelle bis zu 2.000 Meter hohen Biokovo-Gebirges. Mächtige, weiß-grau strahlende Karstberge sowie die tiefblaue See umfassen eine liebliche kleine Halbinsel mit einem herrlichen Kiesstrand. Der geschützte Hafen mit seiner weiträumigen, von Palmen gesäumten Uferpromenade ist mit ein Grund, dass dieser Küstenabschnitt die „Riviera von Makarska" genannt wird. Wir fuhren von der Magistrale ab und erreichten den Hafen. Nach einigem Fragen konnten wir den Hafenkapitän ausfindig machen. Dieser erklärte uns, dass er zwar keinen Kran habe, ein Slippen des Bootes aber problemlos möglich sei. Meine Bedenken zerstreute er mit dem Argument, dass er auf diesem Gebiet Fachmann sei und solcherlei Dinge täglich mache. Da er auch einen bewachten Abstellplatz für Auto und Trailer anbot, willigte ich ein. Hätte ich damals die Tragweite meiner Entscheidung auch nur geahnt, wäre ich Hals über Kopf davongefahren, um einen anderen Ausgangshafen zu suchen. Jedoch in dieser Situation – von dem Wunsch geblendet, so schnell wie möglich abzusegeln – machte ich erst diese Fehlentscheidung und danach einige schmerzhafte Erfahrungen.

Mario, so hieß unser Fachmann, dirigierte mich zum Slip. Am Zugfahrzeug befestigte er – zur Sicherung vor einem etwaigen Abrutschen des Autos – ein dickes Stahlseil. Danach ließ ich das Gespann rückwärts über den glitschigen, von Algen bewachsenen Slip ins Wasser rollen. Plötzlich ein Ruck, der Trailer sackte leicht ab, und wir standen wie angewurzelt. Nichts ging mehr. Als ich Nachschau hielt, erkannte ich, dass die Slipanlage schlicht und einfach zu Ende war. Der Trailer stand bereits direkt am Hafengrund. Meiner Meinung nach war das Wasser zum Slippen noch zu seicht. Die OASE machte keine Anstalten aufzuschwimmen. Ein überzeugendes „nema problema“ löschte abermals alle Zweifel in mir. Letztendlich musste der Hafenhäuptling ja wissen, wie seine Anlage zu bedienen ist. Kurzerhand löste er die Sperre der Bugwinsch und meine OASE glitt über die Trailerrollen in ihr Element. Als der Kiel die letzte Rolle verlassen hatte, trat ein, was ich befürchtet hatte: Der Rumpf fiel abrupt tiefer ins Wasser. Hart schlug der Bug am Trailerende auf. Während es mir kalt über den Rücken lief und Anita die Gesichtsfarbe wechselte, nahm Mario nicht einmal Notiz von diesem Vorfall. Offensichtlich war das soeben Geschehene durchaus der Normalfall. Glücklicherweise stellte ich fest, dass sich der Schaden in Grenzen hielt. Nur ein kleines Stück des Buglaminates war ausgebrochen, eine sofortige Reparatur daher nicht notwendig. Ein mit seiner Arbeit offensichtlich zufriedener Mario wies uns eine Muringsboje zu und stärkte sich danach an einer nahen Bar mit kühlem Bier. Schließlich muss man ja nach so einer kniffeligen und gewissenhaften Arbeit seinen Flüssigkeitshaushalt in Ordnung bringen! Nicht gerade begeistert verlegten Anita und ich die OASE an ihre zugeteilte Muring.
Nach einer kurzen Erfrischungspause im Schatten einer großen Palme stellten wir den Mast. Diese von mir etwas gefürchtete Arbeit klappte problemlos auf dem im Hafenschwell rollenden Schiff. Lediglich ein Wantenspanner rutschte mir aus der Hand, schlug einmal aufs Deck und verabschiedete sich mit einem leisen „Glucks“ im öligen Hafenwasser. Da ich nicht gewillt war, in dieser stinkenden Brühe zu tauchen, strich ich ihn kurzerhand von der Ausrüstungsliste. Danach saßen Anita und ich bei Kaffee und Kuchen und genossen es, endlich der Yachtszene anzugehören. Begeisterung machte sich breit. Auch der bei nunmehr 33° C kollabierende Kühlschrank konnte unsere Stimmung nicht trüben.
Eine laute, unwirsche Stimme ließ uns aufschrecken. Sie gehörte dem Skipper einer soeben angekommenen Motoryacht. Mit Nachdruck behauptete der, dass unsere Boje seit vier Tagen die seine sei und dies auch für die nächste Zeit so bleiben werde. Wir einigten uns darauf, die Boje kurzfristig gemeinsam zu belegen. Dann eilte ich zu Mario. Er war glücklicherweise zu Hause, murmelte sein übliches „nema problema“ und teilte mir eben eine andere Muringsboje zu. Zurück im Hafen, entschuldigte ich mich nochmals für die Panne, bevor wir die OASE um einige Plätze verlegten.
Am Abend stand eine Hafenrundfahrt mit dem Dingi auf dem Programm. Der 8-PS-Hilfsmotor wurde ummontiert und los gings. Nach kurzer Zeit erstarb der Außenborder. Diagnose: überhitzt. Ich nahm die Motorverkleidung ab, wartete einige Minuten und fuhr zurück zum Schiff. Da ich Benzin verwendete, welches

mir Anitas Vater geschenkt hatte, führte ich das Überhitzen auf fehlendes Zweitaktöl zurück. Eine weitere Rundfahrt kam aus Zeitgründen nicht mehr in Frage, und so montierte ich den Motor wieder am Heckspiegel der OASE. Tags darauf wollten wir in Richtung Brac auslaufen.
Ein herrlicher Morgen, verbunden mit einem ausgiebigen Frühstück, sorgte für ausgezeichnete Stimmung an Bord. Nach dem Einkauf einiger frischer Lebensmittel legten wir gegen 11 Uhr ab. Bei der Hafenausfahrt angekommen, erstarb der Motor abermals. Wieder war er überhitzt. Resignierend musste ich zur Kenntnis nehmen, dass die Wasserpumpe kein Kühlwasser förderte. Plötzlich fiel es mir wie Schuppen von den Augen. War da nicht bei dem von mir durchgeführten Motorservice so etwas wie Ruß im Spülwasser? Offensichtlich bestand der „Ruß“ aus Teilen des sich auflösenden Impellers im Wasserpumpengehäuse. Also Schleichfahrt an die Muringsboje und festgemacht. Die morgendliche Euphorie war schlagartig verflogen. Anita und ich beschlossen, Mario um Rat zu fragen. Dieser erklärte uns, dass er die Reparatur erledigen könne. Also schleppte ich den Motor zu seinem Haus. Mario begutachtete das Problem erst einmal von außen. Daraufhin meinte er selbstsicher, wir sollten gegen Abend wiederkommen, um den reparierten Motor abzuholen. Um unsere Laune etwas aufzubessern, gingen Anita und ich an den Strand. Der Duft von Pinien und das Schimmern des tiefblauen Meeres sorgten für ein leichtes Ansteigen unseres Stimmungsbarometers. Als wir am Abend mit unserem ersten Sonnenbrand bei Mario eintrafen, sah ich meinen Motor – wie ich glaubte – repariert am Lagerbock hängen. Kurz darauf erklärte mir der selbst ernannte Chefmechaniker jedoch, dass er die Reparatur nicht ausführen habe können. Erstens seien ihm bei dem Versuch, den Motor zu zerlegen, zwei – wie er meinte – schon vorher lädierte Schaftbolzen abgebrochen und zweitens habe er keinen passenden Impeller. Ohne näher auf seinen offensichtlichen Pfusch einzugehen, gab er mir die Adresse einer Werkstätte in Split; diese könne die Reparatur auf jeden Fall erledigen. Bevor ich noch etwas entgegnen konnte, war er im Haus verschwunden. Langsam, aber sicher dämmerte mir einiges. Offensichtlich war ich einem kleinen, absolut unfähigen Aufschneider auf den Leim gegangen. Es galt also, den Schaden so gering wie nur möglich zu halten. Ich schwor mir, keine weitere Dienstleistung, mit Ausnahme des Slippens in vier Wochen, von Mario in Anspruch zu nehmen.
Am nächsten Tag fuhren wir nach Split. Bei der angegebenen Adresse war tatsächlich eine Werkstätte für Außenbordmotoren. Mein Motor wurde nach kurzer Begutachtung entgegengenommen. Um 17 Uhr sollte ich ihn abholen. Zur vereinbarten Zeit betrat ich wieder die Werkstätte. Mein Motor lag in einige Teile zerlegt auf der Werkbank. Ein etwas verlegener Mechaniker erklärte mir, dass er zwar die Schaftbolzen reparieren habe können, aber keinen passenden Impeller habe. Dieser müsse bestellt werden. Nach der Lieferdauer befragt, meinte er: „Etwa drei Tage, höchstens vier oder …“ Ich bezahlte für die ausgeführte Arbeit. Dann verfrachtete ich mein Sorgenkind ins Auto und wir fuhren zurück nach Makarska. Wieder an Bord, bekämpften Anita und ich unsere schlechte Laune mit einer Extraportion Maraschino. Am Ende war unser Problem auf ein erträgliches Maß ge-

schrumpft. Wir beschlossen, am nächsten Tag einen kleinen neuen Tomos zu kaufen. Am nächsten Morgen erschien zu meinem Erstaunen Mario und erkundigte sich, ob der Außenborder nun in Ordnung sei. Als ich verneinte, hatte er sofort eine hilfreiche Idee. Er schlug vor, mir einen Motor zu leihen. Obwohl ich mir geschworen hatte, auf seine Dienste zu verzichten, willigte ich ein. Die Strafe für den von mir gebrochenen Schwur sollte nicht lange auf sich warten lassen.

Wenig später schleppte Mario einen sehr betagten, aber wider Erwarten funktionierenden 4,5-PS-Außenborder an. Wir trafen letzte Vorbereitungen. Nach wenigen Minuten hieß es „Leinen los". Von einem laut scheppernden und grässlich stinkenden Oldtimer geschoben, liefen wir aus. Ich nahm Kurs auf die in weiter Ferne sichtbare Insel Brac. Da Flaute herrschte, blieben die Segel ungesetzt. Eine halbe Stunde mochte vergangen sein, da mischte sich ein neues Geräusch in das Schepperorchester des Motors. Noch während ich denselbigen betrachtete und überlegte, ob da etwas Ernsthaftes nicht in Ordnung sei, brach die Motoraufhängung am Schaft. Mit geweiteten, ungläubigen Augen sah ich, wie unser geborgter Schrotthaufen Anstalten machte, in der Adria zu versinken. Geistesgegenwärtig griff ich nach der noch angeschlossenen Benzinleitung. Ein schwaches Rucken, und meine Hand umfasste den abgerissenen Rest der Leitung. Einzig und allein ein verbleibender Teil der Motorhalterung zeugte davon, dass hier ein ausgesprochen antiquiertes Modell seinen Dienst für sehr kurze Zeit versehen hatte.

Kaum hatten wir diesen Schock etwas verdaut, kam auch schon das nächste Problem in Form der felsigen Steilküste auf uns zu. Mangels Wind war es unmöglich, aus eigener Kraft freizukommen. Die Felsen fallen an dieser Stelle der Küste nahezu senkrecht ins Meer ab. Bei einer Wassertiefe von etwa 40 Metern wäre auch das Ausbringen des Ankers völlig nutzlos gewesen. Ein vorbeifahrendes Motorboot war die heiß ersehnte Rettung. Auf mein hektisches einarmiges Winken antwortete der ältere Kapitän in Begleitung dreier Damen mit ebensolchem Gruß. Erst als Anita und ich verzweifelt beide Hände schwangen, kam dem unter italienischer Flagge fahrenden Signore einiges spanisch vor. Er änderte den Kurs und kam längsseits. Nachdem ich mit Händen und Füßen unsere missliche Lage erklärt hatte, willigte er ein, die OASE nach Makaskar zurückzuschleppen. Ich warf eine Schleppleine zu unserem Retter. Der belegte diese an eine der beiden Heckklampen und nahm Fahrt auf. Das Sportboot, mit seiner eigenen Besatzung etwas überladen, sank am Heck tief ins Wasser. Mit Schleichfahrt erreichten wir den Hafen. Zum dritten Mal belegten Anita und ich unsere Festmacher an derselben Muringsboje. Offensichtlich belustigt über das eben vollbrachte Abschleppmanöver, lehnte unser Retter jegliche Entschädigung ab. Auch eine Einladung zum Essen konnte er aus Zeitgründen nicht annehmen. Winkend und lachend verabschiedete sich die lustige Sportbootsbesatzung.

Wenige Minuten später traf Mario am Hafen ein. Er hörte sich meine Erzählung emotionslos an und sagte schließlich nur sein übliches „nema problema". Über den Preis für das verloren gegangene Museumsstück werde er bis zu unserer Rückkehr in dreieinhalb Wochen mit dem eigentlichen Besitzer verhandeln. Ich lehnte jedes weitere Hilfsangebot von ihm nun endgültig und entschieden ab.

Etwas erbost zog er von dannen. Anita und ich gingen in einen Laden für Marinezubehör, um einen neuen Bruder des eben versenkten Oldtimers zu kaufen.
Tags darauf liefen wir mangels Wind mit Hilfe unseres eben erstandenen 4,5-PS-Tomos aus. Wir umfuhren die Ostspitze der Insel Brač und erreichten am Nachmittag Bol. In diesem kleinen, im Süden der Insel gelegenen Fischerort blieben wir einige Tage. Endlich war unser Segelurlaub so, wie man ihn sich vorstellt. Täglich schlenderten wir einige Kilometer zum Goldenen Horn. Dieser für die Adria einzigartige Kiesstrand ragt etwa 300 Meter ins Meer. Die ausgeprägte Form eines Rinderhorns gab ihm seinen Namen. Im türkisfarbenen Wasser tummelten sich tausende Urlauber. Die Gesamtlänge der Strände rund um Bol beträgt immerhin etwa 15 Kilometer. Unzählige kleine, einsame Buchten verleiten zum Nacktbaden. Abends spazierten wir durch enge Gassen. Aus den Restaurants zog der aromatische Duft von gegrilltem Fisch. Solcherart auf den Geschmack gekommen, setzten auch wir uns des Öfteren in eine „Gostijona" an der Uferpromenade, um ein üppiges, typisch kroatisches Essen zu genießen.
Wir zogen weiter zur Insel Hvar. In der gleichnamigen Stadt angekommen, ergatterten wir einen Anlegeplatz an der Stadtmole. Als kleinstes Boot unter den vielen Charteryachten wurde unser Deck von zahlreichen Festmachern überspannt. Trotzdem oder vielleicht gerade deshalb waren wir glücklich, die Fahrtenseglerszene auf eigenem Kiel zu erleben. Für die nächsten Tage hatte ich mit meiner Schwester ein Treffen in Prispa, einer Feriensiedlung auf der Insel Korčula, vereinbart. Wir segelten frühmorgens los und erreichten spät am Nachmittag unser Ziel. Der weiträumigen Anlage vorgelagert liegt eine kleine Felsinsel, die ein Damm mit der Hauptinsel verbindet. Dadurch ergibt sich östlich und westlich der Insel eine kleine geschützte Bucht. Wir gingen an der östlichen Seite auf drei Meter Wassertiefe vor Anker. Nach einer stürmischen Begrüßung vergingen die folgenden Tage mit Baden, Angeln und Relaxen.
Am vierten Tag setzte Bora ein. Nach einem feuerroten Sonnenuntergang begann schwaches Wetterleuchten. Gegen 23 Uhr wehte es bereits kräftig aus Südost. Wir gingen ankerauf und verlegten auf die andere Seite der Felsinsel. Tags darauf blies es bereits mit sechs bis sieben Windstärken. Der Seegang nahm rasch zu, und auch in unsere Bucht rollte eine unangenehme Dünung. Die OASE zerrte heftig an ihrem Ankergeschirr. Mit dem angenehmen Bordleben war es vorübergehend vorbei. Zum Schlafen mussten wir uns in der Koje verkeilen. Mit dem zunehmend schrillen Singen des Windes in den Wanten steigerte sich meine Unruhe.
Am Nachmittag des dritten Tages unternahmen wir einen Spaziergang. Als wir nach einigen hundert Metern von einer Anhöhe aus über die Bucht blickten, sagte Anita aufgeregt. „Ich glaube, das Schiff ist etwas vom Ankerplatz vertrieben." Anstatt Nachschau zu halten, unterstellte ich Anita, dass sie sich das nur einbilde. Wegen des bisschen Windes und der paar Wellen die Nerven wegschmeißen! Einfach lächerlich! Ich war mir hundert Prozent sicher, dass der Anker ordentlich eingegraben war. Ich schob die protestierende Anita weiter. Kein Argument

konnte mich dazu bringen, mich auf der Stelle zu vergewissern. Als wir nach etwa einer Stunde zurückkehrten, erstarrte ich zur Salzsäule: Die OASE hatte ihren Ankerplatz verlassen und trieb etwa 300 Meter nördlicher in starkem Seegang auf die Felsküste zu. Wir liefen zum Dingi und pullten mit Leibeskräften unserem Schiff hinterher. Kein trockener Faden war mehr an unserem Körper. Ständig überschüttete Gischt das Dingi. Mein Magen drohte zu explodieren. Plötzlich, ich glaubte zu träumen, sah ich meinen Schwager Erich, wie er gerade auf das Schiff kletterte. Er hatte das Abtreiben ebenfalls bemerkt, war kurzerhand durch die aufgewühlte See geschwommen und versuchte nun, den Motor zu starten. Wenig später hatten auch wir die immer noch driftende OASE erreicht. Nur noch wenige Meter trennten das Schiff von den Steilwänden, an denen sich der Seegang donnernd brach. Nun galt es, keine Zeit mehr zu verlieren. Der Motor lief bereits. Sofort legte ich Ruder und steuerte das Schiff in den Wind. Anita und Erich begannen den frei hängenden Anker samt Kette und Leine aufzuholen. Nur mit größter Kraftanstrengung schafften sie es, sich auf dem wild stampfenden und rollenden Deck festzuhalten. Endlich lag das Eisen an Deck und zwei entkräftete Helfer krochen zu mir in die Plicht. Wortlos fuhren wir zurück in die Bucht. Das nächste Ankermanöver fuhr ich auf Nummer Sicher: Zwei Buganker und eine Landfeste, eine an Land belegte Heckleine, sorgten dafür, dass die OASE nun wirklich sicher vor Anker lag. Ich ärgerte mich über meine arroganten, unseemännischen Äußerungen gegenüber Anita. Trotzdem waren wir beide überglücklich, diese gefährliche Situation nicht zuletzt durch Erichs Hilfe schadlos überstanden zu haben. Eine hundertprozentige Sicherheit gibt es für mich seit diesem Vorfall nicht mehr.
Zwei Tage später hatten sich Wind und Seegang abgeschwächt, die Sonne lachte von einem stahlblauen Himmel. Am frühen Vormittag liefen wir mit Ziel Orebič aus. An der Küste Korčulas segelten wir in eine kleine Bucht mit glasklarem Wasser zum Baden. In Orebič angekommen, empfing uns ein freundlicher Hafenkapitän. Die Einrichtung der kleinen, jedoch überaus idyllisch gelegenen Marina war bescheiden. Uns gefiel das einfache Ambiente der Anlage und die romantische Kulisse der gegenüberliegenden Stadt Korčula. Ausgelassen bespritzten wir uns mit der einzigen im Hafen vorhandenen Schlauchdusche. Schmunzelnd beobachteten uns Fischer, die im Schatten der Pinien ihre Netze flickten. Mit dem Dingi unternahmen wir täglich Erkundungsfahrten zu den vorgelagerten kleinen Felsinseln. Abends saßen wir in der Plicht und beobachteten den nur schwach beleuchteten Hafen. Im Halbdunkel tuckerten Fischerboote kreuz und quer. Das war auch meistens der Zeitpunkt, wo ich den selbst konstruierten „Kühlschrank" – eine Plastikeinkaufstasche an drei Meter Festmacherleine, im Hafenwasser versenkt – an Bord hievte. Darin waren meistens einige Seegurken, die versuchten, unseren Vorrat an Schaumwein zu dezimieren. Die Flasche erst einmal von unseren Rivalen befreit und geöffnet, genossen wir den süßen Inhalt. Etwas traurig dachten wir immer öfter an das unaufhaltsam näher rückende Urlaubsende. Eines Abends rumste es am Heck. Der Kopf eines Mannes kam zum Vorschein. Er saß erschöpft in einem kleinen Ruderboot und erzähl-

te ziemlich nervös von seinem Missgeschick: Der Treibstofftank seiner 40-Fuß-Yacht war etwa 15 Seemeilen vor Korčula undicht geworden. Nachdem der gesamte Inhalt in die Bilge ausgelaufen war, fuhr er mit dem Dingi los, um Diesel zu besorgen. Leider war auf halbem Weg auch das Benzin für den Außenborder des Dingis alle. So musste er bis zu uns rudern. Ich half dem Unglücksskipper mit einigen Litern Treibstoff aus. Glücklich startete er seinen Außenborder und brummte winkend in die Nacht hinaus. Durch diesen Vorfall nachdenklich geworden, sinnierte ich über die zahlreichen in der Zwischenzeit aufgetretenen Schwachstellen an meiner OASE. Zwar hatte ich noch keinen wirklich großen Schaden zu beklagen, jedoch war der komplette Rumpf des Bootes offensichtlich für Belastungen, wie sie beim Küstensegeln auftreten, nicht gebaut. Einige Male musste ich beobachten, wie unter dem Winddruck in der Takelage die Leewanten durchhingen. Stärkeres Durchsetzen war nicht möglich, denn dadurch hätte sich die ganze Rumpfschale verzogen. Im Seegang arbeitete der Schiffskörper beträchtlich. Immer wieder brachen von mir laminierte Befestigungen der Inneneinrichtung. Das Platzangebot in der Kajüte erwies sich nach längerem Bewohnen als äußerst knapp. Nur unsere Zuneigung machte das sich ständige Auf-die-Zehen-Steigen oder Zur-Seite-Schieben erträglich, öfters sogar angenehm.

Letztendlich musste ich mir eingestehen, dass meine optisch wunderschöne OASE einfach nicht wirklich seetauglich war. Mangels Erfahrung hatte ich ein zu schwach dimensioniertes Boot gekauft. Auch der von mir mit großem Enthusiasmus, aber kleinem Fachwissen durchgeführte Innenausbau war zwar für ein Binnengewässer ausreichend, für die See jedoch in vielen Punkten unbrauchbar. Zudem erklärte mir Anita, dass sie bei aller Liebe für mich und das Segeln mit diesem Boot nie im Leben eine Fahrt über das offene Meer machen würde. Zuerst, aus gekränktem Stolz etwas beleidigt, versprach ich ihr, meine OASE später zu verkaufen und ein größeres, vor allem stabileres Segelschiff anzuschaffen.

Trotz dieser nicht gerade begeisterten Erkenntnis genossen wir die letzten Urlaubstage. Nach der Überfahrt an die jugoslawische Festlandküste segelten wir in Tagesetappen zurück nach Makarska. Dort angekommen, erlebten wir den nächsten Schock. Zwar war am Pier eine Muringsboje frei, aber der bei unserem Auslaufen so idyllische Hafenort erstickte zwischenzeitlich in Touristen. Eine nicht enden wollende Autokolonne wälzte sich durch die viel zu engen Gassen, ohrenbetäubender Lärm und Gestank raubten uns die Sinne. Kurz nach unserer Ankunft erblickte ich Mario, wie er sich gerade anschickte, das Motorboot eines deutschen Urlaubers ins Wasser zu befördern. Ich ging zu ihm, um für den nächsten Tag einen Termin zum Slippen auszumachen. Am Ort des Geschehens angekommen, sah ich, dass der „Fachmann aller Gewerbe“ wieder einmal alles demoliert hatte. Während der „Meister“ höchstpersönlich mit Kunstharz und Polyesterkitt hantierte, erzählte mir der Besitzer des fast neuen Speedbootes, was geschehen war: Wie auch bei meiner OASE war das Boot, nachdem der Trailer ins Wasser geschoben war, nicht aufgeschwommen. Bevor der Besitzer noch reagieren konnte, hatte Mario eine lange Brechstange in der Hand. Damit versuchte er, das Boot ins Wasser zu hebeln. Als der völlig überrumpelte Skipper aus seiner Erstarrung erwachte und einschritt, waren im Rumpf des Bootes bereits einige tiefe Löcher. Immerhin aber war Mario gerade dabei, den von ihm verursachten Schaden einigermaßen auszubessern. Nachdem er seine Arbeit beendet hatte, teilte er dem immer noch nervlich angeschlagenen Skipper mit, dass ein Slippen seines Bootes erst am nächsten Tag nach dem Trocknen der soeben ausgeführten Arbeiten möglich sei.

Am Bootsslip ist die Hölle los

Tags darauf war ich schon früh auf den Beinen. Während Anita noch schlief, begann ich die Segel abzuschlagen und die OASE trailerfertig zu stauen. Nach dem Frühstück legten Anita und ich den Mast und tuckerten zum Slip. Für 8 Uhr hatten wir das Slippen vereinbart. Gegen 9 Uhr erschien auch Mario. Gemeinsam mit einigen Fischern gelang es uns, das am Vortag beschädigte Motorboot ins Wasser zu heben. Während der Skipper zu einer Probefahrt ablegte, brachten Mario und ich den Trailer der OASE in Stellung. Dann fuhr ich mein Auto in Position, der Trailer wurde angekuppelt und das dicke Stahlseil der Slipwinde abermals am Zugfahrzeug befestigt.
Plötzlich helle Aufregung im Hafen! Der eben abgefahrene Motorbootskipper war etwa 200 Meter vom Slip entfernt, fuchtelte hektisch mit einer Hand, schrie irgendetwas von Sinken, kratzte die Kurve und brauste Richtung Slipanlage. Bei uns angekommen, schrie er: „Das Boot ist undicht!“ Sofort startete ich den Motor meines Autos und versuchte den Slip unverrichteter Dinge zu räumen. Auf der von Algen überwachsenen Rampe rutschten jedoch die Reifen durch. Offensichtlich davon gänzlich unberührt, startete Mario die Slipwinde und zog mein Gespann von der Rampe. In der Zwischenzeit brachten einige herbeigeeilte Helfer den Trailer des Motorbootes in Stellung. Glücklicherweise konnte das Boot noch rechtzeitig aus dem Wasser gezogen werden. In den Augen des bedauernswerten Skippers glaubte ich Mordgedanken zu sehen. Mit hochrotem Kopf, jedoch blassem Oberkörper, stürmte er zum Windenhäuschen. Mario kam ihm entgegen, flötete sein überzeugendes „nema problema“ und machte ernsthafte Anstalten, den Schaden zu begutachten. Nachdem er auf der Innenseite des Rumpfes ein Stück Teppich entfernt hatte, meldete er in aller Ruhe: „Alles klar! An zwei Stellen ein kleiner Riss in der Kunststoffschale.“ Sicher werde er es beheben. Wann? Nun ja, sobald eben Zeit dafür sei. Ich glaubte den Zeitpunkt zu kennen, behielt ihn aber für mich. Mir tat der genervte Motorbootskipper aufrichtig Leid. Nur zu gerne hätte ich ihm geholfen, aber wie? Letztendlich gab ich ihm das von mir mitgeführte Reparaturmaterial. Somit hatte er wenigstens die Möglichkeit, den Schaden selbst provisorisch zu beheben.
Wie eine Glucke achtete ich beim Slippen meiner OASE darauf, dass ihr Mario nicht zu nahe kam. Da gerade Flut war, gelang es mir, mein Schiff problemlos auf dem Trailer zu platzieren. Daraufhin zog die Winde das Gespann aus dem Wasser. Da das Zugseil die Uferstraße überquerte, diese jedoch nicht für den Verkehr gesperrt wurde, wurde ich wieder unruhig. Bei jedem Fahrzeug, das über das

Stahlseil fuhr, ging ein starkes Zittern durch mein Auto. Ich wollte gar nicht daran denken, was geschehen würde, sollte der Abschleppring brechen. Mir kam es vor wie eine halbe Ewigkeit, bis wir auf dem Trockenen standen.
Als mir Mario den Preis für seinen von mir versenkten Außenborder nannte, verkrampfte sich noch einmal mein Magen. Ich muss wohl so entschieden „Das kann doch nicht dein Ernst sein!“ geschrien haben, dass er von sich aus die Summe beträchtlich reduzierte. Fluchtartig und im Zorn über das hier Erlebte verließen wir wenig später Makarska. Der erfrischende Fahrtwind und die herrliche Aussicht auf eine tiefblaue Adria besserten meine Laune. Beim Verlassen der Magistrale in Richtung Hinterland wollte ich noch tanken. Durch eine österreichische Tageszeitung auf Trickbetrügereien an den Zapfsäulen aufmerksam gemacht, war ich auf der Hut. Tatsächlich versuchte man auch bei mir eine geringe Menge Treibstoff, die bereits vorher entnommen war, mit zu verrechnen. Trotz meiner Beanstandung, dass sich das Zählwerk der Zapfsäule nicht auf null befinde, machte der Tankwart keine Anstalten, dies zu korrigieren. Stattdessen versuchte er, mit dem Betanken zu beginnen. Ich verschloss den Einfüllstutzen, fluchte und fuhr ab. Einige Kilometer weiter verlief der Tankstopp problemlos.
Nach einer 19-stündigen Fahrt kamen wir frühmorgens nach Wien. Ein abwechslungsreicher, vor allem lehrreicher Segelurlaub war zu Ende. Der Alltag hatte mich wieder, jedoch im Geiste begann ich bereits das nächste Boot zu planen. Am darauf folgenden Wochenende brachte ich meine OASE wieder an den Neusiedler See, um die noch verbleibende Segelsaison zu nützen. Gleichzeitig suchte ich einen Käufer für mein Schiffchen. Glücklicherweise war dieser schon bald gefunden. Freudestrahlend übernahm eine nette Familie meine OASE an ihrem Liegeplatz. Beim Nachhausefahren war ich sehr bedrückt, denn ich ahnte offenbar den langen, entbehrungsreichen Weg zurück zum Fahrtensegeln.

OASE II

Über die Wintermonate hatte ich Zeit, meine Vorstellungen von einer etwaigen OASE II zu konkretisieren. Sie sollte eine Größe haben, welche gerade noch trailerbar ist. Außerdem sollte sie eine sehr stabile Außenschale sowie Stehhöhe im Salonbereich haben. Im Frühjahr 1989 begannen Anita – in der Zwischenzeit meine Frau – und ich mit der Suche nach einem geeigneten Boot. Wir planten, einer Werft den Auftrag für einen etwas abgeänderten Serienbau zu geben. Schon bald jedoch musste ich zur Kenntnis nehmen, dass meine Vorstellungen undurchführbar waren. Entweder gingen die Hersteller nicht auf meine Wünsche ein, oder der Kaufpreis wanderte in schwindelnde Höhen. Also wurde das Thema „neues Serienboot“ ad acta gelegt. Als Nächstes interessierte ich mich für einige Angebote bestehender Konstruktionspläne für den Selbstbau. Da es in Österreich keine wirkliche Selbstbauerszene gibt, verwarf ich auch diese Variante. Im Herbst desselben Jahres stolperte ich zufällig über einen betagten VW-Bus. Da wir ohnehin kein brauchbares Zugfahrzeug für das nächste Boot besaßen, kaufte

ich ihn trotz Anitas Protesten. Sie hatte ernsthafte Bedenken, ob aus dieser „Rostschüssel" je wieder ein verkehrstaugliches Fahrzeug werden würde. Wenige Monate später, im Sommer 1990, fuhren wir mit einem technisch einwandfreien und speziell für unsere Bedürfnisse ausgestatteten Wohnmobil, Marke „Eigenbau", nach Griechenland. Entgegen der Meinung vieler Kritiker war es mir gelungen, mit relativ wenig finanziellen Mitteln, jedoch großem Zeit- und Energieaufwand das angeblich Unmögliche möglich zu machen.
Unser Urlaub verlief herrlich. Mit dem von Anitas Eltern geliehenen Schlauchboot fuhren wir zum Tauchen oder einfach in eine der einsamen Buchten rund um unseren Campingplatz. Meine Gedanken waren dann meistens bei meinem nächsten Segelschiff. Schon sah ich Anita und mich unter einem bunten Spinnaker über das strahlend blaue Meer ziehen. Die Wochen verliefen wie im Fluge. Ehe wirs uns versahen, war der Tag der Heimreise gekommen. Ich war ungenießbar und Anita heulte vor Kummer.
Der Herbst zog ins Land und mit ihm die für mich schlimmste Jahreszeit. Zwar konnte ich mich an den sich färbenden Sträuchern und Bäumen erfreuen, aber die Aussicht auf einige lange, feuchtkalte Wintermonate und das ungelöste Problem meines nächsten Segelboots stimmten mich traurig und unzufrieden. Anita versuchte mich dann öfters mit dem Hinweis auf unsere sich in Renovierung befindende Wohnung zu trösten. Sie meinte, ich hätte dabei schließlich mehr als genug Möglichkeiten, Kreativität und Tatendrang auszuüben. Für mich war das allerdings kein Trost. Abends, wenn Anita schon schlief, vertiefte ich mich immer wieder in meine zahlreichen Sachbücher zu den Themen Schiffsbau, Bootsausrüstung, Werkstoffkunde oder Navigation. Endlich im Bett, las ich vor dem Einschlafen noch einige Zeilen über große Segelabenteuer.
An einem Sonntag im November fuhren wir bei Kaiserwetter an den Neusiedler See. In Breitenbrunn angekommen, inspizierte ich mit Anita im Schlepp erst einmal gründlich den Hafen. Als wir über den Bootssteg schlenderten, versperrte uns ein auf einem alten, hässlichen und unvollständigen Kunststoffschiff liegender Mast den Weg. Darauf war ein von der Sonne ausgebleichter Zettel mit der Aufschrift „zu verkaufen" angebracht. Ich schlug vor, den Besitzer aufzusuchen, um den Preis für dieses „gar nicht so schlechte Schiff" zu erfahren. Wenig später hatte ich die Schlüssel, öffnete das Steckschott und kroch in eine muffige, unausgebaute und stark beschädigte Kajüte. Umgeben von der gesamten Inselwelt des Steppensees, saß ich auf einem schimmligen Schaumstoffkissen und war nicht gerade überzeugt davon, ein – mein – Traumschiff gefunden zu haben. Auf meine Zurufe, doch endlich auch an Bord zu kommen, reagierte Anita mit den Worten: „Nie und nimmer werde ich einen Fuß auf diesen abgewrackten Seelenverkäufer setzen!" Nach dieser wohl mehr als deutlichen Absage verschloss ich den Niedergang und retournierte die Schlüssel. Ich fragte den Besitzer, warum er sein Boot denn verkaufen wolle. Dieser, ein Pensionist, erzählte uns mit trauriger Stimme, dass er den teilweise fertigen Bootskörper vor etwa zwölf Jahren gekauft hatte. Kurze Zeit später bekam er große Probleme mit seinen Kniegelenken. Daher war ein Fertigstellen und Nutzen des Bootes für ihn nicht mehr möglich. Da niemand aus seiner

Familie ernsthaftes Interesse zeigte, das Schiff zu unterhalten, müsse er es schweren Herzens verkaufen, bevor auch der Kunststoffrumpf größeren Schaden nimmt. Nach dieser Erzählung war ich etwas betrübt. Nur zu gut konnte ich die Gefühle dieses alten Mannes nachempfinden. Ich erkundigte mich nach dem Kaufpreis. Er war zwar nicht gerade günstig, aber man könne ja unter Umständen … – Anitas Blicke sprachen Bände. Wir verabschiedeten uns und ich versprach „mir alles zu überlegen und …“ Wieder traf mich ein viel sagender Augenaufschlag. Anschließend spazierten Anita und ich wortlos am Strand entlang. Ich empfand für dieses abgewrackte, hässliche und überhaupt nicht zu meinen Überlegungen passenden Boot Begeisterung, aus welchen Gründen auch immer.
Gegen Abend setzten wir uns in eine Heurigenstube. Bei süßem Wein und Knoblauchbroten, die wir aus Rücksicht aufeinander gemeinsam aßen, begrub Anita ihr Kriegsbeil. Im Gegenzug versprach ich, das Thema Schiffswrack für einige Zeit nicht zu erwähnen. Aber dieses Boot mit seiner unter die Haut gehenden Geschichte ließ mich nicht mehr los.
Wochen später saßen Anita und ich wieder im Garten des Besitzers. Zuvor hatte ich gegenüber meiner besseren Hälfte schwere Überzeugungsarbeit leisten müssen. Trotzdem war ihr Forderungskatalog mir gegenüber nicht von schlechten Eltern. Sie verlangte absoluten Vorrang für unsere Wohnungsrenovierung, einen wesentlich niedrigeren Kaufpreis als den geforderten und eine Garantie dafür, dass dieses Kunststoffgebilde auch jemals eine seegängige Yacht werde. Ich versprach alles, nur um noch einmal das Schiff besichtigen zu können. Dann saß ich wieder auf demselben verschimmelten Kojenkissen wie Wochen zuvor. In meinen Gedanken hatten die Bau- und Renovierungsarbeiten schon begonnen. Das Boot war in der Zwischenzeit gekrant worden und stand auf seinem Trailer. Dieser war ebenfalls in einem technisch äußerst bedenklichen Zustand. Trotzdem gab es einige Argumente dafür, diese auf den ersten Blick schreckliche Yacht samt Zubehör zu erstehen. Die Außenmaße waren ideal, die Substanz des Rumpfes hervorragend, alle von mir geistig geplanten Arbeiten durchaus möglich und auch der Kaufpreis auf ein finanzierbares Maß gesunken. Mit meinem treusten Hundeblick redete ich so lange auf Anita ein, bis sie letztendlich – nicht ohne großen Vorbehalt – ihre Zustimmung zum Kauf gab.
Eine Woche später erklärte sich ein Bekannter bereit, mir beim Transport meines Traumschiffes zu helfen. Mit einem gebrochenen Radlager und zwei durch den Reibungswiderstand rauchenden Reifen am Trailer erreichten wir Wien. Als unsere OASE II dann endlich auf ihrem zukünftigen Bauplatz, einem Autoabstellplatz, parkte, standen neben ihr ein kopfschüttelnder Helfer, die mehr als skeptische Bordfrau sowie der stolze Skipper.

1991–1993: Bau einer Weltumsegleryacht

Wie versprochen hatte ich den Winter über fleißig an der Wohnungsrenovierung gearbeitet. Nebenbei konnte ich mit einigen Überstunden bei meiner Tätigkeit als Straßenbahnfahrer auch noch etwas Geld für den vor mir liegenden Bootsbau

ersparen. Meine erste dahin gehende Arbeit bestand im Kaufen von Kunstharz, Glasmatten und Schiffsbauholz. Kurze Zeit später begann ich, den beschädigten Rumpf komplett auszuräumen. Die Bilge war mit Ölfarbe gestrichen, was mir noch einige Schwierigkeiten machen sollte. Als nur noch die nackte Rohschale vorhanden war, kletterte Anita zum ersten Mal in das Boot. Sichtlich zufrieden mit dem Platzangebot, schien sie aber immer noch sehr skeptisch gegenüber meinem Vorhaben zu sein.
Nachdem ich zwei Autoanhänger voll Sperrmüll entsorgt hatte, begann ich mit dem Vermessen der Rohschale. Danach richtete ich den Bootskörper auf seine angebliche Wasserlinie ein. Nun laminierte ich zur Versteifung des Rumpfes einige Teile der zukünftigen Schotten ein. Diese Arbeit war mehr als unangenehm, da ich im Arbeitsbereich die oberste Schicht des alten Laminates händisch abstemmen musste. Dabei vermummte ich mich wie ein Beduine. Trotzdem durchbohrten ab und zu kleine Kunstharzsplitter wie Nadeln die Kleidung. Sie verursachten nicht nur große Schmerzen, sondern auch tagelang anhaltenden Juckreiz. Im Vorschiffbereich laminierte ich Kollisionsschott, Ankerkasten und Fluchtluke. Die Deckaufbauten entfernte ich fast komplett. Mit Conticellplatten, sie bestehen aus kunstharzdurchlässigem, in Waffelform gepresstem PU-Schaum, formte ich das zukünftige Deck. Bei den danach notwendigen Laminierarbeiten bereitete mir ein gewittriges Frühsommerwetter zunehmend Stress. Da mein Bauplatz nicht überdacht war, musste ich immer ein Ohr für den Wetterbericht haben und ein Auge auf den Himmel richten. Waren Regenwolken im Anzug, beendete ich die Laminierarbeiten an der Außenseite, deckte das Boot mit einer Plane ab und werkte im Inneren weiter.
Endlich war das Deck an der Oberseite fertig laminiert. Es folgten nicht enden wollende Schleifarbeiten. Etwas verzweifelt schrieb ich in mein Tagebuch: „Wieder einmal endloses Rendezvous mit Schleifarbeiten." Dann kam der heiß ersehnte Urlaub.
In Sardinien genossen Anita und ich vier wunderbare Wochen. Beim Baden und Tauchen waren die Mühen des Bootsbaues bald vergessen. Abends saßen wir aneinander geschmiegt auf dem breiten Sandstrand Algheros. In der Ferne schickte der Leuchtturm von Capo Caccia seine Lichtkegel über das Meer und bewahrte damit die Schiffe vor der imposanten Steilküste. Wir träumten davon, mit unserer Segelyacht durch das Mittelmeer zu ziehen, und waren rundherum glücklich. Wenige Tage vor der Heimfahrt stöberte ich bei einem Schiffsausrüster eine Ankerkette auf. Der Verkäufer feilschte mit mir um den Preis, wenig später gingen Anita und ich in Richtung Parkplatz. Sie trug das erleichterte Portemonnaie und ich brach unter dem Gewicht der Ankerkette fast zusammen.
Kaum waren wir wieder daheim, bereitete ich die OASE II für das Winterlager vor. Ich strich das gesamte Laminat mit Gelcoat. Dadurch wurde es wasserdicht und war vor Frostschäden sicher. Im November half mir Anitas Vater, die Trailerachsen zu reparieren. Wir montierten neue Radlager und Reifen. Einsetzender Schneefall und Kälte verhinderten jede weitere Arbeit am Schiff. Mit meiner Arbeitsleistung zufrieden, freute ich mich auf das bevorstehende Weihnachtsfest.

Bis Ende Februar konzentrierte ich mich darauf, das Sparschwein der OASE II kräftig zu füttern. Anfang März begann dann seine Abmagerungskur. Wochenlang war ich mit dem Besorgen diversen Baumaterials beschäftigt. Als das Wetter frühlingshaft wurde, begann ich wieder mit den Arbeiten an meinem Schiff. Einige wenige Decksbeschläge waren vom Vorbesitzer mit gewöhnlichen Eisenschrauben fixiert worden. Diese waren nun so eingerostet, dass man sie mit einem Schraubenschlüssel nicht mehr öffnen konnte. Auch noch so üppiges Besprühen mit Kriechöl zeigte keine Wirkung. Das Einsetzen einer Eisensäge oder Trennscheibe war aus Platzgründen nicht möglich. Zum Unmut einiger Anrainer blieb mir nichts anderes übrig, als stundenlang jede einzelne Schraube mit dem Stahlmeißel abzustemmen. Wenig später montierten Anita und ich die neuen Deckshausfenster. Bei der Dimensionierung diverser Ausrüstungsgegenstände hielt ich mich an die Empfehlungen des Germanischen Lloyd. Oft fertigte ich sie noch etwas kräftiger.
An einem Abend im Juni 1992 befiel mich dann eine scheinbar unheilbare Krankheit. Kein Geringerer als Rollo Gebhard bezeichnet sie mit einem seiner Buchtitel als „Segelfieber“. Während ich zu Hause am Schreibtisch saß und Tagebuch schrieb, keimten in mir die ersten Gedanken an eine Weltumsegelung. Hatte ich beim Bootskauf höchstens an einen Transatlantiktörn gedacht, war nun das Segel-Virus voll aktiv geworden. Nach kurzem Überdenken bezeichnete ich mich erst einmal selbst als Spinner und verwarf den Gedanken.
Im Juli feierte ich die 500. Arbeitsstunde an der OASE II. Ich verbrachte sie mit dem Schleifen des Rumpfes und einer Tasse Löskaffee. In den nächsten Wochen modifizierte ich den Rumpf und besserte einige alte Schäden im Rumpflaminat aus. Daraufhin brachte ich fünf Schichten Sperrgrund und den Schlusslack auf. Dabei hätte beinahe eine Unachtsamkeit die OASE II schwer beschädigt: Um den letzten Rumpfanstrich in einem Durchgang ohne Aussparungen durchführen zu können, entfernte ich sämtliche Seitenstützen am Bootstrailer. Nach einigen Stunden hatte ich meine Malarbeiten abgeschlossen. Zufrieden kletterte ich auf das Gerüst hinter dem Heck der OASE II und sprang, um die frisch lackierten Flächen nicht zu beschädigen, mit einem weiten Satz in die noch unlackierte Plicht. Kaum war ich gelandet, begann das Schiff zu schwanken. Wie ein Blitz durchfuhr es mich: die Trailerstützen! Zur Untätigkeit verdammt, harrte ich bewegungslos aus und wartete, was nun wohl geschehen würde. In meinem Kopf zeichnete sich bereits ein Drama ab: Das vom Trailer gekippte Schiff liegt, wie von einer Flutwelle an Land geschleudert, stark beschädigt auf der Wiese. Möglicherweise begräbt es mich sogar unter sich. In meiner panischen Angst registrierte ich jedoch, dass meine Horrorvision nicht eintraf. Die Pendelbewegungen wurden kleiner, und letztendlich stand die OASE II mit einem bleichen, vor Angst schwitzenden Skipper wieder ruhig und fest, als wäre nichts geschehen. Ich kletterte wie auf Samtpfoten auf das Baugerüst. Dann setzte ich mich in den Schatten eines großen Kastanienbaumes und versuchte mich zu entspannen.
Den Herbst desselben Jahres nutzte ich noch zum Fertigen der Ruderanlage. Die restliche Zeit bis Weihnachten versuchte ich, die bereits erwähnte Ölfarbe an der

Innenseite des Rumpflaminates zu entfernen. Leider blieb mir nichts anderes übrig, als äußerst gefühlvoll die oberste Laminatschicht abzustemmen, um sie anschließend mit einigen Verstärkungen wieder aufzubauen. Nach dieser Sklavenarbeit ging die OASE II zum zweiten Mal für kurze Zeit ins Winterlager.
Kurz nach den Weihnachtsfeiertagen ermutigte mich ausgesprochen mildes Winterwetter, die Arbeit an der OASE II wieder aufzunehmen. Bei 15° C plus – und das Mitte Januar – begann ich mit diversen Nirosta-Arbeiten. Danach montierten Anita und ich die Scheuerleisten. Kaum hatten wir das letzte Stück angebracht, kehrte über Nacht der Winter zurück. Eine dicke Schneeschicht bedeckte das Boot und machte jede weitere Außenarbeit unmöglich.
Den ganzen Februar über diskutierten Anita und ich über meine Idee einer Weltumsegelung. Dabei wurde immer deutlicher, dass ich diese Reise einhand machen würde. Zwar erklärte sich Anita bereit, mein Vorhaben zu unterstützen, lehnte aber gleichzeitig ein Mitsegeln kategorisch ab. Zu groß waren ihre Sicherheitsbedenken. Unmöglich erschien ihr das Aufgeben unserer derzeitigen Lebensart. Ihre Bindung an Familie und Beruf war ganz einfach stärker als der Drang nach Freiheit und Abenteuer. Zu dieser Zeit stellte ich auch des Öfteren mein geplantes Unternehmen grundsätzlich in Frage. Hatte ich überhaupt das Recht, derartige Forderungen an meine Partnerin zu stellen?

Aus Anitas Tagebuch

Habe wieder einmal eine fruchtlose Diskussion mit Norbert geführt. Er kann oder will ganz einfach nicht einsehen, dass ich derzeit keine Lust habe, alles aufzugeben, um ihn zu begleiten. Andererseits ist es mir unverständlich, dass er hier alles für eine Traumvorstellung, die noch nicht einmal konkrete Formen hat, aufgeben möchte. Abgesehen davon hege ich starke Zweifel, ob wir auf der für eine Weltumsegelung viel zu kleinen OASE II zufrieden sein könnten. Verdammte Weltumsegelung!

Trotzdem ertappte ich mich dabei, immer öfter Ausrüstungsgegenstände speziell auf eine Hochseereise auszulegen. Ich stellte das Rigg zusammen. Der anhaltend strenge Winter machte bis Anfang April Kunststoffarbeiten im Freien unmöglich. Daher beschäftigte ich mich mit Schweißarbeiten an der Ruderanlage.
Ständig Wind und Schnee ausgesetzt, erkrankte ich an einer schweren Grippe. Kaum hatte ich das Fieber etwas unter Kontrolle, erlernte ich im Selbststudium die Astronavigation. Gleichzeitig begann ich, meine nunmehr für mich unumstößliche Einhandweltumsegelung finanziell zu planen. Trotz ihrer Bedenken half mir Anita, einen Finanzplan zu erstellen. Meine Abfahrt setzte ich für August 1995 fest.
Kaum fühlte ich mich etwas besser, begann ich mit dem Einlaminieren von Schotten und Versteifungen in die Rohschale der OASE II. An einem Sonntag bekam ich frühmorgens starke Herzschmerzen. Der von Anita herbeigeholte Notarzt schrieb die Symptome dem Umstand zu, dass ich die Grippe nicht völlig auskuriert hatte. Das war also die Rechnung für mein unvernünftiges Handeln.

Wieder musste ich Antibiotika einnehmen und war froh, meine Arbeit als Straßenbahnfahrer zu schaffen. Der Bootsbau hatte jetzt für einige Zeit Pause.
Endlich zog der Frühling ins Land, gleichzeitig war ich auch gesundheitlich wieder auf der Höhe. Ich begann mit dem Einbau der Batterien. Danach schwang ich den Pinsel und versiegelte die Rohschale auf der Innenseite mit Plastolite. Der Countdown für unsere Schiffstaufe lief. Voller Euphorie führte ich noch einige Malarbeiten durch und montierte die wichtigsten Beschläge.
Am 22. Mai 1993 hob der Schiffskran in Breitenbrunn am Neusiedler See die einigermaßen ausgefertigte Rohschale meiner OASE II vom Trailer. Ein Innenausbau war noch nicht vorhanden. Ich wollte erst einmal testen, ob die Festigkeit der Außenschale und das Rigg meinen Vorstellungen entsprachen. Nach einer seemännischen Schiffstaufe auf den Namen OASE II ging es ab ins Wasser. Die Familie half beim Maststellen. Kurz danach steuerte ich mit Hilfe des Elektromotors meinen ersten Liegeplatz an.
Der Sommer verging mit herrlichen, wenn auch auf Grund des fehlenden Innenausbaus spartanischen Segelwochenenden. Ich ergänzte die Segelgarderobe und testete diverse Ausrüstungsgegenstände bei Schlechtwetter auf ihre Tauglichkeit. Dabei erwies sich das noch nicht modifizierte Heck als Fehlkonstruktion. Es war schlicht und einfach zu kurz. Daher bildete sich bei einer Fahrtgeschwindigkeit von über zwei Knoten eine große Heckwelle, welche das Schiff bremste. Auch das Ruderblatt war zu klein dimensioniert.
Ende Juli erlebten Anita und ich mit der OASE II die erste Sturmfahrt. Bei acht Windstärken unterliefen mir einige Missgeschicke im Umgang mit Fallen und Schoten. Am Abend war Anita nervlich geschafft, ich jedoch um einige Erfahrungen reicher. Materialbruch gab es Dank meiner großzügigen Dimensionierungen nicht. Im August schloss ich die Reparaturarbeiten am Bootstrailer ab. Danach fuhren wir zum bereits gewohnten Urlaub ans Mittelmeer.
Dieses Mal hieß unser Ziel Sizilien. Am weißen Sandstrand nahe Syrakus sprachen Anita und ich täglich über meine geplante Weltumsegelung. Dabei musste ich schweren Herzens zur Kenntnis nehmen, dass der von mir vorgesehene Abfahrtszeitpunkt unhaltbar war. Als neuen Starttermin peilte ich August 1996 an.
Wieder daheim, erlebten Anita und ich noch einige schöne Herbstwochenenden am Neusiedler See. Danach transportierten wir die OASE II wieder an ihren Bauplatz. Ich begann mit der Fertigung des Innenausbaues. Bis Ende des Jahres hatte ich das Vorschiff, die Pantry und einige Teile der Navigationsecke gefertigt.
Im Februar 1994 setzte ich den Innenausbau fort. Nun lag die Tücke im Detail. Jedes einzelne Holzteil musste ich erst einmal schablonieren. Danach konnte ich ein passgenaues Original zuschneiden und einbauen. So kam es, dass ich oft viele Stunden am Tag an einem Ausbauteil arbeitete, ohne nachher überhaupt einen Fortschritt zu erkennen. Ich intensivierte die Arbeit am Schiff immer mehr. Dadurch vernachlässigte ich gezwungenermaßen Anitas Bedürfnisse. Ich begann ungewollt ihre Interessen zu ignorieren. Ohne es zu merken, lebten wir uns

auseinander. Anita, mit ihrer in sich gekehrten Art, wollte mich nicht ständig bremsen, ich, den bereits einmal verschobenen Abfahrtstermin vor Augen, arbeitete im Akkordtempo. Bis Ende März waren alle Schweißarbeiten abgeschlossen. Danach nähte ich Kojenkissen und Vorhänge. Noch im April laminierte ich das neue Heck, im Mai brachte ich den Antirutschbelag an Deck auf. Hunderte Kleinigkeiten wurden von mir erledigt.
Dann kam der Tag, an dem der Schiffskran von Breitenbrunn eine fertige strahlende OASE II ins Wasser hob. Anstatt jetzt etwas nachzulassen, verbrachte ich nach wie vor die meiste Zeit mit Vorbereitungsarbeiten für meine Weltumsegelung. Trotzdem fiel mir bei Anita eine gewisse Wesensveränderung auf. Danach befragt, sagte sie nur: „Es ist alles in Ordnung." In meiner Engstirnigkeit führte ich ihre manchmal direkt melancholische Art auf großen Berufsstress zurück. Den eigenen Kopf voller Sorgen und Probleme, machte ich mir keine weiteren Gedanken über etwaige seelische Nöte meiner Frau.

Aus Anitas Tagebuch
Norberts Pläne einer Weltumsegelung werden immer konkreter. Für mich steht fest, ich werde nicht mitsegeln. Wenn er es tun will, werde ich ihn nicht halten. Ich habe keine Lust, einen ständig mürrischen Partner an meiner Seite zu haben oder mir vielleicht nach einigen Jahren anzuhören, du bist schuld, dass ich nicht um die Welt gesegelt bin. Er denkt in keiner Minute an mich. Er ist mit seinem Kopf nur bei seiner OASE II. Ich habe es satt, mich ständig hinter dem Boot anzustellen. Ich werde mein Leben eben darauf einstellen, alleine zu sein.

Der Warnschuss vor dem Anfang

Dann kam der 10. Juli 1994, ein Sonntag wie viele andere auch. Anita und ich waren von Breitenbrunn nach Podersdorf gesegelt. Dort angekommen, vertäuten wir die OASE II an der Nordseite der Mole. Über Nacht hatte sich das Wetter verschlechtert. Es herrschte Starkwind aus Nordwest und Regen. Eine kurze unangenehme See rollte von Nordwest und ließ das Wasser an unserem Liegeplatz brodeln. Die OASE II zerrte an ihren Festmachern. Nach Steuerbord hatten wir zusätzlich zwei Anker ausgebracht, um das Schiff von der Mole freizuhalten. Ich fand keinen Schlaf. In den frühen Morgenstunden begann ich mit einer fatalen Serie von Fehlentscheidungen, denen die OASE II zum Opfer gefallen wäre, hätte Anita nicht die Nerven behalten und richtig gehandelt.
Vom einzigen Gedanken getrieben, endlich hier wegzukommen, schlug ich Sturmsegel an. Trotz Anitas Hinweis auf die geringe Wassertiefe, starken auflandigen Seegang und den engen Manövrierraum legte ich ab.
Minuten später war das Chaos perfekt: Ich löste erst die Festmacher, anschließend verholte ich das Schiff an den Ankerleinen von der Mole weg. Daraufhin setzte ich Segel und holte die Anker ein. Noch bevor unsere OASE II Fahrt aufnehmen konnte, drückte eine Welle den Bug nach Steuerbord. Der Elektromo-

tor kämpfte vergebens gegen Wellen und Strömung. Während ich alle Schoten noch dichter holte, ging ein Zittern durch den Schiffskörper. Wir saßen auf Grund! In meiner Panik dachte ich nicht daran, in das nur einen Meter tiefe Wasser zu springen, um die Anker wieder auszubringen. Auch kam ich nicht auf die Idee, das Schiff mit einem Festmacher am weiteren Abtreiben zu hindern. Mit jeder Welle neigte sich der Rumpf, hob kurz vom Grund ab, um danach immer etwas näher bei der Mole hart auf Ruderblatt und Kiel aufzusetzen. An die Mole getrieben, sprang ich an Land und lief zum Gendarmeriestützpunkt, um Hilfe herbeizuholen.
In der Zwischenzeit hatte Anita geistesgegenwärtig das Schiff mit zwei Leinen vor dem weiteren Abtreiben gesichert. Ohne diese Leinen wäre die OASE II bis zu meiner Rückkehr an den steinernen Wellenbrecher nur etwa 15 Meter weiter achtern getrieben und dort von der See zerschlagen worden.
In der Zwischenzeit war ich am Gendarmerieposten angekommen. Dort empfing mich ein mürrischer Beamter. Er hörte sich meine Bitte um Schlepphilfe an und meinte danach: „Was sollen wir da machen?“ Noch einmal erklärte ich total entnervt meine Notsituation. Jetzt verstand auch der Amtsschimmel, was geschehen war. „Nun, bei diesem Wetter kann man auch mit dem Seenotrettungsboot nicht ausfahren. Und außerdem, wenn das Schiff schon auf Legerwall liegt, dann ist sowieso alles zu spät.“ Sprach's und komplimentierte mich zur Tür, denn schließlich habe man ja auch noch „ernsthafte“ Probleme zu behandeln.
Wie in Trance lief ich zum Schiff zurück. Auch bei einigen am Weg gelegenen Bootsvermietern erhielt ich keine Hilfe. Offensichtlich war deren einziger Gedanke, nach meiner frühmorgendlichen Störung wieder ins noch warme Bett zu kommen.
Inzwischen war etwa eine halbe Stunde vergangen. Während ich resignierend zur Mole zurücklief, entstand vor meinem geistigen Auge ein Horrorszenario. Ich rechnete damit, eine weinende Anita bei einem zerstörten Boot anzutreffen. Doch weit gefehlt: Im Hafen lag meine OASE II. Zwar immer wieder auf Grund setzend, jedoch mit Leinen an der Pier gesichert. Anita war total abgekämpft und sagte nur: „Na, dass du auch schon kommst.“ Ich schöpfte wieder Hoffnung. Irgendwie musste es uns gelingen, das Schiff wieder in tiefes Wasser zu ziehen.
In der Zwischenzeit waren in einiger Entfernung vier Fischer eingetroffen. Ich lief zu ihnen und bat sie um Hilfe. Sie willigten sofort ein. Am Bug der OASE II belegte ich lange Leinen, an denen unsere Helfer und wir immer dann zogen, wenn eine größere Welle das Boot unterlief. Zentimeter um Zentimeter konnten wir so an Boden gewinnen. Nach fast zwei Stunden hatten wir es geschafft: Die OASE II lag wieder fest vertäut an ihrem alten Liegeplatz. Vor Anstrengung und Nervosität wurde mir schlecht. Anita behielt nach wie vor die Nerven und bereitete für unsere Helfer Frühstück.
Am Nachmittag besserte sich das Wetter und wir segelten nach Breitenbrunn zurück. Dabei machte uns noch einmal ein schweres Gewitter zu schaffen. Völlig entkräftet erreichten wir den Hafen. Nachdem das Schiff aufgeklart war, traten

1

Der Bau einer Weltumsegleryacht
1. Verarbeiten des Decklaminates
2. „Moderner“ Schmelzofen für den Bleiballast
3. 600 kg Stahl sorgen für das aufrichtende Moment

2

3

4. Die Rohschale ist fertig
5. 8 kg Bordapotheke
6. Verabschiedung durch Wiens damaligen Vizebürgermeister Dr. Sepp Rieder
7. Grado am Tag der Abfahrt
8. Start ins große Abenteuer

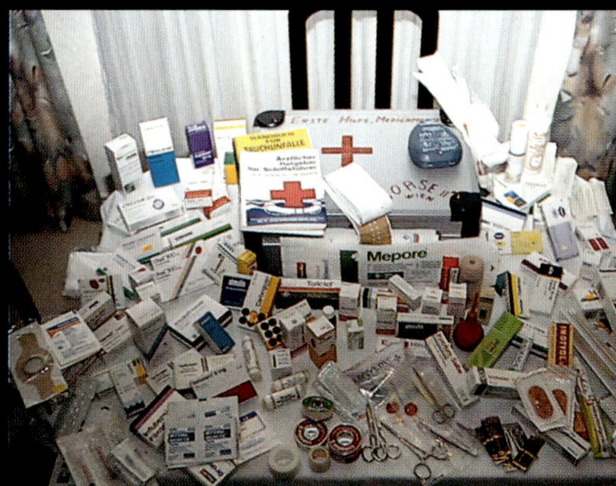

6

8

Gibraltar und seine
Ureinwohner

wir die Heimreise nach Wien an. Wieder einmal war ein „erholsames" Segelwochenende vorbei.
Sechs Wochen später fuhren wir abermals auf Urlaub nach Sizilien. Nach einer ausgedehnten Inselrundfahrt verbrachten wir drei Wochen auf dem uns schon vom Vorjahr bekannten Campingplatz nahe Syrakus. Wieder diskutierten Anita und ich tagtäglich über meine Weltumsegelung. Für den Sommer 1995 planten Anita und ich einen gemeinsamen Segeltörn mit der OASE II durch die Adria bis Malta. Dort angekommen, würde Anita nach Hause fliegen, während ich mein Schiff einhand nach Genua segeln wollte. Wieder daheim, ging unser Leben den bereits gewohnten Trott. Während ich mich immer weiter in das Unternehmen Weltumsegelung vertiefte, begann Anita ernsthaft darunter zu leiden. Da ich aber fast ausschließlich zum Essen und Schlafen nach Hause kam, blieb mir diese Tatsache immer noch weitgehend verborgen.

Aus Anitas Tagebuch
Mir reicht es jetzt endgültig. Boot, Boot, Boot! Ich habe es satt. Er soll sein Leben leben und ich werde mein Leben leben. Wenn er nur Zeit für sein Boot hat, braucht er mich sowieso nicht. Ich werde meiner eigenen Wege gehen. Ich sehe nicht ein, dass ich immer nur nebenher leben soll. Da kann ich gleich alleine sein, dann kann ich wenigstens tun und lassen, was ich möchte. Ich lasse mich scheiden.

Das böse Erwachen

Auch im gerade angebrochenen Jahr 1995 vergingen die Tage in alter Manier mit Geldverdienen und Bootsbau. Allmählich wurde mir klar, wie viel Organisationsarbeit notwendig ist, um eine Weltumsegelung unter einigermaßen geregelten Voraussetzungen zu beginnen. Obwohl ich noch etwa 18 Monate bis zur Abfahrt Zeit hatte, verging kein Tag für mich, ohne mit irgendwelchen Problemen konfrontiert zu werden. Die letzte baulich schwierige Aufgabe war das Fertigen des Kieles. Aufgrund der bereits erwähnten geringen Wassertiefe des Neusiedler Sees hatte ich den Stahlkiel erst provisorisch ohne den notwendigen Bleiballast gefertigt. Nun stürzte ich mich auf das Fertigstellen des Unterwasserschiffes.
Mit Hilfe eines Autowagenhebers konnte ich die OASE II auf ein von mir geschweißtes Stahlgerüst heben. Danach konnte ich den Bootstrailer unter dem Schiff wegschieben. Somit waren die Voraussetzungen für die Arbeiten am Kiel geschaffen. Nach dem Entrosten der Stahlplatten verschweißte ich den von mir in ein Formrohr gegossenen Bleiballast mit der Unterseite des Kiels. Danach wurde der gesamte Kiel von mir einlaminiert, um eine erneute Rostbildung dauerhaft zu verhindern. Anschließend brachte ich die notwendigen Schichten von Grundfarbe und Schlusslack auf.
Im April wurde ein österreichischer Seebrief für die OASE II ausgestellt. Somit stand einem Segeln auf den Ozeanen nichts mehr im Wege. Oder doch?
„Ich lasse mich scheiden", mit diesem im Laufe einer unserer Diskussionen zum

Thema Weltumsegelung ausgesprochenen Satz holte mich Anita in die Realität zurück: Ein Nebenherleben war ihr trotz aller Liebe nicht mehr möglich. Dazu kam die große Angst, mir könnte während meiner Reise etwas zustoßen. Die Flucht vor all diesen Umständen, die sie so sehr belasteten, erschien ihr als die einzige Möglichkeit, um nicht selbst zu zerbrechen.
Kurz nach dieser Aussprache waren wir geschieden. Alle meine endlosen Beschwörungen hatten daran nichts ändern können. Anita zog aus.

Aus Anitas Tagebuch
Aus und vorbei. Endlich sind wir geschieden. Einerseits bin ich heilfroh, andererseits tut es mir Leid. Aber ich weiß, es war das einzig Richtige. Er kann nun tun und lassen, was er möchte, und ich ebenfalls. Ich brauche mich nicht mehr in zweiter Reihe anstellen. Ich kann jetzt endlich für mich selbst leben. Ich brauche Abstand. Es ist die einzige vernünftige Lösung. Ich brauche meine Ruhe und Stabilität.

Die Einsamkeit bescherte mir Höllenqualen. Schlagartig wurde mir wieder bewusst, wie wichtig diese Frau für mein Lebensglück war und wie sehr ich sie trotz allem immer noch liebte. Schlafstörungen und Appetitlosigkeit setzten ein. Was mich jedoch am stärksten belastete, war das Bewusstsein, an dieser Tragödie selbst schuld zu sein. Natürlich war ich nach außen hin der arme, verlassene Ehemann. In Wahrheit hatte ich jedoch diesen Umstand durch meine Engstirnigkeit und das völlige Ignorieren von Anitas Interessen selbst verursacht. Ihre drastischen Konsequenzen waren zwar nicht die feine Art, für mich aber bei objektiver Betrachtung im Nachhinein durchaus verständlich. Obwohl ich gerade in dieser Situation alle Voraussetzungen für meine geplante Weltumsegelung erfüllt hatte, war dieses Projekt doch vorübergehend gestorben. Meine ganze Psyche hatte sich verändert, Wertigkeiten verschoben sich total.
Sobald ich mich von diesem Schock aber einigermaßen erholt hatte, stürzte ich mich noch mehr in die Arbeit. Ich leistete Überstunden, arbeitete zusätzlich an meiner OASE II und begann, langsam wieder die von mir geplante Weltumsegelung zu überdenken. Nach wie vor aber dachte ich oft an Anita. In Wahrheit wünschte ich mir nichts sehnlicher, als sie wieder in meine Arme schließen zu können.
Es wurde Sommer. An einem heißen Samstag stand das Fertigen der Gläserhalter auf dem Tagesprogramm. Beim Ausschneiden der notwendigen Öffnungen mit einer Rundsäge sprang diese plötzlich aus ihrer Führung. Das Sägeblatt wirbelte über meinen linken Daumen und verursachte eine tiefe Schnittwunde. Sofort schoss mir das Blut in Strömen entgegen. Nach der ersten Schrecksekunde versorgte ich die böse aussehende Wunde. Trotz starker Knochenschmerzen waren die Gelenkknochen und Sehnen unverletzt. Es war lediglich eine tiefe Fleischwunde. Ich setzte mich auf den Niedergang der OASE II, um meinen Schock zu überwinden. Kurz danach wurde ich ohnmächtig und stürzte ins Innere des Schiffes. Als ich nach einigen Minuten erwachte, hatte ich neben meiner wieder

stark blutenden Schnittwunde auch noch einen Cut am Hinterkopf. Trotzdem beendete ich nach einer kurzen Erholungspause meine begonnenen Arbeiten. Wieder daheim, reinigte ich meine Wunden und verfiel in tiefe Depressionen.
Der August zog ins Land und mit ihm meine Urlaubsvorbereitungen. Von Verwandten und Bekannten in meinem Tun bestärkt, hatte ich beschlossen, meine OASE II wie vorgesehen nach Italien zu trailern. Von Grado aus wollte ich zu einem sechswöchigen Segeltörn aufbrechen. Da ich in der Zwischenzeit wieder Kontakt zu Anita hatte, war meine Gefühlswelt neuerlich in Aufruhr. Sie half mir zwar bei den Vorbereitungsarbeiten, an einen gemeinsamen Segelurlaub war jedoch nicht zu denken.
Es kam der Tag der Abfahrt. Gemeinsam mit Bekannten trailerte ich die OASE II nach Grado an die obere Adria. Die Fahrt verlief ohne größere Zwischenfälle.
Einige Stunden später schwamm meine OASE II zum ersten Mal in der Adria. Wir stellten den Mast, dann halfen meine Freunde noch beim Umstauen sämtlicher zur Fahrt auf einige Autos verteilten Ausrüstungsgegenstände. Tags darauf traten sie die Heimreise an.
Ich war allein mit meinem Schiff. Unfreundliches, nasskaltes Wetter verstärkte mein Gefühl der Einsamkeit. Abends verkroch ich mich in der Koje und las eine Südseereiseerzählung. Darüber schlief ich ein. Ich träumte, gemeinsam mit Anita auf der tiefblauen Adria nach Süden zu segeln. Die Sonne schien von einem leicht bewegten, mit kleinen Schönwetterwolken geschmückten Himmel. Wir lagen im Cockpit, große innere Ruhe und tiefe Zufriedenheit breiteten sich aus. Doch irgendwann waren Traum und Nacht zu Ende.
Das Wetter hatte sich noch nicht wesentlich gebessert. Böiger Nordwind und zahlreiche heftige Regenschauer ließen das von mir geplante Auslaufen im wahrsten Sinne des Wortes ins Wasser fallen. Starker Regen und heftige Gewitter zwangen mich, noch einen Tag zuzuwarten. Langsam wurde ich unruhig. Der äußerst knapp kalkulierte Zeitplan begann zu wackeln. Meine ohnehin in den letzten Monaten stark strapazierten Nerven sorgten für stark schwankende Stimmung.
Endlich, nach drei Tagen besserte sich das Wetter etwas und ich lief mit Kurs Ancona aus. Nachdem ich das offene Wasser erreicht hatte, kuppelte ich den Autopiloten ein. Zu meinem Entsetzen arbeitete dieser in die falsche Richtung. Nervös und etwas seekrank konnte ich in der Betriebsanleitung das Kapitel „Arbeitsrichtung“ nicht finden. Kurzerhand polte ich die Zuleitung um. Und es funktionierte: Unter Motor tuckerte ich in Richtung Süden. Am Nachmittag entwickelten sich über der slowenischen Küste mächtige Gewitterwolken. Wenig später setzte Südwind ein. Kurz darauf packte mich die erste Gewitterfront. Überrascht von deren Heftigkeit, konnte ich gerade noch die Genua bergen. Mit gerefftem Groß steuerte ich, von Sturmböen getrieben, Richtung italienische Küste. Um 1 Uhr 30 nachts lief ich in Cavallino am nördlichen Ende des Golfes von Venedig ein. Obwohl total geschafft, bereitete ich mir ein ausgiebiges Essen und war stolz darauf, diese Sturmfahrt schadlos überstanden zu haben.
Nach einem Ruhetag durchsegelte ich den Golf von Venedig. Bei leichtem Ost-

wind und schwachem Seegang genoss ich es zum ersten Mal, alleine auf See zu sein. Vieles an meiner OASE II ließ bereits jetzt den Schluss zu, dass sie sich trotz ihrer bescheidenen Größe auf den Weltmeeren behaupten würde. Wesentliche, bewusst einfach gehaltene Ausrüstungsteile erwiesen sich als äußerst zweckmäßig.
Am Nachmittag erreichte ich das Podelta und beschloss, in einem der unzähligen Seitenarme die Nacht zu verbringen. Kurze Zeit später lag die OASE II direkt am Schilfrand in einem Nebenarm des Po, etwa 500 Meter stromaufwärts der Mündung. Während ich mich in der Pantry zu schaffen machte, flogen Rohrhüpfer bis in den Niedergang und erbettelten laut piepsend ihren Anteil am Abendessen.
In den darauf folgenden Tagen genoss ich die idyllische Abgeschiedenheit in der mittleren Adria. Auf Grund des wechselhaften Wetters hatte ich ausreichend Gelegenheit, mein Boot zu testen. Mehrmals am Tag änderten sich Wind und Seegang, Flauten und Gewitterstürme gingen manchmal nahtlos ineinander über, und somit hatte ich alle Hände voll zu tun, die OASE II zu segeln. Langsam spürte ich Sicherheit beim Umgang mit Fallen und Schoten. Wichtige Bewegungsabläufe wurden Routine. Wenn ich das Schiff richtig getrimmt hatte und der Windpilot steuerte, saß ich zufrieden auf den Mastfuß gelehnt auf dem Vorschiff, blickte über die leicht bewegte Adria und ließ meinen Gedanken freien Lauf.
Nächstes Jahr im August sollte es losgehen, das war für mich nun beschlossene Sache. Gleichzeitig wurde mir jedoch klar, meinen ursprünglichen Routenplan auf Grund des schlechten Wetters nicht einhalten zu können. Ich beschloss, die mir noch verbleibende Zeit in der Adria zu verbringen. Im September hob der Portalkran in Porto San Vito die OASE II an Land. Meine Generalprobe war erfolgreich abgeschlossen.

Monate des Nervenkrieges

Zurück in Wien, erstellte ich einen Plan, um die unzähligen Vorbereitungsarbeiten bis zu meiner Abfahrt einigermaßen einteilen zu können. Da ich von Anfang an mit dem Gedanken spielte, nach meiner Weltumsegelung nicht mehr als Straßenbahnfahrer zu arbeiten, sondern mir mit Segeln meinen Lebensunterhalt zu finanzieren, kam mir das Angebot meines Freundes Erwin sehr gelegen, mich bei der notwendigen Öffentlichkeitsarbeit zu unterstützen.
Bis zum Jahreswechsel hatte ich viele der offenen Punkte erledigt, trotzdem schien die Liste kein Ende zu nehmen. Seit etwa zwei Monaten war ich alle zwei Wochen bei meiner Zahnärztin. Unter anderem hatte sie die schwierige Aufgabe, mir zwei quer gewachsene Weisheitszähne operativ zu entfernen. Dies war notwendig, um etwaige Kieferprobleme im Vorhinein auszuschalten. Trotz meiner panischen Angst vor dem „Marterstuhl“ ließ ich die notwendige Behandlung über mich ergehen.
Im Januar 1997 informierte ich mit Erwins Hilfe zum ersten Mal die Öffentlichkeit über mein Vorhaben.

Mehrere Tageszeitungen interessierten sich für meine abenteuerlichen Pläne. In ausführlichen Artikeln berichteten sie über meinen geplanten Umstieg vom Straßenbahnfahrer zum Weltumsegler. Damit war es mit der bis zu diesem Zeitpunkt konsequenten Geheimhaltung zu Ende. Wussten bisher nur einige Familienmitglieder von meinem Vorhaben, war es ab sofort für Freunde und Arbeitskollegen Thema Nummer eins. Kaum hatte sich die erste Überraschung gelegt, gab es viele verschiedene Meinungen über mein Vorhaben. Schon bald diskutierten selbst ernannte „Fachleute“ mit mir Sinn und Unsinn meines geplanten Abenteuers. Obwohl ich zu Beginn ernsthaft versuchte, Aufklärungsarbeit zu leisten, musste ich schon bald zur Kenntnis nehmen, dass gegen Vorurteile, Besserwisserei und Neid noch kein Kraut gewachsen ist. Einige Zeitgenossen machten sich sogar die Mühe, meinen unausweichlichen Schiffbruch vorauszuberechnen: „Da könnte doch jeder kommen und mit einem zusammengestückelten Kunststoffwinzling die Welt umsegeln. Und außerdem, was kommt danach? Den sicheren Beamtenposten aufgegeben, in Zeiten wie diesen ohne ordentliche Arbeit dastehen? Und überhaupt, wie ...!“
Auch einer meiner unmittelbaren Vorgesetzten glaubte zuerst an eine Zeitungsente und riet mir nahezu beschwörend, ich solle mir das noch einmal gründlich überlegen.
Ich hatte es mir gründlich überlegt. Die Vorstellung, in etwa 30 Jahren als unbefriedigter, dem Leben nachtrauernder Beamter vielleicht meine Alterspension genießen zu können, war eine für meine Begriffe schreckliche Zukukunftsvision. Daran konnte auch das zweifelsohne angenehme Leben in unserer Gesellschaft nichts ändern. Sosehr ich mein Heimatland auch schätze und stolz auf seine wirtschaftliche Stärke sowie soziale Sicherheit bin – der Drang nach Abenteuer und der damit verbundenen Selbstbestätigung war viel größer.
Rasend schnell vergingen die letzten Monate vor der Abfahrt. Ich besuchte einige Fachärzte und holte Tipps und Ratschläge zur Behandlung bei Unfällen oder Krankheit ein. Dies war ein äußerst schwieriges Unterfangen, da so mancher „Gott in Weiß“ sich nicht vorstellen konnte, mit welcher Begründung ein medizinischer Laie sich anmaßt, Diagnose und Behandlung im Notfall selbst durchführen zu wollen. Auch den noch so detaillierten Schilderungen etwaiger Notsituationen konnten oder wollten nur wenige Ärzte folgen. Diese wenigen jedoch beschäftigten sich nicht nur mit der Zusammenstellung meiner Schiffsapotheke, sondern halfen mir auch, systematische Vorgangsweisen bei diversen Verletzungen zu erarbeiten. Gleichzeitig intensivierte ich meinen Spanischlehrgang, um nicht nur auf meine Englischkenntnisse angewiesen zu sein.
Pressearbeit machte zwar Spaß, kostete jedoch sehr viel Zeit. Und die war inzwischen schon sehr knapp geworden. Es war mir in der Zwischenzeit gelungen, einige Sponsoren aufzutreiben. Das hatte viele Firmenbesuche erfordert, oftmaliges Erläutern meines für Österreich absolut neuen Projekts, ich musste viel reden und überreden ...
Dann war mein letzter Arbeitstag gekommen. Ein netter Kollege bot sich an, meine letzte Runde zu fahren. Leider hatte ich bei der vorletzten einen schuldlo-

sen Verkehrsunfall und musste dadurch auch noch einiges an Papierkrieg erledigen. Somit verließ ich später als vorgesehen meine Dienststelle. Da an diesem Tag noch einige Pressetermine auf mich warteten, blieb mir keine Zeit, über den soeben beendeten Lebensabschnitt nachzudenken. Fast zwölf Jahre lang arbeitete ich bei den Wiener Stadtwerken-Verkehrsbetrieben. Nun war diese Tätigkeit mit einer Unterschrift auf einem Vordruck unwiderruflich zu Ende. Zwar stellte man mir in Aussicht, unter Umständen wieder als Vertragsbediensteter eintreten zu können, der Beamtenstatus und die damit verbundene soziale Sicherheit waren jedoch unwiederbringlich aufgegeben.
Ich fuhr nach Grado, um die letzen Arbeiten am Schiff und dessen Ausrüstung zu erledigen. Einige große Werbekleber musste ich noch montieren. Hatte mir bisher mein Freund Erwin bei so schwierigen Arbeiten geholfen, kämpfte ich jetzt allein mit dem im Hafenwasser schaukelnden Boot. Im Dingi sitzend, versuchte ich die bis zu zwei Meter langen Werbekleber an der dümpelnden OASE II zu montieren. Es gab viele Versuche, viel Fluchen – aber irgendwann klebten alle Firmenlogos an der richtigen Stelle.
Ich fuhr zurück nach Wien. Jetzt also, eine Woche vor meinem geplanten Auslaufen, begann das Verabschieden von Freunden und Bekannten. Zu meiner Überraschung lud mich der Bürgermeister der Stadt Wien zu einer offiziellen Verabschiedung ein.
In den letzten Tagen vor meiner endgültigen Abfahrt nach Grado hatte ich das Gefühl, die noch anstehenden Arbeiten einfach nicht mehr bewältigen zu können. Immer wieder musste ich meiner ohnehin langen Liste mit der Überschrift „unerledigt“ einige Punkte anfügen. In dieser für mich schier aussichtslosen Situation erklärte sich Anita bereit, mir einige wichtige organisatorische Arbeiten abzunehmen. Dadurch stieg in mir die Hoffnung, doch noch alles Notwendige vor meiner Abfahrt erledigen zu können. Zusätzlich wurde Anita von mir mit sofortiger Wirkung zum „Finanzminister“, „Generalbevollmächtigten für Wirtschafts- und Privatangelegenheiten“, „Werbemanager“ und was es sonst noch an undankbaren Titeln gibt, ernannt.
Glücklicherweise hatte sich zu diesem Zeitpunkt unsere Beziehung einigermaßen normalisiert. Vor allem unser Vertrauensverhältnis war wiederhergestellt. Dadurch hatte ich viele Sorgen weniger, Anita um einige mehr, wie sich im Laufe meiner Reise noch herausstellen sollte.
Wenige Tage später beluden Anita und ich das Auto mit den letzten Kleinigkeiten. Noch einmal ging ich durch meine Wohnung. Jahrelang waren an allen Ecken und Enden diverse Bootsbaumaterialien oder Ausrüstungsgegenstände gestapelt gewesen, hatten Firmenkataloge und Informationsbroschüren auf meine Weltumsegelung hingewiesen. Nun strahlte mein Heim eine nahezu unpersönliche Ordnung aus. Ich drückte die Eingangstür ins Schloss und ging zum Auto. Auf dem Weg nach Grado sprachen Anita und ich nicht viel. Die Spannung vor dem Start ins große Abenteuer stimmte uns beide sehr nachdenklich.

Der Start ins große Abenteuer

Leinen los

Die letzten Tage vor dem Start vergingen wie im Flug. Freunde und Familienmitglieder kamen nach Grado. Meine Abschiedsfeier wurde von den immer freundlichen und hilfsbereiten Mitgliedern der Lega Navale Italiana vorbereitet. Am letzten Abend bauten sie ein herrliches Buffet auf. Mit Speis und Trank gut versorgt, feierten wir bis in die frühen Morgenstunden. Danach saßen Anita und ich allein vor einem großen Transparent, das mir viel Glück und eine gesunde Heimkehr wünschte. Der Morgen dämmerte, in Gedanken war ich bereits ausgelaufen. Tatsächlich hatte ich vor, gegen 14 Uhr abzulegen.
Um die Mittagszeit versammelte sich mein Anhang in der Clubkantine. Gegen 13 Uhr zog eine schwarze Wolkenwand von Westen auf. Es begann zu regnen, ein kräftiges Gewitter entlud sich und böiger Wind ließ die OASE II an ihren Festmacherleinen zerren. Es sah so aus, als wollte sie mir „lass uns endlich ablegen“ signalisieren. Der Wind drehte auf Nordost und flaute ab. Jetzt schüttelte ich unzählige Hände, drückte Anita noch einmal fest an mich und startete den Motor. Antonio, der Kantinenchef, schenkte mir lachend ein großes Stück Salami aus seinen Beständen. Einige alte erfahrene Segler riefen „Fair winds!“. Ich holte meine Festmacher ein und tuckerte Richtung Lagunenausfahrt. Zwei Freunde waren trotz des schlechten Wetters ins Wasser gesprungen und winkten prustend. Lautes Klatschen und Rufen drang an meine Ohren. Mir liefen Tränen über die Wangen, während ich Segel setzte. Letzte Huptöne quäkten aus meinem Nebelhorn, immer kleiner wurde die Ansammlung der winkenden Freunde am Schwimmsteg der Lega Navale.
Kaum hatte ich die Außenmole von Porto San Vito querab, setzte erneut Regen ein. Dazu gesellten sich böige, andauernd wechselnde Winde. Ständig mit dem Trimm der Segel beschäftigt, hatte ich gar keine Zeit, mich dem Abschiedsschmerz hinzugeben. Stattdessen spürte ich erste Anzeichen von Seekrankheit. Ich nahm zwei Tabletten und steuerte mein Schiff in die herabsinkende Nacht. An der italienischen Küste funkelten Lichter.
Fasziniert von dem Gedanken, endlich unterwegs zu sein, es tatsächlich geschafft zu haben, stiegen mir wieder Tränen der Freude in die Augen. Bei Tagesanbruch sichtete ich einige Fischerboote. Ich hörte die stündlichen Nachrichten des Kurzwellensenders „Österreich International“. Völlig unerwartet für mich berichtete der Sprecher über meine Abfahrt.
Übermütig baumte ich trotz des böigen Wetters Genua und Groß aus. Prompt erhielt ich meine erste Segellektion auf dieser Reise: Eine größere Welle drückte

die OASE II aus ihrem Kurs und der Großbaum kam über. Bei meiner sofort eingeleiteten Kurskorrektur fiel eine Bö ein und drückte die OASE II hart aufs Wasser. Als sie sich schwungvoll aufrichtete, knallte die Genua ebenfalls back. Mit einem metallischem Knall verabschiedete sich der erste Mastschlitten, welcher zum Einhängen der Passatbäume diente. Auch der Baumniederholer hatte zwei verbogene Bolzen. Meiner Euphorie beraubt, wechselte ich das Vorsegel und band zwei Reffs ins Groß. Danach tauschte ich die klemmenden Bolzen aus. Im Laufe der Nacht schlief der Wind ein. Um 5 Uhr morgens brummte ich unter Motor in die Marina von Numana, unmittelbar südlich der Bucht von Ancona. Ich machte an einem freien Liegeplatz fest und fiel todmüde in die Koje.

Adria und Mittelmeer

Im Nordsturm durch die Adria

Gegen Mittag erwachte ich aus einem tiefen Schlaf. In der Kajüte war es drükkend heiß. Ich ging an Deck und sah mich um: Die Marina war nicht gerade einladend. Heißer Wind wehte Staub und üblen Geruch über das Hafenbecken. Ich beschloss, meinen Treibstoffvorrat zu ergänzen und danach sofort wieder auszulaufen. Ich wollte möglichst schnell in den Süden. Dort standen jedoch einige mächtige Gewitterwolken. Kaum war ich wieder auf See, fiel das erste Unwetter über mich her. Gut darauf vorbereitet, machte mir der warme Regen nichts aus. Und über den frischen, wenngleich auch böigen Wind freute ich mich. Eine knappe Stunde später hatte sich das Schlechtwetter vorübergehend verzogen. Die Sonne brannte stechend heiß vom Himmel. Wir dümpelten ohne den geringsten Lufthauch in einer Norddünung. Gerade als ich Vollzeug setzen wollte, um das Rollen der OASE II etwas zu dämpfen, näherte sich ein Boot der Küstenwache. Zwei aufgeregte Carabinieri forderten mich auf, zurück an die Küste zu steuern. Etwas verwundert fragte ich nach dem Grund, denn ich konnte mich nicht daran erinnern, etwas ausgefressen zu haben. Sie kamen längsseits, und ein Uniformierter stieg zu mir über. Nach längerem Gespräch, das wir auf Grund meiner mangelnden Italienischkenntnisse zeitweise mit Händen und Füßen führten, begann ich endlich zu begreifen. Da waren doch diese wirklich netten und hilfsbereiten Beamten mir geradezu nachgehetzt, um mich vor einem „vento del nord" zu warnen. Bei dieser für die Adria typischen Wetterlage setzt nach einer Flaute schlagartig stürmischer Nordwind ein. Mit ihm kommen Gewitter und Regen, machmal auch Hagel. Danach folgen in der Regel drei Tage Starkwind. Ich bedankte mich herzlichst bei meinen Schutzengeln, erklärte ihnen aber bestimmt, dass ich, um mich für spätere Schlechtwettersituationen vorzubereiten, trotzdem in Richtung Süden weitersegeln möchte. Ich erntete verständnislose Blicke. Die beiden immer noch ungläubig blickenden Carabinieri legten ab und steuerten ihr Boot in Richtung Küste. Bereits kurze Zeit später setzte – wie vorhergesagt – schlagartig Nordwind ein. Rasend schnell zogen tief hängende dunkle Wolken auf. Gleichzeitig fielen erste Sturmböen ein, Blitze zuckten und

schwerer Regen rauschte herab. Gut vorbereitet begann ich den Frontendurchzug abzuwettern. Noch nie hatte ich in der Adria so kurze steile Seen erlebt. Von achtern rollten sie an. Jede dritte oder vierte knallte mit lautem Getöse an das Heck und überschüttete die Plicht mit Gischt. Ich steuerte angespannt vor dem Wind. Nachdem ich das Groß rechtzeitig geborgen hatte, war nur noch meine kleinste Sturmfock gesetzt. Trotz ihrer minimalen Segelfläche von zweieinhalb Quadratmetern sorgte sie für ausreichend Fahrt, um die OASE II dem Seegang einigermaßen anzupassen. Nach etwa vier Stunden begann es zu dämmern. Nässe und Kälte krochen mir unter das Ölzeug. Jetzt blies es nur mehr mit sieben Windstärken. Der Regen hatte aufgehört. Drei Seemeilen östlich von mir zog ein großer Frachter durch die aufgewühlte See. Sein Bug warf mächtige Gischtfontänen zur Seite. Ich beschloss beizudrehen, um mir trockene Kleidung für die Nacht anzuziehen und eine Kleinigkeit zu essen. Kaum hatte ich in einem günstigen Augenblick das Niedergangsschott geöffnet, erblickte ich ein unbeschreibliches Chaos. Viele meiner „sturmsicher" gestauten Gegenstände hatten ihren Platz verlassen. Getränkedosen, Kleidung, Bücher und einiges mehr lagen bunt gemischt auf dem Boden. Plötzlich bemerkte ich zu meinem Entsetzen, dass alle diese Dinge auch noch nass waren. Selbst auf dem Dinettetisch stand das Wasser. Ich blickte zu den Seitenluken und sah eines zu meinem Entsetzen offen. Schnell, jedoch um Stunden zu spät, verschloss ich es. Während mir der Schreck ein flaues Gefühl im Magen verursachte, begann ich mich zusätzlich über mein Fehlverhalten maßlos zu ärgern. Nicht auszudenken, hätten Brecher das Boot seitlich getroffen. Ich beschloss, in Zukunft meine Checkliste für schweres Wetter noch gewissenhafter zu beachten.
Glücklicherweise war das eingedrungene Wasser großteils von den heftigen Regenschauern, also Süßwasser, das schnell trocknet. Salzwasser im Salon trocknet zwar auch, das Salz bleibt aber zurück und hat die Eigenschaft, Feuchtigkeit anzuziehen. Das heißt, salzwassergetränkte Kissen oder Decken müssen mit Süßwasser ausgewaschen werden, sonst bleiben sie feucht. Dies war mir erspart geblieben.
Nachdem ich notdürftig aufgeräumt hatte, kletterte ich etwa 20 Minuten später wieder in die Plicht. Zu meinem Erstaunen lag der vorher in einiger Entfernung fahrende Frachter etwa 200 Meter querab. Offensichtlich hatte man die beigedrehte OASE II inmitten der stürmischen See bemerkt und beschlossen, nach dem Rechten zu sehen. Während ich mich noch über das Verhalten des großen Bruders freute, rief man mich über UKW, Kanal 16. Ich erklärte dem Funker des Biggis, dass an Bord der OASE II alles in Ordnung sei. Kurz danach stieg eine dicke schwarze Rauchsäule aus dem Schornstein des Frachters, dann dampfte er wieder auf seinem Kurs nach Süden.
In der folgenden Nacht segelte ich bei achterlichem Wind und starkem Seegang zügig weiter. Einige Male sah ich hell erleuchtete Ölplattformen wie kleine Satellitenstädte über die Kimm wachsen. Kurze Zeit später waren sie wieder in der Dunkelheit der Nacht verschwunden. Mit Sonnenaufgang nahm der Nordwind nochmals kräftig zu. Da ich bereits ziemlich erschöpft war, entschied ich

mich, Termoli anzulaufen. Bei sieben Windstärken aus Nordwest rundete ich unter Motor den weit in die See reichenden Wellenbrecher. Jetzt musste ich die letzten 200 Meter gegenankämpfen. Immer heftiger wurden die Fallböen. An den Bootsstegen des Hafens von Termoli angekommen, wehte es immer noch in unverminderter Stärke. Als man sah, dass ich einhand war, eilten Helfer zu einem freien Liegeplatz. Beim Anlegen gegen Wind und Strom verschätzte ich mich mit meiner Geschwindigkeit. Trotz zahlreicher helfender Hände rammte meine OASE II mit dem am Bugbeschlag gefahrenen Anker eine Nachbaryacht. Nach der ersten Aufregung über mein – zum Wetter passenden – stürmisches Anlegemanöver beruhigten sich die Gemüter. Glücklicherweise hatte ich keine Schäden verursacht. Zur Versöhnung spendierte ich der Crew des betroffenen italienischen Schiffes mehrere Sundowner, beantwortete noch einige neugierige Fragen und fiel kurze Zeit später total erschöpft in Tiefschlaf.

Südliche Adria

Nach einem Tag des Kräftesammelns, in dessen Verlauf sich auch der starke Nordwind in einen schwachen Westwind verwandelt hatte, lief ich mit Ziel Brindisi aus. Für die Tremitischen Inseln wollte ich mir keine Zeit nehmen. Zu groß war mein innerer Drang, die Adria hinter mich zu bringen. Am Morgen des dritten Tages lag mein Ziel querab. Ich beschloss, den noch jungen Tag und die günstige Wettersituation zu nutzen, und segelte weiter bis Otranto.
Am frühen Abend erreichte ich die kleine, vom Tourismus geprägte Hafenstadt. Ein alter Fischer half mir beim Festmachen am Marinepier. Mit der Unterstützung überaus freundlicher Soldaten musste ich unzählige Formulare ausfüllen. Zwar war das Anlegen am Marinepier im Hafen von Otranto kostenfrei, jedoch Ordnung muss sein, man verlangte ein ordnungsgemäßes Einklarieren. Meinen Hinweis darauf, in Italien meine Reise begonnen zu haben, vernahm man zwar mit Freude, Rabatt beim Ausfüllen der vielen Formulare gab es jedoch keinen. Die Menge der sich an Bord befindenden Masten, Kanonen und Feuerwaffen war ebenso wichtig wie deren Registriernummern und Erzeugungsorte. Anfangs etwas ungläubig, nahm man mein monotones „niente“ schlussendlich doch zur Kenntnis. Meine Anmerkung, dass eine sich an Bord befindliche Kanone die OASE II mit Sicherheit zum Sinken gebracht hätte, nahm man belustigt zur Kenntnis. Freundlicherweise gab man mir einen ausführlichen Wetterbericht und viele nützliche Informationen über die Straße von Otranto und das anschließende Ionische Meer.
Am Abend besichtigte ich die renovierte Festung. Die umliegende Altstadt wurde von Touristen nahezu erstickt. Trotzdem machten unzählige enge Gassen mit ihren kleinen Häusern einen liebevoll gepflegten und sauberen Eindruck. Tags darauf ging ich frühmorgens los, um Benzin zu kaufen. Leider saßen alle Tankstellen im Hafenbereich auf dem Trockenen. Ohne Auffüllen meiner Treibstoffvorräte wollte ich jedoch nicht lossegeln. Meine Frage nach der nächsten Treibstofflieferung wurde mit bedauerndem Kopfschütteln beantwortet: „Eigentlich sollte sie schon

seit zwei Tagen da sein, aber …!" Mein Helfer bei der Ankunft sprang abermals rettend ein. Er verfrachtete die Kanister auf sein uraltes Mofa und fuhr los. Etwa eine halbe Stunde später war er mit gefüllten Behältern zurück. Sogar eine Rechnung hatte er vorzuweisen. Er forderte nur einen geringen Besorgungslohn, also schenkte ich ihm noch zwei Päckchen Zigaretten. Freudestrahlend bedankte er sich und half mit beim Ablegen. Mein nächstes Ziel hieß Crotone, eine kleine Industriestadt am westlichen Ende des Golfes von Taranto. Dieser liegt zwischen dem Absatz und der Sohle des italienischen Stiefels.
Gegen hohen Schwell aus Nordost schob uns der Motor aus dem Hafen in die Straße von Otranto. Nachdem ich Capo Otranto querab peilte, baumte ich die Fock aus. Nun segelten wir mit frischem Nordwestwind in Richtung Capo S. Maria di Leuca, am südlichen Ende der Straße. Kurz davor setzte schlagartig eine Flaute ein. Kabbelige See lief konfus durcheinander. Ich startete den Motor, um dieses Windloch zu durchfahren. Die OASE II wurde zum Spielball des Elementes. Immer wieder drückten große steile Querläufer das Boot aus dem Kurs. Nach einer Stunde besserte sich die Situation. Leichter Südwind ermöglichte das Setzen der Genua. Nachts schlief der Wind ein. Ich motorte über eine spiegelglatte See. Gegen Morgen kamen Delfine und begleiteten die OASE II durch eine herrliche Sternennacht. Schwarz schimmerten ihre Körper in der vom Mondschein golden glänzenden See. Ich setzte mich in die Plicht und beobachtete, wie die Meeressäuger mit dem Boot spielten.
Um die Mittagszeit erreichte ich Crotone. Drückende Hitze lag über der Stadt. Kein Hauch rührte sich. Ich motorte zur Hafentankstelle, doch da gab es nur Diesel. Im Geiste sah ich mich bereits bei 34° C im Schatten kanisterweise Benzin heranschleppen. Wieder einmal hatte ich nicht mit der Hilfsbereitschaft vieler hier lebender Menschen gerechnet. Der freundliche Besitzer dieser Bunkerstation am Pier, welche aus einem Container mit Zapfsäule für Dieselkraftstoff, seinem Büro und dem kompletten Zubehörlager besteht, schloss kurzfristig seinen Laden. Daraufhin verfrachtete er mich samt meinen Treibstoffkanistern in sein Auto und wir fuhren zu einer Servicestation inmitten der Stadt. Unterwegs frage er nach meinem Woher und Wohin. Sichtlich begeistert über mein Vorhaben, schenkte er mir bei der Rückkehr auch noch eine Reisetasche aus seinen Werbebeständen für etwaige „Großkunden". Ich war von so viel Unterstützung und Herzlichkeit gerührt.
Crotone ist eine laute, hässliche und stark verschmutzte Industriestadt. In ihr leben jedoch im krassen Gegensatz dazu ausgesprochen freundliche und hilfsbereite Menschen. Wo ich auch hinkam, wurde ich aufmerksam und nett behandelt. Zum ersten Mal erlebte ich, wie Obst, Gemüse oder Fisch vom Auto aus verkauft wurde. Die Anbieter fuhren im Schritttempo durch die Straßen und machten sich durch lautes rhythmisches Hupen bemerkbar.
Tags darauf segelte ich weiter mit dem Ziel Reggio di Calabria.
Am Nachmittag flaute der Ostwind zunehmend ab. Zum ersten Mal auf meiner Reise setzte ich den Blister. Quälend langsam dümpelte ich entlang der italienischen Südküste. Am Nachmittag des zweiten Tages erreichte ich die Straße von

Messina. Nachdem ich in die Wasserstraße eingefahren war, blies mir lebhafter Nordwind auf die Nase. Müde und lustlos barg ich die Segel und begann dicht unter Land gegenan zu motoren. Um keinen Preis wollte ich umkehren. Etwa 11 Seemeilen vor Reggio legte der Nordwind nochmals kräftig zu. Jetzt wehte es mit sieben bis acht Windstärken aus Nord. Der schwache Motor meiner OASE II verlor zunehmend an Leistung. Resignierend musste ich zur Kenntnis nehmen, mit dieser Taktik bei den herrschenden Windverhältnissen nie an mein Ziel zu gelangen. Plötzlich packte mich Ehrgeiz und Zorn. Während ich über Rasmus fluchte, kroch ich mit der Starkwindfock auf das Vorschiff. Eine harte Bö riss mir meine Lieblingskappe vom Kopf. In weitem Bogen segelte sie in die mit Schaumkronen bedeckte See. Unbeirrt, nur mein Ziel vor Augen, setzte ich das Segel. Zurück in der Plicht, übernahm ich die Pinne und begann zu kreuzen. Immer wieder peilte ich Landmarken, um sicher zu sein, auch tatsächlich voranzukommen. Nach fünf langen, harten Schlägen erreichte ich bei einsetzender Dunkelheit den Hafen von Reggio di Calabria. Trotz bleierner Müdigkeit und vom Salzwasser schmerzenden Augen war ich glücklich darüber, das harte Wetter und meine Resignation besiegt zu haben.

Reggio di Calabria – Porto Colom (Mallorca)

In den folgenden Tagen erkundete ich die historische Altstadt von Reggio di Calabria. Gemeinsam mit einem französischen Skipper rechnete ich mir die richtige Tageszeit zum Befahren der Straße von Messina aus. Da für den nächsten Tag Flaute vorhergesagt wurde, lief ich frühmorgens aus. Wie angekündigt herrschte während meiner Durchfahrt nur ein Hauch aus Nordost, eine Form der Land- und Seewindzirkulation. Zwischen Messina und Villa verkehrten unzählige Fährschiffe. Einige Male stoppte ich auf oder fuhr großräumige Ausweichmanöver, um mich von ihnen freizuhalten. Endlich umrundete ich das Nordostkap Siziliens und nahm Kurs auf die Äolischen Inseln, das italienische Festland lag an Steuerbord im Morgendunst.

Ich erreichte die Insel Lipari am späten Nachmittag. Das komplette Hafenbecken der Marina war bis zum Molenende mit Yachten und Sportbooten belegt. Als ich unzufrieden abdrehen wollte, riefen mir zwei Italiener lautstark zu, an ihrer Segelyacht längsseits zu gehen. Diese hatte etwa dieselbe Größe wie meine OASE II. Dankbar nahm ich das Angebot an. Am nächsten Vormittag fuhr ich unter Motor knapp vier Seemeilen nach Porto Levante, dem Haupthafen der Insel Vulcano. Diese besteht zur Gänze aus einem noch immer aktiven Vulkan. In Schwefelwolken gehüllt, badeten unzählige Touristen in mehreren Heilschlammbecken. Die grüngraue, übel riechende Masse am Körper aufgetragen, spazierten sie wie Marsmännchen durch die wenigen ausgetrockneten und vor Hitze flimmernden Straßen.

Das Abschicken meiner Post scheiterte an einem bis zu den Einwurfschlitzen voll gestopften Briefkasten. Angesichts offenbar langer Entleerungsintervalle zog ich es vor, meine Post bei der nächsten Gelegenheit aufzugeben. Ein längeres Ver-

weilen im Hafen war unmöglich. Der hohe Schwell ständig kommender und abfahrender Ausflugsboote ließ die Ankerkette unaufhörlich hart einrücken. Alle am Pier liegenden Yachten rollten und stampften erbärmlich. Ich verholte in eine Badebucht an der Westseite der Insel. Bei ruhiger See ankerte ich zwischen vielen Urlaubsyachten in fünf Meter tiefem Wasser. Nach einer ausgiebigen Schnorchelrunde genoss ich, in der Plicht sitzend, den Abend. Kaum eingeschlafen, rissen mich heiße Diskorhythmen aus meinen Träumen. Der ganze Strand hatte sich in eine Open-Air-Disko verwandelt. An Schlaf brauchte ich in dieser Nacht nicht mehr zu denken. Frühmorgens holte ich den Anker auf und setzte Segel mit Kurs San Vito lo Capo, dem nordwestlichsten Punkt Siziliens.
Es wurde eine angenehme Überfahrt mit leichten wechselnden Winden. Manchmal musste auch für kurze Zeit der Motor einspringen. Nach 30 Stunden Fahrzeit erreichte ich den kleinen, überaus sauberen Hafen. Endlich konnte ich ausschlafen.
Gründlich ausgeruht durchstreifte ich tags darauf den Ort. Bei dieser Gelegenheit konnte ich auch meine seit Reggio geschriebene Post in einem einigermaßen Vertrauen erweckenden Briefkasten einwerfen. Danach begann ich meine Überfahrt nach Sardinien vorzubereiten. Ein von meiner Idee begeisterter Skipper aus Palermo schenkte mir als Wegzehrung zwei Liter selbst gekelterten sizilianischen Dessertwein, mit der Auflage, diesen erst auf dem Atlantik zu trinken. Am Tag meiner Abfahrt saß ich gerade beim Frühstück, als erste Schirokkoböen über den Hafen herfielen. Trotzdem rieten mir einige Fischer zum Auslaufen. Im Vertrauen auf ihre lokale Wetterkenntnis legte ich ab.
Der heiße Südwestwind schob die OASE II aus der Bucht. Als wir offenes Wasser erreichten, lief ein kurzer, steiler Seegang. Ich war nicht gerade glücklich darüber, schon zu Beginn dieser Etappe harte Segelbedingungen vorzufinden. Gischt flog über das Deck. Zweimal stieg seitlich ein Brecher in die Plicht. Nass, frierend und unglücklich musste ich selbst steuern. Es war wieder einmal einer dieser Momente, in denen ich mein Vorhaben verfluchte. Mit gedämpftem Optimismus dachte ich daran, was mir auf meiner Reise um den Globus noch alles bevorstehen würde.
Nach einigen Stunden besserte sich das Wetter. Wind und Seegang nahmen ab, gegen Mitternacht herrschte Flaute. Auch den Rest der Etappe bestimmte schwacher, meist östlicher Wind. Ich tröstete mich damit, dass wenigstens dessen Richtung brauchbar war. Am Nachmittag des vierten Tages erblickte ich die Ostküste Sardiniens.
Als ich die äußerst schmale Einfahrt des kleinen Yachthafens von Porto Calaverde ansteuerte, begann der Motor zu stottern. Offensichtlich waren die Zündkerzen verrußt. Obwohl kräftiger, auflandiger Wind blies, fuhr ich, von Hunger und Müdigkeit getrieben, in den Hafen ein. Zwischen den Molenköpfen verstärkten sich die Zündaussetzer. Plötzlich wurde mir meine Fehlentscheidung bewusst. Schreckensbleich dachte ich daran, dass ohne Motor meine OASE II unweigerlich am nördlichen Wellenbrecher stranden würde. Endlich – mir kam es vor wie eine Ewigkeit – erreichte ich das Hafenbecken und machte am Pier der Tankstelle

fest. Als ich das Gas zurücknahm, starb der Motor ab. Er ließ sich erst wieder starten, nachdem ich beide Zündkerzen gewechselt hatte. Danach verholte ich auf einem freien Liegeplatz. Die Liegegebühren stellten hohe Ansprüche an mein Portemonnaie. Trotzdem wollte ich mindestens zwei Tage bleiben, um neue Kräfte zu sammeln. Letztendlich wurden vier Tage daraus. Schuld daran war Elio, ein pensionierter Chemiker aus Cagliari, der sich meiner annahm.
Am Morgen meiner Abfahrt spazierte ich zum letzten Mal durch die prachtvolle Villenlandschaft Porto Calaverdes. Ich war auf dem Weg zu Elio. Er bewohnt dort mit seiner Familie ein herrliches Haus, umgeben von üppiger Vegetation. Der morgendliche Duft von Pinien, Hibiskus, Bananenstauden und verschiedensten Palmen erfüllte mich mit Begeisterung. Durch die Hilfe und Gastfreundschaft, welche mir Elio und seine Familie in den vergangenen zwei Tagen hatten zukommen lassen, fühlte ich mich fast wie im Paradies. Als ich sein Haus erreichte, bekämpfte er gerade seine Bartstoppeln. Ich übergab ihm meine Post, denn im Hafen befand sich leider kein Briefkasten. Der eigentliche Ort Calaverde liegt in neun Kilometer Entfernung vom Hafen und war daher für mich ohne fahrbaren Untersatz nicht erreichbar. Nachdem ich mich von seiner Familie verabschiedet hatte, drückte mir Elio noch Obst und eine Flasche sardischen Wein in die Hand. Danach begleitete er mich zum Hafen. Dort angekommen, verstaute ich die letzten Kleinigkeiten, danach schob der Motor die OASE II von ihrem Liegeplatz ins Hafenbecken. Nach nur kurzer Fahrt ging ein Zittern durch das Schiff und die Maschine blieb stehen. Ich startete erneut, kuppelte ein und abermals setzte die Maschine aus. Bewaffnet mit Taucherbrille und Schnorchel sprang ich in das nicht gerade einladende, ölig glänzende Hafenwasser. Ein Muringtau hatte sich im Propeller verfangen. Nach ein paar Handgriffen war die Leine klariert, der Motor lief problemlos und ich steuerte der Hafenausfahrt entgegen. Nach Passieren des Molenkopfes ging ich auf meinen vorberechneten Kurs. Aus einiger Entfernung konnte ich immer noch Elio erkennen, wie er am Molenkopf stand und seinen Strohhut schwenkte. Mir steckte ein Kloß im Hals. Das einzige, woran ich mich wohl nie gewöhnen werde, ist Abschiednehmen von hilfreichen, mir lieb gewordenen Menschen.
Während mich der Abschiedsschmerz drückte, nahm ich unter Segel Kurs auf die Südspitze Sardiniens. Die morgendliche Wettervorhersage war sehr günstig. Sie versprach nahezu optimale Verhältnisse für meine Überfahrt zu den Balearen. Ich rechnete für die ca. 400 Seemeilen bis Palma de Mallorca mit fünf Tagen. Nach einigen Stunden lag Capo Spartivento querab. Ich ging auf Westkurs, plötzlich drehte auch der Wind auf West und nahm merklich zu. Ich begann zu kreuzen. Es fehlten mir noch etwa 30 Seemeilen, bis ich aus der Landabdeckung Sardiniens kam. Dann sollte sich auch der versprochene Südostwind einstellen. Oder nicht? Er stellte sich ein. Zuerst zögernd, wenig später mit beachtlicher Stärke. Am nächsten Tag schoben uns 5 Bft. aus Süd sowie ein dementsprechender Seegang in Richtung Balearen. Voller Begeisterung schrieb ich ins Logbuch, „momentan super segeln“.
Um Mitternacht war es wieder einmal so weit. In meiner Begeisterung darüber,

wie die OASE II in Richtung Mallorca surfte, hatte ich das stetige Zunehmen des Windes unterschätzt. Erst als der Windpilot den Kurs nicht mehr halten konnte, läuteten bei mir die Alarmglocken. Was nun folgte, war ein längst fälliger Segelwechsel auf einem im Seegang stark stampfenden Vorschiff. Nach eineinhalb Stunden saß ich erschöpft auf dem Niedergang. Die OASE II lief jetzt wieder mit angepasster Segelfläche und unter Windfahnensteuerung auf Spanien zu. Die Nacht brachte einen Frontendurchzug mit Regenschauern und Gewittern. Blitze zuckten so grell am mit dunklen, bedrohlichen Regenwolken verhangenen Himmel, dass ich nur unter Zuhilfenahme der Sonnenbrille das Schauspiel verfolgen konnte. Am dritten Tag drehte der Wind allmählich auf Südwest. Inzwischen machte sich bei mir erheblicher Schlafmangel bemerkbar. Das anspruchsvolle Wetter und die permanente Gefahr durch Fischer und die Großschifffahrt hatten mich seit der Abfahrt nur ca. drei Stunden schlafen lassen. Meine Füße waren bleiern. Untertags döste ich vor mich hin. In der Nacht des dritten Tages zogen wieder schwarze Wolken auf. Gegen 22 Uhr sendete Radio Mallorca Sturmwarnung für die nördlichen Balearen. In mir wuchs die Aufregung. In der folgenden Nacht gelang es mir durch richtiges Taktieren und mit etwas Glück, dem eigentlichen Gewitterzentrum auszuweichen. Ich bekam nach einigen Stunden zermürbender Flaute den für mich brauchbaren Nordwind.

Am Morgen des vierten Tages konnte ich die Augen nicht mehr offen halten. Nachdem ich zweimal in der Plicht in angeleintem Zustand von der Ruderbank gefallen war, beschloss ich, eine Stunde zu schlafen. Ich stellte mir alle verfügbaren Wecker und legte mich auf den Kajütboden. In voller Montur, mit Ölzeug und Lifebelt, verfiel ich sofort in Tiefschlaf. Als mich die Wecker lautstark aus dem Schlaf rissen, glaubte ich, es seien gerade einmal zehn Minuten vergangen. Nach einem ausgiebigen Rundblick und der Kontrolle von Segel, Wetter und Kurs, legte ich mich nochmals für eine Stunde auf den Kajütboden. Als mich abermals die Weckerkapelle aus dem Schlaf riss, sah ich durch den halb offenen Niedergang starke Lichter. Der Morgen dämmerte und ich glaubte eine Bohrinsel zu sehen. In der Seekarte war jedoch nichts eingezeichnet. Nach etwa 20 Minuten klärte sich die Situation. Zu meinem Schrecken zog ein nunmehr unbeleuchteter Frachter in etwa 200 Meter an Backbord vorbei. Der weit aus dem Wasser ragende Bug und die hohe Fahrgeschwindigkeit ließen mich vermuten, dass er leer war. Die steil aufspritzende Bugwelle und eine schwarze dicke Abgasfahne jagten mir mehr als nur Respekt ein. Trotz meiner Erschöpfung war mir die Lust am Schlafen vergangen. Ich setzte mich zum Kartentisch und begann den Reiseführer für Spanien durchzublättern. Immer wenn ich daran war einzuschlafen, ging ich nach draußen und suchte mir irgendeine Beschäftigung. Gegen 8 Uhr machte ich trotz der nervtötenden Schiffsbewegungen unter achterlich auflaufender Dünung meine Morgentoilette. Danach fühlte ich mich etwas frischer, zumindest roch ich besser.

Um die Mittagszeit begegnete ich dem ersten spanischen Fischer. Kurze Zeit später kam die Küste Mallorcas näher. Ich war total aus dem Häuschen. Den letzten Dämpfer auf dieser Überfahrt gab mir eine über Porto Colom stehende

Schauerfront. Als ich bereits das Anlaufen eines Ersatzhafens überlegte, verzog sie sich wie von Geisterhand geschoben nach Südwesten. Beim Einlaufen in die weiträumige, der Stadt vorgelagerte Bucht sah ich eine Ketsch hoch und trocken auf dem Felsen liegen. Mit Schaudern dachte ich an die Gewitterböen, die sich hier an der Küste bilden können, um dann mit unbändiger Kraft über Schiffe und deren Mannschaft herzufallen. Ich erreichte den Pier des Club Colom. Bei einer Ehrenrunde legte ich Fender und Leinen für das Anlegen zurecht. Minuten später belegte ein Helfer meine Bugleinen. „Buenas tardes, Mallorca!"
„Mensch, du bist ja in Spanien!" Immer wieder musste ich mir diese Tatsache in Erinnerung rufen, denn ständig verfiel ich beim Sprechen mit Einheimischen in mein ohnehin nur dürftiges Italienisch. Der Umstand, dass beide Sprachen oft einen sehr ähnlichen Wortlaut haben, erschwerte die Bemühungen zusätzlich. Ein Großteil meiner in den vergangenen Monaten erworbenen Spanischkenntnisse schien wie ausgelöscht. Nur unter großer Konzentration schaffte ich es, einige brauchbare Sätze von mir zu geben. Trotzdem war nach einer Stunde das Einklarieren im Club Nautic von Porto Colom erledigt. Völlig unbürokratisch hatte ich nur ein Formular auszufüllen. Dieses war sogar in Englisch und Spanisch gedruckt. Nachdem der zuständige Beamte meine Dokumente kontrolliert hatte, drückte er den Rundstempel auf meine „Declaración de Entrada". Nach dem offiziellen Teil interessierte den Hafenkapitän mein nächstes Reiseziel. Ich gab wieder einmal eine meiner inzwischen hörens- und sehenswerten Erklärungen ab. Sie bestehen aus einem möglichst ausgeglichenen Gemisch aus Worten, Gesten und Mimiken. Je nach Reaktion und offensichtlichem Verständnis oder Unverständnis meines Gegenübers verlagerte ich den Schwerpunkt der Aussagekraft auf eines der drei Hilfsmittel. Kurze Zeit später verließ ich erschöpft das Büro. Ich schlenderte zurück zur OASE II. Das unklarierte Deck, die noch nicht verstauten Segel sowie ein Sack schmutziger, salzwassergetränkter Wäsche erinnerten an die streckenweise sehr harte Überfahrt.
Nach dem Aufklarieren des Decks genossen Schiff und Skipper endlich eine längst fällige Süßwasserdusche. Das Telefonieren mit Anita schaffte ich gerade noch. Zurück auf meinem Schiff, verfiel ich in einen zwölfstündigen Tiefschlaf. Am nächsten Morgen begann ich, den Ort zu erkunden. Nach einigen Stunden hatte ich auch einige Einkäufe erledigt und hielt wie die einheimische Bevölkerung meine Siesta. Am späten Nachmittag versuchte ich mit der Kamera Impressionen des Ortes einzufangen. Auch konnte ich einen Bootsbauer aufstöbern. Voller Stolz erzählte mir der Meister von seiner Arbeit und dem Leben in Porto Colom. Das sich gerade in Arbeit befindende Boot war ein acht Meter langer Fischkutter. Jeder Teil an ihm war echte Handarbeit. Aus verschiedensten Hölzern hatte der Bootsbauer nach alter Tradition Rumpf, Deck sowie Bug- und Hecksprit gefertigt. Der Bau eines dieser Holzkutter dauert etwa sieben Monate. Die Lebensdauer eines dieser klassischen Arbeitsboote schätzte der Erbauer bei gewissenhafter Pflege auf etwa 80 Jahre.
Zurück auf dem Schiff, erledigte ich einige Servicearbeiten. Nach Sonnenuntergang saß ich in der Navigationsecke und schrieb an meinem Tagebuch. Durch

den offenen Niedergang drangen die Geräusche der Stadt. Der Wind war eingeschlafen und die Lichter der Hafenpromenade spiegelten sich im nahezu bewegungslosen Wasser. Ich wollte am nächsten Tag mit Ziel Ibiza auslaufen. Über dieses Vorhaben grübelnd, fielen mir die Augen zu. Spät nachts erwachte ich, verstaute meinen Laptop und ging in die Koje.

Porto Colom – Ibiza Stadt

Mit dem als Stützsegel gesetzten Groß lief ich tags darauf unter Motor aus. Sobald die der Küste vorgelagerte Insel Cabrera etwas achteraus lag, kam allmählich Nordwind auf. Anfangs segelte ich unter aufgefiertem Großsegel, doch schon kurze Zeit später musste ich es gegen die ausgebaumte Arbeitsfock wechseln. Eine Rauschefahrt begann, die OASE II surfte durch die aufgewühlte See. Durch den Schiebestrom machten wir zusätzliche Fahrt über Grund. Immer wieder kontrollierte ich Kompass, Log und die Koppelnavigation mit dem GPS. Wir surften Richtung Ibiza. Bereits um 2 Uhr morgens konnte ich die ersten Leuchtfeuerkennungen der Insel ausmachen. Kurz danach fiel das GPS aus. Ich musste in den letzten Stunden der Ansteuerung sehr aufmerksam die Leuchtfeuer auszählen. Allerdings ist Ibiza von Süden relativ einfach anzusteuern. Zusätzlich ergeben die markanten Lichter des Flughafens und die Lichtspiegelungen von Ibiza Stadt ausgezeichnete Peilmarken. Gleichzeitig mit zwei kleineren Containerfrachtern lief ich in den Hafen von Ibiza Stadt ein.
Nach dem Festmachen an der Mole des Club Nautico verbrachte ich einige Stunden mit den Formalitäten und der Post. Am Nachmittag wurde ich von Juso, Skipper der unter spanischer Flagge segelnden HORIZON, und dessen Crew zum Essen eingeladen. Wir beschlossen, ausschließlich Spanisch zu sprechen, um meine Sprachkenntnisse zu verbessern. Allerdings musste ich während unserer Unterhaltung oft einige englische Worte zu Hilfe nehmen.
Am späten Nachmittag lief die HORIZON mit Kurs Formentera aus. Bevor ich mich zum ersten Mal ins Nachtleben von Ibiza stürzte, telefonierte ich mit zu Hause. Ich plauderte so lange, bis alle meine Münzen verbraucht waren und der Telefonautomat selbstherrlich die Leitung unterbrach.
Die in der Zwischenzeit hell erleuchtete Altstadt hoch auf den Klippen über der Bucht wurde von Touristen belagert. Tatsächlich ist die unter Denkmalschutz stehende Altstadt mit der Kathedrale Santa Maria de las Niefes und ihrer mächtigen, liebevoll renovierten Befestigungsanlage einen Besuch wert. Von den Wachtürmen 91 Meter hoch über dem Meer genießt man einen unvergesslichen Rundblick auf Stadt und Bucht. Gleichzeitig schwebten, zum Greifen nahe, Flugzeuge vorbei, um auf dem unweit gelegenen Flughafen zu landen.
Beim Abstieg wandert man durch schmale, verwinkelte Straßen, vorbei an unzähligen Kunstgalerien, Souvenirläden, Bars und Restaurants.
Am alten Hafen schäumte das Leben förmlich über. Menschenmassen schoben sich durch die Gassen. Aus Bars und Diskotheken dröhnten heiße Rhythmen. Ein Hippiemarkt bot Handwerkskunst und Kleinkram an unzähligen Ständen feil. Bis

zu Open-Air-Tätowierungen konnte man alles bekommen. Es herrschte ein tolles Leben und Treiben.
Bei einem Gutenachtdrink auf der Terrasse des Club Nautico setzte ich diesem herrlichen Tag ein ebensolches Ende.
Am nächsten Tag begann ich mit der Überfahrt nach Puerto Cabo de Palos. Dieser kleine Hafen lag genau auf meiner Reiseroute und bot mir außerdem die Möglichkeit, an der spanischen Festlandküste günstigen Wind für das Weitersegeln nach Gibraltar abzuwarten. In der Zwischenzeit hatte der Südostwind ordentlich zugelegt und mein Liegeplatz an der Außenmole des Club Nautico wurde sehr unruhig. Deshalb verholte ich auf einen Liegeplatz innerhalb der Mole.
Abends stürzte ich mich zum zweiten Mal in das Nachtleben von Ibiza. Noch einmal genoss ich den herrlichen Ausblick von den Befestigungsbauten über die Stadt. An mehreren Plätzen setzte ich mich in eine Mauernische und beobachtete den vorbeiflutenden Menschenstrom. Spät nachts kehrte ich zu meinem Schiff zurück. Obwohl ich in der Plicht sitzend noch einige Zeit die Silhouette der Stadt und ihre Geräusche auf mich einwirken ließ, war ich in Gedanken schon wieder auf See.
Bereits zwei Tage lang wurden wir von einem heftigen Nordostwind und entsprechend rauem Seegang nach Südwesten getrieben. Als der Wind etwas abflaute, fehlten noch 40 Seemeilen bis Cabo de Palos. Jetzt machte sich der unangenehme Seegang extrem bemerkbar. Zeitweise war ich in Versuchung, den Motor zu starten. Es war bereits gegen 22 Uhr, als ich mit der Ansteuerung der vorgelagerten Riffe begann. Zwar schien der Mond hell über die kleine Bucht, doch die geringe Wassertiefe, eine sehr schmale Einfahrt und lebhafte, unberechenbare Strömungen erschwerten das Einlaufen in diesen gut geschützten Hafen. Kurz vor der Hafenmole musste ich hart Ruder legen, um im letzten Moment einem Wasserwirbel auszuweichen. Ich erreichte die Nordmole und steuerte unter vielen neugierigen Blicken bis ans Ende des Hafens. Da alle Yachtliegeplätze belegt waren, vertäute ich meine OASE II direkt an der Kaimauer zwischen den Schwimmstegen. Man versicherte mir, dieser Liegeplatz sei angesichts der unbedeutenden Schiffsgröße und meiner kurzen Aufenthaltsdauer kein Problem. Ein freundlicher Hafenkapitän bestätigte mir dies am nächsten Morgen. Die Formalitäten waren schnell erledigt. Danach musste ich noch einen für mich unerklärlichen Wutausbruch des Hafenkapitäns über mich ergehen lassen. Wild gestikulierend, ja, sogar für kurze Zeit auf dem Fußboden kniend versuchte er mir zu erklären, dass Spanien für europäische Verhältnisse in jeder Hinsicht das Letzte sei. Natürlich wollte ich den Grund seiner abwertenden Äußerungen erfahren. Die Politik, besser gesagt: korrupte Politiker seien schuld daran, dass Spanien seiner Meinung nach darnieder liege. Mangels einer Erklärung für sein Verhalten zog ich es vor, meine Antworten möglichst nichts sagend zu formulieren. Nach einigen Minuten hatte sich der Unmut des Hafenkapitäns ebenso schnell wieder verflüchtigt, wie er gekommen war. Mich beschäftigten seine Aussagen noch einige Zeit. Was mochte diesem bedauerlichen Menschen wohl widerfahren sein, dass er sich gegenüber mir ohne den geringsten Anlass so abwertend über seine

Heimat äußerte? Ich konnte keine Lösung finden. Gedankenverloren wanderte ich bis ans südliche Ende der Bucht. Dort sah ich zu meiner Begeisterung, dass der Zugang zum Leuchtturm, der auf einem imposanten Felsplateau steht, erlaubt war. Also marschierte ich unter sengender Sonne in Begleitung einiger hitzebeständiger Touristen bis zur Terrasse des Leuchtturms.
Mein Blick fiel auf die Playa de Levante. Seit Mitternacht herrschte stürmischer Ostwind, also Levante, nach dem dieser Küstenabschnitt benannt wurde. Schäumend brachen sich die anrollenden Wellen. Aufstäubende Gischt wurde bis weit über den Strand getragen. Ich genoss dieses Schauspiel der Naturgewalten. Danach begann ich über eine steile, direkt auf die Felsen gemauerte Treppe mit dem Abstieg. Auf dem Rückweg in den Ort kam ich an der alten, zerfallenen Poststation vorbei. Zu meinem Erstaunen war diese immer noch in Betrieb. Der Vorsteher lebt mit seiner Familie in diesem vom Zahn der Zeit stark angenagten Gebäude. Trotzdem strahlte es mit seinen unmittelbar davor stehenden zerzausten Palmen Idylle aus. Drei Beamte erledigten hier die gesamte Post für Cabo de Palos. Ich durfte die teilweise antiken Amtsräume besichtigen und auch fotografieren. Man erzählte mir nicht ohne Stolz, dass seit etwa vier Wochen eine elektrische Frankiermaschine im Einsatz sei. Außerdem wurde mir ein uraltes Kurbeltelefon präsentiert, das einzige im ganzen Gebäude. Weitere öffentliche Telefonanschlüsse gibt es hier nicht. Gleich neben der surrenden Klimaanlage war jedoch eine Schaltleiste mit diversen Elektronikbauteilen montiert. Über diese liefen alle Telefongespräche der im Ort zahlreich vorhandenen modernsten öffentlichen Telefonzellen – ASI es ESPANA.
Schon bei der Ankunft war mir ein uralter Zweimaster aufgefallen. Wie aus einem Piratenfilm entliehen, lag er direkt hinter der Hafeneinfahrt an der Pier. Beim Fotografieren dieses Reliktes aus vergangenen Tagen wurde mir plötzlich klar, dass es sich nicht um eine Filmkulisse, sondern um ein absolut seetaugliches, weit gereistes Schiff handelte. Die Brigantine AVON (ein zweimastiger Großsegler, dessen vorderer Mast, der Fockmast, mit Rahsegeln und dessen achterer Mast, der Großmast, mit Schratsegeln getakelt ist) wurde von einer ebenso netten wie ungewöhnlichen russischen Familie über die Meere gesegelt. Neugierig begann ich ein Gespräch mit der Bordfrau und erfuhr folgende abenteuerliche Geschichte:
Valery, der Skipper, ist Ingenieur. Gemeinsam mit seiner Frau Tatjana und den beiden Söhnen Vania und Peter lebten sie vor zwölf Jahren in St. Petersburg, Leningrad, wie es damals hieß. Ihr einziger unerfüllter Traum war es, mit einem Segelschiff die Welt zu bereisen, um andere Länder und deren Menschen kennen zu lernen; ein in der kommunistischen Sowjetunion praktisch unmögliches Vorhaben. Sie fanden ihr heutiges Schiff, die Brigantine AVON, an der, besser gesagt: in der Kaspischen See, gestrandet und im seichten Wasser gesunken. Sie bargen das Schiff, reparierten es notdürftig und schleppten es nahe St. Petersburg zu ihrem Haus. Es folgten fünf Jahre voller Entbehrungen. Alles an gespartem Geld sowie die gesamte Freizeit der Familie wurden in die Reparatur und die Renovierung des Schiffes investiert.

Im Frühjahr 1992 war es dann so weit. Ihre erste Segelreise führte die Familie durch die russischen Hoheitsgewässer – Genaueres wollte Tatjana nicht erzählen – zur Ostsee, Nordsee und in den Atlantik. Gemeinsam mit fünf Freunden überstanden sie im Englischen Kanal einen heftigen Sturm und erreichten überglücklich Portugal, Spanien und danach das westliche Mittelmeer. In kurzen Etappen segelten sie weiter bis Griechenland.
Die politische Liberalisierung in der ehemaligen Sowjetunion ermöglichte nach mehreren Jahren eine Rückkehr. Ihre jetzige Reise führte unter anderem durch rumänische und bulgarische Gewässer ins Schwarze Meer. Dann segelten sie wieder nach Griechenland, um danach ihren Heimweg durch das Mittelmeer anzutreten. In der Zwischenzeit hatte sich die Familiencrew um einen weiteren Sohn verstärkt. Obwohl der mit seinen zweieinhalb Jahren noch nie Schuhe besessen hatte, machte er den Eindruck eines rundherum zufriedenen Kindes. Übrigens: Wovon leben diese Abenteurer unterwegs? Sie betreiben einen schwunghaften Handel mit Souvenirs aus ihrem Heimatland. Altes Geld, Bilder, Militärabzeichen und selbst erzeugtes Holzspielzeug werden feilgeboten. Somit war dieses Langzeitabenteuer auch finanziell einigermaßen abgesichert.
Als ich spätnachts zur OASE II schlenderte, dachte ich, welch sonderbare Blüten der menschliche Drang nach Freiheit wohl noch entstehen lassen mag.
Tags darauf verhinderte die herrschende Wetterlage ein Auslaufen. Der Levante blies mit Böen bis über 8 Bft. an die südspanische Küste. Die See war mit großen Schaumkronen geschmückt. In der seichten Hafeneinfahrt färbten Grundwellen das Wasser schmutzig braun. Wie mir erging es auch den Fischern. Sie saßen im Schatten einiger Kioske und flickten ihre Netze oder befestigten Angelhaken an Kunststoffleinen.
Ich nutzte den Tag zu einer ausgiebigen Erkundung des Hinterlandes. Stundenlang durchstreifte ich die Gegend auf der Suche nach lohnenden Fotomotiven. Meine Ausbeute blieb bescheiden. Dafür machte sich jedoch großer Hunger bemerkbar. Nach einer ausgiebigen Mahlzeit und der darauf folgenden Siesta verbrachte ich den Rest des Tages mit Bordarbeit. Bei meinem abendlichen Rundgang durch den Ort klönte ich nochmals ausgiebig mit der AVON-Crew. Zu vorgerückter Stunde fiel ich in die Koje.
Am nächsten Morgen verfolgte ich aufmerksam mehrere Wetterberichte. Dem Tiefdruckgebiet zwischen den Balearen und der afrikanischen Küste maß ich fälschlicherweise keine Bedeutung zu. Den immer noch herrschenden Levante hielt ich so wie einige Fischer auch für ungefährlich, weil im Abklingen begriffen. Nach einem langen Blick auf die See, wo Schaumkronen bereits deutlich kleiner wurden, beschloss ich, nach Almeria auszulaufen.

Das Mittelmeer zeigt mir die Zähne

Der erste Schreck ließ an diesem Tag nicht lange auf sich warten. In der engen, mit Felsen gespickten Hafenausfahrt rundete ich eine rote Tonne an der falschen Seite, nämlich backbords. Nach mehreren Warnrufen vom Land kuppelte ich sofort den Motor aus, dennoch knirschte es am Kiel und ein abruptes Aufsetzen ließ mich das Gleichgewicht verlieren. Wie der Blitz durchfuhr es mich: Jetzt ist alles aus. Im Geiste sah ich mein Schiff an der Hafenmole zerschellen. Wieder eingekuppelt – voll zurück – der Motor heulte auf – wir saßen fest. Die nächste anrollende Welle drückte das Schiff hart nach Steuerbord. Ein Zittern durchlief den Rumpf, der Kiel kam frei, wir machten Fahrt achteraus. Mit verkrampften Händen und ausgetrockneter Kehle bediente ich Ruder und Motor. Nach einer, wie es mir vorkam, halben Ewigkeit waren wir im tiefen Fahrwasser und konnten unsere Fahrt fortsetzen.

Während die OASE II unter Fock 2 hart am Wind aus der Bucht kreuzte, hatte ich immer noch einen flauen Magen. Wäre ein Zurücksetzen nicht möglich gewesen, dann … ich will gar nicht mehr daran denken.

Der frische Nordostwind verblies bald alle trübsinnigen Gedanken. Während uns die in der Zwischenzeit ausgebaumte Fock 1 immmer weiter nach Westen zog, saß ich, Musik aus dem Walkman hörend, im Cockpit und bestaunte die immer höher gehende See. Ein kleiner Delfin tauchte aus einem Wellental und folgte uns eine halbe Stunde. Immer wieder sprang er in weitem Bogen laut pfeifend aus den sich am Bootsheck brechenden Wellen. Gerade als ich überlegte, das Vorsegel zu verkleinern, nahm mir eine heftige Bö die Entscheidung ab. Der Vorliekstrecker brach, die Fock rutschte an den Stagreitern zum Masttop und begann, oben angekommen, einen Höllentanz. Ohne zu zögern pickte ich den Lifebelt in die Sorgleine und kroch zum Bug. Minuten vergingen, bis ich die Lage wieder unter Kontrolle und die Fock wieder an Deck hatte. Erschöpft in der Plicht zurück, bemerkte ich zu meinem Ärger, dass von meinem Walkman nur noch der Kopfhörer übrig war. Ab sofort hörte Neptun eine meiner Lieblingskassetten. Den wieder aufflammenden Kummer bekämpfte ich sofort mit Süßigkeiten.

Wenig später beobachtete ich aus Westen heranziehende Wolkenbänke. Mhh, die Form habe ich doch schon gesehen. Das wird doch nicht …! Doch! Gegen Einbruch der Dunkelheit standen im Westen dicke schwarze Gewitterwolken. Langsam, aber sicher fiel es mir wie Schuppen von den Augen. Abermals hatte sich eine klassische Wettersituation für Levante eingestellt. Wenig später begann kräftiges Wetterleuchten. „Was solls, da musst du eben durch“, dachte ich mir und bereitete alles für eine stürmische Nacht vor. Danach saß ich im Cockpit, beobachtete den von Blitzen hell erleuchteten Himmel und wartete. Gegen Mitternacht nahm der Wind rasant zu und drehte gleichzeitig auf Nord. Um 2 Uhr morgens segelte ich in den Golf von Almeria. Ein gleichzeitig von achtern aufkommendes Dickschiff fuhr meinetwegen ein spektakuläres, jedoch völlig unnötiges Ausweichmanöver. Dadurch völlig irritiert, versuchte ich zu wenden. Die Fock kam unklar, der Wind kreischte schrill in den Wanten, Seen brachen sich seitlich am Rumpf und Gischt nahm mir die Sicht. Ich war auf Hochtouren. Mühsam klarierte ich alles und lief weiter in die Bucht ein. Die Böen wurden immer stärker, der Wind drehte auf Ost. Ich konnte den Kurs nach Almeria nicht mehr halten. In der Zwischenzeit blies es mit 8 Bft., in Böen bis 10 Bft. Beigedreht kroch ich aufs Vorschiff und setzte die Sturmfock. Die See begann grob und

schlagend zu werden. Mit Hilfe des GPS trug ich die exakte Position in die Karte ein. Wieder im Cockpit, versuchte ich, einige Landpeilungen zu nehmen. Es war bei den Bocksprüngen im Seegang ein aussichtsloses Unterfangen. In unmittelbarer Entfernung tanzten die Lichter von Almeria. Mein Körper sehnte sich nach dem zum Greifen nahen Hafen. Eine innere Stimme sagte mir aber: abdrehen, hinaus ins freie Wasser. Letztlich siegte die Seemannschaft. Bei unverminderten Sturmböen sowie in der Zwischenzeit einsetzenden starken Regenschauern segelte ich zurück ins freie Wasser. Tatsächlich wäre es angesichts dieser Wetterbedingungen unverantwortlich gewesen, einen mir unbekannten Hafen nachts anzulaufen. Ich beschloss, bis zum Morgengrauen mit großem Abstand zur Küste nach Westen zu segeln.
In der Zwischenzeit schätzte ich die Wellenhöhe auf drei bis vier Meter. Steil kamen sie von achtern auf, doch nur wenige brachen sich am Heck und füllten das Cockpit. Meistens wurde die OASE II im letzten Moment doch noch angehoben, und die Brecher unterliefen als große Schaumteppiche den aufschwimmenden Rumpf. Trotz Gliederschmerzen, brennenden Augen und Hunger empfand ich die Faszination dieses Schauspiels. Als ich das nächste Mal meine Position bestimmen konnte, lag ich bereits 20 Seemeilen westlich von Almeria. Ich nahm Kurs auf Almerimar, eine riesige Marina, die auch bei den herrschenden Wetterbedingungen einigermaßen sicher anzusteuern war. In der Zwischenzeit hatte sich der Ostwind auf 7 Bft. mit langen Sturmböen eingependelt: eindeutig Levante. Wegen der Brecherbildung im Flachwasser musste ich erheblichen Abstand zur Küste halten. Endlich hatte ich das Richtfeuer der Hafeneinfahrt von Almerimar querab. Mit Motorunterstützung kämpften wir uns der Mole entgegen. Nachdem wir diese endlich gerundet hatten, stand der Wind genau auf die Nase. Die Fock begann zu knattern, Fallen schlugen und der 8-PS-Außenborder begann einen scheinbar aussichtslosen Kampf gegen Sturm und Strömung. Während ich die Fock bändigte, hielten Motor und Autopilot das Schiff auf der Stelle. Mehr war nicht möglich. Schon überlegte ich ein Abdrehen aus dieser aussichtslosen Situation, da ließ der Wind kurzzeitig etwas nach. Dieses Atemholen nutzte ich. Mit Vollgas voraus kämpfte sich die OASE II Meter für Meter in den weiträumigen Hafen. Abermals brachte uns eine Sturmbö fast zum Stehen. Mit einem halben Knoten Fahrt über Grund erreichten wir den vor einfallenden Böen etwas geschützteren Teil des Hafens. Triumphierend heulte der Außenborder auf und schob die OASE II bis zu dem mir zugeteilten Liegeplatz. Trotz der Hilfe eines Marineros wurde das Festmachen zu einem 30 Minuten dauernden Kampf, in dessen Verlauf mein Helfer ein unfreiwilliges Bad im Hafenbecken nahm. Gerade als er aus Leibeskräften an meiner Bugleine zog, fiel eine schrill pfeifende Sturmbö ein. Durch den Winddruck und ein damit verbundenes Einrücken des Schiffes verlor er das Gleichgewicht und verschwand für kurze Zeit samt meinem Festmacher im aufgewühlten Hafenwasser. Nur ein zurückgebliebener Badeschlappen zeugte von seiner Anwesenheit. Wieder festen Boden unter den Füßen, unterstützte er mich tatkräftig beim Finale des Anlegekrimis. Dann hatten wir es endlich geschafft. Um einige Kratzer an Rumpf und Aufbauten bereichert,

lag die OASE II sicher vertäut. Der Sturztaucher und ich waren mit unserer Arbeit zufrieden. Ich verordnete uns die Einnahme einer hochprozentigen Antischockmedizin. Dadurch löste sich die Verkrampfung in den schmerzenden Gliedern, jedoch trübte sich der Blick.
Nach einem herzhaften Essen begann ich etwas aufzuklarieren. Am Abend waren die meisten Schwerwetterspuren beseitigt.
Zwei Tage später fuhr ich mit dem Bus nach Almeria. Da ich schon einmal in der Nähe war, wollte ich diese Küstenstadt besichtigen. Einige spanische Segler hatten mir Almeria als besonders sehenswert beschrieben. Nach eineinhalb Stunden Fahrzeit durch eine von der Landwirtschaft vergewaltigte, mit Müll übersäte Landschaft erreichte ich Almeria. Schon bei der Anfahrt zum Busbahnhof fielen mir unzählige Baustellen auf. In der Tat wurde auch gerade die halbe Altstadt umgegraben. Nahezu jedes der typisch altspanischen Häuser wurde entweder renoviert oder war eine Ruine. Ich wollte wenigstens die alte Festung besichtigen. Auf dem von mir eingeschlagenen Weg stand ich aber plötzlich in den Slums. Wie in Dritte-Welt-Ländern leben hier Menschen in unbeschreiblich armen Verhältnissen, ohne Strom und Wasseranschluss, umgeben von Müll. Ich fragte einen alten Mann nach dem Weg. Er zeigte mir die Richtung, dann fiel sein Blick auf meine Fotoausrüstung. Eindringlich riet er mir vor einem Weitergehen ab. Ich drehte um, kam wieder in ein ziemlich sauberes Wohnviertel und suchte einen anderen Weg zur Festung.
Wenig später kletterte ich die letzten Meter über Glasscherben und alte Kühlschränke zu einem Aussichtsplateau, welches offensichtlich seit geraumer Zeit von Einheimischen als Müllabladeplatz verwendet wurde. Da zwischen den Ruinen mehrere zerlumpte Gestalten herumsaßen, schoss ich einige Fotos und machte mich eiligst auf den Rückweg.
Wieder im Hafen angelangt, setzte ich mich auf die Terrasse des Club Nautico. Während ich ein kühles Bier genoss und auf den Überlandbus wartete, stimmte mich das soeben Erlebte ziemlich nachdenklich. Damals glaubte ich, gerade etwas besonders Schlimmes gesehen zu haben. Monate später wurde ich vor Westindien und Südamerika eines Besseren belehrt.
Die Rückfahrt bescherte mir ebenfalls unvergessliche Eindrücke. Ein entgegenkommender LKW drängte unseren Bus auf das Bankett. Hierzulande war das scheinbar nichts Außergewöhnliches. Durch unzählige Ritzen und defekte Dichtungen kroch Staub ins Innere des Busses. Die Sicht war gleich null. Der Busfahrer öffnete daraufhin – schließlich ist man ja kundenfreundlich – bei voller Fahrt alle Türen, um für ordentliche Belüftung zu sorgen. Die meisten Fahrgäste – keineswegs geschockt – nickten dankend und klopften den Staub von ihrer Kleidung. Ich schloss mich an und entstaubte ebenfalls meine Kamera und mich. Langsam verzog sich der Nebel.
Als der Bus Almerimar erreichte, war ich froh, diesen Landausflug unbeschadet überstanden zu haben. Mein Bedarf an Besichtigungen dieses Küstenabschnittes war gedeckt.
Das erste Treffen mit Anita rückte näher. Sie hatte einen Flug nach Malaga

gebucht. Wir hatten beschlossen, uns in Benalmadena zu treffen. Diese wunderschöne Marina liegt etwa 30 Kilometer westlich von Malaga an der Costa del Sol. Wir wollten dort gemeinsam Anitas Urlaub verbringen.
Ich nahm also die letzten 100 Seemeilen in Angriff. Bei leichten umlaufenden Winden verlief die Fahrt ziemlich geruhsam. Lediglich der lebhafte Schiffsverkehr zwang mich – vor allem nachts –, die See aufmerksam zu beobachten. Auch meine gern gesehenen Begleiter, die Delfine, stellten sich gegen Mitternacht ein. Die Nacht wurde daher kurzweilig. Zur Mittagszeit machte ich im Hafen von Benalmadena fest. In den folgenden Tagen führte ich notwendige Service- und Reparaturarbeiten an meiner OASE II durch. Gleichzeitig lernte ich einige andere Segler kennen. Und so musste ich mich bemühen, rechtzeitig alle anstehenden Reparaturen auch auszuführen. Bei 28° C und wolkenlosem Himmel war die Verlockung groß, unter dem Sonnensegel mit netten Freunden Kaffee zu trinken, anstatt schwitzend Beschläge zu entrosten oder die Segel zu entsalzen. Die Zeit verging wie im Fluge. Und schon war der Tag von Anitas Ankunft gekommen.
Anitas Maschine hatte Verspätung, also saß ich aufgeregt in der Ankunftshalle und beobachtete die Informationstafeln. Endlich blinkte der Schriftzug „angekommen“ neben Anitas Flugnummer. Kurz danach sah ich sie mit letzter Kraft ihre beiden Reisetaschen und einen Rucksack durch den Zoll schleppen. Da hat sie ja wieder einmal den Kleiderkasten ausgeleert, dachte ich und ging ihr entgegen. Ich fühlte, wie ein bisher unbekanntes Gefühl der Zufriedenheit in mir aufstieg. Endlich wieder Kontakt mit der Heimat.
Kurz danach schleppte ich das Gepäck in Richtung Taxi. Auf Grund des Gewichtes regten sich Zweifel in mir, ob die Gepäckstücke wirklich nur Anitas Kleidung enthielten. Andererseits – was könnte sie sonst noch eingepackt haben? Natürlich hatte ich einige „Kleinigkeiten“ von zu Hause bestellt, aber die konnten nicht so schwer sein. Oder doch?
Zwei Stunden später glaubte ich, es sei schon Weihnachten. Im Salon der OASE II gab es keinen Quadratzentimeter, auf dem nicht irgendein Mitbringsel aus der Heimat lag. Überglücklich begann ich die Geschenke von Familie und Freunden zu verstauen. Ein neues Batterieladegerät, Bücher, der von mir so geliebte fertige Palatschinkenteig, Hartwurst, Filme, ein neuer Walkman und viele Briefe waren darunter.
Während unserer gemeinsamen Tage in Benalmadena hatten wir ein unvergessliches Erlebnis: Schwedische Freunde luden Anita und mich zum Segeln ein. An einem sonnigen, heißen Vormittag nahmen wir Kurs auf das offene Meer. Unser Ziel war es, an einer von spanischen Freunden angegebenen Position Wale zu beobachten. Es wollte sich jedoch keiner der Meeressäuger zeigen und so beschlossen wir, Fuorgirola anzulaufen, um es am nächsten Morgen noch einmal zu versuchen. Tags darauf nahmen wir wieder Kurs auf die empfohlenen Koordinaten. Bereits aus größerer Entfernung sahen wir einige Schiffe, die immerzu große Kreise fuhren. Näher kommend, erblickten wir unzählige Delfine, die mit und zwischen den Schiffen schwammen. In großen Schulen sprangen sie aus dem Wasser – ein unglaubliches Schauspiel. Während Anita, auf dem Vorschiff sit-

zend, einen Film nach dem anderen verknipste, bat ich um eine Leine. Damit gesichert, sprang ich ins Wasser, um zum ersten Mal in meinem Leben inmitten von Delfinen zu schwimmen. Zeitweise schnellten ganze Schulen auf mich zu. Unmittelbar vor einem Zusammenstoß wichen sie seitlich oder in die Tiefe aus. Ich tauchte ebenfalls ab und sah ihre schlanken Körper pfeilschnell durchs Wasser schnellen. Es war ein unbeschreibliches Erlebnis. Anita, ohnehin ein bedingungsloser Delfinfan, war noch am Abend so aufgeregt, dass sie nicht einschlafen konnte. Nach der Euphorie kam die Trauer: Anitas Urlaub war zu Ende.

Gibraltar – Tor zum Atlantik

Bei schwachem Nordostwind segelte ich entlang der Costa del Sol. Während Benalmadena achtern unter die Kimm sank, wollte ich kurz vor Sonnenuntergang die Gastlandflagge wechseln. Sosehr ich auch an der Fahnenleine zerrte, die spanische Flagge weigerte sich hartnäckig, ihren Platz unter der Steuerbordsaling an die britische abzutreten. Resignierend musste ich feststellen, dass sich die Leine am Umlenkblock verklemmt hatte. Nach einem weiteren kräftigen Versuch riss die Takling der Flaggleine. Entnervt stand ich an Deck. Vor mir lag ein Tampen der gerissenen Flaggleine, der zweite klemmte mit der spanischen Flagge im Block der Saling. Da zwischen Spanien und dem britischen Gibraltar seit Jahrzehnten eine politisch angespannte Beziehung herrscht, wäre das Einlaufen mit der spanischen Flagge schlechthin eine Provokation und somit für mich nicht empfehlenswert gewesen. Es blieb mir nichts anderes übrig, als mit der für solche Zwecke mitgeführten Strickleiter zur Saling aufzuentern. Nach etwa einer Stunde war die Leine klariert und ich hatte wieder das Deck unter den Beinen. Zurück blieben deutliche Anzeichen von Seekrankheit. Durch das dreiwöchige süße Leben in Benalmadena war mein Körper den Schiffsbewegungen sechs Meter über dem Wasser nicht mehr gewachsen. Zwei Tabletten gegen Seekrankheit und etwas Entspannung ließen die Symptome schon bald auf ein erträgliches Maß abklingen. Aufkommender Ostwind ermöglichte Schmetterlingssegeln.
Während der Vollmond inmitten unzähliger Sterne auf mich herabschien, lag ich in der Plicht, träumte von karibischen Inseln, schneeweißen Stränden, sich im Passat wiegenden Palmen und warmem, glasklarem Wasser.
Die Morgendämmerung malte alle nur erdenklichen Farbnuancen, als vor mir im Westen der Traum vieler Fahrtensegler aus dem Meer wuchs: Gibraltar! Der etwa 4,5 Kilometer lange, 1,3 Kilometer breite und 425 Meter hohe Felsen beeindruckt mich bereits von fern. Spätestens nachdem man „Europ Point“ gerundet hat und in die Bucht von Algeciras einläuft, spürt man das Flair der weiten Welt. Große Frachter und Tanker lagen auf Reede. Die Dockanlagen im Hafen von Gibraltar wurden sichtbar. Hier konnte man sehen, dass „The Rock“, wie ihn die Engländer nennen, nicht nur für Fahrtensegler eine große Bedeutung hat. Ich tuckerte entlang der Außenmole des Handelshafens, bis der Runway des Flughafens vor mir lag. Nach etwa 300 Metern erblickte ich hart steuerbord den Zollsteg. Ein bereits wartender Beamter half mir beim Festmachen. Angekommen!

Nach wenigen Minuten hatte ich alle Formalitäten mit den überaus freundlichen Behörden erledigt. Begeistert von der Hilfsbereitschaft im „Amtscontainer", ersuchte ich um eine Fotoerlaubnis. Lächelnd setzte der Diensthöchste die Gebühr mit fünf britischen Pfund fest und meine amtlich sanktionierte Fotoorgie konnte beginnen. Nach getaner Arbeit rief ich über UKW, Kanal 71, Sheppards Marina. Sie hatten freie Liegeplätze, und nach weiteren 15 Minuten belegten hilfreiche Hände meine Festmacher am Steg. Neugierige Augen beobachteten mich und mein kleines, durch die Werbeaufkleber ziemlich auffallendes Schiff.
Nach dem Klarieren verdrängte die Neugierde meine Müdigkeit. Also zog ich los, um mich ein wenig umzusehen. Wie oft hatte ich in Büchern und auf Seekarten dieses Ziel vieler Fahrtensegler betrachtet, und nicht selten war Anita gekommen und hatte mich aus meinen Träumen gerissen. Jetzt war es Realität. Das Flair dieser ältesten Marina Gibraltars mit seinem Werftgelände ist einzigartig. Sheppards besitzt außerdem das wohl bestsortierte Lager für Schiffszubehör auf der Passatroute zwischen Europa und Südamerika. Nicht die Preise, die ungeheure Auswahl an Versorgungsgütern bewegt viele Skipper zum Anlaufen Gibraltars. Hier bekommt man so ziemlich alles, was das Herz begehrt. Ist irgendetwas nicht lagernd, kann es in kürzester Zeit aus England eingeflogen werden. Dadurch hat man die Möglichkeit, nahezu jedes Problem am Schiff zu lösen und die Ausrüstung zu ergänzen.
Zurück an Bord, teilte ich mich am Nachmittag für den Postdienst ein, wohl wissend, dass sich meine Familie und Freunde besonders von diesem letzten Stopp im Mittelmeer eine Karte erwarteten. Mit meinem Rucksack bewaffnet, maschierte ich also zu einem Kiosk und fragte nach der Rabattstaffelung bei Ansichtskarten. Ein etwas irritierter Verkäufer fragte mit typisch britischem Temperament: „It's not a joke?" Wir einigten uns auf einen bescheidenen Naturalienrabatt. Jetzt fehlten nur noch Briefmarken. Da nicht ausreichend Marken im exakten Gegenwert vorhanden waren, musste ich kombinieren. Letztendlich bekam ich teilweise ausgefallene Exemplare. Mit der Gewissheit, etwaigen Philatelisten eine große Freude zu bereiten, machte ich mich auf den Rückweg. Am Abend hatte ich meine Post erledigt. Meine Finger waren es auch!
Tags darauf wollte ich das Naturschutzgebiet auf dem Felsen erstürmen. Die Fotoausrüstung geschultert und los gings. Die erste Station auf dem Weg zum Gipfel war Moorish Castle. In diesem restaurierten Wehrturm befindet sich ein kleines, jedoch überaus eindrucksvolles Museum. Es zeigt Gegenstände der Berber, die den Turm erbaut hatten und lange Zeit die Macht über beide Seiten der Meerenge von Gibraltar besaßen. Nachdem der Turm zerstört worden war, wurde er 1333 bei der zweiten Okkupation wieder aufgebaut und entspricht auch heute noch dem damaligen Aussehen. Um 711 landete hier Musa-Ibn-Nosseyers mit etwa 12.000 Soldaten und begann mit der Eroberung großer Teile der Iberischen Halbinsel.
Weiter ging es steil bergauf. Entlang der schmalen Straße wucherten zarte bodennahe Blumen. Überhaupt bietet der Felsen von Gibraltar einiges an Flora und Fauna. 600 Arten verschiedener Wildblumen sowie viele seltene Vögel – einige davon sogar einzigartig – haben hier ihren Lebensraum.

Unterwegs traf ich Andrew, einen kanadischen Einhandsegler. Gemeinsam besichtigten wir den Rest des Naturschutzgebietes. Dazu gehören nicht nur die Affen, sondern auch der imposante Siegestunnel. 1782 hatten die Arbeiten unter General Eliot begonnen. Dieser wollte einen Zugang zur Ost- und Nordseite des Felsens, um mit seinen Geschützen auf mögliche Angreifer feuern zu können. Leutnant Koelher entwickelte gleichzeitig Kanonen, mit denen es möglich war, nach unten zu feuern. Damit hatten die Engländer ein für die damalige Zeit großes militärisches Problem gelöst. Mit den bis zu dieser Zeit üblichen Geschützen war es nämlich nicht möglich, mit nach unten gerichtetem Lauf zu feuern. Bedingt durch die Flugbahn der Kugel gab es daher einen sehr großen toten Winkel. Heute beträgt die Gesamtlänge der Tunnel im Felsen ca. 30 Kilometer.
Bei der Cable-Car-Bergstation genossen wir einen beeindruckenden Ausblick über den Hafen von Gibraltar, das spanische Umland und auch die afrikanische Küste. Auf dem Weg nach unten besichtigten wir noch St. Michael's Cave. Diese etwa 250.000 Jahre alte Grotte mit dem Hauptraum – der so genannten Kathedrale – bietet dem Betrachter das imposante Schauspiel wachsender Tropfsteine. Einer Sage nach besitzt diese Grotte den Eingang zu einem Tunnel, welcher 15 Meilen unter der Straße von Gibraltar nach Afrika führt. Die berühmten Affen sollen so in diesen Tunnel auf den Felsen gekommen sein. Ein weiteres Sprichwort besagt: Solange die Affen den Felsen bewohnen, bleibt Gibraltar unter britischer Flagge.
Es begann bereits zu dämmern, als wir zum Hafen zurückkehrten. Bei einem kühlen Bier beruhigten sich die heißgelaufenen Fußsohlen, und Andrew gab mir einige Tipps für meine weitere Reise. Schließlich hatte er bereits 20.000 Seemeilen erfolgreich abgesegelt und dadurch einige Erfahrung sammeln können. Wir vereinbarten ein Treffen für den nächsten Tag. Andrew wollte mir beim Besorgen meiner Angelutensilien behilflich sein. Tags darauf zogen also ein erfahrener Hochseefischer und ein ahnungsloser Möchtegern-Angler von einem Laden zum anderen, um Haken, Leinen, Blinker und Gummiköder zu besorgen. Etwas skeptisch stellte ich fest, dass Andrew prinzipiell zu einfachem und billigem Zubehör griff. Fragte ich ihn, warum er denn nicht technisch ausgefeilte, wesentlich Erfolg versprechendere Produkte für mich einkaufe, meinte er lakonisch: „It's enough, better you buy some beer from the difference." Wie Recht er damit hatte, sollte sich mir etwas später auf eindrucksvolle Weise zeigen.
Die Tage in Gibraltar vergingen wie im Flug. Pausenlos bekam ich Einladungen zum Drink oder Dinner. Mein „Fettbauch" aus der Zeit in Benalmadena bekam zusätzliche Nahrung. Einstimmig wurde mir jedoch von Freunden versichert, dass ich „diese paar Kilo" auf den Atlantikpassagen noch brauchen werde. Am letzten Tag vor meinem Auslaufen zu den Kanarischen Inseln meldete sich auch noch Ö3. In einem Telefoninterview berichtete ich über meine bisherige Reise. Es war ein herrliches Gefühl: Man hatte mich in der Heimat noch nicht vergessen.
Abends kam dann ein moralischer Dämpfer. Ich telefonierte mit Anita. Sie war schrecklich traurig. Der Grund lag in scheinbar unüberwindlichen Problemen bei ihrer Urlaubsplanung. Für uns waren die Treffen während der Reise überaus

wichtig. Es war ärgerlich und deprimierend zugleich, dass Anitas damaliger Chef offensichtlich meine Abwesenheit dazu nützte, wirtschaftlichen Druck auf sie auszuüben. Unverblümt erklärte er, auf meine Weltreise keine Rücksicht nehmen zu können. Die Feststellung: „Er kann ja für Sie sorgen“ bewirkte auch bei mir einen gehörigen Adrenalinausstoß. Teilweise hatte ich zwar vor Antritt meiner Reise mit solchen Problemen gerechnet, dass sie jedoch bereits nach so kurzer Zeit auftreten würden, damit hatten wir nicht gerechnet. Ich versuchte Anita, so gut es ging, Mut zu machen. Nach Beendigung unseres Gespräches war ich davon überzeugt, es nicht geschafft zu haben.
Am letzten Abend in Sheppards Marina war die Plicht der OASE II mit Freunden überfüllt. Wir tranken einen Sundowner und noch einen und noch einen und ... Spätabends waren die hochprozentigen Getränke an Bord stark dezimiert und einige Promille zogen lautstark heimwärts zu ihren schwimmenden Domizilen.

Atlantik

Erster Törn im Atlantik

Es war 7 Uhr morgens und noch dunkel, als mich mein Wecker aus dem Schlaf riss. Kühle Morgenluft und graue Wolkenfetzen zogen über Gibraltar. Ich begann mit den letzten Vorbereitungen zum Auslaufen. Gegen 9 Uhr frühstückte ich mit Freunden auf der BELUGA. Gemeinsam mit Jean-Claude ging ich nochmals die Gezeitentafeln durch. Ich ließ mich davon überzeugen, etwas später als geplant auszulaufen. Dann war es wieder einmal so weit: Ich musste Abschied nehmen!
Wieder litt ich unter der unumgänglichen Tatsache, mich von neuen Freunden trennen zu müssen. Einziger Trost für mich war der Umstand, dass hinter jedem Abschied ein neuer Anfang kommt.
Geoffrey und Giannina schenkten mir noch zwei Tafeln Schokolade. Alles Gute, fair winds, gute Reise – meine Leinen wurden gelöst, Ruder hart steuerbord. Mit halber Kraft glitt die OASE II aus Sheppards Marina. Vor mir lagen etwa 600 Seemeilen bis zu den Kanarischen Inseln. Die beiden französischen Yachten BELUGA und IMAGINE wollten mir in etwa zwei Stunden folgen. Beide hoffte ich im Hafen von Gran Canaria wieder zu sehen. Für das erste Teilstück durch die Straße von Gibraltar hatten wir ein Rendezvous auf UKW, Kanal 70, vereinbart.
Zwischen großen Frachtern und Tankern, die auf Reede lagen, lief ich in die Meerenge von Gibraltar ein. Vergebens wartete ich auf den Ebbstrom, der bis zu drei Knoten in Richtung Atlantik setzen sollte. Ich ahnte, die Abfahrtszeit in Gibraltar falsch gewählt zu haben. Da jedoch kräftiger Ostwind blies, wagte ich die Durchfahrt trotzdem. Nach einiger Zeit sah ich achtern zwei mir bekannte Schiffsilhouetten näher kommen. BELUGA und IMAGINE kämpften sich ebenfalls gegen den in der Zwischenzeit mit zwei bis drei Knoten setzenden Flutstrom. Mein Sorgenkind, das Log, war wieder einmal ausgefallen. Ich schätzte die Geschwindigkeit durchs Wasser unter Vollzeug und mit Motorunterstützung auf etwa 6,5 Knoten. Das GPS bestätigte lediglich 3,5 Knoten über Grund.

Langsam, aber doch näherten wir uns dem Leuchtturm von Tarifa. Darin ist auch die Verkehrskontrolle über diese viel befahrene Seestraße untergebracht. Das Fahrwasser hier in der Straße von Gibraltar ist in zwei Küstenverkehrszonen und eine Hauptverkehrszone unterteilt, letztere zusätzlich in zwei Richtungsfahrbahnen. An meiner Backbordseite zogen, wie auf einer Perlenkette aufgefädelt, Dickschiffe in beide Richtungen. Um 16 Uhr 10 peilte ich Tarifa-Kontroll querab. Wir waren im Atlantik.
Der Ostwind legte ebenfalls zu. Unter gekürzten Segeln liefen wir mit nunmehr vier Knoten über Grund, Kurs 270°, in Richtung Kanarische Inseln. Wäre das Wetter nicht so hart gewesen, hätte ich eine Einhandparty gestartet, so aber musste ich meine ganze Energie dazu verwenden, das Schiff richtig zu trimmen. Bei meiner Backbordwinsch blieb im entsicherten Zustand die Sperrklinke hängen. Unter Aufbietung all meiner Kräfte gelang es mir letztendlich doch noch, das Vorsegel dicht zu holen.
Gegen 18 Uhr rumste es gewaltig am Rumpf. Ich fuhr hoch, sah ins Kielwasser und schaute in zwei ebenso verdatterte Augen einer etwa 80 cm großen Meeresschildkröte. Durch den Zusammenstoß hatte es sie kurzzeitig auf den Rücken geworfen. Nun versuchte sie mit ihrer angeborenen Gelassenheit, sich wieder in Bauchlage zu bringen. Wer hatte da wohl Vorfahrt? Wieder in korrekter Schwimmhaltung, mit Kurs zur spanischen Küste, warf sie mir noch einen vorwurfsvollen Blick zu. Dann nahmen mir auflaufende Wellen die Sicht.
Zum Abschluss dieses ereignisreichen Segeltages brach bei ausgebaumtem Vorsegel und sechs Windstärken der zweite und zum Glück der letzte meiner Spischlitten am Mast. Dieses Patent aus Aluminiumguss war wohl tatsächlich nur für den Anschauungsunterricht gedacht. Somit hatte Skipper Malte Recht gehabt, als er mir in Benalmadena empfohlen hatte, nicht nur den bereits gebrochenen Schlitten, sondern ebenso den noch intakten auszutauschen. Damals hatte ich nicht dem Material, sondern meinem Unvermögen die Schuld am Bruch gegeben. Jetzt wurde ich also eines Besseren belehrt.
Nachdem ich den Spibaum umgepickt hatte, setzte ich mich für einige Stunden selbst ans Ruder. Gegen 2 Uhr morgens flaute der Ostwind ab, und ich konnte dem Windpiloten das Steuern überlassen. Danach plünderte ich die Schokoladenlade. Überwältigt vom für mich neuartigen Seegang, saß ich nach meiner Schokoladenorgie mit leichten Bauchschmerzen im Cockpit. Ich blickte nach achtern, wo die letzten Lichter der spanischen Küste immer schwächer wurden. Adios, Europa!
In dieser ersten Nacht auf dem Atlantik fand ich keinen Schlaf. Gedanken über meine gemeinsame Zukunft mit Anita quälten mich. Ihre traurige Stimme hatte ich noch im Ohr, als hätten wir gerade erst telefoniert. Seekrankheit machte sich ebenfalls bemerkbar. Mein Magen verkrampfte sich und lehnte jede feste Nahrung ab. Trotz herrlicher neuer Eindrücke und zügigen Vorankommens begann eine sechstägige Belastungsprobe meiner mentalen Stärke. Ich kämpfte weiterhin mit einer mir unerklärlichen Appetitlosigkeit.
1. Tag: Am Vormittag des ersten Tages auf dem Atlantik musste ich nur zweimal

geringfügig die Segelstellung ändern. Nachmittags trieb in etwa 20 Meter Entfernung ein großes blaues, stark verbeultes Ölfass vorbei. Abends bekam ich starke Kopfschmerzen. Ich nahm eine Schmerztablette. Abermals musste ich ständig an zu Hause denken und fand keinen Schlaf.
2. Tag: In den frühen Morgenstunden konnte ich drei kurze Schlafpausen einlegen. Vormittags drehte der Wind auf Nordwest. Ich schiftete die Fock auf Steuerbordbug. Danach fühlte ich mich wie erschlagen und bekam Magenschmerzen. Nach der Körperpflege zwang ich mich, etwas Suppe und einige Stück Traubenzucker zu essen. Nun ging es mir etwas besser. Zum ersten Mal brachte ich die Schleppangel aus und hatte schon nach kurzer Zeit einen kleinen Bonito am Haken. Da ich noch immer keinen Appetit hatte, warf ich den Fisch über Bord und verstaute meine Angelutensilien. Am Abend quälten mich abermals starke Magenschmerzen. Nach wie vor zermarterte ich mir den Kopf darüber, ob wohl zu Hause alles in Ordnung sei. Obwohl wunderbares Segelwetter herrschte und das Tagesetmal 104 Seemeilen betrug, war ich zutiefst deprimiert. Sosehr ich mir auch den Kopf nach dem Warum zermarterte, ich konnte keine Erklärung finden.
3. Tag: Nachts schlief der Wind ein. Zurück blieb eine schrecklich nervende Dünung. Abermals konnte ich keinen Schlaf finden. Das Essen wollte einfach nicht schmecken. Ich würgte einige Kekse und ein paar Stück Traubenzucker hinunter. Am Abend bekam ich einen Energieanfall und setzte alles zur Verfügung stehende Tuch. Die Arbeit hatte sich gelohnt, wir segelten wieder. Kurz vor Sonnenuntergang wechselte ich die Gastlandflagge.
4. Tag: Ich hatte nur zwei Stunden geschlafen. Nach wie vor hatte ich keinen Appetit und fühlte mich trotz der wunderbaren Segelbedingungen einfach schrecklich. Ich nahm einige Tropfen gegen die wieder auftretenden Magenschmerzen. Danach kaute ich ewig an ein paar Scheiben trockenem Zwieback. Ich versuchte mich am Anblick des Atlantiks zu erfreuen, doch es gelang mir nicht.
5. Tag: Ich schrieb ins Logbuch: Mein Zustand ist elendig. Nach Sonnenuntergang briste es stark auf. Kraftlos kämpfte ich mich auf dem Vorschiff mit den Segeln ab. Dabei bekam ich einige Male weiche Knie und stürzte. Gegen 22 Uhr kamen Delfine zu Besuch. Sie spielten mit der OASE II, aber es gelang auch ihnen nicht, mich etwas aufzuheitern.
6. Tag: In den Morgenstunden musste ich zweimal die Besegelung anpassen. Wind und Seegang nahmen beachtlich zu. Trotzdem versuchte ich, etwas zu schlafen. Um 6 Uhr 20 traf ein Brecher das Schiff an Backbord. Dabei schleuderte es mich aus der Koje. Verdattert eilte ich in die Plicht. Die Wellen liefen konfus durcheinander. Ich zog mein Ölzeug an und assistierte dem Windpiloten. Am Nachmittag besserten sich die Situation und auch mein Befinden. Bis zum Abend änderte der Wind noch mehrmals geringfügig die Richtung. Daher war ich ständig mit dem Einstellen der Windfahnensteuerung beschäftigt. Mein Gesamtzustand hatte sich geringfügig gebessert. Endlich gelang es mir, mich etwas zu entspannen.
7. Tag: Gegen Mitternacht konnte ich die ersten Lichter Lanzarotes ausmachen. Mein Stimmungsbarometer begann zu steigen. Körperlich jedoch war ich total

erschöpft. Glücklicherweise sorgte konstanter Nordwind für zügiges Segeln ohne großen Arbeitsaufwand. Im Laufe des Vormittags wuchs die Insel aus dem Meer. Am Nachmittag färbten sich die Vulkanberge pastellfarben. Kleine Kumuluswolken verdeckten zeitweise die Sonne und erzeugten dadurch bezaubernde Schattenspiele an den Berghängen Lanzarotes. Als Kontrast drohten die schwarzen Lavafelsen an der Küste. Endlich wurde die Marina von Puerto Calero sichtbar. Gleichzeitig erreichte ich aber auch den Bereich gefährlicher umlaufender Fallwinde. Sie treten am südlichen Ende der West- bzw. Ostseite dieser Insel auf und können für kurze Zeit die herrschende Windstärke um bis zu 2 Bft. steigern. Ein damit verbundener Windsprung kann ein unvorbereitetes Segelboot in arge Schwierigkeiten bringen. Immer wieder büßen Skipper für die Nichtbeachtung dieser besonderen Wettersituation mit zerfetzten Segeln oder erheblichen Materialschäden am Rigg.
Um 17 Uhr steuerte ich meine OASE II an den für sie viel zu hohen Empfangspier. Es herrschte gerade Niedrigwasser. Vom Deckshaus aus kletterte ich an Land. Geschafft! Mein erster Atlantiktörn war erfolgreich abgeschlossen. Augenblicklich hatte sich alle Mühsal verzogen. Ich fühlte mich wie neu geboren. Kurze Zeit später machte sich auch zum ersten Mal seit einer Woche intensiver Hunger bemerkbar. Nach dem Einklarieren verholte ich auf den mir zugewiesenen Liegeplatz. Die deutsche Herrschaft in dieser erst seit sieben Jahren fertig gestellten Marina wurde sofort augenscheinlich. Ein überaus freundliches und hilfsbereites Personal und bestechende Sauberkeit und Funktionalität waren allgegenwärtig. Das Studio von Radio Europa auf Lanzarote sendet ausschließlich in deutscher Sprache. Man grüßt mit „Servus", und nur die herrlichen Palmen, schroffe Lavafelsen und der südliche Baustil erinnern einen ständig daran, dass man sich auf den Kanarischen Inseln befindet.
Um mein mentales Hoch zu stabilisieren, beschloss ich, mir ein ordentliches Dinner zuzubereiten. Die Auswahl an frischen Lebensmitteln im Supermarkt ließ zwar zu wünschen übrig, aber mit einiger Phantasie schaffte ich dennoch ein dreigängiges Menü à la OASE II. Der spanische Rotwein entfaltete schon nach kurzer Zeit seine benebelnde Wirkung. Wenige Minuten nach dem letzten Bissen plumpste ich in die Koje und gleichzeitig in Tiefschlaf.
Nach zwei Tagen nahm ich die etwa 100 Seemeilen bis Las Palmas in Angriff. Die kurze Distanz erwies sich jedoch als sehr tückisch. Nachdem ich am Vormittag die Marina von Puerto Calero verlassen hatte, nahm ich Kurs auf die Straße von La Bocayna zwischen Lanzarote und Fuerteventura. Fehlender Wind und kräftiger Schwell ließen das Schiff erbärmlich rollen. Unter Maschine tuckerte ich durch die Meerenge. An der Westseite angekommen, empfing mich mäßiger Nordwestwind. Also hoch die Segel, Kurs Gran Canaria. Kurze Zeit später näherte sich eine tiefschwarze Wolke aus derselben Richtung. Vorsorglich begann ich die Segelfläche zu verkleinern. Noch mitten in der Arbeit fiel eine Schauerbö über mich her. Also reffte ich weiter. Danach saß ich im Cockpit und beobachtete fasziniert, wie dunkle Wolkenfetzen Fuerteventura einhüllten. Für einige Minuten wurde die Insel total verschluckt. Dann wieder durchbrachen einige Sonnen-

strahlen die Wolkendecke und überfluteten Berghänge mit diffusem Licht. Ständig wechselten Licht, Schatten und Farbtöne. Trotz der vereinzelten dicken Regentropfen und dem böigen Wind fühlte ich mich richtig wohl. Dann war die Front durchgezogen. Der Wind drehte erst zögernd auf Nordost, anschließend schlief er ein. Flaute mit ziemlich starkem Atlantikschwell sorgte für ein sehr unangenehmes Rollen. Da ich nicht gewillt war, diese Tortur länger zu ertragen, startete ich an diesem Tag abermals die Maschine. Als ich einkuppelte, starb der Motor ab. Nichts ahnend startete ich ein zweites Mal, kuppelte ein und – plupp – wieder abgestorben. Sosehr ich den Gedanken an eine blockierte Schraube auch zu verdrängen versuchte, war mir spätestens nach einem weiteren Versuch klar, dass irgendetwas den Propeller blockierte. Also musste ich den Motor ausbauen, da ein Tauchen bei den heftigen Stampfbewegungen unmöglich war. Obwohl ich beim Einbau des Außenborders darauf geachtet hatte, ihn jederzeit mit nur wenigen Handgriffen nach innen, also ins Cockpit, holen zu können, erwies sich die Arbeit bei den herrschenden Bedingungen als überaus anstrengend. Erst eine halbe Stunde später lag der Motor in der Plicht. Ein kleines Stück sehr zäher Plastikfolie hatte sich um Motorschaft und Propeller gewickelt. Ich entfernte den Übeltäter, setzte den Motor wieder ein, startete – alles paletti.
In der Zwischenzeit war Nordwind aufgekommen und wir segelten unter Vollzeug Richtung Las Palmas. Die Gefährlichkeit solcher an sich harmloser Zwischenfälle wird erst klar, wenn man die dadurch entstandenen Probleme zu Ende denkt. Ohne den Fahrversuch wäre mir der Defekt am Motor bis zur Hafenmole von Las Palmas unbekannt geblieben. Unter Umständen wäre dann das Schlimmste passiert: „Ein etwa 20 mal 20 Zentimeter großes Stück Plastikfolie war schuld am Schiffbruch der OASE II.“ Sehr froh darüber, bereits hier auf offener See die Panne entdeckt und behoben zu haben, genoss ich einen herrlichen Sonnenuntergang.
Inspiriert von den Lichtspielen der hinter kleinen Kumuluswolken stehenden Sonne, montierte ich ein Klemmstativ am Heckkorb. Danach machte ich einige stimmungsvolle Selbstportraits. Nach dem Sonnenuntergang saß ich wieder im Cockpit, hörte Musik aus dem Walkman und beobachtete die aufflammenden Lichter an der Küste Fuerteventuras. Gegen Mitternacht waren im Osten nur mehr kleine flackernde Lichtpunkte zu erkennen, während im Westen das Firmament über Las Palmas golden erstrahlte. In den frühen Morgenstunden briste es auf. Abermals musste ich das Groß reffen. Während im Osten die Sonne aufging, lagen im Westen schwarze Schauerwolken über Gran Canaria. Die dadurch entstandene Szenerie hätte aus einem Gruselfilm entliehen sein können. Als ich gegen 10 Uhr die Außenmole von Las Palmas rundete, hingen immer noch dicke Wolken über der Stadt. Wie in meinem Hafenhandbuch beschrieben, steuerte ich in das südliche Beckenende. Plötzlich sah ich zwei Hafenpolizisten am Tankpier stehen, die mich energisch aufforderten, längsseits zu kommen. Ich fuhr ein heikles Anlegemanöver. Kaum hatte ich die letzte Leine belegt, fragte mich einer der Beamten nach dem Wohin. Etwas verwundert erklärte ich ihm, dass ich lediglich einen Liegeplatz benötigte. Was ich dann hier an der Tankpier wolle,

9

10

9. Steilküste Gran Canarias
10. Schiffbruch der Tango in Mogan

11

12

13

11. In den Dünen Gran Canarias
12. Kaktusfarm auf Gran Canaria
13. Frischer Fisch aus dem Atlantik
14. Ziel Westindies
15. Weggefährten am Ozean

14

15

1

17

18

16. Traumstrände der Karibik: Merau
17. „Villa“ eines Kariben
18. Schulkinder in Merau
19. „Frischfleischabteilung“ in Castries, St. Lucia

fragte er mich. Am Steg 10 solle ich festmachen, dann am Hafenamt anmelden, erklärte der andere. Auf meine Frage, ob ich denn einen bestimmten Liegeplatz ansteuern solle, verdrehte der mit Schulterklappen und Zierborten aufwendiger geschmückte Staatsdiener die Augen. Nach einer kurzen Denkpause bellte er ein lautes „Egal!". Ich tat, wie mir geheißen, und verholte zum Steg Nummer 10. Kaum hatte ich mit Hilfe anderer Segler die letzten Festmacher belegt, standen die beiden Uniformierten den Kopf schüttelnd auf dem Steg. Laut und ungehalten erklärte mir diesmal der weniger Dekorierte, dass ich einen Liegeplatz weiter innen am Anleger nehmen müsse. Also abermals Leinen los, ablegen, verholen, vor einem in der Zwischenzeit steifen Nordostwind aufschießen, voll rückwärts und mit größter Vorsicht bei starker seitlicher Strömung in die äußerst enge Lücke an der Pier. Beide spanischen Quälgeister standen auch jetzt wieder am Steg. Die Hände vor der Brust verschränkt, behinderten sie meine Helfer. Müde, hungrig und jetzt auch endgültig zornig, verlor ich die Beherrschung. Ohne viel zu fragen nahm ich die beiden bereits ölig-nassen Heckleinen und warf sie in Richtung Anleger. Aus den Augenwinkeln sah ich einen der beiden Ordnungshüter, wie er sich mit einem Sprung auf die Seite rettete. Der zweite reagierte nicht so schnell und fing in einem Reflex die auf ihn zufliegenden Leinen auf. Ich schrie ein lautes, mehr oder weniger freundliches „Gracias!" und belegte, ohne die Uniformierten weiter zu beachten, die Muringsleine am Bug. Insgeheim erwartete ich jeden Moment eine lautstarke Zurechtweisung, unter Umständen eine anschließende Belehrung und einiges an Schikanen beim Papierkrieg im Hafenbüro. Nichts von alledem trat ein. Zwei plötzlich sehr beschäftigte Ordnungshüter – einer davon mit einer nicht mehr „blütenreinen" Weste – verließen wortlos den Ort des Geschehens. Mit gemischten Gefühlen folgte ich ihnen zum Hafenamt. Irgenwie war mir mein ungehaltenes Benehmen peinlich, da das Verlieren der Selbstbeherrschung für mich immer ein Zeichen von Schwäche ist. Aber was solls, es war geschehen.
Im Büro angekommen, saßen meine Peiniger hinter ihren Schreibtischen. Einige dunkle Flecken an einem weißen Uniformhemd erinnerten an den Hilfseinsatz bei meinem dritten Anlegemanöver. Zu meinem Erstaunen wurde ich jetzt von ihnen äußerst korrekt und freundlich behandelt. Wieder zufrieden mit mir und der Welt, verließ ich das Büro.
Die folgende Woche verging mit Reparaturen und Servicearbeiten an meiner OASE II. Gerade noch rechtzeitig vor Anitas Ankunft in Las Palmas hatte ich alle wichtigen Arbeiten abgeschlossen. Wir genossen zehn gemeinsame fröhliche Tage. Daran konnte auch das stinkende, ständig mit einer dicken Ölschicht überzogene Hafenwasser nichts ändern. Überhaupt ist Las Palmas eine Großstadt, die, mit Ausnahme exzellenter Versorgungsmöglichkeiten, nur Lärm und Gestank bietet. Trotz zaghafter Verschönerungsversuche der Stadtverwaltung beherrschen Müll und erdrückender Verkehr das Stadtbild.
An einer total verstopften Kreuzung trafen wir eines Nachmittags eine Seglerfamilie – die McDonalds. Nach einem freundlichen „Hallo" erfuhren wir, dass sie ebenfalls mit einem Schiff – der NEW LIVERBIRD – im Yachthafen lagen. Wir

wurden für den nächsten Tag zum Kaffee eingeladen. Bernie, Skipper mit fast 90.000 Seemeilen Erfahrung – davon zwei erfolgreich absolvierte Weltumsegelungen –, erklärte sich bereit, mir einiges an Informationen zu geben. Die Geschichte der McDonalds selbst aber war es, welche Anita und mich so sehr faszinierte.

Der weltumsegelnde Wassertank

Tags darauf standen wir zum vereinbarten Zeitpunkt vor einem – sagen wir – einmaligen Segelschiff. Auf dem mit unzähligen Beulen verzierten, jedoch tadellos gepflegten Stahlrumpf stand in großen, aus Stahl aufgeschweißten Buchstaben NEW LIVERBIRD. Im Gesamten machte der Zweimaster mit der ziemlich eigenartigen Rumpfform einen äußerst seetüchtigen Eindruck. Als wir an Bord waren, konnte ich mich an den vielen extravaganten Ausrüstungsgegenständen kaum satt sehen. Mit Ausnahme einiger Karabiner und Schäkel war offensichtlich alles selbst gefertigt. Zweckmäßigkeit, wohin das Auge reichte.
Als wir bei einem Glas Wein in der Plicht saßen, bat ich Bernie, uns erst einmal seine Lebensgeschichte zu erzählen. Der zwar ergraute, jedoch äußerst vitale Skipper musterte uns mit zwei lustigen, lebensfrohen Augen. Dann lehnte er sich entspannt zurück, ich zückte meinen Notizblock und er begann mit der außergewöhnlichen Lebensgeschichte von sich und seiner Familie.
In Liverpool als Sohn eines Werftarbeiters geboren, hatte Bernie seinen Vater schon mit sieben Jahren zur Arbeit begleitet. Schmunzelnd erinnerte er sich an die auf dem Werftgelände aufgestellten Wassertanks. Jahrzehnte später sollte aus einem dieser in der Zwischenzeit ausgemusterten Tanks unter Bernies fachkundigen Händen ein Segelschiff entstehen.
Nach Abschluss einer Schiffselektrikerlehre genoss Bernie bei der britischen Navy eine Ausbildung als Bergetaucher. Diesen ziemlich abenteuerlichen Beruf übte er jahrelang mit großer Begeisterung aus. Einer seiner gefährlichsten Aufträge war das Betauchen eines mit Rohöl gefüllten Supertankers, um ein klemmendes Ventil zu öffnen. Ein anderes Mal durchtauchte Bernie den nach einer Explosion rund um ein Ölbohrloch lodernden Feuerring, um einen im Inneren verunglückten Arbeiter zu retten. Leider kam seine mutige Rettungsaktion zu spät. Bernie konnte nur noch die Leiche aus den Flammen bergen.
Nach einigen Jahren entdeckte der Draufgänger und Abenteurer seine Liebe zur Archäologie. Immer öfter nahm er staatliche Aufträge zum Bergen wertvoller versunkener Kulturgüter an. Beim Betauchen eines Mitte des 17. Jahrhunderts gesunkenen Kriegsschiffes von König Charles II. gelang ihm ein ganz besonderer Fund. Als einziger Taucher der Welt fand Bernie neben vielen wertvollen Gegenständen wie Kanonen und Tafelsilber den Nachttopf, jawohl, ebendiesen, reichlich verziert und gut erhalten, Seiner Hoheit König Charles II. Bernie muss heute noch Tränen lachen, wenn er an die von britischer Seite angestellten Recherchen zur Prüfung dessen Echtheit berichtet.
In der Zwischenzeit lernte Bernie seine Frau Susi kennen. Schon bald nach der

Heirat erwachte in beiden der Drang, mit einem eigenen Segelschiff die Weltmeere zu befahren. Wie so oft war aber auch bei Bernie und Susi die finanzielle Situation nicht gerade rosig. Zwar konnte Bernie von seinem Verdienst regelmäßig etwas auf die hohe Kante legen, für den Kauf eines Segelschiffes ihrer Vorstellung hätte das aber nie gereicht. Wie sollte man den Traum verwirklichen? Hier also exklusiv das Rezept der McDonalds: Man nehme alles Verfügbare an theoretischem und praktischem Fachwissen, Kreativität, Energie und etwa 400 Britische Pfund. Damit kaufe man einen alten, ausgemusterten Wassertank. Dieser wird mit den restlichen Zutaten – Energie, Kreativität, theoretischem und praktischem Fachwissen – in etwa 2.000 Arbeitsstunden zu einer Ketsch umgearbeitet. Anschließend rüstet man das so entstandene Segelschiff nach der Devise „keep it simple“ – zum Beispiel mit ausgemusterten Möbelstücken aus diversen Haushalten – aus. Und schon kann das Leben auf den sieben Meeren beginnen.
Die ersten Wochen auf See waren für alle an der Reise beteiligten Akteure – Bernie, Susi und die NEW LIVERBIRD – ziemlich aufregend. Letztere lief nach wenigen Seemeilen auf einen Unterwasserfelsen am südlichen Ende des Englischen Kanals auf. Dank ihrer stabilen Bauweise und mit der kräftigen Unterstützung eines Schleppers kam sie glücklicherweise nach wenigen Stunden wieder frei. Die McDonalds beendeten ihre erste Weltumsegelung drei Jahre später, im Sommer 1981. In der Zwischenzeit war Töchterchen Ruth geboren. Nun zu dritt, starteten sie 1986 ihre zweite Weltumsegelung. Sechs Jahre später war auch diese erfolgreich abgeschlossen. Wie gut die NEW LIVERBIRD wirklich gebaut war, veranschaulicht die Tatsache, dass die McDonalds nun schon zum dritten Mal mit ihr um die Welt segelten. Natürlich waren die vergangenen Jahre nicht spurlos an Schiff und Ausrüstung vorbeigegangen, jedoch war der extravagante Stahl-Oldtimer immer noch absolut seetauglich. Nach Beendigung ihrer derzeitigen Reise soll die NEW LIVERBIRD – so wollen es die McDonalds – in einem englischen Marinemuseum ausgestellt werden, um dort ihr Gnadenbrot zu fristen.
Bis spät in die Nacht lauschten Anita und ich Bernies spannenden Erzählungen. Nachdem ich noch viele wertvolle Tipps für meine weitere Reise erhalten hatte, verabschiedeten wir uns herzlich. „You will make it“, waren die letzten Worte, die mir Bernie mit auf den Weg gab. Noch oft sollten sie mir in nahezu ausweglosen Situationen eine große Hilfe sein.
Die Tage in Las Palmas vergingen wie im Flug. Ehe wirs uns versahen, war Anitas Urlaub vorbei. Ich segelte nach Puerto Mogan. In dieser im Südwesten Gran Canarias gelegenen Marina bereitete ich mich endgültig auf den Sprung über den Atlantik vor. Täglich stieg die Spannung in mir.
Ich versuchte an meinem Buchmanuskript zu arbeiten, konnte mich jedoch nicht konzentrieren. Oft wanderte ich die Steilküste entlang. Viele Berichte anderer Segler über deren Atlantiküberquerungen gingen mir durch den Kopf. Berichte, die von harmonischem Passatsegeln auf einem friedlichen Ozean erzählten, jedoch auch solche über Katastrophen nach Verletzungen, Krankheiten oder Sturm. Manche Yacht wurde durch Treibgut schwer beschädigt und erreichte danach nur mit großer Mühe einen sicheren Hafen auf der anderen Seite des Ozeans.

Meiner Einschätzung nach begehen Schiffsführer immer wieder den Fehler, ihrer Technik und Elektronik blind zu vertrauen. Zusätzlich verdrängen sie jeden Gedanken an einen möglichen Notfall. Aus diesem Grund sind Katastrophen im Ernstfall nahezu vorprogrammiert. Jedoch selbst bei sorgfältigster Vorbereitung kann man Notfälle nicht zur Gänze vermeiden. Über diese Tatsache sollte sich jeder im Klaren sein, bevor er zu einer Ozeanüberquerung ausläuft. Eine Garantie, je im Zielhafen anzukommen, gibt es nicht.
Ich hatte meine Abfahrt für den 15. November geplant. Zwei Tage vorher braute sich Schlechtwetter zusammen. Es herrschte stürmischer Südwestwind. Während der Seegang rasch zunahm, gingen erste Yachten unmittelbar vor der Hafeneinfahrt Anker auf, verlegten in die Marina oder suchten das offene Meer. In der Zwischenzeit donnerten bereits mächtige Brecher an die von Gischt umnebelte Felsküste. Wasserkaskaden brachen über die Hafenmauer von Puerto Mogan und überfluteten die dahinter liegende Straße. Immer schriller wurde das Singen des Windes in Wanten und Stagen. Zwischenzeitlich hatten alle Schiffe den Ankerplatz vor der Hafeneinfahrt Puerto Mogans verlassen. Mit einer einzigen Ausnahme.

Schiffbruch der TANGO

Die TANGO war ein stattlicher Katamaran. Sie bestand aus hölzernen Rümpfen und Aufbauten, die mit Kunststoff überzogen waren. Ihre Besitzer hatten das Schiff unmittelbar vor einer kleinen Badebucht an der Ostseite Puerto Mogans mit stabilen Trossen und einem Stück Kette an dem auf Grund liegenden schweren Teilstück der alten Mole verankert. Sie befanden sich nicht an Bord, hatten aber angeblich jemanden mit der Aufsicht über den Kat betraut. Niemand machte jedoch Anstalten, das Schiff, das in der Zwischenzeit durch den schnell zunehmenden Seegang bereits auf Legerwall geriet, zu verlegen. Als die Situation bereits aussichtslos war, versuchte die Besatzung einer anderen Yacht, mit dem Dingi bis zur TANGO vorzudringen. Mächtige Brecher ließen das Schlauchboot jedoch kentern, und die mutigen Helfer konnten nur mit größter Mühe aus dem Brandungsgürtel gerettet werden. Auch der Versuch einiger Marineros, den Kat freizuschleppen, schlug fehl. Danach nahm das Schicksal rasend schnell seinen Lauf. Die Länge der Ankertrosse war so kurz bemessen, dass sie die immer höher werdenden Brandungswellen nicht mehr abfedern konnte. Dieser Belastung waren die Decksbeschläge und schließlich auch die Ankertrosse selbst nicht gewachsen: Sie brachen. In nur wenigen Minuten trieb die TANGO gegen die Klippen. Dort wurde sie mit unbändiger Kraft immer wieder an die Felsen oberhalb einer kleinen Grotte geschleudert. Nach kurzer Zeit zersplitterten die Rümpfe und Aufbauten. Wrackteile versanken in der brodelnden See. Während die Reste des Kats von den Brechern buchstäblich zermalmt wurden, verklemmten sich Masten, Bäume und Leinen unter dem Felsen am Grotteneingang. Der kurze Todeskampf der TANGO war vorbei. In der stürmischen See zeugte nichts mehr von dieser Tragödie. Glücklicherweise wurden keine Menschen dabei verletzt oder getötet.

Tags darauf hatte sich der Sturm gelegt. Aus dem schlagenden Seegang war eine weite hohe Dünung geworden. Bei auflaufendem Wasser wurden die Reste der TANGO in das Hafenbecken sowie in die angrenzende Bucht angespült. Marineros sammelten das Treibgut – stumme Zeugen eines Schiffbruchs – ein. Mehrere Leute waren auf den Beinen, um noch brauchbare Gegenstände rund um den Ort des Geschehens abzubergen. Auch ich fuhr gemeinsam mit dem Skipper der MUFFTI im Dingi an den Unglücksort, um zu tauchen. Das Bild, das sich mir unter Wasser bot, ließ mich schaudern: Unglaubliche Kräfte müssen in der auflaufenden stürmischen Brandung geherrscht haben, um solch eine Verwüstung anzurichten. Die Masten und Bäume des Riggs waren wie Streichhölzer geknickt worden. Nun steckten sie zwischen großen Felsen. Über Wanten, Schoten, Fallen und anderen Ausrüstungsgegenständen lagen große Steinblöcke. Sie mussten von den Brandungswellen aufgehoben und über all diese Dinge geschleudert worden sein. Ich fand nicht ein Stück, das unbeschädigt war. Ganz im Gegenteil, man konnte die meisten Ausrüstungsgegenstände nur noch an mehr oder weniger kleinen Fragmenten erkennen. Der Sog unmittelbar vor der Grotte war immer noch so stark, dass ich mich ständig mit einer Hand an einer Mastsprosse des zwischen Felsen verklemmten Hauptmastes festhalten musste, um nicht zuerst in die und anschließend wieder aus der Grotte gespült zu werden. Das wäre fatal gewesen, da mir rundum zahlreiche spitze, zerborstene Aluteile entgegenragten. Wenig später fuhren wir schweigend zurück in die Marina. Was ich gesehen hatte, stimmte mich nachdenklich. Ein vor Jahren gelesener Satz kam mir in Erinnerung: *Die See kennt keine Gefühle.*
Nachmittags hörte ich aufmerksam den Wetterbericht. Einige Schiffe in unmittelbarer Umgebung meldeten hohe Kreuzseen. Das für den Passat am Atlantik so wichtige Azorenhoch begann sich wieder aufzubauen. Eine Winddrehung auf Nordost wurde vorhergesagt. Ich beschloss, noch zwei Tage abzuwarten, danach sollte es losgehen.

Über den Atlantik

Immer wieder überwältigt mich die Müdigkeit. Um 2 Uhr morgens sichte ich ein Dickschiff querab an Steuerbord. Der Seegang wird abermals sehr ruppig, und ich muss deshalb selbst Ruder gehen. Einige Male überschütten mich auflaufende Brecher mit Gischt. Am Vormittag des zweiten Tages auf See setzen Regenschauer ein. Da ich seit meinen nächtlichen Salzwasserduschen ohnehin keinen trockenen Faden mehr am Leib habe, wird das Salzwasser unter meinem Ölzeug lediglich durch Süßwasser verdrängt. Ich kann nicht behaupten, mich sehr wohl zu fühlen. Am Nachmittag des dritten Tages hat der Seegang eine beachtliche Höhe erreicht, läuft dafür jedoch merklich gleichmäßiger. Bei 6 Bft. aus Nordost setze ich zum ersten Mal Passatsegel. Während meine OASE II nun mit bis zu neun Knoten nach Südwest surft, kommt in großer Entfernung an Steuerbord eine Segelyacht auf. Ihr Bug wirft mächtige Gischtfontänen auf, während sie sich rollend und stampfend ihren Weg bahnt. Bald ist die Ketsch hinter dem Horizont verschwunden.

Die ersten Tagesetmale lassen mich auf eine schnelle Überfahrt hoffen. Täglich höre ich über Kurzwelle den aktuellen Wetterbericht. Er verspricht mir auch weiterhin zügiges Segeln. Dann, in der Nacht des fünften Fahrtages, kommt es zu einem folgenschweren Zwischenfall.

Aus dem Logbuch
01.40 Uhr: Wunderbare Segelnacht. Bin mit dem Atlantik bisher zufrieden.
04.00 Uhr: GPS ist ausgefallen, hat selbsttätig abgeschaltet.
05.27 Uhr: Eine heftige Erschütterung reißt mich aus dem gerade erst begonnenen Schlaf.

Ich knalle mit dem Kopf gegen die Schottwand zum Vorschiff. Eine Kollision mit einem Wal, das ist das Erste, was mir durch mein kurzfristig total benebeltes Hirn fährt. Ich torkle durch den Niedergang in die Plicht und versuche, etwas Außergewöhnliches zu erkennen. Sosehr ich mich auch bemühe, außer den weißen Kämmen der Brecher kann ich nichts ausmachen. Plötzlich durchfährt es mich wie ein Blitz! Was ist, wenn die OASE II durch diese undefinierbare Kollision ein Leck bekommen hat? Ich springe ins Innere, stützte ins Vorschiff – trocken. Mit einem Handscheinwerfer beginne ich den Rumpf erst innen und danach außen gründlich abzusuchen. Doch ich kann keine Spuren einer Beschädigung erkennen. Währenddessen surft die OASE II so, als wäre nichts geschehen, in Richtung Karibik. Langsam finde ich mich damit ab, dass eben trotz eines offensichtlich heftigen Zusammenstoßes glücklicherweise nichts an Bord ernsthaft beschädigt wurde. Es folgen eineinhalb Tage mit mäßigem Wind und moderatem Seegang. Zwar fällt mir nunmehr öfters auf, dass der Windpilot meine OASE II zeitweise mit großen Abweichungen vom Sollkurs steuert. Ich führe dies aber auf meinen noch unausgereiften Segeltrimm zurück.
In der Nacht des siebenten Tages auf dem Atlantik sollte ich die bisher ausständige Schadensmeldung erhalten. Gegen 1 Uhr nachts wird der Nordostwind unangenehm böig. Einige Male bin ich gezwungen, die Windfahne neu einzustellen. Trotzdem schießt die OASE II gegen 2 Uhr morgens in den Wind. Während das Passatsegel an Backbord back schlägt, legt sich das Boot quer zum Seegang. Mächtige Wellen unterlaufen den Schiffskörper – es geht zu wie auf der Achterbahn. Unter Aufbietung all meiner Kräfte und einer Fortbewegungstechnik Marke Klammeraffe kämpfe ich mich zur Ruderpinne. Ich drücke sie hart nach Backbord, um das Boot wieder auf seinen Kurs zu bringen, doch es fehlt jeglicher Ruderdruck. Während es mir den Magen zusammenkrampft und ich mich darauf konzentriere, die Selbstbeherrschung zu behalten, treibt das Boot unaufhörlich quer zum Seegang nach Westen. In dieser Situation bin ich für einige Augenblicke nicht in der Lage, meine Gedanken zu ordnen. Das Erste, was mir danach klar wird, ist der Zusammenhang zwischen der nächtlichen Kollision und dem offensichtlich fehlenden Ruderblatt. Als Nächstes versuche ich erfolglos, mein Schiff vor den Wind zu steuern. Sosehr ich auch mit dem viel zu kleinen Ruderblatt des Windpiloten wrigge und dabei aus Leibeskräften fluche – die

OASE II rollt quer zum Seegang und macht auch nicht die geringsten Anstalten, ihre Lage zu verändern. Also gebe ich mir das Kommando: „Segel bergen!“ Das ist jedoch leichter gesagt als getan. Auf allen vieren krieche ich auf das Vorschiff. Immer wieder werde ich schmerzvoll gegen die Reling oder das Deckshaus geschleudert. Längst schon hat sich meine Segelbegeisterung in ein stupides Durchhaltedenken verwandelt.
Während ich mit schmerzenden Fingern die Passatsegel niederhole, wird mir klar, dass es kein Zurück gibt. Meine OASE II würde nicht eine Seemeile gegen den Nordostpassat vorankommen. Das Anlaufen der Kapverdischen Inseln birgt bei meiner derzeitigen Position etwa 21°10′ Nord und 25°20′ West die Gefahr des Vorbeidriftens an der Inselgruppe im Westen in sich. Danach müsste ich trotzdem über den Atlantik bis an die südamerikanische Küste segeln.
Der stechende Schmerz eines absplitternden Fingernagels reißt mich aus meinen Gedanken. Abermals hat eine Bö etwas Segeltuch über die Reling geweht. Ich zerre es zurück an Deck und stopfe Stück für Stück in den Segelsack. Noch ein letzter Gummistropp, endlich habe ich das Vorschiff einigermaßen klariert. Ich setze an Stelle der Passatsegel meine beiden Sturmfocks. Da sie in den Wellentälern jedes Mal einfallen, um sich danach mit ohrenbetäubendem Knall wieder zu füllen, muss ich sie ebenfalls ausbaumen. Sozusagen als Belohnung erhalte ich noch einen ordentlichen Schlag von einem der Passatbäume. Danach stehen die Segel und ich schleppe mich zurück in die Plicht. Mit nunmehr stark verkleinerter Segelfläche lässt sich die OASE II vor dem Wind steuern. Endlich werden die Schiffsbewegungen einigermaßen erträglich. Ich versuche den Windpiloten einzustellen. Nach unzähligen Versuchen zeigt sich bescheidener Erfolg. In großen weiten Bögen torkelt das Boot mit erheblichen Abweichungen von seinem Kurs in Richtung Westen. Das Heck schleudert ziehmlich unkontrolliert. Zwei Dinge sind mir in der Zwischenzeit klar geworden. Erstens: Ich bin momentan mit meiner Kraft am Ende; zweitens: Ich benötige für weitere sinnvolle Handlungen vorerst etwas Ruhe und Entspannung. Deshalb gebe ich mich mit der erzielten Lösung einstweilen zufrieden. Ich nehme mir vor, ein wenig auszuruhen, um danach bei einem kräftigen Frühstück mit kühlem Kopf über mein nicht gerade kleines Problem nachzudenken.
Auf dem Kajütboden in meinem salznassen und stinkenden Ölzeug liegend, versuche ich mich zu entspannen. Sicherheitshalber bleibe ich angeleint. Nur zu gut kenne ich die Reaktion, wenn man durch einen Notfall aus dem Dämmerschlaf gerissen wird. Man stürzt sofort an Deck, ohne zuerst den Lifebelt anzulegen. Welches Gefahrenpotential sich dahinter verbirgt, ist, so glaube ich, auch dem Nichtseefahrer verständlich. Erst einmal über Bord gefallen – und das geschieht im heftigen Seegang schneller, als man es für möglich gehalten hätte –, besteht absolut keine Chance, das unter Selbststeuerung segelnde Schiff je wieder zu erreichen. Den Rest dieser Horrorvision kann sich jeder nach eigenem Belieben mehr oder weniger dramatisch ausmalen.
Des Öfteren reißen mich besonders bösartig zischende Wellen aus meinem ohnehin nur sehr seichten Dämmerschlaf. Wenn ich mich dann aufrapple und aus dem

Niedergang blicke, bietet sich mir immer das gleiche Schauspiel. Es läuft eine zwar aufgewühlte, jedoch im Großen und Ganzen relativ friedliche See. Manchmal bricht sich ein Querläufer am Rumpf der OASE II. Das hört sich dann im Inneren des Bootes wesentlich dramatischer an, als es in Wahrheit ist. Meine überreizten Nerven tun das Übrige, um die Dramatik zu steigern.
In diesem Rhythmus vergehen etwa zwei weitere Stunden. Danach treibt mich eine innere Unruhe wieder auf die Beine. Ich verschlinge als moralische Stütze ein mehr oder weniger schmackhaftes Frühstück. Etwas besser gelaunt sitze ich danach in der Plicht, beobachte die Selbststeueranlage bei ihrer Arbeit und analysiere meine Situation. Fest steht, dass ich mit Ziel Martinique weitersegeln werde. Es gilt also, das Boot so effizient und sicher wie möglich unter diesen außergewöhnlichen Umständen zu führen. Oberstes Gebot dabei ist das optimale Anpassen der Segelfläche. Wird die OASE II zu schnell, so schlägt sie unaufhaltsam quer. Segelt sie zu langsam, wird der Seeschlag hart und könnte Folgeschäden verursachen. Zusätzlich muss ich, wie auch immer, die Instabilität des Hecks etwas in den Griff bekommen. Aber wie? Nach einigem Grübeln glaube ich die Lösung gefunden zu haben: Wenn ich den Motor aus seinem Schacht ausbaue, könnte ich statt dessen ein Steckschott montieren. Dieses würde einen Teil der Ruderfläche ersetzen und so für bessere Querstabilität sorgen. Ich beginne also, meinen Plan in die Tat umzusetzen. Mühsam arbeite ich auf dem heftig rollenden Boot. Jeder Gegenstand, den ich nicht irgendwo verklemme, macht sich selbstständig. Endlich habe ich den Motor ausgebaut und in der Backskiste verstaut. Durch die Anstrengung werde ich seekrank. Ich verordne mir eine kurze Pause, danach fertige ich aus dem mitgeführten Reparaturholz ein in den Motorschacht passendes Steckschwert. Bei dessen Montage sind abermals meine ganze Kraft und Ausdauer gefordert. Um das Steckschwert verklemmen zu können, muss ich einen Augenblick abwarten, in dem die OASE II geradeaus läuft, am Heck also keine Querkräfte einwirken, da ich sonst unmöglich die Holzplatte aus eigener Kraft fixieren kann. Zahlreiche Fehlversuche nehmen mir nicht nur einiges an Substanz, sondern vor allem einen Großteil meines Optimismus. Ich beginne daran zu zweifeln, dieses Vorhaben je bewältigen zu können. Verbissen knie ich auf schmerzenden Beinen in der Plicht. Während ich mich so gut es eben geht verkeile, versuche ich mit Kopf und Händen im Motorschacht klemmend das in der Zwischenzeit zu meinem Erzfeind erklärte Steckschwert zu fixieren. Mit dem Mut der Verzweiflung starte ich den nächsten Versuch und den nächsten und …
Endlich hat Fortuna mit mir Erbarmen. Während das Bootsheck von einem durchlaufenden Brecher steil angehoben wird, gelingt es mir, das Steckschwert zu verklemmen. Es hält! Überglücklich bringe ich sofort eine zusätzliche Befestigung an. Danach sinke ich total erschöpft, aber in mentaler Hochstimmung auf den Boden der Plicht und beobachte das deutlich stabilere Segelverhalten meines Bootes. Mit einem unbeschreiblichen Glücksgefühl genehmige ich mir einen kleinen Manöverschluck. Für den Moment scheint das Desaster Ruderbruch einigermaßen unter Kontrolle. Während ich mich ausruhe, plane ich bereits die nötigen Reparaturarbeiten in Martinique. Hätte ich zu dieser Zeit geahnt, welche

Prüfung Neptun noch für mich auf Lager hat, wäre mir mit Sicherheit die gute Laune augenblicklich vergangen.

Kampf ums Überleben

Am zehnten Fahrtag liege ich, wann immer es möglich ist, zum Entspannen auf dem Kajütboden der OASE II. Mein Schlafmangel wird zunehmend größer. Das trotz provisorischem Steckschwert schlecht segelnde Schiff und große innere Nervosität lassen mich nicht zur Ruhe kommen. Lakonisch schreibe ich ins Logbuch: „Genieße heute schon die dritte Schlafpause von 45 Minuten." In Wahrheit ist es ein Dahindösen, bei dem alle meine Sensoren auf Alarmbereitschaft eingestellt sind. Im Laufe des Tages flaut der Wind ab, wird jedoch böiger. Am Nachmittag ist mir das Rollen des einfach zu langsam segelnden Bootes endgültig zu viel. Ich setze Fock 2 an Steuerbord. Unruhig beobachte ich Wind und Seegang. Um 20 Uhr 10 wechsle ich zurück auf die zweite Sturmfock. Mit großen Buchstaben schreibe ich danach ins Logbuch: „Sicherheit geht vor." 20 Minuten später lehrt mich der Atlantik, dass beim Hochseesegeln mit Yachten nichts, aber auch gar nichts sicher ist.
Schon von weitem höre ich sein Donnern und Zischen. Dieser Brecher muss wesentlich größer sein als all die anderen. Während ich versuche, meinen schlaffen Körper in Bewegung zu bringen, kommt der Kaventsmann unaufhaltsam näher. Endlich bin ich auf den Beinen, klettere mit bleiernen Gliedern in den Niedergang und blicke an einer Wasserwand empor. Ich wage es nicht mehr, das Steckschott zu entfernen, um ins Cockpit zu springen. Kaum klammere ich mich fest, beginnt auch schon eine mörderische Talfahrt. Nach kurzer Surfphase schlägt die OASE II quer. Die gesamte Plicht wird von Wasserwirbeln überflutet. Ein ungeheurer Sog reißt das Boot ins Wellental, wo es mit der Steuerbordseite hart aufschlägt. Ich finde mich nach Beendigung der Talfahrt in der Navigationsecke wieder. Jetzt, von der Angst um Segel und Rigg getrieben, ist meine Müdigkeit wie weggeblasen. Ich springe nach draußen. Mit Ausnahme einer back stehenden Sturmfock macht meine OASE II zwar einen gründlich gebadeten, jedoch unbeschädigten Eindruck. Glücklich über den glimpflichen Ausgang dieses Niederschlages, bringe ich die OASE II wieder auf Westkurs. Dabei bemerke ich zu meinem Schrecken, dass mein Boot abermals keinen genauen Kurs hält. Bei näherem Hinsehen bestätigt sich mein Verdacht. Das behelfsmäßige Steckschwert im Motorschacht ist direkt an der Rumpfkante abgerissen.
Mit Schaudern denke ich an die Kräfte, welche in der Riesenwelle von vorhin gewirkt haben. Wie sonst hätte lediglich der Wasserdruck ein über 4 Zentimeter dickes und nur etwa 20 mal 20 Zentimeter großes Stück Schiffsbausperrholz an der Rumpfkante wie ein Stück Pappe abknicken können. Ich beginne nach einer Ersatzlösung für die Notlösung zu suchen und finde sie in Form des Sitzbrettes für mein Dingi. Dieses zwar etwas kleinere, jedoch überaus zähe Stück Birkensperrholz sollte seinen Dienst dann auch bis Martinique versehen.
Abermals dauert es eine halbe Ewigkeit, bis ich meine Konstruktion im Motor-

schacht richtig verkeilt habe. Danach wage ich es bei dem herrschenden Seegang nicht, mich in die Kajüte zu legen. Zu lebendig sind mir die Bilder des gerade erlebten Knockdowns. Ich setze mich also im angeleinten Zustand neben den Windpiloten auf das Freibord und unterstütze ihn beim Steuern. Dabei bemerke ich schaudernd, welch ungeheure Verwirbelungen in einigen Brechern vorhanden sind. Immer wieder hüllen sie das Boot von achtern aufkommend in brodelnde Gischt, um es gleichzeitig mit gewaltiger Energie vorwärts zu reißen. Nur unter Aufbietung all meiner noch vorhandenen Kräfte gelingt es mir, die OASE II einigermaßen vor dem Wind zu steuern. Der brutale und konfuse Seegang passt so überhaupt nicht zu den vorherrschenden Windverhältnissen. Trotz meines durch die große Übermüdung hervorgerufenen Dämmerzustandes ist mir klar, dass jedes weitere Querschlagen in einer dieser aggressiven und überaus steilen Wellen irreparablen Schaden am Schiff verursachen könnte.
In diesem Moment wird mir auch zum ersten Mal auf dieser Reise bewusst, dass ich einen Punkt erreicht habe, an dem das Schicksal Regie führt. Zwar kann ich all meine Kraft und Ausdauer dafür aufbringen, meinen Kampf mit der Natur zu gewinnen, letztendlich aber wird eine dritte Kraft, und ich nenne sie Schicksal, über Erfolg oder auch Misserfolg, Leben oder Tod bestimmen.
Einige Male sinkt mir das Kinn auf die Brust. Das heftige Donnern der sich im Mondlicht bedrohlich steil auftürmenden Brecher reißt mich aber immer wieder aus meinem Dämmerzustand. Die folgenden Stunden steuere ich ausschließlich mit dem Willen, irgendwann irgendwo anzukommen. Ich verdränge jeden anderen Gedanken. Ich rede mir pausenlos ein, dass alles, auch das noch so Schlechte im Leben, einmal ein Ende hat. Folglich geht es für mich in dieser Situation lediglich darum, bis zu diesem Ende durchzuhalten. Wie in Trance nehme ich jeden aufkommenden Brecher wahr, reagiere auf seinen Durchzug und warte auf den nächsten. So wie der brutale Seegang gekommen ist, geht er auch wieder vorbei. Am späten Nachmittag des elften Fahrtages steuert der Windpilot endlich wieder selbstständig.
Völlig erledigt, aber glücklich über meinen Teilerfolg der letzten Stunden, stopfe ich wahllos diverse Lebensmittel und Vitaminpillen in mich hinein. Danach, zwar immer noch todmüde, aber wenigstens satt, lehne ich mich im Cockpit an die Backbordschottwand. Ich hake den Lifebelt zusätzlich zur Sorgleine im Relingsdurchzug ein, um beim Dösen nicht von der Cockpitbank fallen zu können. Über den aus meinem Ölzeug aufsteigenden Geruch nach Schweiß, Moder und Urin tröste ich mich mit dem Gedanken, dass es außer mir sowieso niemand riechen kann. Während ich mit vom Salzwasser brennenden Augen über einen nunmehr etwas gemäßigteren Atlantik blicke, döse ich ein. In unregelmäßigen Abständen werde ich durch eine größere Welle in den Lifebelt geschleudert und erwache aus meinem Dämmerzustand, um einige Sekunden später wieder darin einzutauchen. Ich träume von zu Hause, von Anita, meiner Familie und herrlichen Festen. Dazwischen erwache ich mit einem bedrückenden Gefühl von Einsamkeit. In einer etwas längeren Schlafpause träume ich davon, mit Anita am Neusiedler See zu segeln: Nach einem herrlichen Wochenende laufen wir, gerade als die Sonne

hinter dem Leithagebirge versinkt, in Breitenbrunn ein. Gekonnt steuere ich mit Anitas Hilfe den Liegeplatz der OASE II an. Wir belegen die Festmacher, noch ein kurzer Rundumblick, danach gehen wir von Bord.
Mit einem Ruck kommt der Lifebelt straff. Ich lande unsanft mit dem Allerwertesten auf der Ruderbank. Nach einigen Sekunden, in denen sich meine Gedanken sammeln, wird mir bewusst, dass ich soeben versucht habe, von Bord zu gehen. Wäre da nicht der Lifebelt gewesen …
Mir wird ganz schwummerig bei dem Gedanken. Doch der Schreck hat mich einigermaßen wach gemacht. Der Atlantik ist friedlicher geworden. Da die Selbststeueranlage wieder problemlos arbeitet, beschließe ich, die Gunst der Stunde zu nutzen und etwas zu schlafen. Ich klettere ins Innere der OASE II. Während ich „es läuft, Gott sei Dank“ ins Logbuch kritzle, fallen mir abermals die Augen zu. Ich werde von der Navigationsecke auf den Kajütboden geschleudert. Jetzt habe ich eben noch einige blaue Flecken mehr an meinem Körper. Ein einziger Wunsch beherrscht mein Denken: schlafen. Ich stelle alle verfügbaren Wecker und versinke auf der Stelle im Land der Träume.
Mal für Mal holt mich ein entnervendes Konzert aus Piepsen, Klingeln und Rauschen des Kurzwellenempfängers aus dem Schlaf. Mit bleiernen Gliedern klettere ich in den Niedergang, um einen Blick auf Kurs, Wind, Seegang und Wolken zu werfen. Zufrieden registriere ich, dass sich die Lage weiterhin entspannt. Es sieht so aus, als hätte ich meine Katastrophenübung erfolgreich absolviert. Mit jeder Schlafpause kehrt ein Teil meiner Vitalität zurück.
Am Morgen des 14. Tages brate ich bereits Palatschinken. Ich beginne wieder Enthusiasmus für das Hochseesegeln zu empfinden und bringe die Schleppangel aus. Nur wenig später, rums, habe ich eine herrliche Goldmakrele am Haken. Somit ist das Mittagsmenü beschlossene Sache. Frisches Fischfilet in Knoblauchbutter, dazu Petersilienkartoffeln. Als Dessert bietet sich ein riesiges Stück Schokolade an.
Satt bis zum Platzen sitze ich danach mit einer großen Schale dampfenden Kaffees in der Plicht und blicke über einen leicht bewegten, tiefblauen Atlantik. Am Himmel zieht Passatbewölkung auf. Pausenlos kommen ganze Heerscharen von Schäfchenwolken aus dem Osten, um im Westen wieder hinter dem Horizont zu versinken. Erstmals auf dieser Ozeanüberquerung spüre ich Harmonie und innere Zufriedenheit.
Im Nachhinein betrachtet glaube ich, dass vor allem diese qualvollen Tage auf dem Atlantik mein Durchhaltevermögen nachhaltig positiv beeinflusst haben. In den schlimmsten Stunden, unmittelbar nach dem ersten Knock-down, hatte ich keine andere Wahl, als mich bedingungslos anzupassen und instinktiv zu handeln. Gerade aber das so entstandene Vertrauen in die eigenen Fähigkeiten sollte mir noch einige Male das notwendige Quäntchen Kraft und Zähigkeit in äußerst schwierigen, zuweilen sogar lebensbedrohlichen Situationen geben.
Die nächsten Tage auf dem Atlantik verlaufen äußerst harmonisch. Lediglich ein zwischenzeitlich penetranter Gestank im Inneren der OASE II beginnt mich zu stören. Deshalb beschließe ich, erst einmal die Pantry inklusive sämtlicher Koch-

utensilien gründlich zu reinigen. Danach ist das Raumklima zwar etwas erträglicher, aber immer noch hängen eigenartige Duftwolken in der Kajüte. Während ich das Logbuch durchblättere, fällt mir auf, dass meine letzte Dusche nunmehr genau 14 Tage zurückliegt. Sollte das etwa die Erklärung für den zunehmenden Gestank in der ansonsten ziemlich heimeligen Kajüte sein? Da vieles dafür spricht, verordne ich mir erst einmal ein gründliches Salzwasserbad. Danach eine Rasur Marke „extraglatt", und zum Abschluss behandle ich meinen im Teint deutlich heller gewordenen Körper mit sämtlichen an Bord befindlichen Duftwässerchen. Das Ergebnis verschlägt mir im wahrsten Sinne des Wortes den Atem. Zwar habe ich nun sämtliche Ursachen für etwaige Gestanksbildung beseitigt, stattdessen raubt mir aber eine alles betörende Chemiewolke den Atem.
Es wird Dezember und ich öffne das erste Fenster meines Adventskalenders, den mir Anita schon in Grado mitgegeben hat. Gleichzeitig verspüre ich große Sehnsucht nach ihr. Täglich höre ich über Kurzwelle neben dem Seewetterbericht auch Radio aus der Heimat. Danach bin ich stets ein wenig betrübt. Vor allem die Einsamkeit macht mir in dieser Situation sehr zu schaffen.
Zwei Tage später erlebe ich eine zwar kurze, aber dafür durch starke Restdünung sehr nervende Flaute. Ich bekomme grässliche Kopfschmerzen und freue mich über die in der Bordapotheke reichlich vorhandenen Schmerzmittel. Tags darauf wieder harmonischer Gleichklang. Ich höre Radio, beginne ein Buch zu lesen und habe Erfolg beim Fischen. Nachts liege ich auf dem Kajütboden, blicke durch das offene Schiebeluk auf den sternenübersäten Himmel und höre Musik aus dem Walkman. In diesen Momenten träume ich von meiner Ankunft in Martinique und dem damit verbundenen Erfolgsgefühl. Von Tag zu Tag wächst meine mentale Stärke.
Zunehmende Böen sorgen in der folgenden Zeit für gute Etmale, aber auch wieder für beträchtlichen Schlafmangel. Bei diesen Wetterverhältnissen macht sich das fehlende Hauptruder trotz guten Trimms unübersehbar bemerkbar. Ich muss daher, vor allem bei Sonnenauf- und -untergang, wenn es aufbrist, selbst Ruder gehen. Die Tagesetmale liegen aber durchwegs um die 90 Seemeilen und entschädigen mich somit einigermaßen für meine Mühsal. Die letzten Tage meiner Atlantiküberquerung zeichnen sich durch schwachen Wind und dementsprechend kleine Etmale aus. Einige kurze Regenschauer sorgen für angenehme Süßwasserduschen. Am 26. Fahrtag schreibe ich ins Logbuch: „Bin zum ersten Mal auf dieser Atlantiküberquerung richtig ausgeschlafen."
Voller Energie greife ich zum Sextanten und nehme zur Übung eine Mittagsbreite. Später rechne ich eine weitere Standlinie aus. Als ich meine Ergebnisse mit dem GPS vergleiche, schneiden sie gar nicht so schlecht ab. Abends herrscht nahezu Flaute. Ich höre zum ersten Mal Radio St. Lucia. Dabei amüsieren mich die lokalen Werbeeinschaltungen. Außerdem klagen die Bananenbauern über schlechte Preise.
Ich nehme diese Nachrichten so wie andere aus der Heimat zwar zur Kenntnis, aber sie interessieren mich zur Zeit nicht wirklich. Mein ganzes Denken dreht sich nur um das Einlaufen in Fort de France und den damit verbundenen Ab-

schluss meiner Atlantiküberquerung. Wieder bei Kräften, beginne ich mit Gymnastik und Konditionstraining. Am 15. Dezember ist es so weit. Um 10 Uhr 10 schreibe ich ins Logbuch: „Sehe Martinique aus dem Meer wachsen, muss heulen, bin happy." Gleichzeitig höre ich den Frühschoppen von Radio Österreich International.
Bereits wenig später sichte ich die ersten Fischer, welche mit ihren Speedbooten an der Ostseite von Martinique auf und ab flitzen. Immer wieder werden sie von der Atlantikdünung verschlungen, um danach in einer großen Gischtwolke am Wellenkamm wieder aufzutauchen.
Kurz vor Einbruch der Dunkelheit runde ich Diamond Rock an der Südwestspitze Martiniques. Der Wind schläft ein, ich starte für die letzten 20 Seemeilen bis Fort de France den Motor. Das bedeutet aber auch, dass ich am Süllrand, neben dem Windpiloten sitzend, selbst Ruder gehen muss. Während ich so durch die warme Nacht tuckere, sauge ich voller Begeisterung den süßlichen Duft von für mich noch fremden Blüten und Gewächsen auf. Aus einer Bucht an der Westseite dringen Reggae-Rhythmen an mein Ohr. Mein Hochgefühl ist unbeschreiblich. Ich gebe etwas mehr Gas, um schneller anzukommen. Die Ansteuerung des Ankerplatzes von Fort de France ist auch nachts relativ einfach. Spätestens wenn man die an der Wasserfront alles überstrahlende Leuchtreklametafeln des McDonald's-Restaurants sieht, ist man angekommen. Nach einer Ehrenrunde zwischen den zahlreichen Ankerliegern fällt um 3 Uhr morgens mein Anker unmittelbar vor dem Apri-Coutier-Anleger in Fort de France. Einige Jugendliche sitzen auf der Pier und blicken gedankenverloren über die Reede. Ich setze mich in die Plicht und lasse all die neuen Eindrücke erst einmal auf mich einwirken. Total überdreht genieße ich mein eigenwilliges Begrüßungsdinner. Es besteht aus einer Dose Heringe in süßsaurer Sauce mit Peperoni und Oliven. Das Ganze spüle ich mit dem mir von der MUFFTI-Crew in Mogan mitgegebenen „Sollte-ich-jemals-ankommen-Sekt" hinunter. Danach falle ich mit beschwingten Sinnen sowie einem komischen Gefühl im Bauch in die Koje. Beim Einschlafen denke ich immer wieder: „Ich bin mit meiner OASE II tatsächlich in der Karibik angekommen. Zwar ohne Hauptruder, jedoch guter Dinge und glücklich wie nie zuvor."

Karibik

Neues Ruder – pa' problem'

Um 8 Uhr bin ich schon wieder auf den Beinen. Beim Frühstückskaffee überfliege ich nochmals meine Reparatur- und Besorgungsliste. Die beiden wichtigsten Punkte des Tages möchte ich sofort in Angriff nehmen. Vorher muss ich aber noch das Dingi aufpumpen, denn ab jetzt ist das nur allzu bequeme Marinaleben vorbei. Allerdings hat auch das Ankern seine unbestreitbaren Vorteile, wenn man an die oft unerträglich aufdringlichen zwei- und vierbeinigen Zeitgenossen denkt.
Hektisch hantiere ich mit dem Beiboot. Gleichzeitig beobachte ich das einsetzen-

de Leben und Treiben an der Uferpromenade. Andere Länder, andere Sitten, denke ich mir, während ich immer wieder Männer beobachte, die sich direkt ans Ufer stellen, um ungeniert inmitten der vorbeieilenden Menschen in Richtung der Ankerlieger zu urinieren. Nicht etwa ins Wasser, man will ja nicht die Bucht noch mehr verschmutzen, da schon lieber auf die Steine unmittelbar oberhalb der Wasserlinie. Dementsprechend schlägt mir auch eine herbe, unverkennbar menschliche Duftnote entgegen, als ich zum ersten Mal an der Wasserfront entlangschlendere. Da sich weder Frauen noch Kinder, weder Alt noch Jung über diesen Umstand alterieren, nehme auch ich ihn als typischen Landes- oder besser gesagt Inselbrauch zur Kenntnis.
Endlich ist mein Dingi ausreichend aufgepumpt, und ich bugsiere es übermütig ins Wasser. Dabei entgleitet mir die Sorgleine, und mein wunderschön gestyltes Schlauchboot beginnt munter abzutreiben. Mit einem Hechtsprung bin ich hinterher und nehme so mein erstes, allerdings unfreiwilliges Bad im Karibischen Meer. Zwar ist das Wasser auch auf der Reede von Fort de France angenehm warm, lediglich die Reinheit lässt angesichts der ca. 300.000 Einwohner zählenden Stadt, welche sich hier ungeklärt entsorgt, einiges zu wünschen übrig. Mein Beiboot wieder eingefangen, rudere ich zur OASE II zurück und nehme erst einmal ein Duschbad. Gerade als ich ans Ufer übersetzen möchte, zieht ein heftiger Regenschauer über die Bucht und zwingt mich zum Abwarten. Danach jedoch hält mich nichts mehr und ich rudere an Land.
Beim Einklarieren drücken freundliche, gut gelaunte Beamte schwungvoll die notwendigen Stempel auf einige Formulare und in den Reisepass. Meinen Aktivitäten hierzulande steht somit nichts mehr im Wege.
Nach einigen freundlichen Hinweisen erreiche ich das Werftgelände von Fort de France. Angeblich soll die hier ansässige Stahlbaufirma mein Ruderproblem lösen können. Ein freundlicher Vorarbeiter hört sich meine Wünsche an. Danach hält er mit einem anwesenden Arbeiter Rücksprache und meint, ich könne beruhigt die noch spärlich vorhandenen Teile der Ruderanlage hier lassen und meinen Besorgungen nachgehen. Morgen um 11 Uhr werde in meiner Anwesenheit das neue Ruderblatt ganz nach meinen Vorstellungen gefertigt werden. Glücklich über die scheinbar problemlose Reparatur verlasse ich das Werftgelände, nicht ahnend, dass mit dieser Ankündigung das Ruderproblem der OASE II keineswegs einer Lösung zugeführt werden sollte.
Auf dem Postamt erfahre ich nach etwa eineinhalb Stunden Schlange stehen, dass kein Brief für mich da ist. Im ersten Moment traurig, erwecken schon wenige Minuten später Reggae-Rhythmen in den teilweise weihnachtlich geschmückten Straßen von Fort de France meine Lebensgeister aufs Neue, und ich erledige bis zum frühen Nachmittag unzählige Kleinigkeiten. Das Telefonieren mit zu Hause ist auf Grund der zahlreich vorhandenen Rückruftelefonzellen äußerst einfach. Einmal mittels Telefonwertkarte angerufen, teile ich die Nummer meiner „eigenen" Telefonzelle mit. Sie steht in der kleinen Parkanlage direkt beim Dingi-Anleger. Danach kann ich diverse Anrufe von Anita, der Familie, Freunden und dem österreichischen Radio problemlos entgegennehmen. Beim

letzteren Anruf spielt im Hintergrund gerade eine Calypsoband zu Ehren eines an der Pier liegenden Kreuzfahrtschiffes und sorgt damit für die passende akustische Untermalung. Abends sitze ich im Cockpit, schlürfe einen Rumpunsch und schreibe jede Menge Postkarten.

Aus Anitas Tagebuch

Um halb zwölf Uhr nachts läutete das Telefon: „Hier spricht Columbus." Momentan verschlug es mir die Sprache. Mein erster Gedanke war: Da will mich jemand ärgern. Ich wollte schon zurückkeifen, da erkannte ich die Stimme von Norbert. Ich habe mich riesig gefreut. Nach einem langen Gespräch habe ich sofort die Evelyn angerufen. Die war die Einzige, die um diese Zeit noch erreichbar war. Ich wollte es unbedingt jemandem mitteilen, dass Norbert gut in der Karibik angekommen ist. Wir haben dann noch eine ganze Weile getratscht. Gleich anschließend habe ich noch meinen Bruder am Handy angerufen. Er hatte Nachtdienst und war ebenfalls erreichbar. Auch ihm habe ich gleich die freudige Nachricht mitgeteilt. Morgen wird es sicher noch die Runde machen. Ich werde alle, die Norbert kennen, sofort anrufen. Als Erstes gleich seine Mutter und meine Eltern.

Frühmorgens bin ich schon auf dem Werftgelände. Den Vorarbeiter von gestern kann ich nirgends finden. Also warte ich eben. Die Zeit vergeht, schon ist es halb zwölf. Immer noch kein Vorarbeiter. Langsam werde ich unruhig. Mittags gehe ich in das in einem Container untergebrachte Büro und erkundige mich nach dem Fortschritt meiner Ruderreparatur. Der anwesende „Chef vom Dienst" erklärt mir, dass er heute leider keinen freien Arbeiter zur Verfügung habe. Morgen aber, zur gleichen Zeit etwa, werde man mit der Arbeit beginnen. Nun, kann ja vorkommen, tröste ich mich selbst und bin trotzdem guter Dinge, schon bald das neue Ruder der OASE II montieren zu können.
Nächster Tag, 10 Uhr 45. Nervös gehe ich vor dem Hallentor der Werft auf und ab. Arbeiter eilen durch die Gegend, aber keiner kümmert sich um mich. Die Zeit vergeht, und langsam, aber sicher keimt in mir die Befürchtung, dieses Spiel könnte ewig so weitergehen. Also marschiere ich abermals in den Kommandocontainer, um nachzufragen. Dieses Mal sitzt Vorarbeiter Nummer drei am Pult. Er gibt vor, von meinem Anliegen nicht einmal Kenntnis zu haben. Nachdem ich ausführlich das Problem erörtert habe, teilt er mir kurz und bündig mit, dass für solcherlei Kleinarbeiten derzeit und in absehbarer Zukunft keine Zeit sei. Gerade zu den Feiertagen habe das Personal eine äußerst schlechte Arbeitsmoral. Daher sei Zeitverzug sogar bei wichtigen Terminarbeiten leider an der Tagesordnung. Freundlicherweise macht er aber den Vorschlag, einen Bekannten anzurufen, welcher eine Stahlbaufirma besitzt. Vielleicht könne dieser mein Problem lösen. Gesagt, getan, eineinhalb Stunden später erscheint mein Retter auf dem Werftgelände. Er besieht sich kurz die Teile, wirft einen Blick in meine provisorische Konstruktionszeichnung, gibt in regelmäßigen Abständen ein „pa' problem'" von sich und nennt mir abschließend eine horrend hohe Summe. Schließlich sei das ja

eine technisch ausgefeilte und deshalb äußerst schwierig zu fertigende Konstruktion, welche ich da benötige, und dann das Material, Nirosta, äußerst teuer und schwer zu beschaffen …
In der Not frisst der Teufel auch Fliegen, und so gebe ich ziemlich genervt mein O.K. Drei Tage später will er das Ruder zur Pier liefern, versichert er mir, während die alten Teile in seinem Auto verschwinden. Eine mahnende Stimme in mir sagt Nein, jedoch angesichts mangelnder Alternativen und dem zwar quirligen, etwas oberflächlichen, aber durchaus Vertrauen erweckenden Auftreten des Franzosen lasse ich den Dingen ihren Lauf.
Drei Tage später, ich habe bereits alle wichtigen Punkte auf meinem Schummelzettel erledigt, warte ich zum vereinbarten Zeitpunkt am Apri-Coutier-Anleger. Zehn Minuten später fährt ein mir bekanntes Auto vor. Darin sitzt lässig lächelnd mein Retter in der Not. Nach einer kurzen Begrüßung begleiche ich zuerst die Rechnung – anscheinend so üblich – und darf dann den ersten Blick auf das neue, exakt nach meinen Vorstellungen angefertigte Ruder der OASE II werfen. Was ich nunmehr erblicke, wirft mich fast um.
Der Franzose bemerkt meine unübersehbare Verwirrtheit und beginnt sofort, die wesentlichen Konstruktionsmerkmale zu erläutern. Ich höre gar nicht mehr zu, zerre die Phantasiekonstruktion vom Pick-up. Zu zweit verstauen wir sie im Dingi – alleine hätten meine Kräfte nicht gereicht. Das Dingi kentert beinahe, nur mit größtem Feingefühl schaffe ich den kurzen Weg bis zur OASE II. Sobald ich den Festmacher des Beibootes belegt habe, nehme ich mir erstmals Zeit, dieses Wunderwerk des modernen Yachtbaus genauer zu betrachten. Zwar stimmt es, dass der Stahlbauer meine Pläne in Grundzügen eingehalten hat, jedoch seine „Verbesserungen“ schlagen dem Fass den Boden aus: So hat er zum Beispiel die Stärke der verwendeten Stahlplatte für das Ruderblatt einfach um 50 Prozent erhöht. Dadurch entstand das horrende Gewicht der Konstruktion. Außerdem hat er – sicher ist sicher – zu beiden Seiten dicke Versteifungen angeschweißt. Diese zerstören selbstverständlich jegliche guten Strömungseigenschaften. Der versprochene Anstrich mit Rostschutzfarbe fehlt. Der Skipper einer deutschen Stahlyacht schenkt mir etwas Spezialfarbe, welche ich vor der Montage aufbringe.
Nun also gilt es, das Ruder ins Steigrohr einzufädeln. War das bei meiner alten Konstruktion absolut problemlos, so macht das Gewicht der jetzigen ein Einsetzen ohne fremde Hilfe unmöglich. Ich begebe mich also auf die Suche nach einem Helfer und finde ihn in Robert, einem nach Amerika ausgewanderten, in der Schweiz geborenen Koch. Er hat mit Freunden eine Ketsch von Florida in die Karibik gesegelt und genießt nun einige Tage Urlaub. Gemeinsam beginnen wir mit den Vorbereitungen zum Einbau. Ich fädle eine möglichst starke Sorgleine durch das Steigrohr. Anschließend wuchten wir das Ruder samt Schaft erst auf den Spoiler und danach ins Wasser. Mit Taucherbrille und Schnorchel bewaffnet steige ich in das übel riechende Hafenwasser und versuche, den Ruderstock in das Steigrohr einzufädeln. Gerade als wir beginnen, das Ruder im Steigrohr aufzuholen, braust eine Motorzille vorbei. Der Schwell lässt die OASE II heftig rollen. Das erst zur Hälfte eingefädelte Ruder vibriert im Steigrohr und ruckt

jedes Mal, wenn sich das Heck des Bootes aus dem Wasser hebt, heftig ein. Plötzlich ein Knirschen, die Sorgleine reißt und das stählerne Unikum versinkt im trüben Wasser. Prustend tauche ich auf und rufe Robert zu, eine Markierleine auszubringen. Da die OASE II um ihren Anker schwoit, wäre ein Auffinden des Ruders ansonsten äußerst schwierig und zeitaufwendig.
Mit Druckluftflaschen tauche ich an der Markierungsleine ab. Ich kann nicht behaupten, mich in der trüben, ekelig schmeckenden Kloake wohl zu fühlen. Das Wasser ist nur vier Meter tief, und so habe ich den Grund schnell erreicht. Am Ende der Markierungsleine kann ich eine frische Schleifspur erkennen. Ich verfolge sie und stoße nach wenigen Metern auf mein Ruder. Überglücklich befestige ich sofort eine neue, noch stärkere Leine und tauche auf. Wieder an Bord, beginnen Robert und ich mit vereinten Kräften, das Ruder bis zum Steigrohr aufzuhieven. Danach muss ich, ob es mir passt oder nicht, abermals ins Wasser, um den Schaft einzufädeln. Dieses Mal klappt es problemlos.
Nach getaner Arbeit bade ich ausgiebig. Danach nehmen wir beide prophylaktisch gegen eine etwaige Infektion einiges an ortsüblicher Medizin, sprich weißen Rum, zu uns. Schon bald können wir über die kleinen Ungereimtheiten bei der Montage nur mehr lächeln und beschließen, am Abend Roberts morgige Abreise ausgiebig zu feiern. Wäre doch gelacht, wenn sich für ein Happening kein Grund finden würde. So kommt es, dass wir auf Roberts Wunsch unsere Unterhaltung bei Sauerkraut, Bratwürsten und Bier, alles natürlich original aus Deutschland importiert, fortsetzen.
Spät nachts kehre ich zur OASE II zurück. Ich setze mich ins Cockpit und versuche Freude über die gelungene Reparatur zu empfinden. Angesichts der vielen Probleme gelingt es mir nicht. Vielmehr überlege ich schon jetzt, welche Änderungen ich in Panama ausführen möchte. Dass diese Konstruktion Panama nie erreichen wird – darauf wäre ich nie gekommen. Etwas später gehe ich mit großer Vorfreude in die Koje. Morgen kommt Anita.

Das Christkind kommt

Es regnet, drückende Schwüle liegt über der Insel. Ich genieße die klimatisierte Empfangshalle des Flughafengebäudes. Mit zehnminütiger Verspätung landet der Air-France-Jumbo, und dann ist es endlich so weit. Hinter drei großen Taschen kann ich das so vertraute Gesicht Anitas erkennen. Jetzt erblickt mich auch das Christkind, lässt die Gepäckstücke einfach stehen, und wir fallen uns in die Arme. Das Wissen um diesen Augenblick war es wohl, welches mich in den letzten Tagen nervös und zerfahren machte. Jetzt, wo ich ihre Nähe fühle, glaube ich vor Freude zu schweben.

Aus Anitas Tagebuch
Ich konnte es kaum erwarten, endlich das Flugzeug zu verlassen. Irgendwie war ich aufgeregt. Norbert war gesund in der Karibik angekommen. Ich freute mich schon darauf, ihn wieder zu sehen. Als ich die Ankunftshalle, bepackt wie ein

Möbelschlepper, betrat, sprang er schon aufgeregt auf und ab. Nach einer fröhlichen Begrüßung und einigen vergossenen Tränen – im Rückblick der gefährlichen Reise über den Atlantik – ging es in den Hafen.
Das erste Mal in meinem Leben war ich zu Weihnachten nicht zu Hause im Kreise der Familie. Ich saß unter Palmen in strahlender Sonne bei karibischen Temperaturen. Irgendwie hatte ich nicht das Gefühl, dass heute der Heilige Abend war. Ich fühlte mich wohl auf der kleinen OASE II und genoss meinen Urlaub. Leider vergehen die Tage wie im Flug und ich muss schon bald wieder an den Heimflug denken. Ich mache mir, obwohl Norbert die Atlantiküberquerung bestens gemeistert hat, immer noch sehr große Sorgen um ihn. Aber damit möchte ich ihn nicht belasten.

Wir schleppen das Gepäck und uns zu einem Taxi. Auf zur OASE II. Anita macht das Schauerwetter hier schwer zu schaffen. Bei ihrem Abflug schneite es in Wien bei –18° C. Der große Temperaturunterschied im Zusammenhang mit der hier herrschenden extrem hohen Luftfeuchtigkeit zeigt Wirkung. Am Bootssteg angekommen, muss ich zwei Fuhren mit dem Dingi machen, um alle Kostbarkeiten sicher und vor allem trocken auf die OASE II zu bringen. Danach sitzen wir in der Kajüte, trinken Rumpunsch und erzählen, erzählen, erzählen …
Heute ist Weihnachten. Zum ersten Mal sind wir beide nicht zu Hause, sondern unter karibischer Sonne. In T-Shirt und Shorts erledigen wir diverse Einkäufe. Nachmittags durchstreifen wir Fort de France. Beide sind wir über die eher mäßige Weihnachtsstimmung etwas enttäuscht. Zwar sind einige Straßenzüge und Geschäfte mit Girlanden verziert, erinnern Sonderangebote in Spielwarenabteilungen an das Fest, jedoch an unseren heimischen Aktivitäten gemessen erscheinen diese Bemühungen hier spärlich. Dafür genießen wir aber Sonne und Wärme, während unsere Landsleute frieren. Bei Einbruch der Dunkelheit fordere ich Anita nervös auf, doch endlich mit den Vorbereitungsarbeiten für unser kleines, aber feines Weihnachtsfest anzufangen.
Anita hat von zu Hause ihren Adventskranz und einen duftenden Tannenzweig mitgebracht. Jetzt schmückt sie damit den Tisch der Dinette. Danach muss ich in die Plicht, während sie die Geschenke von zu Hause aufstapelt. Endlich ist es so weit. Kaum vernehme ich ein: „Du kannst schon …“, bin ich mit einem Satz in der Kajüte und bleibe wie angenagelt stehen: Vor mir brennen die Kerzen auf dem Adventskranz, rundherum liegen jede Menge Päckchen, Kekse und sogar ein Sternspritzer hängt am Lampenschalter und wartet darauf, dass wir ihn anzünden. Voller Begeisterung erwecke ich ihn zum Leben. Während er nun unter leisem Zischen seine Sternchen versprüht und gemeinsam mit den vier ruhig vor sich hin brennenden Kerzen eine feierliche Stimmung schafft, stehen wir beide da und denken an zu Hause, an Familie und Freunde. Was die wohl gerade machen? Etwas nachdenklich gestimmt lege auch ich mein bescheidenes Päckchen für Anita – die Reparatur des Ruders hat meine Bordkassa hart getroffen – auf den Tisch. Danach beginnen wir beide die Geschenke auszupacken. Unglaublich, womit mich meine Familie und Freunde bedacht haben. Viele Kleinigkeiten,

welche ich irgendwann einmal mehr oder weniger beiläufig als wünschenswert erwähnt hatte, sind darunter. Anita sitzt schmunzelnd am Gabentisch und genießt offensichtlich meine Freude über die gelungene Überraschung. Tatsächlich hatte ich mit so einem stimmungsvollen Weihnachtsfest nicht gerechnet.
Nachdem die Geschenkorgie beendet ist, beginne ich mit dem Zubereiten des Festessens. Zur Feier des Tages habe ich sogar Eis für die Kühlbox besorgt. Deshalb können wir gut gekühlten Weißwein und anschließend ein Gläschen Sekt genießen. Der Abend vergeht, so wie alles Schöne, leider viel zu schnell. Nachts sitzen wir noch lange im Cockpit und schauen gedankenverloren in den klaren, von Sternen übersäten Nachthimmel.
Die nächsten Tage verbringen wir mit Faulenzen. Je nach Laune segeln wir in kurzen Schlägen an die Südküste Martiniques. Dort treffen wir gute Bekannte aus der Zeit in Las Palmas. Mit großem Hallo wird das Wiedersehen gefeiert, und wir beschließen, den Jahreswechsel ebenfalls gemeinsam zu verbringen. So kommt es, dass wir zu Silvester in einem kleinen Strandrestaurant unmittelbar an der Wasserfront ein köstliches Dinner genießen. Gemeinsam mit Einheimischen tanzen wir bis in den frühen Morgen zu Reggae- und Calypsoklängen, welche aus riesigen Lautsprechern dröhnen. Alle sind ganz ausgelassen und guter Dinge.
Was wird das neue Jahr wohl bringen? Die üblichen guten Vorsätze werden gefasst. Einige davon mit der Gewissheit, dass es nur Vorsätze bleiben werden. Aber eben auch das gehört zum neuen Jahr. Was wäre ein absolut problemloses Leben ohne jegliche Höhen und Tiefen? Für mich dasselbe wie täglich ungewürztes Essen: langweilig und trostlos.
Zwei Wochen sind, wenn sie so harmonisch verlaufen und mit vielen Aktivitäten gefüllt sind, schnell vorbei. Noch ehe wirs uns versehen, fällt der Anker meiner OASE II wieder in Fort de France. Zwei merklich kleinere Taschen werden gepackt, und ein Minibus bringt uns zum Flughafen. Die letzten Minuten vor Anitas Abflug vergehen rasend schnell. Allein, mit bekannt gemischten Gefühlen, stehe ich in der Abflughalle und warte noch, bis neben ihrer Flugnummer am Display der Anzeigentafel „gestartet“ erscheint. Wieder zurück an Bord, beginne ich noch am selben Abend mit den letzten Vorbereitungen zum Auslaufen nach St. Lucia.

Aus Anitas Tagebuch
Ich drehte mich noch einmal um, dann schloss sich die Tür des Eincheckschalters, und ich war wieder mit meinen Gedanken alleine. Zwei Stunden später hob der Jumbo Richtung Paris ab, einige Stunden später landete ich wieder in Wien, meine Eltern holten mich ab, und der ganz normale Alltag ging wieder weiter; Sorgen, Ärger, Stress …

Mit dem ersten Tageslicht gehe ich Anker auf und segle quer über die Bucht zur ANSEMITAN. Dort verbringe ich noch einen Tag mit Freunden. Danach ist es unwiderruflich so weit, die Zeit drängt und mahnt zum Aufbruch.
Unter lebhaftem Südostpassat läuft die OASE II hart nach Süden. Zwischen Martinique und St. Lucia herrscht unangenehmer steiler Seegang. Einige Male

treffen Brecher die Backbordseite des Bootes und überschütten das Deck mit Gischt. Nachmittags erreiche ich die Nordspitze St. Lucias. Seegang und Wind nehmen merklich ab, während ich mit 3 Seemeilen Distanz zur Küste an Castries und dem Banana Point vorbeisegle. Bei Sonnenuntergang erreiche ich die Marigot Bay. Tatsächlich ist diese in früheren Tagen strategisch äußerst wichtige Bucht von See aus fast nicht auszumachen. Lediglich die Tatsache, dass unsere heutigen Navigationsmöglichkeiten wie GPS in Verbindung mit exakten Seekarten und Handbüchern die Position haargenau angeben, ermöglicht ein Ansteuern bei schwierigen Verhältnissen.
Die letzten 2 Seemeilen laufe ich, da der Passat fast eingeschlafen ist, unter Motor. Schnell versinkt die Sonne hinter dem westlichen Horizont. Die Felsen der imposanten Steilküste leuchten in dunklen, drohenden Farbnuancen. Das üppige Grün an den Hängen verliert seine frische, kräftige Farbe und verwandelt sich in stumpfe, dunkle Schattenflächen. Mit dem letzten Büchsenlicht erreiche ich das Innere der Bucht. Sie ist mit Charterbooten dicht belegt. Trotzdem findet sich für meine kleine OASE II rasch ein freies Plätzchen. Und als die hereinbrechende Tropennacht die letzten Konturen der die Bucht einrahmenden Steilhänge auslöscht, sitze ich bereits im Cockpit und genieße die Atmosphäre. Vom Hurrikan-hole-Hotel klingt gedämpfte Livemusik herüber. Die Rhythmen gehen mir unter die Haut. Fast automatisch beginnt man leise mitzusingen oder den Takt zu klopfen. Genauso habe ich mir die Karibik vorgestellt. Ab und zu tuckert ein Dingi durch die stockfinstere Nacht. Da und dort blitzt eine Taschenlampe auf, eine leichte wiedererwachte Brise säuselt im Uferdickicht. Durch all diese Eindrücke motiviert, setze ich mich in die Navigationsecke und schreibe einen Brief an Anita. Danach lese ich noch den Inselführer und lege meine Ausflugsrouten für die nächsten Tage fest. Spät nachts schlafe ich mit einem angenehmen Gefühl der Entspanntheit ein.

St. Lucia – Recht ist nicht Gerechtigkeit

Es ist schon später Vormittag, als ich erwache. Mit schlechtem Gewissen packe ich alle notwendigen Dokumente in meinen Rucksack und rudere an Land. Das Einklarieren verläuft zwar etwas nüchterner als in Martinique, jedoch ebenfalls ohne Probleme. Danach inspiziere ich die Versorgungsmöglichkeiten. Benzin erhalte ich günstig an der Pier, Lebensmittel teuer in einem Supermarkt am Hotelgelände. Ich rudere zur OASE II zurück.
Gegen Mittag besuche ich Günther, den ich in Fort de France am Ankerplatz kennen gelernt hatte. Damals hatte er mir versprochen, mit seinen guten Beziehungen hier einen günstigen Außenbordmotor für mein Dingi zu besorgen. Hatte ich zu Beginn meiner Reise geglaubt, auf diversen Ankerplätzen mein aufblasbares Dingi problemlos rudern zu können, so zeigte es sich schon bald, dass meine Vorstellung nur bedingt der Realität entsprach. Erstens lassen sich Schlauchboote von Natur aus schlecht rudern und zweitens sind meistens die schönsten Ankerplätze ziemlich weit vom Strand oder einer Ortschaft entfernt. Aus diesen Gründen möchte ich einen kleinen Außenbordmotor kaufen, habe jedoch in Martini-

que wegen der horrenden Preise darauf verzichtet. Als eines unserer Gespräche auf dieses Thema kam, erklärte sich Günther bereit, seine Beziehungen zu nutzen, um mir möglicherweise einen günstigen Motor zu besorgen. Meine Bedenken, einen gestohlenen Motor untergejubelt zu bekommen, entkräftete er mit dem Hinweis, hier alles und jeden zu kennen. Zum Thema Kaufvertrag meinte er kurz und bündig, er werde mir diesen persönlich ausstellen und so hochoffiziell für meinen Kauf bürgen. Danach machte er mich mit einigen Leuten in der Marigot Bay bekannt und informierte mich über diverse nützliche Kleinigkeiten.

Am nächsten Tag rudert er mich frühmorgens an Land. Dadurch muss ich mein Dingi nicht den ganzen Tag unbeaufsichtigt zurücklassen. Zu viele Geschichten grassieren von Raub und Diebstahl auf St. Lucia – sie mahnen mich zur Vorsicht. An der Hauptstraße angelangt, warte ich auf den Minibus, welcher mich nach Castries bringt. Stundenlang durchstreife ich die Inselhauptstadt und bin von der Vielfalt an Fotomotiven begeistert. Film um Film wandert durch das Kameragehäuse. Erst nach Einbruch der Dunkelheit trete ich die Rückreise an und erreiche am späten Abend ohne Zwischenfall die Marigot Bay. Für den nächsten Tag habe ich einen Ausflug zu den Pitons und in den Regenwald geplant.

Strahlend erwacht ein neuer Tag, und schon frühmorgens sitze ich in einem Bus, besichtige erst einmal eine imposante, noch weihnachtlich geschmückte Kirche und suche danach einen Minibus, um in den Regenwald zu gelangen. Hierbei kommt es zum ersten Zwischenfall. Der Busfahrer will mich unbedingt als privates Taxi chauffieren und dafür 50 US-Dollar als Fuhrlohn. Vergleicht man das mit den ortsüblichen vier Ostkaribischen Dollar, ist es eine unverschämt überhöhte Forderung. Da ich solcherart Preistreiberei schon öfters begegnet bin, lehne ich seinen Vorschlag freundlich, aber entschieden ab. Ich erkläre ihm, erstens kein Millionär zu sein und zweitens so wie die einheimische Bevölkerung reisen zu wollen – schließlich erhält man ja gerade dabei ein reales Bild ihres täglichen Lebens. Sichtbar verärgert teilt mir der Fahrer mit, dass es bis zur Abfahrt noch etwa drei Stunden dauern wird. Ich nehme es zur Kenntnis, setze mich in den Minibus und warte. Langsam, aber stetig füllt sich das Gefährt, und schon 20 Minuten später fahren wir los. Eine mit unzähligen Schlaglöchern übersäte Schotterstraße schlängelt sich in die Berge. In unregelmäßigen Abständen hält der Bus zum Ein- und Aussteigen. Als wir an einer offensichtlich für Touristen aufgestellten Hinweistafel mit der Aufschrift „Rain Forest“ vorbeikommen, ersuche ich den Fahrer, anzuhalten. Er stoppt den Bus, erklärt mir aber nunmehr freundlich, dass hier lediglich der beschwerliche Fußweg abzweige. Er könne mich jedoch noch ein Stück bis zu einer Siedlung mitnehmen. Dort sei auch das Ende dieses Weges und ich könne dann bequem talwärts wandern, um die Natur zu genießen. Erfreut über den praktischen Tipp lasse ich mich – nichts Böses ahnend – noch etwa sechs Kilometer in die Berge fahren. Als wir tatsächlich eine kleine Siedlung erreichen, hält mein freundlicher Tourguide und fordert mich mit unmissverständlich schadenfrohem Grinsen auf, auszusteigen. Irritiert frage ich, wie ich denn nun zu der von ihm erwähnten Wegabzweigung gelange. Der Fahrer grinst höhnisch, murmelt etwas von wegen „fucking tourist“ und braust davon. Als

Draufgabe setzt ein heftiger Tropenschauer ein, und es gelingt mir gerade noch, die Kameraausrüstung vor einem Wasserschaden zu bewahren.
Als der Regen aufhört, frage ich einige Männer, wo denn hier ein Fußweg zurück ins Tal sei. Ich ernte lediglich mitleidiges Lächeln und letztendlich erklärt mir ein junger Bursche, dass es nur diese eine Straße gebe. Der nächste Bus, tja, der komme wahrscheinlich morgen oder erst übermorgen. Während der nächste Regenschauer einsetzt, hake ich die Sache als zwar äußerst unangenehm, aber unübertrefflich lehrreich ab und mache mich auf den Weg. Nach etwa der halben Strecke sind die in kurzen Intervallen auftretenden Regenschauer nur mehr ein Teil meines zu bewältigenden Abenteuers. Ich finde zahlreiche Fotomotive und im Vorbeiwandern einige unmittelbar neben der Straße befindliche Hütten. Einmal werde ich sogar freundlich zu einem Rumpunsch eingeladen.
Mit Einbruch der Dämmerung erreiche ich auf schmerzenden Füßen La Soufrière. Ich frage mich nach dem Bus zur Marigot Bay durch und erlebe abermals ein Szenario der Preistreiberei. Nach einiger Überlegung wandere ich etwa einen Kilometer weit aus dem Ort hinaus und beziehe dort unmittelbar an der Straße neben einer kleinen Gruppe Einheimischer Warteposition. Ein leerer Minibus braust heran, wir steigen ein und in Begleitung Bob Marleys, der aus einer Lautsprecherbox plärrt, düsen wir Richtung Norden.
Abends erzähle ich Günther von meinen Erlebnissen und ernte ein wissendes Lächeln. Tja, St. Lucia sei eben in mancher Hinsicht eigentümlich, meint er, danach wechseln wir das Thema. Er zeigt mir einen nahezu neuen 4-PS-Außenborder und erläutert lächelnd, diesen für mich aufgetrieben zu haben. Auf meine Frage nach dem Woher hat er eine plausible Erklärung parat. Ein Fischer habe ihn in Castries gekauft, aber schon nach einigen Ausfahrten bemerkt, dass der Motor für sein Boot zu schwach sei. Er möchte ihn deshalb verkaufen und einen stärkeren anschaffen. Ich akzeptiere diese Erklärung, bezahle den durchaus angemessenen Kaufpreis, bekomme einen wunderschönen Kaufvertrag und verlade meine Neuerwerbung glücklich in der Backskiste der OASE II. Morgen möchte ich noch einen Ausflug unternehmen und danach in zwei Tagen nach Bequia weitersegeln, daher montiere ich den Motor erst gar nicht am Dingi.
Unabhängig davon bemale ich am nächsten Tag, bevor ich noch zu meiner letzten Erkundungsfahrt aufbreche, die Motorverkleidung im typischen OASE-II-Dingi-Design. Danach begebe ich mich auf Erkundungsfahrt. Der Tag verläuft so wie die vorangegangenen in St. Lucia äußerst interessant, jedoch nicht spannungsfrei. Wiederholt werde ich von Einheimischen als geduldete „Melkkuh" behandelt. Dennoch versuche ich, auch diesen Streifzug durch das Innere der Insel möglichst unbeschwert zu genießen. Der Objektivität halber möchte ich erwähnen, dass auch durchaus freundliche und hilfsbereite Menschen hier leben, leider überwiegt jedoch die Gruppe derer, welche ihren Lebensunterhalt mit Schwindel, Diebstahl und Gewalt gegenüber anderen – nicht nur Touristen – bestreiten. Letztere werden ziemlich häufig als naive Dollarlieferanten angesehen und dementsprechend behandelt. Nicht selten wird auch jemandem, der es wagt, sich dieser Vorgangsweise entgegenzustellen, noch viel Schlimmeres zuteil.

Auch ich sollte am eigenen Leib erfahren, dass Recht und Gerechtigkeit hierzulande miteinander nichts zu tun haben. Aber: Solche Zustände gibt es nicht nur auf St. Lucia.

Wieder auf der OASE II, erhalte ich Besuch. Die drei halbwüchsigen Kinder einer Familie, welche ich beim Fotografieren oberhalb der Marigot Bay kennen gelernt habe, stehen am Ufer und winken. Ich pulle zu ihnen und lade sie zum Fruchtsaft ein. Wir sitzen in der Plicht und schlürfen Mango-Juice, danach besichtigen sie neugierig mein Boot. Nachdem ich ihre Neugier gestillt habe, bitten sie mich, sie zurück an Land zu rudern. Trotz des nahezu bewegungslosen Wassers ist Maggy, den Ältesten im Bunde, übel. Ich klettere ins Dingi, um meine Gäste an Land zu rudern. Es ist nur mehr ein Paddel vorhanden, das zweite hat sich – aus welchen Gründen auch immer – selbstständig gemacht und ist verschwunden. Ich paddle also wie ein Amazonas-Indianer im Bug kniend an Land. Zurück an Bord, starte ich eine erfolglose Suchaktion mit Hilfe meines Tauchscheinwerfers. Schlecht gelaunt gehe ich in die Koje und beschließe, sofort nach Sonnenaufgang die Suchaktion fortzusetzen.

Als ich erwache, ist es bereits 7 Uhr. Ich beginne den Strand und das mit Mangroven dicht bewachsene Ufer abzufahren. Schon denke ich abermals daran, die Suche aufzugeben, als ich in der nördlichen Ecke der Bucht einen Silberstreifen nahe dem Uferdickicht erkenne. Tatsächlich ist es mein Paddel, welches friedlich an der Wasseroberfläche dümpelt. Glücklich rudere ich zur OASE II und genieße mein Frühstück. In etwa vier Stunden möchte ich auslaufen, um Bequia am nächsten Vormittag zu erreichen. Als ich die letzten Kleinigkeiten vorbereite, erscheint Günther an Deck und ersucht mich, den Außenborder eines Freundes wieder zum Laufen zu bringen, was einige so genannte Mechaniker nicht geschafft hatten.

Ich beginne den Außenborder durchzuchecken. Während ich eine undichte Stelle in der Benzinleitung repariere, nähert sich ein Boot mit drei Männern. Einer davon ist der Polizist der Marigot Bay. Längsseits gekommen, fragt mich der Constable, ob ich Norbert sei. Als ich bejahe, ersucht er mich, an Bord zu kommen, um ihm einige Fragen zu beantworten. Mit gutem Gewissen steige ich über. Wir fahren langsam durch die Bay, während mich der Beamte nach meinen Ausrüstungsgegenständen fragt. Ich beginne, diese sorgfältig aufzuzählen und erwähne natürlich auch den eben erst erworbenen Außenborder. Schlagartig wird seine Miene amtlich. Er bittet mich, den Motor sehen zu dürfen. Also klettere ich bereitwillig auf die OASE II und zeige ihm meine Neuerwerbung. Fast im selben Augenblick fordert mich der Polizist im Befehlston auf, den Außenborder seinen Helfern zu übergeben und wieder in sein Boot zu steigen. Nachdem wir auch noch Günther abholen, zischen wir in Gleitfahrt zur Polizeistation. In mir regt sich ein böser Verdacht. Kaum sitzen wir auf einer viel zu schmalen und schrecklich unebenen Holzbank des Wachzimmers, wird der Verdacht bestätigt: Woher ich diesen als gestohlen gemeldeten Motor habe, ist die erste Frage an mich. Sie lässt mich wie unter einem Peitschenhieb zusammenzucken und leitet eine Behördenoperette ein, welche für mich noch äußerst bedrohliche Ausmaße annehmen soll.

In meinem Magen formt sich ein dicker Klumpen. Er wird größer und größer. Ich versuche, möglichst gelassen zu wirken, und erkläre die Sachlage aus meiner Sicht. Zur Bekräftigung lege ich den Kaufvertrag vor, welcher allerdings keine Beachtung findet. Nun ist Günther an der Reihe. Während immer wieder dieselben Fragen auf ihn niederprasseln, überdenke ich die Situation. Mehrere Ungereimtheiten in der Vorgangsweise der nunmehr drei Polizisten wollen mir nicht in den Kopf. Erstens, warum haben sie vor der Übernahme des Außenborders nicht einmal dessen Seriennummer kontrolliert? Mit meiner Bemalung, ansonsten jedoch ohne jegliche besondere Merkmale, konnten sie ihn unmöglich sofort als gestohlen erkennen. Warum haben sie mich gleich gefragt, ob ich den Motor über Günther bezogen habe? Und warum machen sie jetzt, wo sich die Möglichkeit bietet, sich von meiner rechtlich einwandfreien Vorgangsweise zu überzeugen, keinen Gebrauch davon?
Abwarten – denke ich mir und beobachte mit gespielter Interesselosigkeit das Schauspiel. Mein lange ersehnter Dingi-Motor verschwindet unterdessen in einem Nebenraum: beschlagnahmt!
Nach zirka einer Stunde – mir schmerzt schon der Hintern vom unbequemen Sitzen – wird ein Farbiger vorgeführt. Sein Gesicht zeigt eindeutige Misshandlungsspuren. Beide Wangen sind dick verschwollen, die Augen zur Gänze blutunterlaufen. Günther wird aufgefordert, den Mann als seinen Lieferanten zu identifizieren. Beide bestreiten, sich zu kennen. Der Oberpolizist, in speckigem T-Shirt und zerrissener kurzer Hose, läuft zu Bestform auf. Immer wieder versucht er, mit augenscheinlich oftmals geübtem scharfem Blick und der dazugehörigen kräftig anschwellenden Stimme und einigen sozusagen beiläufigen Handgreiflichkeiten dem Einheimischen ein Geständnis zu entlocken. Da dieser nichts Brauchbares von sich gibt und auch Günther nach wie vor entschieden abstreitet, den in der Zwischenzeit arg zugerichteten Mann zu kennen, beginnt der zweite Akt dieses Dramas.
Man will uns, wie wir dasitzen, zu einer anderen Polizeistation abtransportieren, um das notwendige Protokoll aufzunehmen. Mir wird klar, dass ich etwas unternehmen muss, um hier nicht komplett unter die Räder zu geraten. Etwas naiv frage ich, wann ich meinen Motor nun zurückbekomme. Mit bösem Blick bellen mich zwei der Beamten an, dass ich diesen Motor nie mehr zurückbekomme. Meine nächste Frage: Da kein Geschädigter anwesend ist, woher wissen Sie, dass mein Motor gestohlen ist?
Noch eine Nuance unfreundlicher behauptet der Kommandant des wilden Haufens, eine Liste zu besitzen, auf der der wahre Besitzer mit Ort und Zeit seiner Diebstahlsanzeige aufgelistet ist. Natürlich darf ich die Liste nicht sehen, Amtsgeheimnis! Nächste Frage: Warum, wenn man mir schon den Motor nicht mehr retournieren kann oder möchte, erhalte ich nicht von Günther einfach mein Geld zurück? Wozu soll ich, wo meine Rolle eindeutig geklärt wurde, zu einem anderen Wachzimmer abseits der Touristenströme, um ein Protokoll zu unterschreiben? Ich bekomme keine Antworten, die „Freunde und Helfer“ werden immer aggressiver. Ich bin zur Zeit barfüßig, mit nacktem Oberkörper, in ölverschmierten Shorts und

ohne Geld sowie Papiere und bestehe darauf, vorher noch auf die OASE II gebracht zu werden. Nach einigem Getuschel wird meiner Forderung entsprochen. Wieder an Bord, ziehe ich mich um, schultere meinen Rucksack, der einschließlich einer Fotokamera alles Wichtige enthält, und so kann es losgehen.
In einer namenlosen Einheimischensiedlung, einige Kilometer südlich der Marigot Bay angekommen, muss ich erst einmal warten. Die Holzbank, auf der Günther und ich Platz nehmen sollen, ist im schon bekannten, unbequemen Design. Zudem schwirren in dem feuchten, vom Zerfall bedrohten Haus unzählige Moskitos herum. Auf einem Tresen liegen riesige Aktenbücher. In einem davon trägt ein Beamter jetzt unsere Daten ein, danach müssen wir unterschreiben. Oberhalb der vorgedruckten Linie prangt der Vermerk „Arrested". Was ich insgeheim schon befürchtet habe, scheint nun einzutreffen. Während ich mir den Kopf zermartere, mit welchem Schachzug ich diese immer unkontrollierbarer werdende Situation bereinigen könnte, würdigt mich Günther weder eines Blicks noch einer Silbe. Im Nachhinein war ziemlich klar, dass meine Forderung, entweder den Außenborder oder das Geld zurückzubekommen, die Polizisten aufgebracht hatte. Hätte ich kommentarlos zu alledem geschwiegen, wäre ich unbehelligt, lediglich ein wenig ärmer aus dem Wachzimmer gegangen und abgesegelt.
Die Zeit vergeht, wir warten. Der Polizist am Tresen liest gelangweilt in einem Schundroman. Dabei reibt er pausenlos seine schwarzen, mit Stahlkappen beschlagenen Lackschuhe an den Hosenbeinen. Dazwischen bohrt er abwechselnd mit den Fingern der rechten oder der linken Hand in der Nase.
Als es bereits dämmert, kommt der Befehlsgewaltige aus der Marigot Bay. Ein kurzer, heftiger Wortwechsel mit Günther. Danach steht fest, wir werden arretiert. Ich frage aufgebracht nach dem Grund meiner Verhaftung. Gleichzeitig zähle ich alle Argumente auf, die meine Verhaftung als absoluten Willkürakt belegen. Mein Peiniger fixiert mich aus großen, zornigen Augen. Da ich einen gestohlenen Motor gekauft habe, muss ich eben für 24 Stunden in den Knast. Basta. Noch bevor ich etwas dazu sagen kann, wendet er sich kommentarlos ab und eilt davon.
Wir werden aufgefordert, Wertgegenstände und Geld abzugeben. Alles soll in einem unversperrten, löchrigen Kästchen unter dem Eingangstresen verstaut werden. Ich weigere mich entschieden. Danach durchsucht ein auf Grund der Streiterei herbeigeeilter Polizist meinen Rucksack, nimmt die Kamera an sich und erlaubt mir den Rest meiner Habe mit in die Zelle zu nehmen. Den Film allerdings, den habe ich schon herausgenommen und in die Unterhose gesteckt. Leider konnte ich nur drei Bilder im Vorraum der Zellen unbemerkt knipsen.
Ich beziehe ein muffiges Loch, das ich mit unzähligen Moskitos und einigen Ratten teile. Mir jagen verworrene Gedanken durch den Kopf. Was um alles in der Welt soll ich tun, um möglichst schnell wieder zu meiner OASE II zu gelangen? Was tun, wenn jemand die Situation ausnützt und mein Boot ausraubt – oder ist das gar der wahre Grund meiner Inhaftierung? Ich muss etwas unternehmen, um hier möglichst schnell herauszukommen.
Ich nehme meinen ganzen Mut zusammen und beginne kräftig zu klopfen. Nach

einiger Zeit wird die Zellentür geöffnet. Mit zornigem Unterton in der Stimme – wahrscheinlich habe ich ihn beim Nasenbohren gestört – fragt mich der Beamte, was ich will. „Auf die Toilette“, antworte ich. Daraufhin werde ich über den Flur in den Hinterhof geleitet, wo sich eine kleine betonierte Fläche mit einem mittigem Auslass befindet. Ich verrichte unter dem gestrengen Blick des Beamten meine Notdurft. Auf dem Rückweg sehe ich durch eine offene Tür jemanden in Zivil an einer Schreibmaschine sitzen. Noch bevor mich der Uniformierte daran hindern kann, stehe ich in dem Zimmer und spreche den Mann am Schreibtisch an. Er blickt erschrocken auf, während mein Aufpasser versucht, mich aus dem Raum zu bugsieren. Aber ich darf in Ruhe sprechen und weiß, dass meine Freiheit in diesem Moment lediglich von mir selbst abhängt. Deshalb verweise ich zunächst auf meine bescheidene Tätigkeit als Reisejournalist, deute dann meine Bereitschaft an, gegebenenfalls auf den Außenborder zu verzichten. Ich bekunde also mein grundsätzliches Verständnis für die laufende Amtshandlung, bestehe jedoch ausdrücklich auf meiner sofortigen Enthaftung.
Nach zwei Telefonaten erklärt mir der Beamte, ich könne die Sache als für mich erledigt betrachten. Im Klartext: „You are free, you can go!“ Auf meine Bitte hin bringt mich ein Polizeiwagen in die Marigot Bay zurück. Dort gehe ich nochmals auf das Wachzimmer und frage, ob ich eine Kopie meiner Niederschrift erhalten kann. Dies wird empört abgelehnt. Daraufhin ersuche ich den offensichtlich einzigen ehrlichen Beamten, einen alten Kariben in zerschlissener Uniform, wenigstens ein Foto des Außenborders machen zu dürfen. Nach einigem Zögern begleitet er mich nervös um sich blickend in den Nebenraum der Polizeistation, wo mein Motor liegt. Ich schieße drei schnelle Fotos, bedanke mich mit einer Packung Zigaretten und frage, ob mich jemand der Anwesenden mit einem Dingi zur OASE II bringen kann. Ein Fischer erklärt sich dazu bereit und pullt mich an Bord. Ich gebe ihm als Dankeschön eine halbe Flasche Rum. Freundlich winkend rudert er in der Dunkelheit davon.
Auch ich brauche erst einmal einen kräftigen Schluck. Im Licht der Taschenlampe sehe ich einige schmutzige Fußspuren an Deck. Offensichtlich hat jemand am Niedergangsschott hantiert. Es ist jedoch nicht aufgebrochen und es fehlen auch keine Decksbeschläge. Mein Dingi dümpelt ebenfalls noch hinter dem Heck der OASE II. Ich verspüre Erleichterung darüber, noch einmal mit einem blauen Auge davongekommen zu sein. Was hier auch immer gespielt wurde, ich war mit Sicherheit zu unangenehm für jemanden, der sein eigenes Süppchen kochen wollte.
Inzwischen sitze ich im Cockpit und trinke schon den vierten Beruhigungsrum. Wie zum Hohn spielt die Kapelle des Hurrikan-hole-Hotels „Do’nt worry about the things“ von Bob Marley. Mir reicht es. Noch ein Schluck aus der Pulle, und ab in die Koje. Morgen laufe ich mit Sonnenaufgang aus.

Bequia – Union Island

Mit gemischten Gefühlen verstaue ich im ersten Dämmerlicht mein Dingi, hole die auf Slip belegte Heckleine ein und gehe ankerauf. Vorsichtig manövriere ich die OASE II durch das dichte Feld der Ankerlieger und laufe danach zwischen den imposanten, im spärlichen Morgenlicht drohenden Felsen der Buchteinfahrt in Richtung offene See. Unsicher blicke ich mich um, ob es sich vielleicht doch noch jemand überlegt hat und mich stoppt. Aber nichts dergleichen geschieht. Mit jeder Meile in Richtung Bequia werde ich entspannter. Jetzt, wo mein Schiff im Passat nach Süden rauscht, verbläst die angenehm kühle Morgenluft meine letzten trüben Gedanken. Ich freue mich über den glimpflichen Ausgang der Sache und ziehe daraus meine Lehren.

Schon bald peile ich die Pitons querab. In der Zwischenzeit sind rundum weiße Segel auf dem tiefblauen Karibischen Meer auszumachen. Stetig zunehmender Passat sorgt für schnelles Segeln. Früher als erwartet erreiche ich die Westseite von St. Vincent. Obwohl ich über drei Seemeilen Abstand zur Küste habe, kommen zweimal Speedboote mit Locals längsseits, die mich auffordern, die Nacht in der verrufenen Cumberland Bay zu verbringen. Ohne das Tempo oder auch den Kurs zu ändern, lehne ich die Angebote freundlich, aber entschieden ab. Die mehrmals gestellte Frage, wie viele Personen an Bord seien, überhöre ich einfach. Als ich schon nahe der Südspitze von St. Vincent bin, pullt abermals ein Farbiger sein Boot heran. Ich schalte den Autopiloten ein und setze mich in die Navigationsecke. Von dort aus beobachte ich ihn, wie er mit kräftigen, gleichmäßigen Ruderschlägen sein Boot unglaublich schnell vorantreibt. Passat und Hilfsmotor der OASE II haben jedoch mehr Ausdauer. Nach etwa einer halben Seemeile gibt der Ruderer auf und dreht zur Küste ab.

Ohne weitere Zwischenfälle und früher als erwartet erreiche ich die Admiraly Bay in Bequia. Der Kreuzfahrtsegler MED liegt unmittelbar am Buchteingang und gibt so eine herrliche Peilmarke ab. Kurz nach Mitternacht fällt mein Anker. Der Passat frischt auf und wird ziemlich heftig. Ich setze mich noch für einige Zeit ins Cockpit, beobachte die Szenerie und freue mich über den gelungenen Schlag.

Innere Unruhe lässt mich schon nach vier Stunden wieder erwachen. Die Sonne wirft ihr Licht gerade über die Gipfel der östlichen Bergkämme, welche die Bucht einsäumen. Ich montiere den 8-PS-Motor der OASE II am Dingi und fahre an Land. Im Gegensatz zu St. Lucia werde ich hier freundlich und zügig einklariert. Anschließend mache ich sofort den ersten Erkundungsausflug in Richtung Canon Point. Das letzte Stück Wegs führt steil bergan. Auf dem Plateau angekommen, entschädigt ein herrlicher Blick über die Bucht für den steilen Anstieg. Drohend zeigen auch heute noch die vor über 200 Jahren aufgestellten Kanonenrohre über den Buchteingang und unterstreichen die enorme Abwehrkraft der jeweiligen Besatzer. Als ich zur OASE II zurückkehre, sehe ich zu meiner großen Freude, dass die Ketsch RASCASSE II eingelaufen ist. Somit wird erst einmal ein gemeinsames Begrüßungsbier getrunken. Danach widme ich mich einigen dringenden Bordarbeiten. Zwei Tage verbringen wir gemeinsam beim Erkunden der Bucht und ihrer Umgebung. Dabei finde ich die legendäre Mailbox. Sie besteht aus einem Schlitz an der Vorderfront des Zolleinganges. Dahinter verbirgt sich ein Mehrzweckraum für Amtsdiener. Schiebt man ein Poststück durch den

Schlitz, so fällt es entweder in eine darunter stehende Schachtel oder – falls es zu schwungvoll eingeworfen wird oder die Schachtel gerade nicht verfügbar ist – auf den Fußboden. In regelmäßig unregelmäßigen Abständen werden die Briefe und Postkarten eingesammelt und gehen dann auf die Reise. Für meine Begriffe funktioniert diese Art von Post ausgezeichnet, sind doch annähernd 40 von mir eingeworfene Sendungen schon wenige Tage später alle in Europa angekommen.
Gemeinsam mit der RASCASSE II segle ich in die Tobago Keys. Dieser Platz ist sicher einer der schönsten in der ganzen Karibik. Auf geringer Wassertiefe ankert man unmittelbar hinter dem Horseshore Reef in türkisblauem, glasklarem Wasser. Beim Schnorcheln und Tauchen glaubt man durch ein Aquarium zu schwimmen. Vernünftigerweise wurden hier vor einigen Jahren Ankerbojen an der Innenseite des Riffs ausgebracht, daran können die zahlreichen Besucherboote festmachen, ohne jedes Mal ihren Anker in die Korallenstöcke zu werfen. Dies ist mit Sicherheit ein wesentlicher Beitrag, um die hier noch ziemlich gut erhaltene Unterwasserwelt zu schonen.
Wir verbringen einen Tag auf der Insel Mayreau. Die RASCASSE ankert in der Saltwhistle Bay. Diese Bucht besitzt einen der schönsten Strände in der Karibik. Ein blendend weißer Sandstrand, dicht bewachsen mit alten Kokospalmen, trennt mit nur wenigen Metern Breite die Innenseite der Bucht von der Westseite der Insel mit ihrem vorgelagerten Riff. Obwohl hier ab neun Uhr morgens täglich Unmengen von Tagestouristen angelandet werden, findet noch jeder ausreichend Platz zum Sonnenbaden und Relaxen.
Über eine Lehmstraße mit tiefen Gräben und Schlaglöchern wandern wir nach Station Hill. Die Siedlung aus einigen Hütten, einer Kirche und einer Schule liegt auf dem höchsten Punkt der Insel. Ich plaudere ein wenig mit dem Lehrer der Dorfschule. Er ist auch gleichzeitig der Postmeister und Behördenvertreter in einer Person. Im Garten der kleinen, aus Stein erbauten Kirche weiden einige Esel. Im Osten zieht sich das schneeweiße Band der auf das Außenriff prallenden Atlantikdünung. Innerhalb der Lagune schimmert das Karibische Meer in unzähligen Farbnuancen von Tiefblau bis Türkis. Die eingelagerten Felsinseln sind teilweise spärlich bewachsen und ergeben einen beeindruckenden Kontrast. Die Kraft der Sonne treibt mich nach einiger Zeit ins Innere des Gotteshauses. Wohin man sieht: bestechende Sauberkeit. An einem Seitenaltar brennen mehrere Kerzen rund um eine Krippe. Sie verstrahlen eine ehrfürchtige Atmosphäre. Ich setzte mich auf einen Gebetsstuhl und hänge meinen Gedanken nach. Was mag wohl dieses Gebäude schon alles miterlebt haben? Wie oft haben hier Menschen in den letzten 400 Jahren aus unterschiedlichsten Beweggründen zu ein und demselben Gott gebetet, er möge doch ihre Wünsche und Sehnsüchte erfüllen.
„Hallo, Norbert!" Die mir bekannte Stimme Marthas holt mich in die Gegenwart zurück. Wir wandern durch das Dorf und kaufen uns im Lebensmittelstore ein kaltes Cola. Danach treten wir den Rückmarsch an. Am nächsten Tag verabschiede ich mich von der RASCASSE II und laufe unter Motor einige Seemeilen nach Union Island. Dort klariere ich aus und mache mich auf den Weg nach Panama.
In Aruba, einer Insel der Niederländischen Antillen nahe der venezolanischen

Küste, möchte ich noch einen Stopp einlegen, bevor ich das Karibische Meer verlasse. Auf dem Weg zum Inselflughafen, wo sich Zoll und Emigrationsbehörde befinden, entsorge ich meinen Müll, schicke noch einige Postkarten auf die Reise und kaufe frische Früchte.
Am frühen Nachmittag laufe ich unter Motor zur Clifton Passage. An der Westseite von Union Island angekommen, setze ich Passatsegel, und die OASE II prescht los. Schnell wächst die nachlaufende Dünung und lässt mein Boot auf den aufkommenden Wellenrücken surfen. Heftiges Zischen und Gurgeln begleitet das Log, wenn seine Anzeige nach oben klettert. Sechst Knoten, sieben, acht ... Gischt schwappt über das heftig rollende Boot. Ich sitze im Niedergang und blicke zurück nach Osten. Endlich höre ich wieder die Melodie der offenen See.

Aller guter Dinge sind drei

Schon nach wenigen Seemeilen beginnt es in der Ruderanlage verdächtig zu knacksen. Der Ruderstock hat im Steigrohr zu viel Spielraum und vibriert heftig. Die Ursache finde ich im zu kleinen Querschnitt des Ruderstocks. Es fehlen schlichtweg 0,5 Millimeter. Kleine Ursache – große Wirkung. Vorerst mache ich mir deswegen keine große Sorgen, belege eine Talje an Pinne und Traveller des Großsegels und hole sie kräftig dicht. Das Knacksen verstummt. Geistig löse ich das Problem, indem ich mir vornehme, in Panama die Distanzhüllen zwischen Ruderstock und Steigrohr passgenau auszutauschen. Damit müsste die Sache dann erledigt sein.
Kurze Zeit später, der Seegang läuft etwas höher und länger, vernehme ich einen lauten Knacks am Ruderstock der OASE II. Gleichzeitig beginnt das Heck in der mir bekannten Manier zu schleudern. Ein Satz, und ich bin an der Pinne. Kein Ruderdruck. Ich sinke auf die Ruderbank und versuche, meine Resignation zu unterdrücken. Zwar war mir die Konstruktion verhasst – das ist unbestritten; aber sich einfach mit einem „Rums" zu verabschieden, das hätte ja wirklich nicht sein müssen. In dieser Situation ärgert mich kurioserweise der finanzielle Schaden mehr als die Tatsache, nochmals einige Tage ohne Hauptruder segeln zu müssen. Ich mache zügig die nötigen Umbauarbeiten am Heck – Übung macht den Meister – und flüchte danach vor einem heftigen Regenschauer unter Deck. Dort beginne ich aufmerksam das Handbuch der Niederländischen Antillen zu studieren. Ich beschließe, Willemstad auf der Hauptinsel Curaçao anzulaufen. Die dort ansässige Dry-Dog-Company ist laut Handbuch die größte und bestausgerüstete im karibischen Raum.
In den nächsten Tagen bleibt das unbeständige Schauerwetter bestehen. Am zweiten Fahrtag sitze ich in der Navigationsecke und lese. Aus den Augenwinkeln beobachte ich regelmäßig das Display des GPS. Irgendwann werde ich auf Grund der angezeigten Fahrt über Grund stutzig. Die Anzeige pendelt kontinuierlich zwischen sieben und neun Knoten. Ich klettere in den Niedergang und beobachte das Log: 3,5 bis maximal fünf Kilometer. Skeptisch blicke ich nunmehr permanent auf das Display des GPS. Dieses zeigt unverändert Rausche-

fahrt. Der Unterschied zwischen den beiden Anzeigen ist für meine Begriffe zu groß. Deshalb krame ich das Ersatz-GPS hervor. Dieses liefert dasselbe Ergebnis. Also segle ich wirklich so schnell! Ich freue mich und gönne mir zur Feier des Tages eine Extraportion Schokolade. Der für über zehn Stunden herrschende Schiebestrom besorgt mir das bisherige Spitzenetmal meiner Reise. Für die Bootsgröße der OASE II, vor allem aber wegen des windschwachen umlaufenden Schauerwetters logge ich unglaubliche 142 Seemeilen über Grund. Am fünften Fahrtag erreiche ich nachmittags die Ostseite Curaçaos. Gut gelaunt wegen des bevorstehenden Landfalls beobachte ich durchs Fernglas die Küste. Die Bauwerke sind tatsächlich wie in den Niederlanden. Ich peile den Leuchtturm an der Osthuk der Insel. Etwas abseits stehen mehrere kleine einstöckige Häuser mit leuchtend roten Ziegeldächern. Sobald ich einige Meilen an der Südseite entlanggesegelt bin, trägt der Nordostpassat den Duft von Nadelgehölz und exotischen Blüten über das Meer. Ich sauge ihn in mich auf und verfalle in wahre Hochstimmung. Während ich auf dem Deckshaus sitze und lauthals singe, nähern wir uns dem Küstenabschnitt, wo eine große Raffinerie angesiedelt ist. Als der Passat ihre Düfte zu mir weht, verschwindet mein Hochgefühl augenblicklich und ich verspüre Übelkeit aufsteigen.
Willemstad lässt sich auch nachts problemlos ansteuern, und es macht mir auch nichts aus, als der Wind unter Land einschläft. Ich starte den Motor und tuckere weiter in Richtung Kanal. Als ich die Osthuk der Einfahrt runde, fällt mir gar nicht auf, dass die weltbekannte Pontonbrücke in Form von kleinen Booten, welche mit Hilfe eines Außenborders verschoben werden, gerade geöffnet ist. Ich fahre in den Kanal ein und möchte – wie im Handbuch beschrieben – direkt vor das Hafenamt laufen. Plötzlich sehe ich am Ostufer einen Uniformierten hektisch winken. Gleichzeitig bläst er laut in seine Trillerpfeife. Noch während ich Ruder lege, um längsseits zu gehen, wird mir mein Fehlverhalten bewusst. Da die Brücke offen ist, bin ich bereits wesentlich weiter als angenommen in den Kanal eingefahren und somit ohne anzuhalten am Zollposten vorbeigebrummt. Ich steuere den Platz unmittelbar hinter einer Slup mit holländischer Flagge an. Noch bevor die in der Zwischenzeit doppelt vertretenen Zöllner loslegen, entschuldige ich mich förmlich und erkläre, warum ich da so einfach … „Kein Problem“, meint einer der Beamten. Danach kommen sie an Bord und durchsuchen mehrere Stauräume. Besonderes Interesse zeigen sie für die an Deck gestauten Segelsäcke. Da sie nichts Anstößiges finden, wird ihre Stimmung noch besser. Wir füllen gemeinsam lediglich ein Formular aus, danach gehen sie von Bord. Jetzt habe ich endlich Zeit, Frits, den Skipper der WHITE WALE, und seine Crew zu begrüßen. Allesamt haben sie mir spontan beim Anlegen an die nicht für Yachten ausgelegte Pier geholfen. Ohne sie hätte die OASE II mit Sicherheit einige neue Schrammen abbekommen. Der muntere lustige Haufen, allesamt sind sie Friesen, wartet hier in Willemstad auf einen wichtigen Ersatzteil für das Ladegerät des Bordstromnetzes. Gemeinsam verholen wir die OASE II längsseits der WHITE WALE. Anschließend zeige ich mich mit einer Flasche Hochprozentigem erkenntlich. Wir sitzen noch einige Stunden im Cockpit der WHITE WALE und klönen. Auf den

an der gegenüberliegenden Kanalseite festgemachten Kanalbooten ist längst die letzte Öllampe erloschen, als wir unsere Begrüßungsparty beenden.

Hilfreiches Willemstad

Am Morgen hilft mir Frits, die OASE II an den Pier des Dry-Dogs zu verlegen. Danach suche ich das Büro des Ingenieurs auf und erkläre ihm mein Problem. Er begleitet mich zum Schiff, und ich baue die abgebrochene Ruderwelle aus. Jetzt können wir beide erkennen, dass der Spezialist in Martinique betrügerischerweise nur eine stinknormale Eisenwelle an den noch vorhandenen Ruderstock geschweißt hatte. Da er noch zwei Bolzen einbohrte, was das Material zusätzlich schwächte, brach die Welle eben genau an dieser Stelle. Mister Bouwmeester verspricht mir, die notwendige Arbeit so rasch wie möglich zu veranlassen. Der von ihm genannte Preis beträgt exakt 50 Prozent dessen, was ich für die erste Reparatur bezahlt habe. Zusätzlich erlaubt er mir, die neuen Teile nach dem Schweißen kostenlos mit Antifouling zu streichen. Der Liegeplatz ist für die Dauer der Reparatur frei. Ich darf gratis Dusche und Toilette benützen – Seglerherz„ was willst du mehr!
Noch am selben Abend ist das Ruder fertig. Ich streiche es zweimal dick mit Antifouling und frage Günther, den Skipper des gerade an Land aufgebockten Katamarans CARPE DIEM, ob er mir morgen beim Einbau helfen könne. Er sagt zu, und schon eine halbe Stunde später stürze ich mich mit der Crew der WHITE WALE ins Nachtleben Willemstads. Gerade laufen die letzten Proben für den alljährlichen Karnevalsumzug. Bis in den frühen Morgen ziehen wir von Kneipe zu Kneipe, um die fröhliche Stimmung so richtig auszukosten. Ehrensache, dass ich an diesem Abend nichts bezahlen darf – ich bin eingeladen. Warum? „Auf Einhandsegler muss man aufpassen“, meint Frits schelmisch lächelnd.
Der Einbau des Ruders verläuft dieses Mal ohne Probleme. Lediglich das Tauchen, um den Ruderstock ins Steigrohr einzufädeln, ist auch hier – dieses Mal wegen der starken Ölbelastung des Wassers – kein Vergnügen. Da ich aber anschließend ausgiebig duschen und meine Tauchutensilien mit Süßwasser spülen kann, macht es mir nichts aus. Beim Begleichen der Rechnung erlebe ich abermals eine freudige Überraschung: Als der zuständige Abteilungsleiter Genaueres über mein Vorhaben erfährt, verkleinert er die ohnehin günstige Rechnung nochmals und schenkt mir zusätzlich eine Baseballkappe. „Schließlich muss man ja solch ein nicht alltägliches Abenteuer unterstützen“, meint er lächelnd. Hilfe, wohin das Auge reicht!

Gourmet à la Willemstad

Gut gelaunt besuche ich zum Abschluss meines Aufenthaltes in Willemstad die Crew der WHITE WALE. Dort treffe ich Moses, einen so genannten Taglöhner. Er ist ein typisches Unikum dieser Karibikinsel und bietet uns an, ihn nach Hause zu begleiten. Also auf zur Villa Moses.

Wir erreichen die mit Sicherheit einzigartige Residenz Moses, an welcher der Zahn der Zeit schon unübersehbare Spuren hinterlassen hat.
Vor dem Eingang steht eine Baustellenabsperrung – der Vorgartenzaun wird durch das rot-weiß-rote Plastikband einer Baustellenabzäunung ersetzt. Beides spiegelt den optischen Gesamtzustand des Gebäudes wider. Erst einmal eingetreten, stehen wir auf einem schimmelbefallenen, herb duftenden Teppich des dürftig möblierten Wohnzimmers. Genau gesagt, besteht das Mobiliar lediglich aus einem alten, zerschlissenen Fauteuil und einer noch älteren, abgewrackten Sitzbank. Nachdem unser Gastgeber die Sitzbank von hunderten alten Zeitungen befreit hat, können wir Platz nehmen. Moses lässt sich im Chefsessel nieder und beginnt durchaus spannend über sein Leben, seine Zukunftspläne und die großen sozialen und wirtschaftlichen Probleme in Willemstad zu erzählen. Nachdem er seinen Vortrag gestenreich beendet hat, besichtigen wir den Rest des Hauses. Vor allem die Küche erweckt dabei meine Aufmerksamkeit. Sie ist schlichtweg schwarz gestrichen. Unzählige Etiketten, Zeitungsausschnitte und Bilder sind scheinbar wahllos an die Wände geklebt. Ich frage Moses, warum er seine Küche ausgerechnet schwarz ausgemalt hat. Wissend grinst er mich an und meint: „Nun, früher war meine Küche weiß. Der helle Raum wurde jedoch so rasch unansehnlich, dass ich aus rationellen Überlegungen beschloss, den Raum in Zukunft schwarz zu tünchen. Damit habe ich nicht nur eine kostengünstige, sondern auch dauerhaftere Lösung gefunden. Blättert die Farbe ab, klebe ich einfach Bilder, Poster oder Tageszeitungsseiten darüber, that's it." Zweifellos ist diese eigenwillige Raumgestaltung eine äußerst zweckmäßige Lösung. Da es im Hause Moses ohnehin kein elektrisches Licht und in der Küche kein Fenster gibt, ist die Farbe der Küchenwand für die Ausstrahlung des Raumes ohne Bedeutung. Angesichts der offenen Feuerstelle erscheint mir die Lösung nicht nur zweckmäßig, sondern auch von künstlerischem Wert. Die Stilrichtung würde ich mit „Practic Art" angeben.
Nachdem wir auch den Rest der Behausung besichtigt haben, leisten wir einen bescheidenen Beitrag für den „Villa-Moses-Revitalisierungsfonds" und verabschieden uns. Es ist kurz vor Mittag und Frits hat auch gleich eine Idee, wie wir den Rest des letzten gemeinsamen Tages verbringen könnten: „Wir zeigen dir das beste Restaurant in Willemstad und abends machen wir noch so richtig einen drauf", meint er und grinst vielsagend.
Wir schlendern zum schwimmenden Markt, wo von zahlreichen Booten frisches Obst und Gemüse verkauft wird. Die teilweise wie schwimmende Sperrmüllcontainer aussehenden Kutter kommen allesamt von der venezolanischen Küste, sind also ein beachtliches Stück über das offene Karibische Meer gefahren. Ängstlich sind ihre Besitzer also mit Sicherheit nicht.
Unmittelbar hinter dem schwimmenden Markt steht eine grellgelb getünchte Halle mit schmiedeeisener Dachkonstruktion, die öffentliche Kochhalle Willemstads.
In zwei Reihen stehen hier gemauerte Kochstellen. Familien können diese gegen ein geringes Entgelt mieten. Täglich zwischen 12 und 14 Uhr herrscht Restaurationsbetrieb. Man schlendert die Kochstellen entlang, späht in diverse Töpfe und

20

). Unberechenbare
Naturgewalten ...
. ... und ihre Folgen
. Reparatur auf hoher
See

21

2

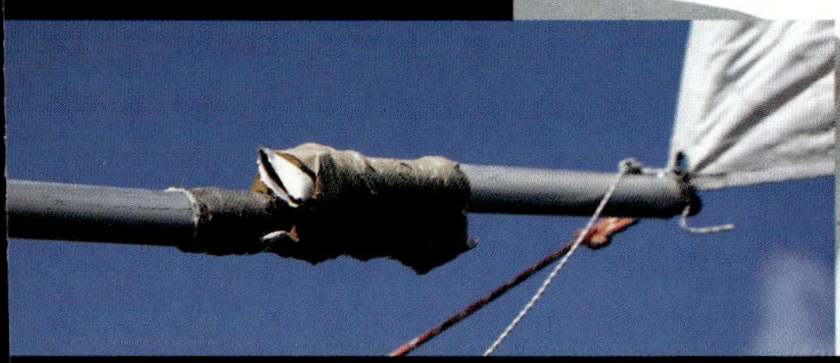

23

24

25

23. Die letzten Tage im Karibischen Meer
24. Sozialer Wohnbau in Cristobal/Colon
25. Die Familie eines Freundes
26. Ein abenteuerlicher Autobus in Panama
27. Porto Bello, auf den Spuren der Eroberer
28. Heute schon Schwein gehabt?

27

28

Der Panamakanal: Moderne Frachter und Tanker füllen die sechs Schleusenkammern bis auf den letzten Zentimeter.
Lokomotiven übernehmen die Sicherungsleinen und sorgen für einen reibungslosen Betrieb.

stellt sich ein beliebiges Menü zusammen. Damit setzt man sich an einen freien Platz an einem der gemauerten Tische und schlemmt nach Herzenslust. Freilich, alle hier feilgebotenen Genüsse sind nicht gerade für einen empfindlichen europäischen Magen geschaffen. Dennoch, es ist für jeden Geschmack etwas dabei. Nach 14 Uhr jedoch gibt es grundsätzlich nur mehr Eintopf Marke Allerlei. Übrig gebliebene Speisen werden wahllos miteinander vermengt und zu Diskontpreisen an die sozial Schwächsten abgegeben. Dabei entstehen in der Tat die abartigsten Kombinationen zwischen Fleisch, Fisch, Teigwaren, Reis und Gemüse. Aber auch sie machen satt – sofern sie im Magen bleiben. Ich frage eine Lady, die gerade so einen Abenteuereintopf zubereitet, warum man nicht einfach die Speisen unvermengt abverkauft. Lachend antwortet sie: „Da würden alle erst nach 14 Uhr zum Essen kommen", und leert einen Rest Fischsuppe in eine undefinierbare Brühe.
Nach einem ausgiebigen Verdauungsspaziergang durch den westlichen Teil Willemstads erreichen wir die WHITE WALE. Wir setzen uns zum Sundowner in die Plicht und beobachten einen Passagierdampfer, der gerade in Richtung Venezuela ausläuft. Während sich seine Konturen vor die soeben untergehende Sonne schieben, sprechen wir kein Wort. Zu überwältigend ist das Zusammenspiel von Farben, Gerüchen und Geräuschen. Spätnachts steige ich auf die bereits längsseits der WHITE WALE dümpelnde OASE II über. Noch ein paar Minuten lasse ich das nächtliche Willemstad auf mich wirken. Meine Gedanken eilen voraus und sind bereits wieder auf See, bei dem vergleichsweise kurzen Schlag bis Panama. Voller Erwartung auf dieses Land der Gegensätze mit seinem einzigartigen Kanal schlafe ich ein.
Als ich tags darauf Willemstad mit Ziel Colón verlasse, nehme ich die überwiegend positiven Eindrücke meiner Reise durch die Karibik mit. Während der lange Seegang die OASE II aufnimmt und nach Westen schiebt, bin ich schon jetzt traurig, nicht mehr von diesem exotischen Teil der Welt gesehen zu haben. Gerade noch kann ich Frits erkennen, der winkend auf der Schwimmbrücke steht. Der Schiffsverkehr erfordert meine ganze Aufmerksamkeit. Einige Stunden später ist Curaçao hinter der Kimm versunken, ich bin wieder allein.

Endspurt nach Panama

Die Fahrt bis zum Panamakanal bietet mir abermals völlig neue Eindrücke. Wie die meisten Fahrtensegler halte ich einen gehörigen Sicherheitsabstand zur kolumbianischen Küste. Zu viele Geschichten erzählen von Schiffskaperungen und Piraterie. Keinesfalls möchte ich in irgendwelche Schmuggelgeschäfte verwickelt werden. Hier draußen aber ist der Seegang höher, als ich ihn bisher je erlebt habe. Im lebhaften Passat kommen von achtern wahre Wassergebirge auf und heben mein kleines Boot in schwindelnde Höhen. Wenn ich auf dem Vorschiff sitze und das Meer beobachte – dies ist eine meiner Lieblingsbeschäftigungen –, blicke ich abwechselnd an tiefblauen Wasserwänden empor oder in mit großen weiß glänzenden Schaumflächen bedeckte Schluchten. Einmal nachts rauscht der

Wellenkamm eines Brechers über das komplette Deck der OASE II und presst einiges an Seewasser ins Innere. Neptun lässt grüßen!
Ich erlebe unbeschreibliche Sonnenuntergänge und schwelge in Vorfreude auf Panama und auch auf meinen geplanten etwa zweimonatigen Aufenthalt in Österreich. Inmitten meines Hochgefühles bekomme ich einen Dämpfer. Gekonnt segle ich einen Passatbaum ab, kann ihn jedoch mit Bordmitteln provisorisch reparieren – somit bleibt er einsatzfähig.
Am Morgen des siebenten Fahrtages nimmt der Schiffsverkehr merklich zu. Nur noch wenige Seemeilen trennen mich von der Einfahrt in die Panamakanalzone. Um 11 Uhr 10 habe ich den Wellenbrecher querab und rufe über UKW Kanal 16 die Panama Signal Station. Ich erhalte die Erlaubnis, den Yachtclub in Colón direkt anzulaufen. Er liegt im vorderen Teil des alten, von den Franzosen nie fertig gestellen Kanals. Die Anlagen liegen gut geschützt und sind außerdem bewacht. Um 12 Uhr 20 hilft mir Roy, der Rezeptionist des Yachtclubs, beim Festmachen. Mein kleines starkes Boot hat seinen Liegeplatz für die nächsten drei Monate erreicht. Die Reise durch den Atlantik ist somit abgeschlossen. Sie hat mir viele unvergessliche Eindrücke, mentale Höhen und Tiefen beschert. Nur wenige Meilen westlich wartet der größte aller Ozeane, der Pazifik, auf mich und mein Boot. Wenn ich jetzt daran denke, fühle ich ein geheimnisvolles Kribbeln in der Bauchgegend.
Ich schlendere zum Büro der Emigrationsbehörde, das sich auf dem Gelände des Yachtclubs befindet. Ein knorriger, alter, jedoch überaus höflicher Panamese drückt mir den Stempel in meinen Reisepass. Ich habe noch einige Fragen, er gibt bereitwillig Auskunft. Danach setze ich mich ans „Mahagoni Riff“ des Yachtclubs, bestelle ein eisgekühltes Cerveca und genieße es, hier zu sein.
Nachmittags gehe ich erstmals nach Colón. Ich muss endlich telefonieren, um meinen Lieben den erfolgreichen Abschluss dieses Reiseabschnittes mitzuteilen. Durch viele Erzählungen über hier herrschende schlechte Sicherheitsverhältnisse und überaus hohe Kriminalitätsraten bin ich gewarnt. Ich bewege mich äußerst umsichtig und trage nur die notwendigsten Dinge, also Shorts, T-Shirt und meine ältesten Badeschlappen, am Leib. In meine zerschlissene Hose habe ich ein paar kleine Dollarnoten eingesteckt. Mit Ausnahme meiner Hautfarbe ähnelt mein Aussehen dem bedürftiger Panamesen zum Verwechseln.
Ohne nennenswerten Zwischenfall erledige ich auch noch den Einkauf von frischem Brot und Obst. Später werde ich feststellen, dass man auch in Panama gefahrlos reisen kann, wenn man die Spielregeln in punkto Umgangsformen einhält. Eine unumstößliche Tatsache ist es jedoch, dass die Lebensumstände in Cristóbal und Colón schon auf den ersten Blick katastrophal sind und Kriminalität für viele Einwohner zum Überleben schlichtweg notwendig ist. Wenn jegliches soziale Netz fehlt, bleibt für einige nur der Griff auf den reich gedeckten Tisch anderer, um nicht selbst auf der Strecke zu bleiben.
Damit möchte ich Kriminalität, wo und in welcher Form auch immer, nicht billigen. Angesichts solcher Lebensumstände wird sie mir jedoch verständlich.

Porto Bello – Auf den Spuren der Eroberer

Arturo segelt als Crewmitglied um die Welt. Er ist gebürtiger Kolumbianer, hatte in Florida ein kleines Reisebüro und möchte nunmehr selbst all die wunderschönen Plätze sehen, welche er früher seinen Kunden vermittelte. Arturo ist ein äußerst geselliger Zeitgenosse. Wenigstens einmal am Tag kommt er zur OASE II, um nach dem Rechten zu sehen. Wir trinken gemeinsam Kaffee oder essen einen kleinen Imbiss. Dabei plaudern wir über Kolumbien und andere südamerikanische Länder, die Arturo ausgiebig bereist hat. Plötzlich schlägt er vor: „Wie wäre es, fahren wir morgen mit dem Überlandbus nach Porto Bello? Dort kannst du aufregende Fotos machen. Abgesehen davon ist schon die Fahrt an sich durch das Innere von Panama ein Erlebnis. Los, wenn du schon einmal hier bist, musst du Porto Bello einfach gesehen haben." Ich überlege rasch, die notwendigen Bordarbeiten habe ich im Großen und Ganzen erledigt …
„O.K., Arturo, wann wollen wir los?"
Colón erwacht gerade zum Leben, als wir zum Busbahnhof schlendern. Wir freuen uns auf den Ausflug, sind gut gelaunt, aber wachsam. Schließlich schleppe ich meine Fototasche mit, deren Verlust mich hart treffen würde. Wir erreichen den wartenden Autobus. Er ist sehr alt und noch ziemlich leer. Wir steigen ein, suchen nach einer unbeschädigten Sitzbank und warten auf die Abfahrt. Allmählich füllt sich der Fahrgastraum. Fliegende Händler mit ihren Bauchläden preisen lautstark diverse Snacks und Getränke an. Jahrmarktstimmung setzt ein.
Auf dem Nebensitz bezieht eine dicke Mami mit ihren fünf Kindern Stellung. Da es nur eine Doppelsitzbank ist, entsteht eine farbenfrohe Pyramide. Madame persönlich benötigt zwei Drittel der Sitzfläche. Der älteste Sohn, ich schätze, er ist gerade zehn, bekommt den undankbaren Platz daneben. Nunmehr dürfen in zweiter Ebene drei seiner jüngeren Schwestern, alle sauber und adrett gekleidet, mit pechschwarzen, liebevoll geflochtenen Haaren, Platz nehmen. Bleibt also nur noch das Jüngste. Es ist noch ein Baby, darf quer über seine Schwestern hin und her krabbeln und freut sich offensichtlich über seine Spielwiese. Eine große Kühltasche mit Marschverpflegung steht, von Madame stets im Auge behalten, neben der ächzenden Sitzbank im Mittelgang.
Die Sitzplätze sind vergeben. Alle noch zusteigenden Fahrgäste müssen stehen. Fahrer und Copilot, in Österreich würden wir ihn Schaffner nennen, prüfen die technische Wageneinrichtung. Nun gut, sie ist nicht mehr die neueste, aber durchaus einsatzfähig, sieht man von kleinen Mängeln wie bis auf das Gewebe abgefahrenen Vorderreifen und fehlenden Fensterscheiben ab. Die eineinhalbstündige Fahrt an die Atlantikküste Panamas kann beginnen.
Tatsächlich rumpelt unser Gefährt zwar lautstark, aber ohne Pannen Meile um Meile durch panamesisches Hinterland. Weideflächen für Rinder, Regenwald, armselige Hütten, bergauf, ächz, im ersten Gang, bergab, schepper, im Leerlauf. Der Fahrer hängt lässig über dem den Fahrerplatz beinahe ausfüllende Lenkrad – alles unter Kontrolle.
Plötzlich, wir nähern uns bereits Porto Bello – Stau. So weit das Auge reicht steht

eine Blechlawine. „Was ist los, Arturo, hast du eine Ahnung?“ Arturo hat sie. „Polizeikontrolle“, meint er lachend. „Dabei wird die Straße abgesperrt und jedes Fahrzeug durchsucht, jede Person überprüft, das dauert eben.“ Na bravo.
Unter glühender Sonne, inzwischen ist es fast Mittag, sitzen, besser gesagt hängen wir auf unseren Plätzen. Längst glaubt man sich in einem tagelang unbelüfteten Schulturnsaal zu befinden, die Gerüche werden schärfer. In rhythmischen Abständen bewegt sich der Bus in Richtung Kontrollposten. Als wir noch etwa 300 Meter entfernt sind, gibt es helle Aufregung bei der Straßensperre. Autotüren schlagen, einige Schreie, Kommandostimmen, danach wieder Ruhe. „Was war das, ob sie jemanden ertappt haben?“, frage ich Arturo. Noch während wir rätseln, beginnt die Kolonne anzurollen. Ach so, jetzt, wo ein Ergebnis vorliegt, ist die Razzia abgebrochen. „Glück gehabt“, sage ich zu Arturo, ich war nämlich kurz davor, zu ersticken. Der Fahrtwind verbessert die Luftqualität im Wageninneren. Noch einige enge Kurven, dann ist es geschafft. Ich erblicke das von den Spaniern erbaute Fort, die dicken Mauern, aus Korallenblöcken gebaut, stehen stumm und drohend mit teilweise von sattgrünem Moos überwachsenen Ecktürmen und Schießscharten.
Wir steigen aus, erkundigen uns nach der Rückfahrtszeit und beginnen unseren Rundgang durch Porto Bello. Überall erblickt man Zeichen der Eroberer. Wir wandern über die Wehrgänge an der Nordostseite des Forts. Hier liegen sie noch immer in Reih und Glied ausgerichtet, die schweren Kanonen, mit denen angreifende Schiffe empfangen wurden. Die Pulverkammer ist mit einem Wassergraben umgeben. Feuer im Inneren der Anlage sollte dadurch am Überspringen auf das Pulver gehindert werden. Auf beiden Seiten der Bucht imposante Wehrhaftigkeit, so weit das Auge reicht. Hier wurden sie verschifft: tausende Tonnen geraubtes Gold und andere Edelmetalle, Sklaven, alles, was in dieser Zeit Reichtum und Macht bedeuteten.
„You make a photo from me, one dollar“, die zerlumpte Panamesin, welche mich lautstark auffordert, zu ihrem Lebensunterhalt beizusteuern, verfolgt Arturo und mich schon seit geraumer Zeit. Kaum habe ich ein Motiv ausgewählt und bringe die Kamera ans Auge, marschiert sie eilig ins Bild. Ich rufe Arturo zu, er möge der netten Lady erklären, dass nicht ich, sondern sie zu bezahlen habe, wenn sie weiterhin meine Dienste als Fotograf in Anspruch nimmt. Noch bevor Arturo ausgesprochen hat, verzieht sich das Gesicht meines Topmodels zur zornigen Fratze. Mit geballter Faust beginnt sie, uns mit einer Schimpfkanonade einzudecken. Arturos Stimme wird gleichfalls schärfer, und unsere Kontrahentin wendet sich ab und stampft wutentbrannt davon. Später sehen wir sie nochmals, als sie am Strand gerade Touristen abkassiert. Somit ist ihr Lebensunterhalt für heute gesichert. Und morgen? Aber Señor, wer denkt denn schon an morgen!
Wir setzen uns in ein kleines, ärmliches Lokal. Es gibt frischen Fisch in einer dicken Suppe oder gebraten. Beides schmeckt hervorragend. Die Bänke sind gepolstert. Zum Schutz gegen Verschmutzung hat man sie mit durchsichtiger Plastikfolie überzogen. Darunter schimmelt der Stoff vor sich hin. Darauf sitzend, schwitzt man sich den Allerwertesten wund.
Wir bezahlen und schlendern zum wartenden Bus. Abermals ergattern wir einen

Sitzplatz, denn hier ist gleichzeitig Endstation. Deshalb hält sich das Fahrgastaufkommen noch in Grenzen. „Aber warte nur“, lacht Arturo, „heute ist Samstag und beim Stopp an der Playa Langusta werden Massen warten.“
Tatsächlich, als wir uns besagter Haltestelle nähern, glaube ich, halb Colón stehe da und warte. Einige Fahrgäste steigen aus, danach geht es los. Längst sind alle regulären Plätze voll. Aber immer noch macht niemand Anstalten, auf den nächsten Bus zu warten. Eine Kühltasche wird über die Köpfe gereicht, letztendlich landet sie auf Arturos Schoß. Die dazugehörige Person hängt winkend am Eingang: „Gracias, Señor!“ Kinder werden an Sitzende weitergereicht. So manches Eis landet auf Kleidern und Hosen: „No problem, Señor!“ Aus, Schluss, jetzt geht wirklich nichts mehr, wir rollen an.
Ab jetzt hält der Fahrer nur mehr, wenn jemand aussteigen möchte. Als wir wieder in Colón eintreffen, sind wir zur Gänze verstaubt, schweißgebadet, schlichtweg erledigt, jedoch um ein unvergessliches Abenteuer reicher.

Dollars für Panama

Der Zeitpunkt meines Heimfluges rückt näher. Die allgegenwärtige Präsenz von schwer bewaffneten Securitys empfinde ich bereits als durchaus normal. In jedem Lieferwagen, hinter jeder Supermarktkasse und an nahezu allen Straßenecken findet man sie, mit Schrotgewehren und Revolvern bewaffnet, um zumindest den optischen Eindruck von Sicherheit zu erwecken. Auf Motorrädern patrouillieren Polizisten einer Sondereinheit mit kugelsicheren Westen.
Vor meiner Heimreise muss ich mir noch einige hundert Dollar überweisen lassen. Liegegebühren müssen grundsätzlich in bar und im Voraus bezahlt werden. Das Verbleiben der OASE II bietet der Clubsekretärin nicht genug Sicherheit. Also setzen Anita und ich alle Hebel in Bewegung, um die Überweisung des von mir benötigten Bargeldes so schnell wie möglich durchzuführen. Andernfalls droht man mir an, die OASE II aus dem Yachtclub zu entfernen und bis zu meiner Rückkunft auf den unbewachten Ankerplatz zu verlegen. Mit dieser Drohung im Nacken warte ich nervös auf das Eintreffen des Geldes. Dieses sollte laut Anitas Auskunft schon seit nunmehr zwei Tagen auf der „Banca Nacional de Panama“ eingegangen sein. Niemand in der Bank weiß davon. Zwei Tage vor meinem Heimflug frage ich zum x-ten Mal in einer Filiale nach. Wieder einmal ernte ich nur ein bedauerndes Kopfschütteln. Da die zuständige Señora nur Spanisch spricht und mein spanisches Vokabular ziemlich beschränkt ist, ersuche ich, mit einem Englisch sprechenden Angestellten über das Problem sprechen zu dürfen. Wen immer ich auch frage, ich erhalte die Auskunft, dass hier niemand Englisch spricht. Würde ich es nicht besser wissen, schließlich habe ich ja selbst telefonisch sämtliche notwendigen Erkundigungen hier eingeholt, würde ich es vielleicht glauben. Da ich jedoch meinem Gefühl nach nur abgewimmelt werde, beginne ich meine Interessen so wie ein Südamerikaner, also wesentlich lauter und wild gestikulierend, zu vertreten. Sofort kommt eine Security auf mich zugestürzt und fragt in akzentfreiem Englisch, was mein Problem sei. Ich erkläre

ihm möglichst ruhig, jedoch mit Nachdruck die Dringlichkeit meines Anliegens. Ohne zu zögern führt er mich in den ersten Stock, in die Chefetage. Dort wechselt er einige Worte mit der Vorzimmerdame und sagt mir, ich solle hier warten. Einige Minuten später werde ich in ein geschmackvoll eingerichtetes Büro geleitet. Hinter dem schweren Schreibtisch sitzt, so ich der Namenskarte glauben kann, der Exekutivdirektor, also der Oberste in diesem Tempel. Er drückt mir nach einigen freundlichen Begrüßungsfloskeln seine Visitenkarte in die Hand. Auf deren Rückseite steht eine Adresse und ein Name. Gleichzeitig erklärt er mir, dass mein Geld schon seit Tagen eingetroffen sei, jedoch lediglich auf einer anderen Zweigstelle in Cristóbal liege. Offensichtlich war also die Angestellte im Kassaraum nur zu bequem, ihre Kollegen anzurufen, um sich nach dem Verbleib meines Geldes zu erkundigen. Nebenbei bemerkt wäre die Summe bei Nichtbehebung, wie von uns gewünscht, zwei Tage später rücküberwiesen worden. Somit hätte ich nicht nur kein Bargeld gehabt, sondern auch noch die horrenden Spesen ein zweites Mal bezahlen müssen.
Also suche ich die genannte Zweigstelle auf und kann dort ohne weitere Schwierigkeiten mein Geld beheben. Lediglich die vielen unmittelbar am Eingang lungernden Gestalten gefallen mir nicht. Ich lasse mir ein Taxi rufen. Bei dessen Eintreffen geleitet mich eine Security bis zur Autotür. Auch der Taxifahrer dürfte mitbekommen haben, dass er jemanden mit Bargeld kutschiert. Im Yachtclub angekommen, fordert er den sage und schreibe sechsfachen Fuhrlohn. Ich bezahle schlichtweg so viel wie immer und steige danach aus. Zuerst macht der Taxifahrer Radau und spielt den Betrogenen. Nachdem er jedoch bemerkt, dass ich trotz seiner Komödie zielstrebig zum Clubbüro gehe, dreht er sich schmunzelnd um, drückt sich auf den Fahrersitz und braust davon.
Für diesen Tag ist mein Bedarf an Abenteuern erfüllt. Ich bezahle meinen Liegeplatz im Voraus, gönne mir ein Dinner im Clubrestaurant und schlafe danach, wieder an Bord, trotz klebriger Hitze wie ein Murmeltier.
Am Tag vor meiner Abreise zeige ich mich noch bei zwei Angestellten des Yachtclubs erkenntlich und ersuche sie, während meiner Abwesenheit ein Auge auf mein Boot zu werfen. Ein amerikanischer Segler organisiert mir das Taxi zum Flughafen, und ehe ich michs versehe, rumpeln wir in einem schrottreifen Toyota über die mit Schlaglöchern übersäte Asphaltpiste quer durch Panama zum internationalen Flughafen in Panama City. Unterwegs kommen wir an einer großen Zementfabrik mitten im Dschungel vorbei. Ohne jegliche Umweltschutzvorrichtungen laufen Mühlen und Förderbänder, werden Silos gefüllt, entleert und gereinigt. Dementsprechend sieht die Natur aus. Über mehrere Meilen hinweg ist einfach alles mit einer dicken grauen Pulverschicht überzogen. Bäume und Pflanzen, der Boden, Häuser, geparkte Autos ... Spielende Kinder sehen aus, als würden sie in der Sackabfüllung der Fabrik arbeiten. Etwas traurig nehme ich zur Kenntnis, dass hier das Wort Umweltschutz unbekannt ist und auch von Seiten der Behörden nichts unternommen wird, Industrie und Bevölkerung auf diesen Missstand aufmerksam zu machen. Schlussendlich zerstören die Menschen hier ihre eigene Lebensgrundlage.

Nach eineinhalb Stunden erreichen wir den Flughafen. Ich schleppe meine wie immer zum Platzen gefüllte, viel zu schwere Tasche in die Abflughalle. Da ich erst der zweite Passagier beim Einchecken bin, macht das Übergepäck keine Schwierigkeiten. In Gedanken schon zu Hause, sitze ich in einer Nische der klimatisierten Abflughalle und beobachte das Treiben. Noch 15 Stunden, dann rieche ich wieder Heimatluft.

Zurück ins Abenteuer

Jetzt muss es aber sein! Schon zum dritten Mal werde ich namentlich für meinen Flug nach Panama City aufgerufen. Ich löse mich von Anita. Dicke Tränen kullern über ihre Wangen, ich wende das Gesicht ab, damit sie die meinigen nicht sieht.

Aus Anitas Tagebuch
Die automatischen Tore hinter der Passkontrolle hatten sich hinter Norbert geschlossen. Ich ging schnellen Schrittes zu meinem Auto. Ich wollte nicht mehr länger dort sein. Ich hatte irgendwie ein komisches Gefühl im Magen. Werde ich ihn je wieder sehen? Er startet wieder zu seinem Abenteuer. Ein noch größerer Ozean. Noch größere Entfernungen. Ich wünsche ihm viel Glück. Hoffentlich schafft er es. Ich mache mir große Sorgen. Werde die heutige Nacht sicher nicht schlafen können.

Schnell eile ich durch die Passkontrolle. Ein letzter Blick zurück, ein letztes Winken, danach haste ich zum Abfluggate. Mein Handgepäck mit den unzähligen, allesamt schrecklich wichtigen Kleinigkeiten wird schwer wie Blei. Keuchend erreiche ich den Ausgang. Vorwurfsvolle Blicke einiger Mitreisender durchbohren mich, während uns der Zubringerbus an die Treppe zur wartenden Maschine bringt. Minuten später rollen wir auch schon auf die Startbahn. Die Triebwerke heulen auf, wir werden in die Sitze gepresst, und noch lange vor dem Ende der Piste zieht der Pilot die Maschine hoch und wir steigen in die Wolken. Ich bin wieder „on tour“.
Der übliche Ablauf eines Langstreckenfluges beginnt. Gedankenverloren verfolge ich einen Teil der gezeigten Spielfilme, höre Musik und genieße die Bordverpflegung. Meine Gedanken sind jedoch bei Anita oder bereits wieder auf See.
Nur 14 Stunden später überfliegen wir die Landenge von Panama. Unter mir endloser Dschungel, lediglich der Kanal teilt das grünbraune Dickicht. Großschiffe ziehen wie aufgefädelt in beide Richtungen. Sie wirken wie bunte Farbkleckse auf dunkelgrünem Papier. Noch wenige Minuten, dann werden wir landen. Ein letzter Kontrollgang der Stewardessen, weich setzt der KLM-Jumbo auf der Landebahn des Panama-City-Airport auf. Ich schleppe mein Gepäck und mich durch die Zollkontrolle und die anschließende Flughafenhalle in Richtung der wartenden Taxis. Es kommt mir vor, als wäre ich erst gestern abgeflogen. Die neun Wochen zu Hause mit Anita, der Familie und Freunden sowie viel Arbeit vergingen wie im Flug. Kaum öffnet sich die Tür der Ankunftshalle, schlägt mir schwüle, drückende

Hitze entgegen. „Taxi, Señor?“ Mit dieser Floskel beginnt das hierzulande übliche Feilschen um den Fuhrlohn. Nach emotionsgeladenem Handeln, in dessen Verlauf ich zweimal mein Gepäck schultere und ernsthafte Anstalten mache, den Überlandbus zu benutzen, einigen wir uns auf eine vertretbare Summe.
Mit einem ebenso großen wie alten Chevrolet und südamerikanischem Temperament beginnt die Fahrt zur Atlantikseite Panamas. Wie schon beim ersten Mal enthält sie eindeutige Anzeichen einer Mutprobe. Lässig, in dem an zahlreichen Stellen aufgeplatzten Fahrersitz nahezu verschwindend, hängt der Panamese hinter dem Volant und tritt das Gaspedal bis zum Anschlag. Neuerlich entsteht in mir der Eindruck, dass es hierzulande lediglich zwei Varianten der Fahrzeugbewegung gibt: Vollgas oder Vollbremsung.
Obwohl ich geschworen habe, mir meine Angst nicht anmerken zu lassen, muss ich einige Male „mitbremsen“. Dem Taxifahrer ist es nicht entgangen. Er lächelt mich Vertrauen erweckend an und rät mir, doch die herrliche Landschaft – wir befinden uns gerade wieder im durch die Zementfabrik verwüsteten Teil – zu genießen. Ich glaube, eine gewisse Ironie in seinen Worten zu hören. „No, Señor, nicht immer so angespannt die Straße fixieren. Schließlich fahre ich nun schon seit Jahren in diesem sicheren Stil und habe noch nie eine grande dificultad gehabt. Ja sicher, ein paar Kleinigkeiten, aber die gehören eben dazu.“
Trotz des zweifelsohne gut gemeinten Beruhigungsversuches bin ich bei der Ankunft im Panama Yacht Club schweißgebadet. Daran ist mit Sicherheit nicht nur das feuchtheiße Klima schuld.
Mein erster Blick gilt, wie könnte es anders sein, meiner OASE II. Sie dümpelt, zwar verstaubt, jedoch unbeschädigt an ihrem Liegeplatz. Beim Aufschließen des Niedergangschottes finde ich einen Zettel mit einer Nachricht. Sie ist von Bernie, dem Skipper der NEW LIVERBIRD. Schade, die McDonalds haben heute früh ihren Kanaltransit begonnen. Wir haben uns nur um einige Stunden verpasst. Was solls, denke ich, irgendwo auf meiner Reise werde ich sie bestimmt wieder sehen. Vielleicht auf den Marquesas, in Tonga oder Fidschi.
Ich schlüpfe in meine ältesten Badeshorts und beginne mit den Reinigungsarbeiten. Meine Fortschritte dabei halten sich in Grenzen. Erstens drückt das Klima auf meine Ausdauer und zweitens kommen ständig alte Bekannte zum Tratsch. Dennoch, bis zum Abend ist die OASE II, zumindest nach meiner eigenen Einschätzung, einigermaßen sauber und aufgeräumt.
Ich muss das Unterwasserschiff der OASE II überarbeiten. Mit Roy vereinbare ich einen Termin am etwas betagten, laut Angaben des Kommodore jedoch funktionstüchtigen Slip. Weil es die Clubvorschrift verlangt, muss man aber vor dessen Benützung eine Erklärung unterschreiben, welche besagt, dass man die Anlage ausschließlich auf eigene Verantwortung hin benützt. Gut, jetzt, wo auch der Clubvorschrift Genüge getan wurde, steht einem Aufslippen nichts mehr im Wege.
Schon frühmorgens geht es los. Schwankend und mit lautem Getöse rollt der geschundene, hölzerne Slipwagen über verbogene Schienen ins Wasser. Glücklicherweise habe ich zwei Helfer engagiert, die ihr Handwerk verstehen. Während ich tauche, um unter Wasser auf die richtige Position des Kieles zu achten,

verzurren sie die OASE II am Slipwagen. Eine in Stil und Baujahr dazu passende Elektrowinde müht sich danach redlich ab, die ächzende Holzkonstruktion, auf der mein Schiff steht, aus dem Wasser zu ziehen. Sicherheitshalber nageln meine Helfer während dieser Prozedur einige Kanthölzer mal hier und mal da quer über die Konstruktion. Letztendlich erreicht das Gefährt seine Endposition. Hoch und trocken thront mein Boot nunmehr auf seinem fahrbaren, oder sagen wir besser: bewegbaren Untersatz.
Meine Helfer beginnen mit dem Reinigen und Schleifen des Unterwasserschiffes. Ein Tag auf dem Slip kostet ebenso viel wie die Arbeiter. Ich ziehe es deshalb vor, sie zu bezahlen und dafür schon am nächsten Abend fertig zu sein. Bereits um die Mittagszeit ist die Reinigung abgeschlossen. Meine Helfer verabschieden sich, ich beginne, das neue Ruder zu konservieren. Die Hitze ist mörderisch. Mit langer Kleidung schwitze ich mich zu Tode, mit kurzer verbrennt die Sonne meine Haut. Endlich, am späten Nachmittag, wird es etwas erträglicher. Noch vor Einbruch der Dunkelheit bringe ich die erste Schicht Antifouling auf. Kaum fertig, fahre ich mit dem Taxi nach Colón, ich muss mehr Farbe kaufen, die mitgebrachte reicht leider nicht aus. Gegen Mitternacht falle ich total erledigt in eine schiefe Koje. Selbst Moskitos können mich heute nicht mehr am Einschlafen hindern.
Um 6 Uhr piepst der Wecker. Schwungvoll möchte ich aus der Koje springen, lediglich meine Beine spielen dabei nicht mit. Sie sind von der gestrigen Schicht überfordert. Nur langsam und unter Schmerzen komme ich in die Gänge. Ein ebenso kräftiges wie unbequemes Frühstück bringt mich endgültig auf Vordermann. Danach pinsle ich wie besessen am Rumpf der OASE II. Am späten Vormittag, noch bevor die Mittagshitze einsetzt, habe ich es geschafft.
Zufrieden, jedoch stellenweise ebenfalls mit Antifouling konserviert, setze ich mich in den Schatten einer Palme und betrachte mein Werk. Meine Hände sind nahezu gefühllos und mit kleinen Schnittwunden und Blasen übersät. Das ist es also, das herrliche freie Leben eines Fahrtenseglers. In solchen Augenblicken könnte selbst ich darauf verzichten. Wer A sagt, muss auch B sagen, ermahne ich mich, schrubbe mir die Farbe vom Leib und begebe mich danach an die Clubbar, um meine gelungene Arbeit zu begießen.
Noch am selben Abend setzt sich das, was hier als Slipwagen bezeichnet wird, mit einer strahlenden OASE II in Bewegung. Erst langsam, aber plötzlich immer schneller rumpelt das Gefährt in Richtung Wasser. „Stooopp!“, schreie ich aus Leibeskräften. Knirsch, abrupt wird der Slipwagen angehalten. Zornig stelle ich den Arbeiter an der Winde zur Rede: „Willst du alles zertrümmern? Mach gefälligst langsamer.“ Der alte Panamese erwidert jedoch ohne ein Anzeichen von Nerviosität: „Señor, die Bremse der Winde hat noch nie funktioniert. Unser Slipwagen läuft schon immer so ins Wasser.“ Ich beschwöre einige Yachties, den Wagen durch Zurückhalten an einer dicken Leine etwas abzubremsen. Immer noch zu schnell geht es danach ins Wasser. Als das Heck meines Bootes eintaucht, wirft es eine Welle auf, die teilweise bis in die Plicht schwappt. Aber was solls, Hauptsache, das Schiff schwimmt wieder unbeschädigt. Gemeinsam öffnen wir die Verzurrung, und ich steuere die OASE II an ihren alten Liegeplatz. So,

nun noch bunkern, danach die Kanalbehörde zum Vermessen anfordern, und es kann losgehen.
Zwei Tage später wird die OASE II registriert. Ich bezahle die Gebühren, erhalte Transitpapiere, jetzt fehlen mir nur noch Helfer für die Leinen. Dann kann das Abenteuer weitergehen.

Der Panamakanal

Unruhig wälze ich mich von einer Seite auf die andere. Obwohl erst gegen Mitternacht in die Koje gekrochen, kann ich keinen Schlaf finden. Hugo hingegen schläft wie ein Baby auf der Salonkoje. Er, ein dänischer Tramper, die zweiköpfige Überstellungscrew des Renntrimarans SPIRIT OF ISLAND und ein für den Yachtclub arbeitender Panamese werden mich durch den Kanal begleiten. Die Transitvorschriften für Yachten besagen, dass neben dem Schiffsführer und einem Lotsen mindestens vier weitere Personen zum Bedienen der Leinen an Bord sein müssen. Für einen Winzling wie die OASE II bedeutet dies ein erhebliches Übergewicht. Obendrein ist das Schiff bis in die letzte Ecke mit Proviant, Trinkwasser und Treibstoff gefüllt. Schließlich ist der von mir geplante Törn zu den Marquesas auf dem Großkreis 3.800 Seemeilen lang. Den üblicherweise von Fahrtenseglern eingeplanten Stopp im Galapagos-Archipel möchte ich nicht machen. Mein nächstes Ziel ist Französisch-Polynesien.
Die damit verbundene Überquerung des Äquators mit seinen weiträumigen Flautengebieten ist angesichts der winzigen Motorkapazität meiner OASE II eine ernsthafte Herausforderung. Da ich nicht Unmengen an Treibstoff mitführen kann, muss ich etwaigen Flauten jede einzelne Seemeile segelnd abringen. Ich rechne mit einer Reisedauer von etwa 50 Tagen.
Innerlich bin ich sehr aufgewühlt und schlafe unruhig. In etwa drei Stunden werden wir hier im Panama Yacht Club ablegen. Danach geht es erst einmal hinaus zum Ankerplatz für Yachten, wo der Lotse an Bord kommen wird. Immer wieder hoffe ich innigst, dass der 8-PS-Hilfsmotor meiner OASE II diese Tortur über immerhin fast 50 Seemeilen durchsteht und obendrein auch noch für die erforderlichen vier Knoten Fahrtgeschwindigkeit im Kanal sorgt. Noch ehe der Wecker läutet, bin ich auf den Beinen, um die letzten Vorbereitungen zu treffen. Gegen 5 Uhr 30 kommen die restlichen Leinengeher an Bord. Während ich den Motor starte, lösen hilfreiche Hände meine Festmacher. Dann tuckert die OASE II durch einen noch schlafenden Yachtclub. Ein französischer Skipper, der ebenfalls heute durch den Kanal gehen wird, erlaubt mir, am Heck seines Schiffes festzumachen. Somit erspare ich mir ein Ankermanöver. Wenig später kommt eine weitere Yacht auf Warteposition. Ich biete der Crew ebenfalls das Festmachen am Heck meines Bootes an. Der zu uns ans Heck geworfene Festmacher trifft genau den von mir soeben in die Plicht gestellten dampfenden Kaffeebecher. Danach ist der belebende Inhalt wieder in der Kajüte meiner OASE II, allerdings nunmehr fein säuberlich auf Salon und Navigationsecke verteilt. Zum Glück habe ich keine Seekarte aufgelegt. Ein äußerlich ruhiger Skipper befreit, etwas verkrampft lächelnd, Kurzwellenra-

dio, den GPS-Empfänger und diverse Einrichtungsgegenstände vom Kaffee. „Pardon, war nicht mit Absicht", dringt es an mein Ohr.
Gegen 6 Uhr kommt der Pilot an Bord. Aber das sind ja ...! Ich will nicht glauben, was ich da sehe. Nicht einer, nein gleich zwei dieser Spezialisten springen vom Bug des Pilotbootes auf das ohnehin schon geschundene Deck der OASE II. Die Wasserlinie steigt auf noch nie erreichte Höhen. Das ausgeschäumte Heck liegt nunmehr etwa 10 Zentimeter im Wasser und kann somit auch ohne Seenotfall seinen Auftrieb zur Gänze entfalten. Auf meine Frage hin, warum denn gleich zwei Lotsen an Bord kommen, erklärt man mir, dass dies zu Schulungszwecken notwendig sei. Im Jahr 2000 wird der Kanal endgültig von den Vereinigten Staaten an die Republik Panama übergeben. Bis dahin müssen ausreichend panamesische Lotsen vorhanden sein.
Nach einer Kurzinformation über den geplanten Ablauf der Schleusungen tuckern wir in Richtung der Schleusenkammer. Hörbar mit dem Mut der Verzweiflung beginnt der 8-PS-Motor einen schier aussichtslosen Kampf gegen Übergewicht und Strömung. Zum Glück kommt lebhafter achterlicher Wind auf und leistet einen kleinen Beitrag zur Fortbewegung in die gewünschte Richtung. Als Nächstes fordert mich einer der Lotsen auf, den GPS-Empfänger einzuschalten. Schließlich will man ja wissen, mit welch atemberaubender Geschwindigkeit wir uns dem ersten Ziel, den Gatun-Schleusen, nähern. Nachdem wir mit „voll voraus" die etwa fünf Seemeilen gefahren sind, beziehen wir Warteposition. Erst eine halbe Stunde später kommen TINFISH und SOUNION. Wir beginnen das Päckchen für die Schleusung zu schnüren. Ich gehe mit der OASE II längsseits an Backbord der TINFISH. Möglichst viele Fender werden zwischen den Bordwänden ausgebracht. Eine Person auf jeder Yacht wird beauftragt, die Fender ständig zu beobachten und notfalls ihre Position zu korrigieren. Vom Heck der OASE II wird die Backbordheckleine für das ganze Päckchen geführt werden. Wehe der Klampe, welche nicht technisch einwandfrei ist und nicht äußerst stabil montiert wurde. Immerhin beträgt das Gewicht der drei Yachten über 20 Tonnen. Bei den Verwirbelungen während der Schleusung entstehen mitunter enorme Zugkräfte. Nicht erst einmal wurden dabei Poller oder Klampen aus dem Deck einer Yacht gerissen.
Sobald die Yachten vertäut sind, laufen wir hinter der KIDO, einem amerikanischen Zerstörer, in die erste Schleusenkammer ein. Ohne nennenswerter Probleme erreichen wir die Gatunsee. Nachdem das Päckchen aufgeschnürt ist, beginnen wir unsere Reise durch den panamesischen Dschungel. Es bläst Ostwind und der Lotse erlaubt mir, Segel zu setzen. Daraufhin rauschen wir mit immerhin fünf Knoten Richtung Gamboa. Am frühen Nachmittag erreichen wir den Ankerplatz für Yachten. Wenig später werden die Lotsen abgeholt. Die Weiterfahrt ist für morgen, 11 Uhr, angesetzt.
Nach einem kurzen, aber herrlich erfrischendem Bad beginne ich gemeinsam mit Timmy den Motor der OASE II zu inspizieren. Erstens möchte ich die geschundenen Zündkerzen austauschen und zweitens fördert die Wasserpumpe für meine Begriffe zu wenig Kühlwasser. Deshalb war der Motor während unserer Fahrt

zeitweise etwas überhitzt. Timmy und ich tippen auf einen defekten Thermostat. Beim Abschrauben des Gehäusedeckels reißt eine Schraube. Somit ist der Rest des Nachmittags verplant. Das Ausbohren des im Motorkader steckenden Schraubenstückes hat es nochmals in sich. Glücklicherweise habe ich ausreichend Werkzeug und Ersatzteile an Bord. Zu guter Letzt bricht auch noch meine neue Handbohrmaschine. Der Skipper der TINFISH kann mit einer zwar antiquierten, jedoch funktionstauglichen Bohrmaschine aushelfen, und wenig später haben wir die Reparatur erfolgreich abgeschlossen. Abends steigt an Deck der OASE II eine rauschende Pasta-Party. Da die Leinengeher ebenfalls die Nacht an Bord verbringen müssen, ist meine OASE II zur Schlafenszeit bis auf den letzten Zentimeter belegt. Der Wettergott ist nachsichtig und schickt in dieser Nacht keinen Regenschauer.
Wie vereinbart setzen wir tags darauf unseren Transit fort. Kurz vor Erreichen der Pedro-Miguel-Schleuse gibt der Lotse Order, an einem am Pier der Kanalverwaltung liegenden Boot längsseits zu gehen. Gleichzeitig braut sich ein schweres Gewitter zusammen. Die einsetzenden Sturmböen machen das Anlegen trotz der zahlreichen hilfreichen Hände sehr riskant. Letztendlich geht alles glatt. Nach wenigen Minuten kommt der Lotse wieder an Bord. Der Grund dieses Manövers war nicht etwa dienstlicher Natur, sondern das Abholen seines Mittagessens. Fassungslos schauen wir uns an. Obwohl ich den Lotsen mehrmals Verpflegung angeboten habe, hat dieser darauf bestanden, seinen Lunch unter schwierigsten und äußerst gefährlichen Bedingungen an Bord zu holen. Verärgert legen wir ab.
In der Pedro-Miguel-Schleuse überfällt uns ein sintflutartiger Tropenschauer. Ohne einen trockenen Faden am Leibe motoren wir zu den letzten beiden Schleusenkammern. Der ebenfalls komplett durchnässte Lotse dürfte vom Platzangebot auf der OASE II nicht gerade begeistert sein. Er erträgt sein Duschbad aber ebenso wie meine Leinengeher mit Humor. „Seinen Lunch" nimmt er aber unter dem Sonnensegel der SOUNION ein. Offensichtlich hat er vom Wasser genug.
Dann endlich ist es so weit. Das letzte Schleusentor öffnet sich, und wir sind im Pazifik. Nachdem unsere Fahrgemeinschaft abermals aufgeschnürt ist, motoren wir zum Balboa Yacht Club. Auf dem Weg dorthin wird der Lotse abgeholt. Vor dem Gelände des Yachtclubs mache ich an einer Muring fest, meine Leinengeher verabschieden sich. Ich ergänze nochmals Treibstoff und Trinkwasser.
Wenig später segle ich mit achterlichem Wind hinaus in den Golf von Panama. Da im Westen liegen sie voraus: 3.800 Seemeilen bis zu den Marquesas. Ein beklemmendes Gefühl steigt in mir auf. Was werden mir die nächsten Wochen auf See bescheren? Wie immer zu Beginn eines langen Törns kämpfe ich mit der Einsamkeit. Auch das Wissen um die Ängste meiner Angehörigen macht mir zu schaffen. In der Zwischenzeit laufe ich durch das Feld der ankernden Großschiffe. Die Sonne versinkt hinter einem pastellfarbenen Horizont. Pelikane gleiten dicht über dem Wasser geräuschlos dahin. Ich bin angespannt und voller Erwartung. Wie werde ich mit dem größten aller Ozeane fertig werden? Und vor allem, wie lange wird es dauern, bis ich wieder Land sichte? Im Wechselbad meiner Gefühle segle ich in die erste mondlose Nacht im Pazifik.

Über die endlosen Weltmeere

Die Südsee ruft

Auffrischender Ostwind verbläst schon bald meinen Abschiedsschmerz. Die Fock 1 steht schlecht getrimmt und killt im oberen Bereich. In meiner depressiven Stimmung lasse ich sie trotzdem unverändert und bekomme einige Stunden später die Rechnung präsentiert. Das Achterliek der Fock reißt auf etwa zwei Meter aus. Deprimiert wechsle ich das Vorsegel, wohl wissend, dass ich selbst Schuld an der Beschädigung habe.
Die ersten drei Tage auf See vergehen ohne weitere Schwierigkeiten. Nachts ist der Himmel ständig von unzähligen Blitzen erleuchtet, welche aus mächtigen Schauerwolken herauszucken. Zwar bleibt der Wind manchmal für einige Stunden aus, aber die Tagesetmale sind nach wie vor durchaus brauchbar. Delfine begleiten mich und sorgen mit ihren ausgelassenen Sprüngen für willkommene Abwechslung. Ich gewöhne mich wieder an das Bordleben und die Einsamkeit. Nachts liege ich im Cockpit, höre Musik aus dem Walkman und denke an zu Hause. Dazwischen träume ich von der Südsee in all ihrer Herrlichkeit.
Dann bricht während eines Segelmanövers das Getriebe der Backbordwinsch. Glücklicherweise blockiert nur der zweite Gang, und so kann ich sie, wenn auch eingeschränkt, weiterhin benutzen. In der Zwischenzeit habe ich jedoch meine innere Ruhe wiedergefunden und reagiere gelassen. Es folgen Tage mit schwachen umlaufenden Winden, manchmal auch kürzeren Flauten. Nachts herrscht unverändert starkes Wetterleuchten. Gespenstisch durchdringt das Licht die tiefschwarzen Wolkenbänke.
Im gleichen Ausmaß wie die Luftfeuchtigkeit zunimmt, werden die Flauten länger. Die Tagesetmale schrumpfen merklich. So ziemlich alles, was die Monatskarte für dieses Fahrgebiet anzeigt, stimmt nicht. Zeitweise herrscht Gegenstrom mit etwa 1,5 Knoten. Immer öfter treibe ich hart erkämpfte Meilen wieder zurück in Richtung Bucht von Panama. Langsam, aber sicher werde ich unruhig. Die Etmale betragen 25, 21 oder gar nur 12 Seemeilen. Ich fühle mich deprimiert und einsam. Ständiges Segelwechseln macht die Sache noch aufreibender. Jede Seemeile nach Südwesten will mühsam erkämpft werden. Kaum habe ich Segelstellung und Kurs einigermaßen abgestimmt, dreht der Wind oder bleibt plötzlich ganz weg. Man könnte aus der Haut fahren.
Ich beginne zu begreifen, warum die Breiten um den Äquator die Rossbreiten genannt werden. Zur Zeit der alten Rahsegler müssen sich hier wahre Tragödien abgespielt haben. Wenn Schiffe oft wochenlang in großräumigen Flautengebieten festsaßen und das Trinkwasser knapp wurde, schlachtete man zuerst die Pferde.

Manchmal warf man sie auch ganz einfach über Bord, um das kostbare Trinkwasser nicht an die Tiere zu vergeuden. Eine moderne Fahrtenyacht kann mit guter Führung jeden Lufthauch nützen. Die alten Rahsegler konnten jedoch fast nicht kreuzen und waren daher umso mehr von der Windstärke und Windrichtung abhängig. Ein weiteres Problem bereiteten die ungenauen Navigationsmethoden. Starke, nicht vorhersehbare Strömungen brachten die Schiffe weit von ihrer geplanten Route ab. Ein Schiff, welches den Bischof von Panama nach Peru bringen sollte, kam sogar so weit vom Kurs ab, dass es die Galapagosinseln entdeckte.

Immer wieder studiere ich ungläubig die Monatskarte. Erbost schreibe ich ins Logbuch: „Offensichtlich habe ich einen Fehldruck der Monatskarte Mai an Bord." Auch durch noch so inniges Bitten und Flehen lassen sich Neptun & Co nicht umstimmen. Flauten, Gegenströmung und ein Hauch von Wind aus unpassender Richtung gehören zur Tagesordnung. Die nächste Zeit verbringe ich damit, gegen einen Hauch aus Südwest anzukreuzen. Sobald auch er einschläft, treibe ich wieder zurück nach Nordost. Die gleißende Sonne brennt gnadenlos auf das Deck der OASE II. Im Inneren erreicht die Temperatur um die 40° C. Ich muss das Deck mit Seewasser begießen, um barfuß darauf stehen zu können. Nur mentales Training bewahrt mich davor, einfach auszuflippen. Ich versuche mein Anglerglück und fange eine große Dorade. Davor aber reißen mir ziemlich kapitale Burschen zweimal den Stahlvorlauf des Angelhakens einfach ab. In den vergangenen zehn Tagen habe ich erst knapp 500 Seemeilen zurückgelegt.

Schwere Regenschauer setzen ein. Gleichzeitig herrscht Totenflaute. Ich kann meine Trinkwasserbehälter wieder auffüllen und gründlich duschen. Es reicht sogar zum Wäschewaschen. Somit steigt die Stimmung an Bord. Eine kleine Seeschwalbe fliegt geradewegs in die Kajüte meiner OASE II. Sie wirkt krank und ist sehr geschwächt. Ich gebe ihr ein paar Kekskrümel. Danach schläft sie auf einem meiner Turnschuhe. Einige Stunden später zuckt ihr kleiner Körper krampfartig und sie stirbt. Ich besorge ihr ein Seemannsgrab und muss dabei heulen.

Hin und wieder verfolge ich tagsüber unter Motor für kurze Zeit eine Schauerwolke, um etwas Wind und Regen zu ergattern. Bei meinen bescheidenen Brennstoffreserven ist an ein längeres Motoren nicht zu denken. Den wenigen Treibstoff, den ich habe – 70 Liter –, bewahre ich für einen etwaigen Notfall und das Ansteuern der Südseeinseln auf. Nach 18 Fahrtagen – oder besser gesagt Dümpeltagen – immer noch das gleiche Bild: Flaute, Gegenstrom und ein nahezu unmerklicher kurzfristiger Hauch aus Süd bis Südwest sorgen für gedämpfte Stimmung an Bord. Ich versuche erfolglos, die Backbordwinsch zu reparieren. Wahrscheinlich ist ein Zahnrad des Getriebes ausgebrochen.

Über Radio Österreich International bekomme ich des Öfteren Grüße aus der Heimat. Danach geht es mir jedes Mal etwas besser. Ich fühle mich nicht mehr so einsam und verlassen. Abends erscheinen einige Tölpel. Einmal landet einer von ihnen nach unzähligen erfolglosen Versuchen auf dem Masttop. Dort, zwischen Verklicker und UKW-Antenne eingeklemmt, lässt er sich einige Stunden mitnehmen. Ein Kollege bezieht am Bugkorb Stellung und beobachtet aufgeregt einen dritten, der ebenfalls versucht, unmittelbar neben ihm zu landen. Immer wenn der Artgenosse zum Landeanflug ansetzt, beginnt der bereits ansässige mit lautstarkem Gekreische und hektischem Kopfwackeln sein Territorium zu verteidigen. Nach mehreren Fehlversuchen gibt der konsequent Abgewiesene seine Landeversuche auf und plumpst formlos ins Heckwasser, wo er sich treiben lässt und von Zeit zu Zeit den Kopf unter Wasser steckt, um nach Fischen Ausschau zu halten. Wenig später erspäht er den Köder meiner Schleppangel. Nach mehreren energischen Versuchen gelingt es ihm, den bunten Gummioktopus zu schnappen. Sofort wird der Vogel von seinem vermeintlichen Opfer unter Wasser gezogen. Der Vortrieb meiner OASE II ist einfach zu stark für meinen gefiederten Begleiter. Wieder und wieder schnappt er beherzt zu, wird jeweils sofort unter Wasser gezogen und muss den Köder wieder freigeben. Während der übertölpelte Tölpel resigniert abfliegt, zerkugle ich mich im Cockpit.

Über den Äquator

Erst nach drei Wochen liegen die Galapagosinseln querab. Obwohl ich ohnehin zu weit nördlich stehe, drücken mich zwischen den Flauten zeitweilig herrschender Südwestwind und nördliche Strömungen weiter nach Norden. Meine Stimmung sinkt in den Keller. Aufmunternd schreibe ich mir ins Logbuch: „Positiv denken."

Nervend langsam zuckelt die OASE II nach Westen. Ich beginne mir ernsthaft Sorgen darüber zu machen, ob mein Zeitplan einzuhalten ist. Allmählich dreht der Wind etwas mehr nach Süden. Ich kann an Höhe gutmachen und nähere mich unendlich langsam dem Äquator. Tagelang segle ich hart am Wind. Auf Grund der ungünstigen Strömung sind nicht mehr als etwa 60 Seemeilen pro Tag möglich. Erst am 33. Fahrtag überquere ich auf 102° W um 6 Uhr morgens den Äquator. Zur Begrüßung auf der Südhalbkugel schleudert eine große Welle mein appetitlich angerichtetes Frühstück durch die Kajüte. Somit stehen Palatschinken à la Bilge und Kaffee vom zweiten Aufguss auf der Speisekarte. Am Nachmittag dann ein positiver Höhepunkt: Schweinswale tauchen auf und begleiten die OASE II. Zeitweise schwimmen sie nur etwa einen halben Meter unter oder neben dem Schiff. Deutlich kann ich das Pfeifen der Meeressäuger hören. Nach einiger Zeit ist ihr Interesse an der langsam dahinziehenden OASE II abgeflaut und sie verschwinden in der tiefblauen Weite des Pazifiks.

Unverändert folgt auf Flauten schwacher Süd- oder Südostwind. Anhaltend hohe Luftfeuchtigkeit und ergiebige Regenschauer sorgen für erste Stockflecken im Inneren des Schiffes. Wohl wissend, dass mit jedem unwirklichen Segeltag, mit jeder nach Süden erkämpften Meile meine Lage rechnerisch besser wird, verschlechtert sich mein mentaler Zustand merklich. Die Tatsache, dass ich seit Wochen für mich unpassende Wetterverhältnisse vorfinde, die in keiner Monatskarte angegeben sind, beginnt zu wirken. Immer wieder versuche ich mich selbst positiv zu motivieren. Dies wird jedoch zunehmend schwieriger.

Am 37. Fahrtag kann ich endlich zum ersten Mal seit Panama die Passatsegel

setzen. Die Freude währt jedoch nicht lange, dann heißt es wieder mit halbem Wind nach Süden segeln. Letztendlich muss sich der Passat ja irgendwann einstellen. Zornig kritzle ich Durchhalteparolen ins Logbuch.
Am 39. Fahrtag ist zugleich Anitas 30. Geburtstag. Ich bin etwas traurig, nicht bei ihr sein zu können, obwohl ich es mir ja selbst so ausgesucht habe. Ich bastle für sie ein Geburtstagsgeschenk.
In kürzeren Abständen halte ich Ausschau nach Schiffen, da ich mich gerade ziemlich nahe der Großschifffahrtsroute befinde. Um 14 Uhr klettere ich wie üblich in die Plicht und halte Ausschau. In einiger Entfernung nordöstlich sehe ich groß und deutlich einen Frachter. Ich nehme ihn kurz zur Kenntnis und mache Anstalten, mich wieder in die Navigationsecke zu setzen. Da durchzuckt es mich wie vom Blitz getroffen. Jetzt erst registriere ich, was da am Horizont schwimmt, und fixiere den Biggi wie eine Fata Morgana. Da er nach einer Minute immer noch da ist, kann es keine Einbildung sein. Ich stehe im Niedergang und gaffe. Plötzlich komme ich in die Gänge, werkle nervös am UKW-Funkgerät und setze einen Ruf ab. Überraschenderweise antwortet mir Sekunden später eine Frauenstimme. Total aus dem Häuschen bitte ich sie, ein kurzes Fax nach Hause zu schicken, lediglich meine Position und den Hinweis: Alles O.K. an Bord. Damit hätte ich schon eine Riesenfreude. Die Funkerin der FORTUNA WEAPER versichert mir, dies nach Rücksprache mit dem Kapitän zu erledigen. Wir tauschen noch einige Höflichkeiten aus und beenden das Gespräch. Minuten später, ich sitze wieder in der Navigationsecke und bastle an Anitas Geschenk, durchfährt es mich abermals: Heute ist doch Anitas Geburtstag, und ich habe in meiner Hektik glatt vergessen, man möge ihr zusätzlich auch alles Gute wünschen. Abermals versuche ich Funkkontakt herzustellen, und obwohl ich nur mehr die Rauchfahne des Biggis am Horizont ausmachen kann, habe ich Erfolg. Danach sitze ich überglücklich im Cockpit und blicke über einen friedlichen Pazifik. Die Tatsache, dass Anita über mein langsames Vorankommen informiert wird und sich, wie ich hoffe, daher weniger sorgt, stimmt mich fröhlich.

Aus Anitas Tagebuch
Als ich nachts heimkam, fand ich ein Fax auf dem Boden. Zuerst dachte ich, es erlaube sich jemand einen bösen Scherz. Es war eine Nachricht und ein Geburtstagsgruß von Norbert. Ich konnte zuerst nicht glauben, dass es von ihm war. Ein Frachter hatte es für ihn aufgegeben. Ich habe dann nochmals bei dem Frachter nachgefragt, ob es denn auch stimme, dass Norbert erst so spät auf den Marquesas sein wird. Die haben es mir dann nochmals bestätigt und mir von der ganzen Mannschaft alles Gute zum Geburtstag gewünscht. Dieses Fax muss ich mir unbedingt aufheben. Jedenfalls bin ich beruhigt, dass es Norbert gut geht.

Ich beginne ausgiebig zu kochen. Mein momentaner Appetit sorgt dafür, dass ich sämtliche Altbestände wie Kondensmilch, Puddingpulver oder einige in den letzten Winkeln verstaute Konserven aufbrauche. Da ich mich zu den Kummerfressern zähle, wird jede Flaute dafür benutzt, neue Rezepte und Menükombinatio-

nen auszuprobieren. Leider führt das in Verbindung mit Bewegungsmangel zu langsamer, aber stetiger Gewichtszunahme. Deshalb wächst neben dem Umfang meines Bauches auch täglich die Länge des Gymnastikprogramms. Ein hundertprozentiger Ersatz für das Bewegen an Land ist leider auf meiner kleinen OASE II nicht möglich.
Nach 40 Tagen auf See habe ich erst 2.000 Seemeilen abgesegelt. Wenn es in diesem Tempo weitergeht, brauche ich 80 Tage bis zu den Marquesas. Das wäre wahrscheinlich unangefochtener Negativrekord. Mit einer ausgiebigen Salzwasserdusche versuche ich die trüben Gedanken einfach wegzuspülen. Danach reinige ich den von Algen und Seetang überwachsenen Spoiler. Auf dem reliefartigen Rutschbelag lassen sich die blinden Passagiere nur mit Ausdauer und einer Spachtel entfernen – den heißen Tipp, die Algen mit ein paar Tropfen Bleichmittel mühelos zu entfernen, erhielt ich leider erst einige Monate später in Fidschi. Mit meiner Methode geht auch einiges an Farbe ab.
Endlich dreht der Wind bei Sonnenuntergang auf Ostsüdost. Ungläubig beobachte ich den Stander an der Backbordsaling. Tatsächlich bleibt die Windrichtung auch nach Einbruch der Dunkelheit unverändert, und ich kann die Vorsegel beidseitig ausbaumen. Augenblicklich legt mein braves Schiffchen etwa eineinhalb Knoten zu. Ich sitze im Cockpit mit Kaffee und Schokolade – die Diät ist aus wichtigem Anlass auf morgen verschoben – und freue mich angesichts der lange ersehnten Rauschefahrt.
Nachts liege ich verkeilt im Cockpit, blicke in die Sterne und genieße das lebhafte Segeln. Ausgelassen surft mein Schiff auf mächtigen Wellenrücken zu den Marquesas. Die Tagesetmale werden wieder herzeigbar.
Ein anderes Problem stellt sich ein: Trotz des nun endlich zügigen Vorankommens oder vielleicht auch gerade deswegen werde ich immer aufgewühlter und nervöser. Die unerfreuliche Nebenerscheinung sind ausgeprägte Schlafstörungen. Ich bin nicht mehr in der Lage, den von mir nun schon fast ein Jahr praktizierten Halbstundenrhythmus einzuhalten. Entweder finde ich keinen Schlaf, oder aber fühle ich mich, sobald der Wecker läutet, wie gerädert. Nur mit größter Willenskraft schaffe ich es dann aufzustehen, um meinen Kontrollblick zu machen. Nebenbei habe ich – einmal eingeschlafen – die wildesten Träume.
Am 45. Tag auf See beschließe ich, zur Abwechslung wieder einmal von einem Teller zu essen. Eine ausgewachsene Sauerei beendet den glücklosen Versuch. Die heftigen Rollbewegungen verteilen meine Gulaschsuppe gleichmäßig in der Dinette. Während ich die wildesten Verwünschungen murmle, beginne ich sauber zu machen. Am Ende genieße ich mein Essen nicht nur wie gewohnt aus dem Kochtopf, sondern zusätzlich auch noch kalt. Zum Aufwärmen habe ich einfach keine Lust mehr. Danach beobachte ich die von der OASE II aufgeschreckten Fliegenden Fische. Mich fasziniert, wie sie aus den Wellen aufsteigen und zu beachtlich langen Gleitflügen ansetzen. Wenn zum Abschluss des Fluges so mancher eine ordentliche Bruchlandung fabriziert, muss ich lauthals lachen. Guter Dinge, wieder mit den Meeresgöttern versöhnt, setze ich mich in die Navigationsecke und höre Kurzwellenradio.

Am 47. Fahrtag bricht der bereits einmal abgesegelte Passatbaum beim Versuch, die Genua auszubaumen, ein zweites Mal. Nur unter größter Vorsicht kann ich den wild um sich schlagenden Teil, welcher bereits am Schothorn des Segels befestigt ist, unverletzt bergen. Ein Schlag mit dem gebrochenen, scharf ausgefransten Ende wäre alles andere als angenehm. Lustlos beginne ich daraufhin, beide Teile mit einem Bändsel sowie starkem Klebeband zu laschen. Wenig später ist der Baum zwar nicht gerade eine Augenweide, jedoch einsatzfähig. Die OASE II dankt es mir mit einem Spitzenetmal. Ich kann mich wieder dazu aufraffen, täglich etwa drei Stunden Französisch zu lernen. Somit bleibe ich meinem Grundsatz treu, an jedem angesteuerten Ort wenigstens das Notwendigste der jeweiligen Sprache zu beherrschen.
Der Wind bleibt konstant schwach, aber brauchbar. In Verbindung mit leichter, mitlaufender Strömung sorgt er nun für durchschnittliche Tagesetmale um die 100 Seemeilen. Ich werde wieder ausgeglichener und beobachte stundenlang den Pazifik. Dabei beginne ich zu philosophieren. Einige meiner Gedanken vertraue ich dem Logbuch an. Mein Interesse bezüglich diverser Radiosendungen gilt immer mehr Kultur und Wissenschaft. Nachrichten verlieren ihre Bedeutung. Alle an Bord befindlichen Bücher habe ich zum Teil mehrmals gelesen. Ich genieße es, ohne jede zeitliche Beschränkung meinen Gedanken nachhängen zu können. Wie bedeutungslos, ja geradezu lächerlich ist es doch, ob in Hongkong wenige Tage vor der Übergabe an China vier oder sechs chinesische Soldaten mit oder ohne Sturmgewehr Präsenz zeigen. Auch das bereits zur Gewohnheit gewordenen Feilschen diverser EU-Mitglieder um das Ändern eines Satzes in einem Vertrag, welcher daraufhin erst recht nicht ratifiziert wird, erscheint mir lächerlich. Hier in der Weite des Pazifiks erkenne ich, mit welcher Anmaßung wir Europäer immer noch das Fehlverhalten von anderen Völkern tadeln, welches wir selbst pausenlos vorleben. Es stimmt mich nachdenklich und traurig.
Die letzten Tage auf See werden von einem imposanten Vollmond eingeleitet. Wie eine mit Pastellfarben beleuchtete, riesige Reliefscheibe erscheint er im Südosten und beginnt seine Wanderung über das von Millionen Sternen übersäte Firmament. Ein atemberaubendes Schauspiel, welches mich friedlich und glücklich stimmt. Ich bin dem Schicksal unendlich dankbar, diese Momente erleben zu dürfen.
In meinem Hochgefühl kreiere ich ein neues Reisgericht. Wohlgenährt und zufrieden beginne ich danach Handbuch, Reiseführer und die Seekarten der Marquesas zu studieren. Ich hoffe, in knapp einer Woche in Taiohae, der größten Ansiedlung Nuku Hivas, anzukommen. Nuku Hiva ist die größte Insel der Marquesas.
Schlechtwetter zieht auf. Dichte schwarze Schauerwolken bringen unangenehme Böen mit sich. Der Seegang nimmt merklich zu, zeitweise erreichen die Wellen Ehrfurcht einflößende Höhen. In der Nacht des 55. Tages auf See wirft einer dieser Wellenberge meine OASE II hart auf die Seite. Der untere, ungesicherte Teil des Steckschotts schlittert quer durch die Plicht, kippt über Bord und verschwindet im Pazifik. Durch die lange Leichtwetterphase nachlässig geworden,

hatte ich das Sicherungsbändsel nicht angebracht. Kleinlaut krame ich aus der Backskiste das Ersatzsteckschott. Wieder einmal feuerte Neptun einen Warnschuss ab. Glücklicherweise hat er keinen Volltreffer gelandet. Auch ist das Innere der OASE II trocken geblieben. Ich ärgere mich über meine Nachlässigkeit und beginne das Deck zu klarieren. In kurzen Abständen unterlaufen große Wellen die OASE II und drücken sie aus dem Kurs. Mir bleibt nichts anderes übrig, als im Cockpit Stellung zu beziehen, um jederzeit der Selbststeueranlage assistieren zu können oder die Segelfläche zu verändern. Schlaf gibt es in dieser Nacht keinen. Im Großen und Ganzen macht der Windpilot seine Sache ausgezeichnet. Nur ganz selten gelingt es einer Bö in Verbindung mit mehreren aufeinander folgenden bösartigen Wellen, die OASE II aus dem Kurs zu drücken. In diese Fällen steht manchmal eines der ausgebaumten Vorsegel back. Während ich dann das Schiff wieder auf Kurs bringe, geht ein Zittern durchs Rigg, das backgeschlagene Vorsegel wölbt sich wieder nach außen und meine OASE II sprintet los. Im Kielwasser leuchtet es phosphoreszierend. Die Schaumkronen auflaufender Brecher umhüllen das Cockpit. Grell weiß leuchten sie in der tiefschwarzen Nacht, bevor sie sich zischend und gurgelnd verlaufen.
Endlich, am Morgen des 58. Tages ist es so weit: Mit der Dämmerung erkenne ich im Südwesten die Umrisse Ua-Hukas. Wie ein Fremdkörper wächst die Insel aus dem Ozean. Wild zerklüftete schwarze Lavaberge mit dichtem sattgrünem Bewuchs werden erkennbar. Seevögel fischen an der Küste. Laut kreischend stürzen sie sich in die Wellentäler, um ihr Frühstück zu erjagen. Während ich im Niedergang stehe, überschlagen sich meine Gefühle. Noch nie hatte ich, sobald Land in Sicht kam, derart starke Emotionen. Ich bekomme eine Gänsehaut, schreie immer wieder lauthals „Land in Sicht", als gelte es, irgendjemanden zu benachrichtigen. In mir steigen unbeschreibliche Gefühle auf: Freude, Ehrfurcht, Dankbarkeit, Stolz über das Erlebte, Geleistete und jetzt Sichtbare ergeben ein wirres Gemisch von Emotionen. Während ich an der Nordküste entlangsegle, beginnen sich meine Gefühle ganz langsam wieder zu normalisieren. Ich bin in Französisch-Polynesien angekommen!
Noch immer ziemlich aus dem Häuschen, koche ich Kaffee und berechne die voraussichtliche Ankunftszeit in Taiohae. Es wird eine Regatta gegen die Dunkelheit werden. Zu meinem Überdruss setzt zwischen den Inseln der Wind aus. Dichte Schauerwolken ziehen über die Inseln und sintflutartiger Regen setzt ein. Die Konturen der Lavaberge verschwinden. Wild durcheinander laufende Dünung beutelt das in der Flaute dümpelnde Schiff. Ich beschließe, die letzten 20 Seemeilen motorzusegeln. Gesagt, getan, starte ich zur gesetzten Genua den Motor. Mit vier Knoten laufen wir aufs Ziel zu.
Noch zweimal an diesem Nachmittag löscht ein heftiger Regenschauer die Konturen der Insel aus. Allen Hindernissen zum Trotz geht meine Rechnung dennoch auf. Bei Einbruch der Dämmerung runde ich den Punto Lèst und beginne mit der Ansteuerung Taiohaes. Als die ersten Lampen an Land aufflammen, laufe ich in das Feld der Ankerlieger ein. Mein Anker fällt auf neun Meter Wassertiefe, ausreichend Kette sorgt für sicheren Halt. Laut Handbuch hat die Bucht guten

Ankergrund. Während ich etwas konfus versuche, das eine oder andere an Deck aufzuklaren, ist es dunkel geworden. Die Crew einer südafrikanischen Yacht – leider ist mir ihr Name nicht bekannt – kommt längsseits, bringt frisches Weißbrot und lädt mich zu einem Drink ein. Ich krame eine für meine Ankunft reservierte Flasche Sekt hervor, und ab geht es zum Klönschnack. Aus einem Drink werden mehrere und gegen Mitternacht falle ich mit einem unbeschreiblichen Hochgefühl in die Koje. Trotz des heftigen Rollens, welches mit Sicherheit auch vom genossenen Rumpunsch ausgeht, schlafe ich zufrieden ein. Im Traum beginne ich bereits Französisch-Polynesien zu entdecken.

Nuku Hiva, der Geist der Ahnen

Die Sonne steht schon hoch, als ich erwache. Aus dem Radio klingt sanfte, fremdartige Musik. Ich brauche einige Zeit, um meine Gedanken zu ordnen. Ach ja, da war doch gestern diese spontane Willkommensfeier. Dabei habe ich spürbar zu viel Alkohol genossen. Mein Kopf brummt wie ein Bienenstock. In so einem Fall hilft nur, den Kreislauf anzukurbeln. Also, raus aus der Koje und ab zum Morgenbad. Langsam wird mir nun auch klar, was da so lieblich aus dem Radio klingt. Es ist die Musik der Südsee. Sanfter, geheimnisvoller Ukulelenklang oder aber auch wilder, sich mitunter bis zur Raserei steigernder Trommelwirbel. Die Liedtexte erzählen von Inseln, Menschen, Göttern und den damit verbundenen Sagen und Mythen. Ich kämpfe mich durch das rollende Schiff. Dabei schmerzt mein Brummschädel doppelt. Erst als ich mich mit schlaffen Gliedern und aufsteigender Übelkeit über den Süllrand in das herrlich erfrischende Nass fallen lasse, bessert sich mein Befinden merklich. Der Skipper einer französischen Yacht beobachtet sorgenvoll mein Morgenbad. Als ich wieder an Bord klettere, kommt er mit dem Dingi angebraust und empfiehlt mir eindringlich, hier besser nicht mehr zu baden. Dies sei, so erläutert er mir gestenreich, sehr gefährlich. Warum? Oh, Monsieur, auch er habe das getan, bis zu jenem Tag, wo unmittelbar neben seinem Boot ein großer Hammerhai patrouillierte. Von dieser Minute an hat er hier auf der Reede Taiohaes kein unbeschwertes Morgenbad mehr genommen. Ich bedanke mich für den gut gemeinten Tipp und verspreche, in Zukunft zumindest Taucherbrille und Schnorchel beim Schwimmen zu benutzen. Damit kann ich gegebenenfalls dem Feind ins Auge blicken.
Während ich mich in der Plicht von den Sonnenstrahlen trocknen lasse, beobachte ich die Uferstraße. Allmählich erwacht dort das Leben und Treiben. Wie oft habe ich in Reiseerzählungen darüber gelesen, wie oft habe ich dabei das Buch für einige Minuten zur Seite gelegt und davon geträumt, einmal auf eigenem Kiel die Südsee zu erreichen. Jetzt, in diesem Augenblick, ist es für mich Realität geworden. Es erscheint mir fast wie ein Traum. Vieles hier ist tatsächlich so, wie ich es mir vorgestellt habe, manches aber auch völlig anders. Jedoch das viel zitierte Flair der Inseln ist spürbar vorhanden.
Obwohl ich noch nicht einmal an Land war, fühle ich förmlich den Geist der Ahnen. Die schwarzen Vulkanberge strahlen mit ihrem üppigen Bewuchs, den

schroffen Felsschluchten und zahlreichen tief stürzenden Wasserfällen majestätische Ruhe aus. Ein alter Polynesier rudert mit seinem Auslegerkanu vorbei und grüßt freundlich. Am Strand führt gerade ein anderer sein Pferd ins seichte Wasser. Sobald es bis zu den Schulterblättern eintaucht, beginnt er es mit ruhigen, anmutigen Bewegungen zu schrubben. Gierig sauge ich all diese fremdartigen Eindrücke in mich auf. Längst habe ich meinen Kater vergessen. Unter den Klängen einer Ukulele baue ich mein Dingi zusammen. Danach schultere ich meinen Rucksack mit den Bootspapieren und tuckere zum Pier. Die Stimmung ist zu friedlich, um sie mit dem Röhren eines auf Vollgas laufenden Außenborders zu vernichten. In einen alten, vom Rost zerfressenen Leichter, der an der Pier liegt, werden gerade Rinder verladen. Einige Polynesier fixieren die verschreckten Tiere mit Leinen in der gewünschten Position, während sie mit einem dicken Seil, welches um ihre Hörner gelegt wurde, am Ladekran hoch über dem Deck baumeln. Die Polynesier rauchen dabei und grüßen freundlich, als sie mich sehen.
Ich mache das Dingi fest und klettere auf die Pier. Nach fünfzig Metern erreiche ich die Hauptstraße. Gegenüber steht wie schon vor mehr als dreißig Jahren, als die ersten Weltumsegler hier eintrafen, das Gefängnis. Das aus Stein gebaute Haus liegt inmitten eines üppig blühenden Gartens. Wie damals von diversen Reisenden beschrieben, funktioniert der Strafvollzug hier nach anderen Regeln. Ein junger, am ganzen Körper kunstvoll tätowierter Häftling ist gerade dabei, die Hecken zu schneiden. Hier gibt es keinen Zaun mit Stacheldraht und Wachtürmen. Der Polynesier erwidert meinen Gruß und legt eine Pause ein. Er beginnt mit einigen vorbeigehenden Frauen ein kurzes Palaver, danach kehrt er zu seiner Arbeit zurück. Selbst hier, an einem Ort, wo anderswo Spannung, Zwang und Terror herrschen, fühle ich eine gewisse Ungezwungenheit und Ruhe.
Ich schlendere zum Gendarmerieposten. Schließlich muss ich ja noch einklarieren. Ein freundlich lächelnder Beamte mustert mich aus lustigen Augen. Nach den ersten, von mir in gebrochenem Französisch hervorgewürgten Sätzen lacht er lauthals auf und meint, wir sollten wohl besser Englisch miteinander sprechen. Ich willige freudig ein. Gemeinsam füllen wir ein Formular aus, danach stempelt der Polizist meinen Pass. Er belehrt mich dahingehend, dass ich nun das eben ausgefüllte Formular zukleben, mit einer Briefmarke frankieren und in den Briefkasten werfen müsse, damit seien die Formalitäten erledigt. „Sonst noch etwas?“, fragt er. Nachdem ich verneine, wünscht er mir einen schönen Aufenthalt in Nuku Hiva, schwingt sich hinter seinen Schreibtisch und beginnt eine riesige Pampelmuse zu schälen. Genau so stellt man sich die Südsee vor, denke ich mir, während ich zum Postamt schlendere.
Dort treffe ich auf ein typisch französisches Unikum. Klein von Wuchs, mit aufgezwirbeltem Schnurrbart, hüpft der Postbeamte quirlig zwischen dem Verkaufspult, seinem Schreibtisch und einigen am Boden aufgehäuften Postbergen hin und her. Ich kaufe eine große Menge Briefmarken und melde ein Telefongespräch an. Leider ist es hier nicht möglich, einen Rückruf entgegenzunehmen oder ein R-Gespräch nach Österreich anzumelden. Der örtliche Tarif jedoch hat

es in sich. Da ich seit über zwei Monaten keinen Kontakt zu Anita hatte, telefonieren wir dennoch ausgiebig. Dementsprechend fällt auch die Rechnung aus und erinnert mich unübersehbar daran, dass nicht nur Mensch und Natur, sondern auch die Preise auf den Marquesas phantastisch sind.
Ich schlendere noch durch den Ort. Mit frischem Baguette, Schinken und Käse erreiche ich den Landesteg. Zu meiner Begeisterung entdecke ich die unverkennbare Silhouette der NEW LIVERBIRD am westlichen Ende der Bucht. Sofort rausche ich mit dem Dingi quer durch die Ankerlieger. Schon von weitem winken Bernie und Ruth. Noch während ich festmache, kommt auch Susi an Deck und wir begrüßen einander herzlich. Susi kocht frischen Kaffee, Bernie kramt nach den letzten Rumreserven an Bord, und somit ist der erste Tag im Paradies praktisch schon gelaufen. Erst nach einem ausgiebigen Dinner, es ist schon längst dunkel, fahre ich durch eine stockfinstere Nacht zurück an Bord meiner OASE II. Ich sitze noch einige Zeit in der Plicht und höre in die Nacht, sauge exotische Gerüche auf und fühle intensiv innere Ruhe und Frieden.
Die Tage vergehen wie im Flug. Ich verhandle mit Maurice bezüglich meiner Proviantliste. Er betreibt nicht nur den ältesten Store hier auf Nuku Hiva, sondern hat auch die humansten Preise. Außerdem macht er mir folgenden Vorschlag: Wenn ich bei ihm Konserven, Eier, Reis, Mehl und Getränke kaufe, kann ich in seinem nahe gelegenen Garten kostenlos so viele Früchte pflücken, wie ich benötige. Dieses Angebot lasse ich mir nicht zweimal sagen. Noch am selben Tag stellt er mir meine Liste zusammen. Abends schaffe ich mit Bernies Hilfe alles auf die OASE II. Für morgen haben Maurice und ich eine Exkursion in seinen Garten vereinbart.

Auch das Paradies birgt Gefahren

Zum vereinbarten Zeitpunkt erreiche ich Maurices Geschäft. Er bedient noch rasch einen Kunden, danach fahren wir mit seinem Pick-up los. Nach knapp drei Kilometern erreichen wir ein schönes, solide gebautes Haus inmitten eines weiträumigen Gartens. Auf dem dunkelgrünen Rasen stehen riesige Kokospalmen, dazwischen grasen Pferde und einige Rinderhäute sind an hölzernen Gerüsten zum Trocknen aufgespannt. Am südlichen und nördlichen Ende des Grundstückes steht ein dichter Wald aus üppigen Bananenstauden, der Rest des Gartens wird von Obstbäumen und Sträuchern eingesäumt. Papayas, Mangos, Pampelmusen, Limonen, Zitronen und vieles mehr gedeiht hier im Überfluss. Die Luft ist erfüllt vom intensiven Geruch der Früchte.
Bevor wir mit dem Pflücken und Einsammeln der Früchte beginnen, warnt mich Maurice eindringlich vor herabfallenden Kokosnüssen. Sie besitzen eine enorme Aufprallenergie und haben sowohl Menschen als auch Tiere schon oft schwer verletzt, manchmal sogar getötet. Gerade heute, wo lebhafter Passat weht, ist größte Vorsicht geboten.
Wir sammeln etwa zwanzig Nüsse ein. Während Maurice für mich einen passenden Bund grüner Bananen aussucht, knipse ich einige Fotos. Danach stelle ich

die Fototasche direkt an den Stamm einer Palme und mache mich an einen Strauch herrlich duftender Pampelmusen. Plötzlich höre ich lautes Hufgetrampel und Pferdegewieher. Ein dunkelbrauner Hengst galoppiert durch das offene Einfahrtstor des Grundstückes. Ein anderer, unter den Palmen friedlich grasender Hengst von nahezu gleichem Aussehen und ebenbürtiger Größe wirft seinen Kopf in den Nacken. Aus dunklen, glühenden Augen blickt er in Richtung des Rivalen. Beide Pferde beginnen laut wiehernd mit den Vorderhufen zu scharren. Ich stehe wie angewurzelt abseits und wage mich nicht an meine Fototasche, welche unmittelbar zwischen den beiden Streitern unter einer Palme steht. Als Kind habe ich alle meine Ferien auf dem Bauernhof meines Onkels verbracht, und dabei war für mich auch der Umgang mit Rindern, Pferden und anderem Getier selbstverständlich. Aus diesen Grund weiß ich auch, dass es für mich in der momentanen Situation äußerst gefährlich wäre, zwischen die beiden Rivalen zu treten, um die Kameraausrüstung in Sicherheit zu bringen. Inzwischen hat auch ein junger, sehr muskulöser Polynesier, der die Pferde von Maurice versorgt, den Zwischenfall bemerkt. Als er laut schreiend herbeieilt, steigen beide Hengste mit den Vorderhufen hoch und beginnen ihren Kampf. Ich sehe meine Fotoausrüstung bereits durch die wirbelnden Pferdehufe in Grund und Boden gestampft, da erreicht der Polynesier den Kampfplatz. Ohne auch nur eine Sekunde zu zögern, stürzt er sich an der Seite des ihm vertrauten Pferdes zwischen die mit den Vorderhufen auf sich einschlagenden, um sich beißenden und zornig schnaubenden Rivalen. Während der Polynesier blitzschnell nach der kurzen Halfterleine seines Pferdes greift und diese energisch nach hinten reißt, holt er mit einem Holzstock zu einem kraftvollen Schlag gegen die Brust des gerade zum zweiten Mal aufsteigenden Eindringlings aus. Dieser knickt sichtlich überrascht in den Hinterbeinen ein und landet auf dem Allerwertesten. Noch bevor er sich aufrappeln kann, erhält er bereits den zweiten Schlag gegen die Brust. Jetzt springt das völlig überrumpelte Tier kraftvoll auf, wendet augenblicklich und sucht im Galopp das Weite.

Ich muss in dieser Situation wohl äußerst verwirrt und ängstlich gewirkt haben, denn der energische Schlichter dieser gefährlichen Auseinandersetzung lächelt mir zu, murmelt ein beruhigendes „pas de problème“, nimmt sein Pferd am Zügel und schlendert leise singend davon. Ich greife mir meine Fototasche und suche nach Maurice. Ich finde ihn inmitten des Bananendschungels. Er sucht nach Früchten, raucht genüsslich eine seiner selbst gedrehten Zigaretten und hat von dem Vorfall gar nichts mitbekommen. Als ich ihm erzähle, dass meine Fotoausrüstung gerade nur durch das beherzte Eingreifen seines Stallburschen gerettet wurde, stellt er mit geheimnisvollem Augenaufschlag fest: „Ja, ja, die Götter waren dir eben gut gesinnt!“ Die Götter waren vor allem meiner Reisekasse gut gesinnt!

Der Rest unseres Ernteausfluges verläuft angenehmerweise weniger spektakulär. Nachdem ich Maurice schon etliche Male sage, dass es nun wirklich genug sei, und er immer noch die eine oder andere Frucht in einen meiner Säcke stopft, fahren wir schwer beladen zur Pier. Maurice hilft mir beim Verstauen der Früchte im Dingi. Als wir alles eingeladen haben, setze ich mich in die Mitte des schwim-

menden Obststandes, starte den Motor und tuckere so langsam wie möglich mit höchstens zehn Zentimeter Freibord zur OASE II. Überkommendes Seewasser durchnässt mich total, aber ich bin kurz darauf an Bord und beginne sofort, die Köstlichkeiten zu verstauen. Gleichzeitig mampfe ich von allem etwas in mich hinein. Dann geht nichts mehr. Jede nutzbare Ecke auf der OASE II ist mit Früchten ausgefüllt, mich spannt und zwickt der Bauch vom Essen und trotzdem ist das Dingi noch gut zu einem Drittel mit Kokosnüssen, Pampelmusen und Bananen gefüllt. Ich schippere zur NEW LIVERBIRD. Bernie nimmt die restlichen Früchte mit Freude entgegen. Tochter Ruth beginnt ebenfalls sofort, Vitamine in sich hineinzuschaufeln. Bernie und Susi laden mich als kleines Dankeschön zum Lunch ein. Obwohl ich ohnehin satt bin, verdrücke ich auch noch eine große Portion Spaghetti. Danach ist mir jegliche Lust auf Bewegung vergangen. Ich fahre trotzdem zur Pier und spaziere unter Aufbietung meiner letzten Kräfte zum Aussichtsplateau über dem alten französischen Fort. Auf dem Weg dorthin gesellt sich ein streunender Hund zu mir. Als ich mich auf einer Bank niederlasse, kommt er zaghaft näher und setzt sich neben mich. Brütend lastet die Mittagshitze auf uns. Sein Kopf sinkt langsam auf meinen linken Oberschenkel, während mich seine großen Augen fixieren. So sitzen wir gemeinsam, blicken über die Bucht, beobachten eine Herde Ziegen bei ihrem Streifzug durch das nahe gelegene Dickicht und fühlen wohl beide den Geist der Ahnen.
Am späten Nachmittag sind mein Begleiter und ich etwas regeneriert. Gemeinsam spazieren wir zur Bäckerei. Unmittelbar davor trifft mein Anhängsel einen Freund und trollt sich ins Unterholz. Ich kaufe zwanzig Baguettes, die ich in Scheiben schneiden und zum Trocknen in die Sonne legen möchte. So verfüge ich für die Überfahrt nach Westsamoa über genug knuspriges Weißbrot an Bord.
Für den nächsten Tag habe ich eine Tageswanderung bis zum Pass hoch über der Bucht Nuku Hivas geplant. Deshalb gehe ich schon bald nach dem Sundowner in die Koje und lese noch einige Seiten über die Entdeckung der Marquesas. Dazwischen nicke ich öfters ein. Gegen Mitternacht lege ich das Buch endgültig zur Seite und falle sofort in einen unruhigen Schlaf. Ich träume von Entdeckern und Abenteurern, von Eroberungen, Krankheit und Tod. Schweißgebadet erwache ich frühmorgens. Es ist noch dunkel, in der Bucht und an Land herrschen Stille und Beschaulichkeit. Das Leuchtfeuer am alten Fort schickt seinen schwachen Lichtstrahl in rhythmischen Abständen über das Wasser. Ich lege mich ins Cockpit und schlafe nochmals ein.
Als ich abermals erwache, ist die Sonne bereits aufgegangen. Bernie und Ruth paddeln vorbei und laden mich zum Frühstück ein. Ich nehme gerne an. Anschließend packe ich meinen Rucksack und fahre an Land. Ich wandere durch den Ort, kaufe bei Maurice noch eine Packung Kekse und marschiere los, nachdem ich den ersten Tropenschauer des Tages abgewartet habe. Die Straße windet sich mehrere Bergrücken entlang hinauf zu einer Hochebene inmitten der Vulkaninsel. Dichter Bewuchs aus Farnen, Bananenstauden, Mango-, Papayabäumen und zahlreichen anderen Gewächsen, vor allem aber herrlich duftende Hibiskussträucher säumen den Weg. Hin und wieder kommt ein Pick-up ange-

rumpelt. Meistens stoppt der Fahrer und lädt mich ein, doch einfach auf die Ladefläche zu klettern und mitzufahren. Warum denn schwitzend durch die Berge marschieren, wenn es so viel leichter geht? Ich lehne höflich ab, und die Polynesier setzen lächelnd ihre Fahrt fort.

Unterwegs treffe ich zwei Franzosen: Pierre und Marc liegen ebenfalls mit ihrer Yacht in der Bucht Nuku Hivas. Sie sind schon einige Zeit auf den Marquesas. So wie ich lieben sie es, über die Inseln zu wandern, um die Natur intensiv auf Schusters Rappen zu erkunden. Während eines heftigen Regenschauers suchen wir unter einem großen alten Mangobaum Zuflucht. Er steht unmittelbar am Rande einer Abbruchkante, von der man die ganze Bucht überblickt. Nach wenigen Minuten ziehen die Schauerwolken eng an den Berghang geschmiegt nach Westen ab, um über den Rest der Insel herzufallen. Sie hüllen Teile der Bergrücken in undurchdringliches Grau, um deren Farben nach ihrem Abzug in neuer Klarheit erstrahlen zu lassen. Ein urzeitliches Schauspiel. Wir sitzen auf einem schwarzen Lavafelsen, beobachten alles und sprechen kein Wort. Das Naturschauspiel hält uns gefangen. Dann, so plötzlich, wie der Schauer eingesetzt hat, ist er auch wieder abgezogen. Die Sonne strahlt von einem nahezu wolkenlosen Himmel herab und lässt die durchnässte Insel dampfen. Wie Rauchsäulen erheben sich Dunstschwaden aus den tiefen Kratern und Schluchten. Ein atemberaubendes Szenario, das uns Zeit und Raum vergessen lässt.

Als wir am Pass eintreffen, zeigt mir Pierre einen alten, mit schwarzen Lavasteinen terrassenförmig angelegten Weg. Er führt direkt am Berghang entlang von Taiohae bis herauf zur neuen Passstraße und ist noch zum größten Teil originalgetreu wie vor hunderten Jahren erhalten. Pierre drängt mich dazu, auf diesem Weg talwärts zu gehen. Es sei ein unvergessliches Erlebnis, bestätigt auch Marc. Ich notiere mir einige markante Punkte, die mir unterwegs helfen sollen, mich nicht zu verirren, und marschiere los.

Schon das erste Wegstück ist äußerst eindrucksvoll. Ein steiler, sichtlich erst vor kurzem angelegter Pfad führt geradewegs durch eine Bananenplantage. Dazwischen stehen vereinzelt Königspalmen. Der Boden ist übersät mit Kokosnüssen, die teilweise bereits ihrerseits wieder austreiben. Das üppige Grün schließt sich auch über dem Weg zu einem sattgrünen Blätterdach und lässt die Luft schwül und drückend werden.

Schon wieder zieht ein Regenschauer über den Berghang. Ich suche Schutz unter einer großen Bananenstaude und warte. Nach dem Schauer setze ich den Abstieg fort. Der Weg hat sich durch den Regen in eine knöcheltiefe Schlammpiste verwandelt. Mehrere Male rutsche ich aus, lande im Morast und kann gerade noch meine Fotoausrüstung einigermaßen vor Nässe und Schlamm schützen. Ich selbst sehe in der Zwischenzeit wie ein Dschungelkrieger aus. Tatsächlich, ein unvergessliches Erlebnis! Dann treffe ich auf den von Pierre beschriebenen alten Teil des Weges. Ich durchquere einen Bach und säubere mich dabei einigermaßen vom Schlamm. Ein dichter Dschungel aus Palmen, Lianen und Farnen hüllt die Wegtrasse ein. Die Steine sind größtenteils dick mit Moos bewachsen und dementsprechend glitschig. Aber trotz aller Mühsal ist die Natur überwältigend. Ich

setze mich auf einen umgestürzten, mit Moos und Luftwurzeln überwachsenen Baumstamm. Aus dem Blätterdach über mir tropft Regenwasser. Ein leiser Windzug lässt die Blätter der Kokospalmen knistern. So wie hier müssen wohl auch die Entdecker der Marquesas die Inseln angetroffen haben. Orte mit wilder, üppiger Natur, schwer zugänglich und geheimnisvoll. Moskitostiche reißen mich aus meinem Gedankenausflug in die Zeit der Eroberer. Meine Füße sind in der Zwischenzeit durch Morast wund gescheuert, langsam wandere ich weiter. Immer wieder unterbreche ich den Abstieg und gebe mich für einige Minuten ganz den Natureindrücken hin.
Am späten Nachmittag erreiche ich Taiohae. Im Versammlungshaus an der Pier probt gerade eine Gruppe Jugendlicher polynesische Tänze. Ich setze mich auf die Stufen des Eingangs und beobachte die Tänzerinnen und Tänzer. Trommeln dröhnen, eine ältere Frau geht singend durch die Gruppe und korrigiert die eine oder andere Körperbewegung der Tänzer. Erst nachdem die Gruppe ihre Probe beendet hat, kehre ich auf die OASE II zurück. Jetzt machen sich auch wieder die schmerzenden Füße bemerkbar. Zudem jucken mich dic zahlreichen Moskitostiche. Ich bade ausgiebig, trage Salbe auf die entzündeten Körperstellen auf und überdenke nochmals die Erlebnisse des Tages. Die Anstrengungen der Wanderung haben sich gelohnt!
Wieder einmal läuft mir die Zeit davon und mahnt mich zum Aufbruch. Ich erledige letzte Besorgungen. Trinkwasser möchte ich in der nur drei Meilen westlicher gelegenen Daniels Bay bunkern. Angeblich ist die Wasserqualität dort sehr gut und die enge, bei jedem Wetter geschützte Bucht jedenfalls einen Besuch wert.

Den Schiffbruch vor Augen!

Ich verabschiede mich von den McDonalds. Danach gehe ich, genauer gesagt versuche ich erst einmal ankerauf zu gehen. Der Heckanker, den ich gegen das Rollen ausgebracht habe, macht nicht im Mindesten Anstalten, aus dem Grund zu brechen. Bernie und Ruth beobachten meine erfolglosen Bemühungen, springen in ihr Dingi, und noch bevor ich michs versehe, ist Ruth mit Maske, Schnorchel und Tauchflasche bewaffnet an der Ankerleine abgetaucht. Sekunden später lässt sich der Anker spielend einholen. „Er war nur unter einem Felsen verklemmt!“, ruft sie mir beim Auftauchen lächelnd zu, klettert ins Dingi und braust mit Bernie winkend davon. „See you in Fidschi!“
Ich zerre den Buganker an Bord und laufe aus. Mein Dingi schleppe ich, ans Heck kurzgeholt, im Kielwasser nach, was ich normalerweise nie mache und auch strikt ablehne. Schließlich strapaziert es das Beiboot unnötig und beeinträchtigt Fahrgeschwindigkeit sowie Manövrierfähigkeit des Schiffes. Heute, weiß der Himmel, warum, mache ich es. Drei Seemeilen sind es bis zur Daniels Bay, was sollte da schon geschehen ?
Nach vierzig Minuten unter Motor erreiche ich die Einfahrt zur Daniels Bay. In knapp einer halben Seemeile Entfernung mache ich die typischen Felskonturen

zu beiden Seiten der engen, verschlungenen Bucht aus. Das Seehandbuch enthält den Hinweis, dass der Zugang zur Bucht sehr schmal ist, mitunter steht auch starker auflaufender Seegang aus Südost vor der Einfahrt. Ich habe gerade gute Sicht, der Seegang ist mäßig, die OASE II schlingert in Richtung Einfahrt. Plötzlich, unmittelbar vor den hoch aufragenden Felsen zu beiden Seiten des engen Fahrwassers, werden die Wellen abrupt höher und steiler. Gleichzeitig wächst wie aus dem Nichts eine Schauerwolke über die östliche Bergkuppe, und fauchende, harte Böen überfallen mich. Während ich hektisch überlege, was ich jetzt tun soll, nimmt mir der Tropenschauer jede Sicht. Brecher drücken das Dingi gegen das Heck der OASE II und lassen es querschlagen. Es füllt sich mit Wasser und zerrt hart an der Schleppleine.
Unter diesen Verhältnissen kann ich unmöglich in die Daniels Bay einlaufen, ich lege also hart Ruder nach backbord und versuche abzudrehen. Die Schauerbö kreischt schrill im Rigg, große schwere Tropfen prasseln auf das Deck der OASE II, die Sicht beträgt vielleicht zwanzig Meter.
Kaum liegt das Boot quer zum Seegang, beginnt es zu treiben. Der schwache Motor ist nicht zuletzt wegen des im Kielwasser wild in Wellenrichtung zerrenden Dingis nicht stark genug, um den Bug in den Wind zu drehen. Der Brecherstreifen, wo der anrollende Seegang alles zerstörend über die vorgelagerten Felskanten brandet, ist zum Greifen nahe. Ich unterdrücke mit aller Konzentration aufsteigende Panik. „Komm schon, komm schon!“, brülle ich den Motor an, wir treiben unverändert weiter. Plötzlich lässt die Bö etwas nach. Zwischen zwei Wellen dreht der Bug unendlich langsam in den Wind. Gurgelnd rauschen Brecher über das Deck und drücken den Bug unter Wasser. Das Dingi treibt ebenfalls mehr unter als über Wasser. Trotzdem will ich es nicht aufgeben. Das Log zeigt einen Knoten Fahrt, „rums“, rauscht ein Brecher unter den Rumpf und überspült das Dingi neuerlich. Unmittelbar hinter uns tost die Brandung. Unter Aufbietung all meiner Kraft zerre ich das Dingi mit dem Bug bis über den Spoiler an die Säule des Windpiloten, weiter schaffe ich es einfach nicht. Meine Handflächen sind aufgerissen, ich belege die Schleppleine an der Nirosäule der Selbststeueranlage und vergrabe meine höllisch brennenden Hände zwischen den Schenkeln. Jetzt läuft zwar das meiste Wasser ab, dafür säuft der Außenborder am Heck des Gummibootes beinahe ab. „Ich muss ins offene Wasser“, durchfährt es mich, jedoch mit der Kraft des Motors allein ist das bei den herrschenden Bedingungen einfach nicht zu schaffen. Ein Blick auf den GPS zeigt als Fahrgeschwindigkeit null, wir machen keine Fahrt über Grund. Fieberhaft überblicke ich das Deck, die Fock 2 ist angeschlagen, sie muss uns da raushauen. Ich präge mir jeden Handgriff ein. Mir ist klar, dass ich nur einen Versuch habe, um das Segel zu setzen. Sollte dabei etwas schief gehen, wird uns der Seegang mit Sicherheit auf die Felsen werfen. Das anschließende Szenario möchte ich mir erst gar nicht ausmalen. Ich gebe mir einen Ruck und krieche Hand über Hand auf das Vorschiff. Autopilot und Motor halten die OASE II gerade noch am Fleck. Überkommendes Wasser lässt mich aufschwimmen. Ich klammere mich an die Reling und lande unsanft auf dem Rücken. Endlich erreiche ich Segel, Sicherungsbändsel und Fall.

Ich atme möglichst ruhig durch, warte noch einen Brecher ab, und dann los: Alle meine Handgriffe laufen mechanisch ab.
Ich löse die Sicherungsbändsel. Der Sturm reißt das Tuch von Deck. Ohne auf irgendein Gefühl zu achten, ziehe ich am Fall und setze das Segel. Da ich die Schot bereits vorher belegt habe, füllt sich das Segel schon auf halbem Weg. Weiter! An Deck sitzend, mich mit beiden Beinen am Mast anklammernd, zerre ich an dem Fall. Stück um Stück ruckt das geblähte Segel nach oben. Das Boot legt sich abrupt auf die Seite. Ich schleudere über Deck, der Lifebelt reißt mich zurück, verbissen umklammere ich das Fall und ziehe mit dem Mut der Verzweiflung. Endlich ist die Fock einigermaßen gesetzt. Die OASE II segelt nunmehr immer noch direkt vor der Brandung, quer zum Seegang nach Westen. Der Autopilot ist nicht mehr in der Lage, Kurs zu halten. Ich stolpere zurück ins Cockpit, übernehme die Pinne und steuere hart gegen den Wind. Der Motor erhöht – durch das Segel merklich entlastet – die Drehzahl, und nervend langsam gewinnen wir Seeraum. Zornig legt die Bö nochmals zu und drückt das Leedeck unter Wasser. Gurgelnd füllt sich ein Teil der Plicht mit brodelnder Gischt, ein wahrer Teufelsritt.
Endlich haben wir ausreichend Raum zur Küste gewonnen. Wie zum Hohn verzieht sich auch die Schauerbö in bekannt schneller Manier und lässt die Küstenlinie aus dem aufsteigenden Dunst erstehen, so, als wäre nichts gewesen. Ich bin absolut geschafft, sitze in der Plicht und fühle mich, nachdem sich meine Verkrampfung langsam löst, wie neu geboren. Diesmal waren mir tatsächlich alle Götter gut gesinnt, denke ich, klariere das Deck, verstaue mein Dingi und nehme Kurs nach Westen. Die Lust auf einen Kurzaufenthalt in der Daniels Bay ist mir unwiderruflich vergangen.
Als ich schon einige Seemeilen Abstand zur Küste habe, zieht nochmals eine Schauerfront durch und löscht Nuku Hiva für einige Zeit aus. Die OASE II aber surft bereits mit ausgebaumten Vorsegeln nach Westen, Kurs Westsamoa. Unter Umständen möchte ich auf dem Weg dahin einen Stopp in Panrhyn einlegen, einem herrlichen Atoll, das zu den nördlichen Cook-Inseln gehört.
Am späten Nachmittag befinde ich mich über der Lawson-Bank. Auf dieser Untiefe, nur wenige Seemeilen westlich Nuku Hivas, steht brutaler Seegang. Für die nächsten fünf Stunden setze ich mich ins Cockpit und überwache den Windpiloten. Ständig drücken steile Brecher das Heck der OASE II zur Seite. Nur mit Mühe kann die Selbststeueranlage einigermaßen Kurs halten. Gegen 20 Uhr beruhigt sich der Seegang etwas. Die bösartigen, steilen Querläufer werden merklich seltener.
Am ersten Abend auf See liege ich auf meiner Luftmatratze auf dem Kielboden. Zaghaft werden die ersten Sterne sichtbar. Ich beobachte sie durch das zur Hälfte offene Steckschott, höre Musik aus dem Walkman und empfinde Dankbarkeit gegenüber dem Schicksal, das mein Boot und mich den heutigen Tag schadlos überstehen ließ. Zweifellos war es eine Situation, wo trotz aller eigenen Bemühungen nur noch ein gewisses Quäntchen Glück über Erfolg oder Misserfolg, Leben oder Tod entscheidet.

Die Nacht und der erste Morgen auf See verlaufen einigermaßen friedlich. Lediglich einmal sorgt der Durchzug einer Bö für Arbeit. Jetzt bin ich gerade dabei, meinen üppigen Bananenbestand zu dezimieren. Dabei bemerke ich, dass sich meine Schürfwunden an den Füßen stark entzündet haben. Ich reinige sie mit Süßwasser und bringe Wundpuder auf. Das Salzwasser hat bereits ziemlich tiefe Krater in das Fleisch gefressen. Ich muss die nächsten Tage darauf achten, meine Füße möglichst trocken zu halten; andernfalls verheilen die offenen Stellen nie.
Noch 950 Seemeilen bis Panrhyn. Am Nachmittag gelingt es mir, Radio Österreich International zu empfangen. Bei den Nachrichten kann ich mir das Lachen nicht verkneifen. Da schimpft doch unser Außenminister über andere Politiker, also wirklich: „Wenn das die einzig wichtige Aufgabe unserer Politiker ist, sind wir tatsächlich nach wie vor eine Insel der Seligen!“, denke ich mir, schalte den Kurzwellenempfänger aus und lerne Französisch.
Nachts sichte ich zwei Fischereischiffe. Regenschauer setzen ein. Gleichzeitig bekomme ich starke Kopfschmerzen. Der Niederholer am Vorliek der Fock 2 ist gebrochen. Mit dem ersten Tageslicht repariere ich ihn. Anschließend gönne ich mir eine Salzwasserdusche. Es ist drückend schwül. Nach der Dusche reinige ich das Brückendeck und den Spoiler. Eine meiner Wunden am rechten Fuß eitert immer noch. Ich versorge sie mit Wundpuder und schreibe aufmunternd ins Logbuch: „Sie hat ja noch ungefähr eine Woche Zeit zum Heilen!“ Derart motiviert stürze ich mich über meine tägliche Französischlektion. Der Tag bleibt windschwach, wir zuckeln nach Westen.
Kurz vor Mitternacht zieht abermals ein Regenschauer durch, danach herrscht Flaute. Ich motore drei Stunden, um mir das nervende Dümpeln im kabbeligen Seegang zu ersparen. Als sich die Restdünung einigermaßen beruhigt, stoppe ich den Motor, lege mich auf meine Seekoje, döse vor mich hin und warte auf Wind. Um 8 Uhr ist es so weit. Mit einer leichten Bö kommt er aus Nordost. Vorsegel ausbaumen, und ab geht die Post. Was kann noch schöner sein!
Die nächsten fünf Tage verlaufen ruhig und ausgeglichen. 2 bis 3 Bft. aus Osten sorgen für gleichmäßig langsames Segeln. Die Passatbäume scheppern in ihrer Masthalterung. Hin und wieder rumpelt ein Genuaschlitten. Am Nachmittag des sechsten Fahrtages bin ich wieder einmal leichtsinnig und verliere dadurch beinahe einen der Passatbäume. Beim Segelwechsel lege ich den Baum ohne Sicherungsleine oder angeschlagenes Segel quer über die Reling. Eine große Welle unterläuft das Boot und lässt es weit überholen. Der Passatbaum rutscht über den Relingsdurchzug. Ich springe quer über das Vorschiff und kann gerade noch einen Kopfbeschlag erhaschen. Daran ziehe ich den Passatbaum zurück an Bord. Anschließend ärgere ich mich schrecklich über meinen Leichtsinn. Wider besseres Wissen habe ich fast den Verlust eines wichtigen Ausrüstungsgegenstandes provoziert. Nur mit meinem letzten Einsatz konnte ich dies verhindern. Wahrlich kein Grund zum Feiern.
Am achten Fahrtag überlege ich zum ersten Mal, aufgrund des Zeitdrucks gleich

bis Samoa durchzusegeln. Meine Wasservorräte reichen allemal, und ich könnte einige Tage ausspannen. Von Westsamoa sind es nur noch etwa 450 Seemeilen bis Fidschi, also eine leichter kalkulierbare Entfernung. Außerdem könnte ich Apia problemlos anlaufen. Die Riffdurchfahrt ist relativ breit und leicht anzusteuern. Schließlich habe ich mir nach meiner Panne in Nuku Hiva geschworen, kein unnötiges Risiko mehr einzugehen. Die Riffeinfahrt nach Panrhyn ist sehr schmal. Zusätzlich läuft starker Strom, und ich habe ohnehin nur wenig Zeit für einen Aufenthalt. Schon mehrere Skipper haben den Versuch, dieses Atoll anzulaufen, mit den Verlust ihres Schiffes bezahlt. Angesichts dieser Fakten fällt mir die Entscheidung leicht: Ich setze Kurs auf Apia. Das bedeutet noch 1.200 Seemeilen. Ich rechne mit zirka zwölf weiteren Tagen auf See. Um nach Suva durchzusegeln, habe ich zu wenig Wasser an Bord. Zwar könnte ich es rationieren, doch würde ich mit dieser Entscheidung gegen meinen Sicherheitsgrundsatz verstoßen, nur im äußersten Notfall Wasser bis zum letzten Tropfen einzuteilen.
Am achten und neunten Tag habe ich einen Durchhänger. Schlechtes Wetter mit böigem Starkwind und Regenschauer tragen ihren Teil dazu bei. Zusätzlich bekomme ich Durchfall und starke Kopfschmerzen. Ich wechsle den Frischwasserkanister, den ich in Taiohae befüllt habe, gegen einen aus Panama. Vielleicht ist doch das Wasser zum Trinken ungeeignet. Danach verordne ich mir eine Dusche und beginne die Segel optimal zu trimmen. Arbeitstherapie ist angesagt. Andernfalls steigt das Risiko, in einen Zustand der Interesselosigkeit und Nachlässigkeit zu schlittern. Diese Konstellation war nicht erst einmal der Beginn einer Katastrophe auf See. Nur das eiserne Festhalten an notwendigen Grundsätzen ermöglicht auf Dauer das Ertragen außergewöhnlicher Belastungen.
Es brist auf. Nachts überfällt uns eine Sturmbö. Das an Backbord ausgebaumte Vorsegel knallt back. Das Rigg beginnt zu brummen. Während sich die OASE II quer zum Seegang legt, kämpfe ich nur mit T-Shirt und Lifebelt bekleidet auf dem Vorschiff. Die Zeit zum Anziehen der Ölzeughose und der Seestiefel habe ich mir nicht mehr genommen. Mit großer Mühe kann ich die Segel klarieren. Immer wieder zwingt mich der steile Seegang auf die Knie. In ruhigeren Momenten springe ich auf und versuche hastig, die verhedderten Fallen am Mast zu klarieren. Endlich habe ich es geschafft. Wie zum Hohn ist in der Zwischenzeit auch die Sturmbö vorbei und ich setze wieder dieselben Segel, die ich gerade noch niedergeholt habe.
Starkwind, Schauerböen, fast Flaute, kabbeliger Seegang, Regen; das Wetter bleibt anspruchsvoll. Ich fühle meine Vitalität schwinden. Meine Beine werden immer träger, zum Glück habe ich den Durchfall erfolgreich bekämpft.
Ein querlaufender Brecher wirft die OASE II ohne Vorwarnung hart nach steuerbord. Durch den Wasserdruck bricht der Flaggenstock. Er hängt nur mehr an seiner Sorgleine. Im Inneren des Bootes haben sich diverse Gegenstände ziemlich dynamisch auf den Weg von backbord nach steuerbord gemacht. Im Moment hasse ich diesen Ozean. Schimpfend klariere ich das Chaos.
Ich werde bei heraufziehenden Wolken immer vorsichtiger. Zu oft schon musste ich in letzter Sekunde die Segel bergen oder das Boot für einige Zeit von Hand

steuern, um ein Querschlagen zu verhindern. Wind und Seegang passen manchmal überhaupt nicht zusammen. Es ist äußerst schwierig, aus Wolkenformationen den bevorstehenden Wind und Regen zu erkennen. Ich versuche ausgeklügelte Segelstellungen mit zwei Vorsegeln und dem gerefften Groß. Ein australischer Skipper hat mir diesbezüglich wertvolle Tipps gegeben.
Endlich bessert sich das Wetter etwas. Bei 2–3 Bft. humpelt die OASE II nach Westen. Ich kann einige notwendige Reparaturen und Servicarbeiten ausführen. Unter anderem repariere ich den gebrochenen Flaggenstock. Ausruhen ist danach das Wichtigste. Plötzlich wird meine Luftmatratze auf dem Kajütboden nass. Ich kontrolliere die Deckshausfenster. Sie lecken an drei Stellen. Durch das ständige Überkommen von Salzwasser und den anhaltenden Regen ist ein wirkungsvolles Abdichten derzeit nicht möglich. Das Nachziehen der Schrauben bewirkt nur eine Verringerung der Menge des einsickernden Wassers. Ich stopfe einige Handtücher in die Dinetteablage und setzte den Punkt auf die Reparaturliste für Apia. Das Sammeln von Regenwasser wird zu einer meiner liebsten Tätigkeiten. Ich genieße es, das klare und vor allem geschmacksneutrale Nass zu trinken. Gerade das Wasser aus dem Panama Yacht Club ist zwar trinkbar, aber stark chlorhaltig. Somit schmeckt es ziemlich ekelig und gibt damit zubereitetem Tee oder Kaffee einen herben, chemischen Eigengeschmack.
Die letzten beiden Tage auf See werden noch einmal ziemlich lebhaft. Es brist auf, die Regenschauer und Böen halten unvermindert an. Jetzt aber, da ich wieder einigermaßen bei Kräften bin, sehe ich nur noch die guten Tagesetmale. „Rauschefahrt nach Apia“, schreibe ich zufrieden ins Logbuch.
Am 17. Fahrtag ist es so weit. Wildromantisch wächst Upolu, die Hauptinsel Westsamoas aus einem lebhaften Pazifik. Schon seit längerem versuche ich erfolglos eine UKW-Verbindung mit irgendeiner Behörde herzustellen. Noch drei Seemeilen; nervös sitze ich auf dem Deckshaus und beobachte den über das vorgelagerte Riff tobenden Seegang. Dann ist auch schon die OASE II in der weiten Riffdurchfahrt. Ich lasse den Motor probelaufen. Wild zerzauste Palmen wiegen sich hinter einem Gischtnebel im lebhaften Passat. Zu beiden Seiten toben Brecher über das Riff. Durch diese wildromantische, Ehrfurcht einflößende Kulisse laufe ich in das ruhige, weiträumige Hafenbecken von Apia ein.
Ich berge die Fock und tuckere unter Motor zur Pier, wo die unter deutscher Flagge segelnde Stahlslup JACQUELINE an einem Schlepper längsseits liegt. In der Zwischenzeit konnte ich auch über UKW die Erlaubnis einholen, ebenfalls am Schlepper festzumachen. Ich drehe eine Ehrenrunde, um die Lage zu sondieren. Auf der JACQUELINE erscheint eine fröhlich winkende Lady und bietet mir an, doch einfach gleich bei ihnen längsseits zu kommen. Sie hilft mir gekonnt mit den Leinen und stellt sich danach als Carmen vor. Mich befällt sofort das untrügliche Gefühl, wieder ein echtes Unikum unter der Fahrtenseglerszene kennen gelernt zu haben. Skipper Conny, dem ich mich gleich danach vorstelle, bestätigt meinen ersten Eindruck. Die Agentur, welche gerade auf der JACQUELINE ihre Dienste verrichtet, bietet mir ebenfalls ihre Hilfe beim Erledigen der Formalitäten an. Der Preis ist moderat, und ich nehme an. Somit ist nach einer halben

Stunde alles Formelle erledigt, und Carmen, Conny und ich können uns mit einem wesentlich schlimmeren Problem beschäftigen: „Die Bierreserven der JACQUELINE sind aufgebraucht." Ich kann mit den letzten Dosen aus Panama aushelfen. Sie sind zwar nicht gerade eisgekühlt, angesichts des herrschenden Notstands schmecken sie aber wie frisch gezapft. Jetzt, wo der Tag gerettet ist, sitzen wir im Cockpit der JACQUELINE, schlürfen Gerstensaft und klönen. Als wir das Verlegen zu dem immerhin zirka zweihundert Meter entfernten Ankerplatz ernsthaft erwägen, beschließt Carmen noch zwecks Unterstützung des leiblichen Gesamtzustandes erst einmal Kaffee zu kochen; also wird noch sitzen geblieben.
Sanfter Passat weht über den Hafen und sorgt für angenehme Erfrischung. Conny und ich plaudern über unsere völlig unterschiedlichen Reisen. Während er aufgebrochen ist, um sich mit seiner Frau in aller Ruhe und Beschaulichkeit einen Lebenstraum zu erfüllen, segle ich eine Regatta gegen mich selbst. Beide haben wir unsere – jeweils für den anderen durchaus verständliche – Beweggründe und beide sind wir mit dem bisherigen Verlauf unserer Abenteuer zufrieden. Es tut gut, zufriedenen Menschen zu begegnen. Carmen serviert Kaffee, wir sitzen, trinken und genießen es, einfach da zu sein.

Die Ankunft der DAMN

Um die Mittagszeit – ich sitze immer noch mit Carmen und Conny auf der JACQUELINE – läuft ein kleiner Kajütkreuzer ein. Nur unter Segel kreuzt er durch das gesamte Ankerfeld und hält danach auf die JAQUELINE zu. Conny und ich vermuten, dass der Skipper sein Boot ins Päckchen legen, also an der OASE II längsseits gehen möchte. Die Bootsgröße ist fast dieselbe, daher wird es kein Problem geben, denke ich und bin gerade dabei, auf die OASE II überzusteigen, als der Skipper des nahenden Bootes hart Ruder legt und seinen Kurs um neunzig Grad ändert. Jetzt steuert er direkt auf die Pier zu. Diese ist jedoch keineswegs für Yachten ausgelegt. Große Hartgummipuffer und alte Lastwagenreifen verdecken die mit Eisenstreben durchsetzte raue Betonwand in weiten Abständen. Deshalb kann es vor allem bei kleinen Booten leicht zu Beschädigungen kommen.
Die DAMN – so der Name der schnittigen Siebenundzwanzig-Fuß-Slup – mit Einhandsegler Kapitän Jay an der Pinne – läuft mit halbem Wind und vollen Segeln auf die hoch aufragende Pier zu. Unmittelbar davor legt Jay abermals hart Ruder und bringt die DAMN vor den Wind. Auf diesem Kurs mit aufgefiertem Groß und aufgefiertem Fock versucht er, sein Boot längsseits zu bringen. Die DAMN rumst unsanft gegen einen Hartgummiblock, Jay versucht eine Leine irgendwo zwischen den Verstrebungen festzumachen. Da die DAMN aber nach wie vor mit gebrassten Segeln auf Vorwindkurs läuft, sind seine Bemühungen selbst bei dem herrschenden leichten Südwind vergebens. Mehrmals versucht Jay, sich an einem Reifenfender oder einer Verstrebung festzuklammern. Jedes Mal verliert er nach wenigen Sekunden den Halt, und sein leidtragendes Boot

29

.9. Taiohae, Nuku Hiva - der Geist der Ahnen
0. Polynesische Tikis bewachen die Ankerbucht

30

31

31. Bananenernte auf Nuku Hiva
32. Nachkomme der ersten Siedler Französisch-Polynesiens
33. Samoaner beim Brettspiel
34. Samoanerin im Gemeinschaftshaus (Fale)
35. Western-Samoa Police-Band

32

34

35

schrammt danach einige Meter an der Pier entlang, bevor er neuerlich für einige Augenblicke Halt findet.
Nach zahlreichen misslungenen Versuchen stößt Jay sein geschundenes Schiffchen von der Pier ab, fährt eine Halse und läuft neuerlich in Richtung OASE II. Conny und ich nehmen an, dass er dieses Mal einen Festmacher übergeben wird, um längsseits zu kommen, aber wir hatten falsch geraten. Abermals ändert er unmittelbar hinter dem Heck der OASE II seinen Kurs und läuft – wir könnens kaum glauben – geradewegs auf die Pier zu. Im allerletzten Moment legt er Ruder. Conny, Carmen und ich sehen den Bugkorb der DAMN bereits in Trümmern liegen ...
Während Jay aus Leibeskräften mit der Pinne wriggt, laufe ich los. Mein Verstand sagt mir, dass hier irgendetwas nicht in Ordnung ist. Inzwischen ist der Bug der DAMN glücklicherweise nicht frontal, sondern seitlich gegen die Pier geprallt; Jay versucht krampfhaft, das Boot zu stoppen, die gefüllten Segel treiben es unaufhaltsam weiter. Der Bootsrumpf sackt in jede Ausnehmung der Kaimauer und erhält jedes Mal einen dumpf dröhnenden Knuff. Ich rufe Jay zu, er solle alle Schotten loswerfen und die Segel bergen, aber der reagiert nicht.
Endlich erreiche ich die DAMN. Ich springe auf das etwa zwei Meter unter mir dahinschrammende Boot. „Schotten und Fallen los!“, schreie ich abermals, jedoch Jay schenkt meinen Rufen keine Bedeutung, sondern krallt sich neuerlich an einem Reifenfender fest. Schweißüberströmt, mit feuerrotem Kopf und leerem Gesichtsausdruck starrt er mich aus kleinen, blutunterlaufenen Augen an. Er ist sichtbar am Ende seiner Kräfte. Ich werfe sämtliche Schoten und Fallen los. Jay verliert den Halt. „Rums!“ Neuerlich kracht der Bootsrumpf gegen Metallverstrebungen, Poller und Reifenfender. Ich zerre Groß und Fock an Deck. Langsam verliert die DAMN an Fahrt. Inzwischen erscheint eine Mitarbeiterin der ansässigen Schiffsagentur an der Pier. Sie übernimmt die Leine, die ihr Jay, soeben wieder zu neuem Leben erwacht, zuwirft. Noch ein Festmacher am Bug – und endlich liegt die DAMN sicher vertäut längsseits. Jay fragt sich, wo ich so plötzlich hergekommen bin, ich frage Jay, warum er dieses Szenario veranstaltet hat. Er sinkt auf die Cockpitbank, fährt sich mit einer Hand über seine Bartstoppeln und meint mit einer Geste der Resignation: „Alles kaputt, ich dachte, ich erreiche Westsamoa nie!“
Die Lady der Schiffsagentur übernimmt seine Papiere, um die notwendigen Formalitäten zu erledigen. Jay fragt nach Zigaretten; Conny kann aushelfen. Wir sitzen im Cockpit der JACQUELINE. Carmen kocht frischen Kaffee. Jay hat am ganzen Körper rote Flecken, ein offensichtliches Zeichen der Überforderung. Er raucht mit zitternden Händen eine selbst gedrehte Zigarette nach der anderen. Beim Drehen verstreut er von Connys Tabak mehr in der Plicht, als in dem unregelmäßig eingerollten Zigarettenpapier letztendlich verbleibt. Allmählich wird er etwas ruhiger und beginnt zu erzählen.
Schon bei seinem Auslaufen in Hawaii vor über vier Wochen brach der betagte Motor der DAMN, ein 5-PS-Außenborder. Nach wenigen Seemeilen stellte sich außerdem heraus, dass Jay das Boot komplett überladen hatte. In schwerem Wetter kam reichlich Wasser über. Das große Vorschiffsluk der DAMN besitzt

keine Dichtung, deshalb drang Seewasser ins Schiff. Nach zwölf Tagen auf See begann der GPS-Empfänger eindeutig falsche Positionen anzuzeigen, einige Tage später verweigerte er zur Gänze seinen Dienst. Jay, der weder einen Ersatzempfänger noch Sextanten und nautische Tafeln an Bord hatte, musste sich daher auf Koppelnavigation verlassen. Eine denkbar unsichere Art, Ozeane zu befahren. Zudem drang Seewasser auch in die Verkabelung der Solarpaneele und legte die Stromversorgung lahm. Nunmehr ohne Motor, Stromversorgung und verlässliche Navigation, kämpfte er sich durch Flauten und Gewitterstürme. Die Angst, an den Samoanischen Inseln vorbeizusegeln oder irgendwo auf Grund falscher Navigation aufzulaufen, machte ihn schier verrückt. Er konnte nicht mehr schlafen, litt unter Appetitlosigkeit und Angstzuständen. Auch die Zigaretten waren aufgebraucht. „Zum Durchdrehen!“, schildert Jay emotionsgeladen die Situation, während er einen Glimmstengel nach dem anderen pafft. Dann endlich, letzte Nacht, erkannte er den Widerschein der Lichter Apias am nächtlichen Himmel und fasste neuen Mut. Er kreuzte noch mehrere Stunden mit großem Sicherheitsabstand vor der Riffpassage auf und ab, ehe er sich, inzwischen war es später Vormittag, in den Hafen von Apia wagte. „Das leidliche Finale meines Horrortrips habt ihr ja selbst miterlebt“, schließt er resigniert und blickt mit verlorenen Augen über den Hafen.
Carmen bringt frischen Kaffee, wir sitzen wortlos und überdenken Jays Erzählungen. Langsam bessert sich sein Zustand, er kann auch wieder lachen. Wir gehen nacheinander vor Anker. Dabei schleppt Conny mit der starken Maschine seiner JACQULINE die DAMN von der Pier zum Ankerplatz. Jay verschwindet unter Deck und taucht bis zum nächsten Tag nicht mehr auf. Ich klariere das Deck der OASE II, pumpe mein Dingi auf und gehe mit Conny und Carmen an Land.
Wir haben uns erst vor ein paar Stunden kennen gelernt und fühlen uns wie alte Freunde. Wir wechseln Geld, kaufen frische Lebensmittel, telefonieren mit der Heimat und sitzen anschließend bei herrlich kaltem Bier „made in Samoa“. Auch heute noch schickt die hier ansässige, von Deutschen gegründete Brauerei ihre zukünftigen Braumeister nach Deutschland, um ihnen dort den letzten Schliff in Sachen Braukunst geben zu lassen. Dementsprechend ist auch die Geschmacksnote und Qualität des Gerstensaftes. „Eines geht noch rein!“, lautet unser einstimmiger Beschluss, bevor wir ins „Rainforest“ weiterziehen.
Dieses ausgefallene Restaurant liegt direkt an der Wasserfront Apias. Seine Besitzer, die waschechte Berlinerin Barbara und der gebürtige Schweizer Christian, haben dieses Haus auf originelle Art und Weise dekoriert: mit unzähligen Pflanzen, roh gezimmerten Tischen und Bänken sowie einer kleinen Fotoausstellung zum Thema Samoa. Es ist dazu noch eines der ältesten Häuser der Insel. Sie servieren einheimische Küche in größter Vollendung. Außerdem ist ihr Lokal TO-Stützpunkt, und Barbara erteilt im Hinterzimmer mit selbst zusammengestellten Lehrbehelfen Deutschunterricht. Christian spielt, wenn er Zeit hat, auch gerne den Fremdenführer und veranstaltet Inselrundfahrten. Wir lassen uns sogleich dafür vormerken und nützen die günstige Gelegenheit, die Hauptinsel Westsamoas unter kompetenter Führung zu erkunden.

Trompetengeschmetter und Trommelwirbel reißen mich aus dem Schlaf. Die Uhr zeigt zehn vor acht. In gewohnter Weise setze ich mich in der Vorschiffkoje auf und stecke den Kopf durchs Luk, um die Verursacher auszumachen. Auf der Uferstraße marschiert in Reih und Glied, in ihre traditionelle Uniform gehüllt, die Gouverneursgarde. Ich springe aus der Koje, greife mir das Fernglas und schaue. Mit geschwellter Brust, weißen Helmen, hellblauen Uniformhemden, dazugehörigen faltenfreien Röcken und braunen Ledersandalen bewegen sich die Männer im Gleichschritt zum einige hundert Meter entfernten Regierungsgebäude. Autos werden angehalten, Fußgänger bleiben stehen und ganz Apia lauscht dem Instrumentenwirbel.

Später frage ich Carmen nach dem Grund des Aufmarsches. Sie erklärt mir, dass das eben Gesehene täglich stattfindet. Die Garde marschiert, von ihrer Kapelle rhythmisch angefeuert, aus der Kaserne geradewegs zum Regierungsgebäude, um die Nationalflagge zu hissen. Anschließend zieht sie sich in gleicher Weise zurück. Tags darauf klingelt frühmorgens der Wecker, ein Fototermin ist angesagt. Mit schwerem Marschgepäck, soll heißen großer Fototasche, stehe ich an jener Kreuzung, wo die Nationalgarde in die Uferstraße einbiegt. Punkt 7 Uhr 50 setzt Blasmusik ein und unmittelbar danach naht das Polizeiregiment. Vorauseilend begleite ich die Truppe. Mehrere Fotografen und ein Kamerateam sind am Aufgang zum Regierungsgebäude, wo auch die Flaggenmasten stehen, bereits in Stellung gegangen. Auch ich sichere mir einen guten Platz, die Show kann beginnen.

Im Gleichschritt, ohne auch nur den geringsten Fehltritt, marschieren sie auf. In der Mitte die Kapelle, an den Flügeln das gemeine Fußvolk und, alles überschauend in zentraler Position, die hochdekorierten Kommandanten. Kommandos schallen, Getrampel, Geklatsche, alles harrt bewegungslos, den Blick zur Flagge gerichtet. Lediglich drei Mann ziehen das Tuch ehrfürchtig in luftige Höhen.

Ich kauere am Boden, um aus günstigerem Winkel fotografieren zu können. In diesem Moment trifft mich ein Blick, der mich blitzartig wieder Haltung einnehmen lässt. „Äh, ich wollte ja nur …“, versuche ich dem stämmigen Polizisten zu signalisieren. Der aber würdigt mich keines weiteren Blickes und zerrt an der Flaggenleine. Dann weht die Nationale hoch über uns im Passat. Jetzt heißt es: „Alles stillgestanden, kehrt, und im Gleichschritt, marsch.“

Beim Abbiegen von der Uferstraße erleide ich beinahe einen Arbeitsunfall. Schon auf dem gesamten Rückweg habe ich den Mann mit der großen Trommel beobachtet, die er über einem ebenso voluminösen Bauch trägt, und auch etliche Male mit der Kamera eingefangen. Jetzt möchte ich noch eine Frontaleinstellung knipsen. Durch den Kamerasucher beobachte ich am Fahrbahnrand stehend die Truppe. Dann ist es so weit. Eins, zwei, rechts um … Ehe ich michs versehe, habe ich nur noch die Trommel im Sucher, instinktiv springe ich auf den Gehsteig. „Platsch!“ Schon trampelt der massige Samoaner genau über die Stelle, wo ich soeben noch gestanden bin. Ohne Zweifel hätte mich der musikalische Krieger überlaufen, wenn ich nicht geflüchtet wäre. Eins, zwei, eins, zwei, verschwindet ein Gardist nach dem anderen im Tor der Polizeikaserne. Froh darüber, keinen Sandalenabdruck auf der Brust zu haben, trete ich ebenfalls den Rückzug an. Carmen und Conny schütteln sich vor Lachen, als ich ihnen den Zwischenfall berichte. Ich finde das gar nicht so lustig und strafe sie, indem ich beim gemeinsamen Frühstück hemmungslos zuschlage.

Herby läuft mit seiner BEULE ein. Er ist ein alter Bekannter der JACQUELINE-Crew. Gemeinsam haben sie einige Südseeinseln angelaufen. Der Elektrikermeister aus Berlin hat sich das dreißigste Lebensjahr als letzten Starttermin für eine Weltumsegelung gesetzt, und hier ist er nun. Für das ehemalige Crewmitglied der legendären GORCH FOCK ist Segeln ein gründlich erlerntes Metier. Dem Leitsatz „keep it simple“ entsprechend ist sein Schiff zweckmäßig ohne jedes dem Komfort dienende Zubehör ausgestattet. Diese Tatsache ermöglichte es ihm, seinen Lebenstraum mit bescheidenen finanziellen Mitteln zu verwirklichen.

Frühmorgens erwartet uns Christian an der Pier. Mit seinem Geländewagen brechen wir auf: vier Männer und eine immer fröhliche, standfeste Frau. Ich darf wegen meiner geplanten Foto-Orgie den Beifahrersitz belegen. Bei offenem Seitenfenster versuche ich auch im Fahren das eine oder andere Motiv einzufangen. Schließlich kann ich ja unseren Hobbyfremdenführer nicht nach jeder Biegung zu einem außerordentlichen Stopp auffordern.

Christian zeigt uns die schönsten Plätze der Insel. Während der Fahrt erzählt er Grundsätzliches über die Geschichte und Lebensart der Samoaner. Wir baden unter tosenden Wasserfällen, besichtigen wilde, scheinbar bodenlose Schluchten mit undurchdringlichem Tropendschungel und erreichen den malerischsten, schier endlosen, blendend weißen Sandstrand an der Westseite Upolus. Das Wasser des Pazifiks schimmert in den wunderbarsten Pastelltönen, Palmenblätter rascheln im Passat und vereinzelt springen Fische. Wildromantische Beschaulichkeit, so weit das Auge reicht.

Grund und Boden auf Samoa ist fast ausschließlich Privatbesitz. So kommt es, dass man an den meisten Orten einen geringfügigen Eintritt entrichten muss. Dafür werden aber auch die jeweiligen Landstriche oder Gebäude gepflegt, so wie hier unser Traumstrand, und es bestehen außerdem zumindest die notwendigsten sanitären Anlagen. Im Zeitalter des Massentourismus, der aber in Westsamoa noch nicht ausgebrochen ist, eine begrüßenswerte Vorgangsweise.

Wir sitzen unter einem aus Palmblättern geflochtenen Sonnendach. Zwischen den Zehen rieselt feiner, weißer Korallensand. Solcherart genießen wir den von Christian mitgebrachten Lunch. Als wir auch die letzte eisgekühlte Trinkkokosnuss leer geschlürft haben, geht es weiter.

Auf Westsamoa legten die Deutschen während ihrer kurzen Präsenz als Schutzmacht große Kokosnussplantagen an. Mit ihrer weltbekannten Gründlichkeit pflanzten sie die Palmen in Reih und Glied mit regelmäßigen Abständen und daraus resultierender gründlicher Bodennutzung. Somit konnten lange Jahre ordentliche Gewinne erwirtschaftet werden, bis der allgemeine Koprapreisverfall einsetzte.

Heute noch besteht auf der Insel großflächiger Palmenbewuchs. Mancherorts ragen die alten Königspalmen scheinbar himmelhoch auf. Durch ihre dichten

Blätterkronen bricht sich tausendfach das Sonnenlicht und erzeugt atemberaubende Schattenspiele. „Moment, noch ein Foto!“ Meine Begleiter mahnen mit gespielter Entrüstung zur Weiterfahrt. Schließlich stehen noch mehrere Punkte auf unserer Reiseroute.
Wir begegnen einer Gruppe von Schulkindern. Ich ersuche Christian anzuhalten, damit ich einige Fotos von den ausgelassen lachenden und winkenden kleinen Samoanern in ihren schicken Uniformen schießen kann. Dieser verdreht die Augen und warnt mich eindringlich vor den „kleinen Raubtieren“, wie er sie bezeichnet. Samoanische Kinder lieben es, fotografiert zu werden. Da sie grundsätzlich in ihrer Kultur bei der Erziehung große Freiheiten genießen – ganz im Gegensatz zu ihrem späteren Leben –, laufen sie bei Aktivitäten, wie von mir gerade beabsichtigt, zu Bestform auf und sind laut Christians Schilderungen nach wenigen Augenblicken unkontrollierbar. Ich bitte ihn dennoch, wenigstens möglichst langsam zu fahren. Schon aus einiger Entfernung beginne ich mit einem starken Teleobjektiv zu fotografieren. Kaum haben die ersten „kleinen Raubtiere“ meine Absichten erkannt, bricht unter ihnen markerschütterndes Freudengeheul aus. Grimassen schneidend stürmen sie uns entgegen. Objektivwechsel, Filmwechsel. Dann hat uns der erste Stoßtrupp erreicht. Die letzte Einstellung, bevor sich eine Schokoladenhand am Objektiv festhält, zeigt nur mehr die verzerrte Grimasse eines kleinen Samoaners, der sich bis zuletzt gegen das Schubsen und Drängeln seiner Kameraden behaupten kann.
Vorsichtig beschleunigt Christian sein Auto, und die hüpfende, laut lachende und kreischende Horde bleibt am Straßenrand zurück. „Na, hab ichs dir nicht gesagt?“, lacht er, während ich mein Objektiv oberflächlich reinige. In der Hitze des Gefechts hat es neben einiger Klebefinger auch Kaugummi abbekommen. Ich bin trotzdem zufrieden, die wilden Kleinen in Aktion erlebt zu haben.
Wir besichtigen noch eine weitläufige Schlucht und die weltbekannten Baumriesen Samoas. Sie werden nach einigen Jahren von den eigenen Luftwurzeln erstickt. Danach bleibt der Baum inmitten der wachsenden, ständig neu sprießenden Wurzeln nur noch als abgestorbenes Klettergerüst bestehen. Über die ganze Insel verteilt kann man die abgestorbenen Riesen finden, welche von treibendem und grünendem Leben eingehüllt sind. Einige haben enorme Ausmaße und erheben sich inmitten sattgrüner Wiesen in den mit Passatwolken übersäten Himmel.
Aber auch im Südseeparadies bleibt die Zeit nicht stehen, und ich muss an den Abschied denken. In vier Wochen ist ein Treffen mit Anita in Fidschi vereinbart. Dass ich keinesfalls zu spät ankommen möchte, versteht sich wohl von selbst.
Ich bleibe noch zwei Tage, um ein Kanurennen im Hafen Apias mitzuerleben. Stundenlang liefern sich diverse Paddelcrews harte Duelle. Abschließend steigt eine rauschende Siegesfeier. Die Polizeimusikkapelle sorgt für Stimmung und auch die nicht mit Pokalen und Medaillen bedachten Crews sind bester Stimmung. Alle Akteure huldigen augenscheinlich dem olympischen Gedanken und feiern bis tief in die Nacht.

Halbzeit

Apia – Suva

Schon frühmorgens gehe ich ankerauf. Mit halber Motorkraft durchfahre ich die Riffpassage, es beginnt zu regnen. Ich setze Passatsegel und stoppe die Maschine. Auffrischender Südost lässt die OASE II lebhaft nach Westen segeln. Mittags durchlaufe ich den Kanal zwischen Upolu und Savai, der nördlicheren Insel Westsamoas. Am Südkap von Savai stehen weithin sichtbare Wasserdampfwolken. Sie stammen von den weltbekannten „Blowing Holes". Das sind Löcher im Gestein der felsigen Küste. Pazifikschwell stürmt dagegen an und presst Seewasser mit ungeheurem Druck in das Felsenlabyrinth. Dadurch entweichen imposante Wasserfontänen aus den vertikalen Öffnungen, welche praktisch eine Ventilfunktion erfüllen. Ohrenbetäubendes Getöse begleitet dieses Naturschauspiel.
Ich setze Kurs auf die Nanuku-Passage ab, noch 600 Seemeilen bis Suva.
Wieder einmal sind lieb gewonnene Freunde zurückgeblieben, wieder einmal fühle ich mich schrecklich einsam, wenngleich ich das Segeln aus vollen Zügen genieße. Zwei Seelen wohnen in meiner Brust.
Nieselregen und konstanter Südostpassat beherrschen die ersten Fahrtage. Ich segle über die Datumsgrenze, überspringe formal einen Kalendertag, bin also gegenüber meiner Abfahrtszeit um zwölf Stunden zurück. Der Seegang wird ruppig, weiterhin herrscht schlechtes Wetter. Auf Grund der extrem hohen Luftfeuchtigkeit wachsen Stockflecken. Kleidung, Bücher, die Innenverkleidung der Dinette und vieles mehr sind davon befallen. Missmutig sitze ich verkeilt in der Navigationsecke und brüte über meine Reise, deren Sinn oder Unsinn.
Mein Schlafplatz auf dem Kajütboden der OASE II ist nass. Ungläubig blicke ich auf die triefende Luftmatratze, also auf zur Lecksuche. Ich werde schnell fündig. Die Decksfenster lecken abermals an mehreren Stellen. Ich versuche, das eindringende Wasser, so gut es geht, mit Handtüchern aufzusaugen. In einer kurzen Regenpause verschmiere ich die offenen Fugen mit Silikon, einstweilen hält es. Die Service-Liste für Suva wird länger und länger. Kein Wunder, bedenkt man, dass die OASE II in der Zwischenzeit immerhin um die halbe Welt gesegelt ist. Ich bin trotz der diversen Abnützungserscheinungen stolz auf mein kleines Boot. Ich hoffe, es wird mich auch in der zweiten Hälfte meiner Weltumsegelung sicher über die Ozeane tragen.
Regenschauer, Windböen, Kreuzseen, das Wetter bleibt anspruchsvoll. Das Getriebe der Backbordwinsch bricht, ich habe Glück, dass die wirbelnde Winschkurbel mir nicht den Unterarm zerschlägt. Die gesetzte Fock 2 rauscht laut knatternd aus, wild schlägt ihr Schothorn um sich. Ich belege die Schot auf der Steuerbord-

winsch und hole sie dicht. Die Leine ächzt, noch eine halbe Umdrehung, geschafft! Nass und verärgert sitze ich im Cockpit. Schon zum zweiten Mal macht eine Winsch Schwierigkeiten. War ihr Kauf ein Fehlgriff oder habe ich eben nur Pech? In Suva werde ich sie austauschen, mal sehen, wie lange die neue hält.
Die Zephyr Bank bleibt achteraus, der Seegang wird etwas harmonischer, nachts setzt auch der Regen aus und es werden sogar einige Sterne zwischen den dunkel drohenden Schauerwolken sichtbar.
Nach fünf harten, nassen Tagen auf See erreiche ich die Inselwelt der Fidschis. Gleichzeitig überqueren wir 180° West, ich schreibe also wieder östliche Länge. Mit kurzen Entspannungspausen versuche ich mich einigermaßen bei Kräften zu halten. Auf Grund des wechselhaften Wetters und der unmittelbaren Nähe zahlreicher Riffe und Inseln ist mir Schlafen im Moment zu riskant. Auch die starken Strömungen machen das Navigieren nicht gerade einfacher. Neuerlich setzen Regenschauer ein, langsam bekomme ich Schwimmhäute zwischen den Fingern. Als Draufgabe wird nun auch noch der Wind umlaufend. Völlig übermüdet und entnervt laufe ich erst einmal Levuku, an der Ostseite Viti Levus, an. Dort kann ich zumindest ausschlafen. Morgen, so das Wetter nicht zu stürmisch ist, werde ich nach Suva weitersegeln.
Ich laufe durch die nach Osten offene Riffpassage in den einigermaßen geschützten Hafen von Levuku ein. In einigem Abstand zur Uferpromenade lasse ich den Anker fallen, stecke ausreichend Kette und überlege, ob ich das Hafenamt aufsuchen soll. Es ist Samstag Nachmittag, alle Behördenvertreter sind also mit größter Wahrscheinlichkeit längst im Wochenende. Eine diesbezügliche Anmerkung im Handbuch bestärkt meine Überlegung, hier nur ordentlich auszuschlafen und morgen wieder mit Ziel Suva auszulaufen. Ich wäre dann am Montag Vormittag dort, das klingt nach optimalem Timing. Ich wechsle noch ein paar Worte mit dem Skipper der neben mir ankernden zwölf Meter langen Slup WHITE POINTER. Seine Frau und er haben die schnittige Yacht von Neuseeland nach Fidschi gesegelt. Ein harter, aber eindrucksvoller Törn, so beschreibt er mit spürbarer Zurückhaltung ihre Reise durch dieses bekannt anspruchsvolle Fahrgebiet. Danach falle ich todmüde in die Koje. Trotzdem kann ich nicht gleich einschlafen. Ich bin in Fidschi! Dieser Satz schwirrt mir durch den Kopf, ab jetzt geht es also bergab, rechnerisch befinde ich mich bereits auf dem Heimweg. Ein komisches Gefühl, bin ich doch noch mitten im Pazifik, genau dort, wovon ich jahrelang geträumt habe. Zufriedenheit durchströmt meinen Körper, ich schlafe ein.
Als ich erwache, fühle ich mich wie neu geboren. Raus aus der Koje und ran an die Schoten, Suva wartet. Ich höre noch den Wetterbericht, na ja, 5 bis 6 Bft. aus Südwest werden vorausgesagt, aber schließlich kann ich ja unmittelbar am Riff entlangkreuzen. Dadurch steht nur wenig Seegang bevor, es dürfte also kein Problem sein. Ich laufe aus, bringe die OASE II so hart wie möglich an den Wind und lasse sie laufen. Schlag um Schlag segeln wir nach Süden. Am frühen Nachmittag pfeift es tatsächlich mit sechs Windstärken aus Südwest, jedoch wie erwartet hält sich der Seegang in Grenzen. Ich binde das zweite Reff ins Groß. Die OASE II reagiert mit deutlich weniger Lage und Abtrieb.

Abends sendet Radio Suva Starkwindwarnung. Das letzte Stück an der Südseite Viti Levus könnte also wirklich unangenehm werden. Frühmorgens runde ich das Nasilai-Riff im Südosten Viti Levus. Augenblicklich werden die Segelbedingungen härter. Der Wind legt nochmals zu, gleichzeitig läuft starker Seegang aus Südwest. Mächtige Wellen drücken mein kleines Boot aus dem Kurs. Obwohl wir fünfeinhalb Knoten über Grund laufen, ist der Abtrieb so groß, dass ich keinen Weg aufs Ziel gutmache. Also bleibt mir erst einmal als einzige Strategie, auf und ab zu kreuzen und abzuwarten. Sollte sich bei Tagesanbruch noch nichts geändert haben, werde ich durch eine der südlichen Riffpassagen in die Lagune einlaufen, um anschließend innerhalb des Riffes nach Suva weiterzusegeln. Das Navigieren ist dort jedoch sehr schwierig. Enges Fahrwasser, starke Strömungen und nahezu nicht vorhandene Markierungen bergen unzählige Gefahren. Deshalb wäre diese Möglichkeit für mich eine absolute Notlösung.
Kurs 175° für eine Stunde, Wende, Kurs 350° für eine Stunde, Wende, Kurs 175° und so weiter …
Bei Sonnenaufgang entspannt sich die Lage. Zwar wird die OASE II unverändert vom Seegang nach Südosten gedrückt, der Wind und die damit verbundene Windabdrift haben aber abgenommen, ich mache wieder Weg nach Suva. Noch fünf Seemeilen bis zur Riffpassage. Ich werde ungeduldig und lasse den Motor mitlaufen, um die Abdrift abermals zu verringern. Unmittelbar beim Ansteuern der Riffdurchfahrt zieht eine dichte Schauerwolke über die Küste. Sie löscht jegliche Sicht aus. Ein Frachter, der gerade aus Südwesten aufkommt, wird ebenfalls verschluckt. Schweren Herzens mache ich das einzig Richtige, drehe ab und segle langsam nach Südosten. Dort ist der Seeraum mit Sicherheit frei. Ein sintflutartiger Regenschauer zieht über uns hinweg. Dreißig Minuten später ist alles vorbei, also nehme ich abermals Kurs auf Suva.
Das darf doch nicht wahr sein! Kaum bin ich wieder eine Seemeile südlich der Ansteuerungstonne, kommt ein neuerlicher Schauerdurchzug. So schwer es mir auch fällt, ich drehe ab und warte. Mein Erlebnis in Nuku Hiva hat mir ein für alle Mal demonstriert, wie gefährlich diese Situationen sind, wie schnell man dabei Schiffbruch erleiden kann. Ich habe den Wink Neptuns verstanden. Das einzig wirklich sichere Verhalten in solchen Situationen ist abwarten, so schwer es auch angesichts der unmittelbaren Hafennähe fällt. „Ja, aber wenn das Schiff mit Radar und modernster Navigationselektronik ausgestattet ist, kann das doch kein Problem sein!“, werden nun einige von Ihnen denken. Natürlich, mit ausreichender Crew an Bord und Radar hätte auch ich die Ansteuerung nicht abgebrochen. In meinem Fall jedoch, ohne Radar, alleine, nach durchwachter Nacht und entweder in der Navigationsecke oder am Ruder und Ausguck, wäre das Risiko unvertretbar groß.
Trügerisch steht nach dem zweiten Schauer die verwaschene Silhouette Suvas am diesigen Horizont. Dazwischen aber, zwischen mir und dieser anmutigen Kulisse, ragt das Ringriff bis an die Wasseroberfläche. Es lauert dort und ist bereit, jedes Schiff, das ihm zu nahe kommt, zu vernichten. Das rostzerfressene Wrack eines Leichters ist der sichtbare Beweis dafür. Hoch und trocken liegt es

auf der Außenseite. Gischtend wird es von auflaufenden Brechern umspült. Erst einmal gestrandet, gibt es nur mehr einen Weg, den Weg über die messerscharfen Korallenköpfe. Er endet dann, wenn sie sich in den Rumpf geschnitten haben, wenn das Opfer vollgeschlagen und träge zum Stillstand kommt und jegliche Rettungsversuche unmöglich geworden sind.

Beim dritten Mal klappt es. Ich laufe in den weiträumigen Hafen Suvas ein und gehe unmittelbar vor dem Behördengebäude an einer amerikanischen Yacht längsseits. Mit der Bordfrau wechsle ich ein paar Worte, erfahre, dass der Skipper ebenfalls gerade beim Einklarieren ist, verstaue meine Papiere und klettere über das Deck der FIDDLER'S GREEN an Land. Es ist zehn Minuten vor der Mittagspause, als ich die Hafenkommandantur erreiche. Von der Gesundheitsbehörde und dem Zoll werde ich noch abgefertigt, der Beamte am Immigrationsschalter weist mich an, nach vierzehn Uhr wiederzukommen. Ich bin dennoch, vor allem auf Grund der entspannten Atmosphäre, gut gelaunt. Man hat hier das Gefühl, willkommen zu sein. Mittagspausen gibt es schließlich weltweit und es ist letztendlich meine Schuld, wenn ich gerade jetzt ankomme. „Also kein Grund zum Motzen!", ermahne ich mich selbst, gehe zurück an Bord und beginne das Deck zu klarieren.

Rudi, Skipper der FIDDLER'S GREEN, hat es gerade noch geschafft. Seine Papiere sind komplett. Ich löse meine Leinen und drehe eine Warteschleife. Als Rudi abgelegt hat, kann ich neuerlich längsseits gehen, diesmal an einem Hafenschlepper. Die fidschianische Besatzung winkt mich heran, belegt meine Festmacher und steht anschließend lachend an der Reling des ausschließlich aus einer enormen Dieselmaschine bestehenden Arbeitsschiffes. Dieses Kraftpaket – so könnte man glauben – wurde lediglich mit einen Schiffsrumpf umgeben, fertig ist das PS-Monster. Ich lade die Fidschianer zum Lunch ein, sie trinken aber lediglich ein Cola, ihr Mittagessen haben sie schon eingenommen.

Pünktlich um 14 Uhr erscheine ich im Büro der Einwanderungsbehörde. Der Beamte – ich glaube zu träumen – entschuldigt sich bei mir für den Umstand, dass sich die Mittagspause mit meiner Ankunft überschnitten hat. Entschieden erkläre ich ihm, dass er nun wirklich nichts dafür könne, wenn ich zur falschen Zeit ankomme. Er schüttelt sich vor Lachen angesichts meiner lustigen Formulierung, knallt die Stempel in den Pass, übergibt mir noch zwei ausgefüllte Formulare und wünscht mir einen schönen Aufenthalt in Fidschi.

Ich verlege zum Royal Suva YC am nördlichen Ende des Hafens. Der Anker fällt auf zweieinhalb Meter Wasser inmitten vieler Yachten aus aller Herren Länder. Anschließend fahre ich mit dem Dingi an Land und melde mich im Büro des Yachtclubs. Gegen ein geringes Entgelt können ankernde Yachten die Clubeinrichtungen wie Dingipier, Duschen und Toiletten, Waschmaschinen und Wasser benutzen. Ich frage zusätzlich, ob nicht vielleicht eine Lücke am einzigen Schwimmsteg der Clubanlage frei wäre. Schließlich habe ich jede Menge zu reparieren, zu reinigen und nahezu die gesamte Wäsche zu waschen. Ein Arbeiter besichtigt mit mir den Steg. Tatsächlich, da wäre eine kleine Lücke frei. Zurück im Büro, erfahre ich die Höhe der Liegekosten, sie sind annehmbar. Abgemacht!

Ray, Skipper der ebenfalls hier ankernden WHITE POINTER, hilft mir beim Anlegen. Gemeinsam bugsieren wir die OASE II mit den Heck voran in die enge Lücke am Schwimmsteg. Verärgert beobachtet uns der Skipper der an der Lücke angrenzenden Slup EVE. Mit einem solchen Schlachtschiff braucht er sich ja wirklich nicht vor der kleinen OASE II zu fürchten. Seinen forschen Zwischenruf, hier sei zu wenig Platz für noch ein Boot, überhören wir freundlich lächelnd. „Yes, yes, no problem!“, flöte ich und belege die Achterleinen.
Äh ..., wie bitte? Sein Vierzig-Fuß-Schiff könnte meines bei starkem Wind zerdrücken?! – Warum denn das? Ach so, sein Buganker sei schlecht ausgebracht. O.K., wir werden uns auch darum kümmern. Mit vor Zorn gerötetem Kopf verschwindet er unter Deck. „Ich bin mir ziemlich sicher, er beobachtet uns“, sage ich zu Ray. Der nimmts ebenfalls gelassen. Mit den Dingi bringen wir zwei Buganker aus. Somit habe ich die Garantie, im Falle eines markanten Schlechtwettereinbruchs ausreichend vorgesorgt zu haben, oder kann notfalls sogar auslaufen. Die OASE II liegt sicher und für alle Eventualitäten gerüstet. Jetzt bringen wir den dritten Hauptanker meines Bootes aus. Wir führen die Leine ans Heck der EVE. Plötzlich steht ihr Skipper sichtlich beschämt an der Reling. Nun, so sei das ja auch wieder nicht gemeint gewesen, man mache sich ja Sorgen als pflichtbewusster Schiffsführer. Meinen Anker, nein, den könne ich wieder einholen, er werde seinen überprüfen, kein Grund zur Sorge. Augenscheinlich plagte den armen Kerl das schlechte Gewissen. Gut so, denke ich, vielleicht ist er dann beim nächsten Mal etwas freundlicher. Ray verabschiedet sich, ich klebe meine Arbeitslisten an das Schott der Navigationsecke. Los gehts! In zwei Wochen kommt Anita.

Klarmachen zum Wiedersehen

Die Tage, vollgestopft mit Arbeit, vergehen wie im Flug. Segel überholen, Brennstoff besorgen, reinigen, Servicearbeiten an Motor und Beschlägen, das Rigg überprüfen, Niedergangsschott und Motorschachtdeckel lackieren ... Meine Checkliste nimmt kein Ende.
Am Tag vor Anitas Ankunft sitze ich mit Freunden in der Clubbar. Ich äußere meinen Unmut über die exorbitanten Taxipreise zum Flughafen. Ann, eine in Suva lebende Australierin, hat einen Insidertipp auf Lager: „Wenn du morgen früh nach Suva gehst, findest du gegenüber dem Busbahnhof so genannte Sammeltaxis. Sie fahren ab, sobald ausreichend Fahrgäste vorhanden sind. Bezahlt wird pro Person zwanzig Fidschidollar für eine Richtung!“ – „Das wäre erschwinglich“, überlege ich laut.
Nach diesem Tipp schmeckt mein Fidschi Bitter gleich noch mal so gut.
Um fünf Uhr bin ich auf den Beinen. Der Sicherheitsmann im Yachtclub öffnet mir das Tor und ich trabe verschlafen nach Suva. Tatsächlich finde ich die Straße mit den Taxis, setze mich in das erste, noch gänzlich leere, und warte. Eine dreiviertel Stunde später haben sich drei weitere Fahrgäste eingefunden und es geht los. Der Fahrer, ein Fidschianer indischer Abstammung, erweist sich als sehr

angenehmer Zeitgenosse. Immerhin sind es je nach Fahrtroute einhundertsechzig Kilometer zum Nadi Airport. Auf halben Weg machen wir eine kurze Pause.
Die längste Zeit fahren wir entlang der Küste. Wild zerzauste Palmen winken von nahezu endlosen Sandstränden. Lagunen schimmern in unzähligen Farbnuancen. Wir durchfahren ärmliche Dörfer und endlose Zuckerrohrfelder. Danach erreichen wir Nadi. Der Fahrer ist offensichtlich an einer baldigen Rückfahrt interessiert. Er bietet mir einen guten Preis, so ich ihn für die Rückfahrt engagiere. Abgemacht! Gemeinsam fahren wir zum Flughafen und warten auf meinen geliebten Ersatzteillieferanten.
Pünktlich landet Anitas Flugzeug. Wenig später schleppt sie sich durch die Passkontrolle. Die lange Reisezeit, fast vierzig Stunden, und der Klimawechsel machen ihr schwer zu schaffen. Wir verstauen ihr umfangreiches Gepäck – wozu die Frau nur immer so viele Dinge mitschleppt – und sinken erschöpft auf die Rücksitzbank des Taxis. Kaum hat die Rückfahrt begonnen, ist Anita auch schon eingeschlafen. Nach dreistündiger Fahrt erreichen wir den RSYC. Filipe hilft uns mit dem Gepäck. Die Schlafpause hat Anita gut getan. Einigermaßen erfrischt sitzt sie in der Plicht und beobachtet die Umgebung. „Also, was möchtest du gerne unternehmen?“, frage ich sie. „Suva besichtigen, Inseln und seine Bewohner kennen lernen, tauchen, sonnenbaden …!“ – „Alles wird wohl in zwanzig Tagen nicht möglich sein“, wehre ich angesichts ihres Energieanfalls lachend ab, „ich werde jedoch mein Bestes geben!“ – „Andererseits sollte neben all den Aktivitäten auch noch ein wenig Zeit für uns bleiben!“, gebe ich zu bedenken. „Natürlich!“, erwidert sie und fixiert mich liebevoll mit ihren blauen Augen, „letztendlich ist das der Hauptgrund, warum ich hier bin.“

Kandavu – Ausflug ins Paradies

Nach einigen Tagen hat sich Anita akklimatisiert. Suva ist ausreichend besichtigt. Wir lieben sie beide, die multikulturelle Pazifikmetropole. Das Benutzen der alten fensterscheibenlosen Autobusse ist zu unserer Lieblingsbeschäftigung geworden. Im Bedienen der mittels einer Schnur zu läutenden Fahrerklingel sind wir in der Zwischenzeit Experten. Gefühlvoll ziehen wir an der durch den Bus gespannten Hanfleine. Danach hält der Autobus an der jeweils nächsten Haltestelle. Leider ist das nicht immer die von uns gewünschte. Wir nehmen es gelassen hin und überbrücken die fehlende Entfernung zu Fuß oder warten eben nach einem größeren Irrtum – wenn wir zwei Stationen zu früh ausgestiegen sind – auf das nächste dieser bis zu 50 Jahre alten Vehikel. Lustig ist es auf jeden Fall.
Die OASE II ist klar zum Auslaufen. Lebensmittel und Trinkwasser sind frisch gebunkert. Anita und ich wollen für eine Woche zum Astrolabe-Riff – etwa 60 Seemeilen südlich von Suva – segeln. Laut Handbuch für den Pazifik ist es eines der weltweit schönsten und intaktesten Riffe mit vielen teilweise unbewohnten Inseln und einer faszinierenden Unterwasserwelt.
Zu Mittag laufen wir aus, um die nördliche Riffeinfahrt am frühen Vormittag des nächsten Tages zu erreichen. Es weht leichter Südostpassat. Als wir offenes

Wasser erreichen, setzt sanfter rhythmischer Seegang ein. Trotz der angenehmen Wetterbedingungen geschieht etwas für Anita Unglaubliches: Sie wird schrecklich seekrank. Auch mich verwundert dies angesichts der angenehm ruhigen Segelbedingungen. Hatte Anita bisher auch bei noch so ungemütlichen rauen Verhältnissen über einen blassen oder grüngesichtigen, an die Frischluft drängenden Skipper nur gelächelt, ist der Spieß diesmal umgedreht. Während sie missmutig an einem Stück trockenen Brotes kaut und immer wieder „das verstehe ich nicht“ murmelt, kann ich mir ein inneres Lächeln nicht verkneifen. „Wie war das mit der Seekrankheit“, stichele ich, wärend sich Anita auf den Kajütboden – normalerweise mein Platz des Leidens – legt. Tja, Schadenfreude ist eben die schönste Freude. Gleichzeitig jedoch empfinde ich ehrliches Mitleid. Ich biete ihr an, umzukehren; sie lehnt stoisch ab. Es wäre doch gelacht, umkehren wegen einer seekranken Bordfrau. „Nie und nimmer“, entscheidet sie und grinst mir demonstrativ fröhlich entgegen. Also dann, ran an die Schoten!

Der Pazifik singt sein Lied – Anita leidet. Sterne funkeln tausendfach – Anita leidet immer noch. Im Morgengrauen wird Dravuni-Island, unser erstes Ziel, sichtbar. Anita hat wieder Farbe im Gesicht und ist guter Dinge. Dafür bin ich von der durchwachten Nacht und oftmaligem Segelmanöver geschlaucht. Um 11 Uhr durchfahren wir die Usborn-Passage. Für einige Minuten nimmt ein Tropenschauer die Sicht auf Dravuni. Danach erreichen wir den Ankerplatz. Im glasklaren Wasser beobachte ich den Danford und die Ankerkette, wie sie in fünf Meter Wassertiefe Spuren in den Korallensand ziehen. Motor aus, da wären wir. Willkommen im Paradies, scherze ich und fülle zwei Gläser mit Portwein.

Wir pumpen das Dingi auf und fahren an Land. Am Strand spielende Kinder führen uns zum Dorfchef. Ihm übergeben wir das Sevu-Sevu. Es ist das traditionelle Gastgeschenk und besteht aus Kawawurzeln, welche für die Zubereitung des gleichnamigen Nationalgetränkes verwendet werden. Sie erzeugen, im pulverisierten Zustand mit Wasser vermengt, ein erdig schmeckendes, den Gaumen leicht betäubendes Getränk. Zusätzlich bewirkt Kawa, in größeren Mengen genossen, einen alkoholähnlichen Rauschzustand. Nicht jeder europäische Magen schafft es, damit fertig zu werden. Also Vorsicht bei der ersten Kawaparty. Ich kenne einige Segler, bei denen Kawa auch noch diverse andere, eindeutig unerwünschte Zustände bewirkt hat.

Nach feierlicher Ansprache durch den Dorfchef erhalten wir die Erlaubnis, seine Inseln zu besuchen. Grund und Boden sind in Fidschi wie auf Samoa größtenteils Privatbesitz. Auch unbewohnte Inseln gehören einer Dorfgemeinschaft und werden durch sie verwaltet und bewirtschaftet.

Noch am selben Abend laden uns Anasa, Sohn des Dorfchefs, und seine Frau Charlotte zum Dinner ein. Sie bewirten uns reichlich. Wir finden sofort Geschmack an ihren traditionell einfachen Speisen. Sie bestehen aus gekochtem Fisch, Brotfrucht, Yams und Reis. Dazu trinken wir Zitronentee. Dieser wird von Charlotte nicht mit Instantpulver oder Teebeuteln, sondern mit frischen Blättern des Zitronenbaumes zubereitet. Der Geschmack ist intensiv und erfrischend. Einige Dorfbewohner rudern mit ihrem Boot zur OASE II und bringen frische

Früchte, wie Bananen und Papayas. Ich gebe ihnen dafür Angelhaken, Leinen, Biskuits und einige Konserven. Bei einem Treffen mit Anasa und Charlotte bitte ich sie, uns eine kleine Sitzmatte anzufertigen. Gemeinsam mit drei anderen Frauen will Charlotte schon morgen damit beginnen. Spätestens zu unserer Abfahrt soll sie fertig sein. Abends sitzen wir im Versammlungshaus und erzählen von Europa. Nicht ahnend, dass es wenig später beinahe zur Katastrophe kommen solle.

Amokfahrt im Kawarausch

Nachdem wir unser Dinner bis zum Platzen genossen haben und die Märchenstunde vorüber ist, laden uns der Dorfchef und Anasa zur Kawaparty ein. Einige Männer sind bereits rund um die Kawaschale versammelt. Als auch wir Platz genommen haben, beginnt die Zeremonie mit der Zubereitung des Getränkes. Kawawurzeln werden in einem Mörser zerstampft. Monoton klingt das dumpfe Klopfen durch die Versammlungshalle. Die Fidschianer sitzen und rauchen. Danach wird die Kawaschale mit frischem Wasser gefüllt. Anschließend wickelt der Zeremonienmeister das Kawapulver in ein Tuch und taucht es in die Kawaschale. Solcherart schwemmt er den Wirkstoff aus. Nach einer Qualitätskontrolle gibt der Chef das O.K., und das Trinkgefäß, bestehend aus einer halben polierten Kokosnussschale – beginnt zu kreisen. Anita hat nach zwei Durchgängen genug. Ich kann noch einige Male mithalten. Danach jedoch beginnt es in meinem Magen kräftig zu rumoren. Ich erachte es für besser, das Kawatrinken nun ebenfalls zu beenden. Beide spüren wir ein pelziges Gefühl am Gaumen. Auf ein echtes Genussgefühl warten wir vergebens. Die Fidschianer trinken und rauchen, bis die große Schale zur Gänze geleert ist. Dazwischen stellen sie uns laufend Fragen über das Leben in Europa und auf See. Interessiert lauschen sie unseren Ausführungen. Manches können sie einfach nicht verstehen. So zum Beispiel, warum ich Familie, Haus und Auto für lange Zeit zurücklasse, um allein die Welt zu bereisen. Das macht man, falls überhaupt, doch höchstens gemeinsam mit der Familie und vielen Freunden, ist ihre einhellige Meinung. Ich verstehe, dass meine Beweggründe für diese Menschen nicht nachvollziehbar sind, deshalb unternehme ich erst gar nicht den Versuch, sie zu erläutern.

Es ist bereits stockfinstere Nacht, als Anita und ich ins Dingi klettern, um an Bord zu fahren. Von weitem naht ein Boot und hält genau Kurs auf den Ankerplatz von Dravuni. Während der Außenborder hörbar auf Vollgas läuft, umfährt das Boot die Riff- und Ankerplatzmarkierung auf der falschen Seite. Am Bug kann ich schemenhaft eine sitzende Person mit einer schwach leuchtenden Taschenlampe ausmachen. Unverändert hält das Motorboot Kurs auf die friedlich dümpelnde OASE II.

Langsam wird mir mulmig. Dann geht alles rasend schnell. Ich bringe das Dingi längsseits – schepper-röhr –, das Motorboot ist nur noch wenige Meter entfernt. Kurs mittschiffs auf die OASE II. Anita springt an Bord und hechtet durch den offenen Niedergang in die Navigationsecke. Ich glaube einen Alptraum zu erleben

– rröööhhhr. Die Person im Bug des Motorbootes richtet sich auf und beginnt zu brüllen. Ich schreie ebenfalls, so laut ich kann – nur noch wenige Meter trennen die beiden Bootsrümpfe. Verdammt, soll ich mein Schiff tatsächlich am Ankerplatz verlieren? Anita schaltet alle verfügbaren Lichter ein. Die Katastrophe scheint unvermeidbar. In letzter Sekunde, die Person im Bug ist bereits nach achtern gesprungen, reißt der Steuermann des Motorbootes das Ruder hart nach backbord. Trotzdem prallt der Bootskörper unter Vollgas an den Bug der OASE II. Anita schreit wie am Spieß. Ich verstumme und harre aus, was nun geschieht. Beide Rümpfe werden auf die Seite geschleudert. Die Ankerkette rumpelt ohrenbetäubend im Bugbeschlag. Eine Wasserfontäne steigt auf, rrrööhhhr. Das Motorboot braust nach der Kollision immer noch unter Vollgas weiter.
Anita meldet nach einigen Sekunden: „Kein Wasser im Schiff." Ich greife mir den starken Tauchscheinwerfer, um etwaige Schäden am Rumpf oder Bugbeschlag zu erkennen. Rrrööhhhr, das Motorboot läuft unter Vollgas auf den mit Steinen übersäten Sandstrand. Bis heraus auf den Ankerplatz kann ich das Knirschen und Krachen des Rumpfes bei seiner Strandung hören. Noch für kurze Zeit blinken an Land Lampen auf, danach herrscht wieder nahezu lautlose Finsternis.
An der Außenhaut meiner OASE II kann ich keinen Schaden entdecken. Daher nehme ich an, dass der Bug des Kollisionsgegners nur heftig über die Ankerkette gerumpelt ist. Diese, so glaube ich zu diesem Zeitpunkt, hat den Aufprall abgefangen. Glücklich über den glimpflichen Ausgang dieses bedrohlichen Zwischenfalls, genehmigen wir uns einen hochprozentigen Beruhigungsschluck und gehen, immer noch aufgeregt, in die Koje.
Beim ersten Tageslicht klettere ich wieder aus der Koje, springe ins Dingi und ziehe mich zum Bug der OASE II. Nun, bei Licht, kann ich sehr wohl Berührungsspuren am Rumpf erkennen. Eine lange, tiefe Furche und blaue Lackfarbe verzieren den Rumpf des Bootes. Die Ankerwippe am Bugbeschlag ist verbogen, eine Rolle klemmt. Auch an der Ankerkette kann man blaue Farbabschürfungen erkennen.
Nach dem Frühstück fahren wir an Land. Anasa begrüßt uns mit sorgenvollem Gesicht. Er fragt uns nach den Vorkommnissen der letzten Nacht. Dann zeigt er uns das am Strand liegende Boot des Bruchpiloten. Der Außenborder ist bereits abmontiert, die Schraube weist einige Beschädigungen auf. Der Bootskörper ist im Bodenbereich arg zerschunden. An zwei Stellen ist das Laminat gerissen. Anasa erzählt mir, dass unser Kamikazefischer schon öfters auf ähnliche Weise für Aufregung sorgte. Erst einmal die richtige Dosis Kawa genossen, wird er zum alles ignorierenden Unikum. Anasa bittet mich um Reparaturmaterial für das beschädigte Boot. Angesichts der massiven Beschädigungen muss ich leider passen. Die Materialmenge für eine fachmännische Reparatur übersteigt meine Bordmittel bei weitem. Am Vormittag unterstütze ich zahlreiche Helfer beim Verholen des beschädigten Bootes. Nachdem das Seil reißt, mit dem wir den Bootskörper unter dichte Palmen ziehen wollen, kullere ich gemeinsam mit der halben Dorfbevölkerung in den Korallensand. Die zusehenden Kinder schütteln sich vor Lachen – mir ist nicht gerade danach. Krampfhaft versuche ich eine auf

mir liegende, sehr gewichtige Fidschianerin abzuschütteln. Sie hat es nicht eilig mit dem Aufrappeln, schließlich will man solche Momente der allgemeinen Belustigung doch genießen! Mich drückt ein großer Stein von unten, der Ellbogen der besagten Inselschönheit von oben auf die Nieren.
Endlich hat die Helferriege wieder Aufstellung genommen. Das Zugseil ist fachmännisch verknotet, ein älterer Fischer eigens damit beauftragt, die Bruchstelle zu beobachten, und wir stemmen unsere Beine abermals in den warmen Ufersand. Diesmal verläuft die Operation ohne nennenswerte Zwischenfälle. Der Bootskörper erreicht seinen vorbestimmten Platz. Alle sind nun zufrieden, stehen in kleinen Gruppen unter den Uferpalmen und diskutieren. Worüber – das kann ich leider nicht verstehen. Ihren Gesten nach zu urteilen dürfte die soeben abgeschlossene Bergeaktion noch einmal im Detail analysiert werden.
Charlotte kommt und erzählt uns in ihrer Funktion als Dorfkrankenschwester, dass die Frau des Fischers, welcher letzte Nacht für Aufregung sorgte, ziemlich verletzt sei. Sie war ebenfalls an Bord und ist mit ihrem Kopf gegen den Ankerbeschlag der OASE II geprallt. Warum hat Anasa uns gegenüber nichts davon erwähnt?
Anita und ich bitten Charlotte, uns zu ihr zu führen. Wir erreichen eine Hütte inmitten des Dorfes und treten ein. Das bedauernswerte Opfer liegt auf dem Hüttenboden und lächelt uns an. Über das ganze Gesicht sind Schürfwunden verteilt, am Nasenbein klafft ein Cut. Ich frage, ob sie Schmerzen habe, sie verneint. Wir verabschieden uns und treten ins Freie. Charlotte fragt uns nach Verbandmaterial. Das ihr von den Behörden zugeteilte reicht in der Regel nicht einmal für die Hälfte der vorgesehenen Zeit. Wenn es alle ist, muss Charlotte eben improvisieren. Angesichts dieser sozialen Umstände helfe ich großzügig aus. Glücklicherweise habe ich bisher nur wenige Dinge aus der umfangreichen Bordapotheke benötigt. Ich versorge Charlotte mit Verbandmaterial, Heilsalben und schmerzstillenden Tabletten.
Am nächsten Tag besuchen wir abermals das Kollisionsopfer. Die Verletzungen im Gesicht sind von Charlotte versorgt. Mit dieser Gewissheit lichten wir den Anker und segeln die nur dreieinhalb Seemeilen nach Yaukuvelevu: Südsee pur, Anita ist begeistert.
Wir ankern vor einem grellweißen Sandstrand im Westen der kleinen, nur von Kühen bewohnten Insel. Dichter Palmenbewuchs säumt das Ufer. Sanft läuft die Dünung an den Strand und rauscht leise. Wir sitzen im Cockpit und schauen. Die idyllische Stimmung erfüllt uns mit innerer Ruhe und Ehrfurcht. Die Nacht bricht herein, hell blinken abertausende Sterne am Firmament – wir sitzen immer noch und schauen.
Die Tage in Kandavu vergehen wie im Fluge. Bevor wirs uns versehen, sind eineinhalb Wochen vorüber. Wir besuchen nochmals Anasa und Charlotte, um uns zu verabschieden. Die von uns in Auftrag gegebene Sitzmatte ist fertig. Wir fragen nach dem Preis, er ist freundschaftlich. Dann kramt Anasa unter seinem Bett. Er bringt ein riesiges Tritongehäuse zum Vorschein und überreicht es uns feierlich als Geschenk. Ich bitte Anasa, sich in mein Bordbuch einzutragen. Mit

geschwellter Brust beginnt er seine Eintragung. Fast eine Stunde lang liegt er auf dem Bauch und sucht nach originellen Formulierungen.
Noch einen Tag nutzen wir Anasas und Charlottes Gastfreundschaft. Wir erfahren, dass es dem bedauerlichen Unfallopfer bereits wesentlich besser geht. Die verabreichten Medikamente haben eine rasche Heilung bewirkt. Anita und ich sind darüber sehr glücklich.
Am nächsten Morgen gehen wir mit dem ersten Tageslicht ankerauf. Von Osten naht eine pechschwarze, stark ausgefranste Schauerwolke. Sie erreicht uns gerade, als wir unmittelbar vor der Riffausfahrt stehen. Die einsetzende Sturmbö treibt dicke Regentropfen nahezu waagrecht vor sich her. Hart wie Hagelkörner prallen sie schmerzhaft auf unser Ölzeug. Die Sicht ist gleich null. Ich ändere den Kurs und kreuze in angemessenem Abstand vor der Passage auf und ab. Keinesfalls möchte ich unter diesen Bedingungen durch die Riffpassage segeln. Eine halbe Stunde später ist der Spuk vorbei und wir laufen in offenes Wasser. Raumschots surft die OASE II durch einen lebhaften Pazifik und wir erreichen schon am frühen Nachmittag das wolkenverhangene Suva. Nieselregen setzt ein. Wir segeln bis unmittelbar vor den RSYC. Unter Motor schieben wir uns in die vor nunmehr elf Tagen verlassene kleine Lücke am Schwimmsteg des Yachtclubs. Auch die EVE ist immer noch da. Ihr Skipper Georg erzählt mir von neuerlichen Pannen mit der Hydraulik. In zwei Tagen möchte er endgültig auslaufen.
Ich pumpe das Dingi auf und bringe mangels einer verlässlichen Muring den Buganker aus. Somit steht die OASE II sicher am Steg und ich kann sie im Notfall jederzeit am Ankergeschirr in freies Wasser verholen. Der Rest des Tages bleibt verregnet. Für morgen vereinbaren wir ein gemeinsames Abendessen mit Detlef und Edith. Es solle Anitas unvergessliche Abschiedsfeier werden.

Suva by night

Pünktlich auf die Minute erscheinen Edith und Detlef im Yachtclub. Wir genehmigen uns noch einen Drink am Mahagoniriff, dann geht es los. Anita ist angesichts ihrer bevorstehenden Abreise etwas bedrückt – wir versuchen hartnäckig, sie aufzuheitern.
Schon der erste Programmpunkt des Abends ist ein Highlight. In einem Schiffsrestaurant schlemmen wir in gediegener Atmosphäre alles, was die fidschianische Küche an Köstlichkeiten zu bieten hat. Meeresfrüchtecocktail, Fisch in Kokoscreme und exotisch gewürzte Shorteats sind nur einige der Köstlichkeiten. Als wirklich nichts mehr geht, beschließen wir, zwecks Kalorienabbau einen Diskotempel aufzusuchen. Detlef hat auch sofort eine – wie er es ausdrückt – einzigartige Adresse anzubieten.
Wir nähern uns schwerfällig, weil übersattt, besagter Adresse im Stadtzentrum Suvas. Schon von weitem hören wir dumpfe, schwere Bassrhythmen. Spürbar lockert sich die Bauchdecke, dafür verkrampft sich das Trommelfell. Zwei hünenhafte Fidschianer stehen freundlich grinsend am Eingang. Das Treppenhaus zum ersten Stock, dem Zentrum des Geschehens, ist schwarz gestrichen. An den Wänden

prangt in neongrüner Graffitischrift: „Black Magic". Wir erreichen den Hauptraum des Etablissements. Anita bleibt für einen Augenblick wie angewurzelt stehen: Vor uns liegt eine schwach besetzte Tanzfläche. Rundherum stehen überdimensionale Lautsprecherboxen. Die von Nikotin, Bierdunst und Schweiß geschwängerte Luft vibriert und nimmt einem beinahe dem Atem. Ein freundlicher Kellner erscheint und führt uns zu einem freien Tisch unweit der Bar. Das Inventar ist aus lediglich grob gehobelten Brettern gezimmert und passt somit zum Publikum. Die meisten Besucher sind bereits deutlich angeheitert, jedoch durchaus freundlich. Friedlich zechen bunt gemischte Pärchen – das Geschlecht ist dabei nicht so wichtig –, was das Zeug hält. Von Helga, einer deutschen Ärztin im Krankenhaus von Suva, weiß ich, dass es bei Fidschianern nach reichlichem Alkoholgenuss durchaus zu handfesten Auseinandersetzungen kommen kann. Dabei verstehen es Männer und Frauen, ihre Argumente schlagkräftig zu unterstreichen. Hat man sich erst einmal ordentlich verprügelt, ziehen alle Beteiligten besorgt und frei von Aggressionen ins Hospital, um die Verletzten versorgen zu lassen. Zweifellos eine etwas sonderbare Art, körperliche Auseinandersetzungen zu beenden.
Beim Beobachten der bunten Menge entdecke ich noch eine fidschianische Eigenart. Mit ziemlich hohem Alkoholpegel, und deshalb auch pleite, ziehen einige Gäste durch das Lokal und suchen nicht etwa Streit, sondern nach alkoholischen Getränken, die für einige Minuten unbeaufsichtigt auf Tischen oder auf der Theke stehen. Blitzschnell greifen sich dann die „Schwarztrinker" ihre Beute und entleeren sie bis auf den letzten Tropfen. Wird man dabei ertappt, nun, kann ja mal vorkommen, so wird das Schlucken eben unterbrochen und die Flasche oder das Glas werden mit unschuldigem Blick zurückgestellt. Erwischtwerden hindert die Täter jedoch keinesfalls daran, zwei Plätze weiter wieder zuzuschlagen.
Allerdings kommt es während unserer Anwesenheit, wahrscheinlich wegen des gerade noch kontrollierbaren Pegels der Durchschnittsalkoholisierung zu keiner Schlägerei. Die Anzeichen dafür sind aber unübersehbar, und so wagen wir nur noch ein Tänzchen, danach verlassen wir das Pulverfass. Detlef hat noch eine Spezialadresse. Das Pub, welches er vorschlägt, sei mit dem eben Erlebten überhaupt nicht vergleichbar, schwört Detlef. Also folgen wir unserem Insider durch das nächtliche Suva.
Tatsächlich ist das Lokal, in das wir gerade eintreten, ganz anders. Die Musik ist zwar immer noch viel zu laut, aber doch erträglich. Wenn man sich hier anschreit, besteht durchaus die Möglichkeit, etwas vom Gesagten zu verstehen. Über der Bar hängen zwei große Fernseher. Einer zeigt ein Sportprogramm, im zweiten laufen Musikvideos. Offensichtlich ist Detlef hier schon Stammgast, denn der Kellner, etwa zwei Meter groß und einhundertfünfzig Kilo schwer, begrüßt uns wie alte Freunde. Wir bestellen einen Krug Bier und beobachten das Treiben. Auffallend ist die sittsame Ordnung an der Bar. Am linken Flügel sitzen Männer und trinken Bier. In der Mitte der U-förmigen Theke sitzen Pärchen und trinken Bier. Am rechten Flügel sitzen Tunten und trinken Bier. Bei jeder Gruppe herrscht Hochstimmung.
Wir sitzen, trinken ebenfalls Bier und plaudern, sprich: brüllen uns an. Plötzlich

herrscht helle Aufregung am rechten Flügel: Ein in eng anliegendes schwarzes Leder gekleideter Ladyboy kreischt aufgeregt. Gleichzeitig schlägt er immer wieder mit der offenen Handfläche gegen die Brust eines kleinen, ziemlich dicken Artgenossen. Die Beziehungskrise ist deutlich sichtbar offen ausgebrochen. Der Dicke zieht sich beschwichtigend in Richtung Toilette zurück. Unser Kellner beobachtet fröhlich grinsend die Auseinandersetzung. Plötzlich kommt es zum Eklat. Der Dicke ist bereits bis zur Toilettentür zurückgewichen. Nochmals startet der Aggressor eine wilde Schimpfkanonade in Richtung seines Gegners, dann nimmt er triumphierend dessen Bierflasche und – ich glaube kaum, was ich da sehe – schüttet sie siegessicher aus. Nicht etwa ausgetrunken oder gar dem Gegner an den Kopf geworfen hat er sie, nein, einfach ausgeschüttet. Der Dicke beginnt nun seinerseits zu keifen. Eifersuchtsszenen sind ja durchaus erträglich – aber Alkohol verschütten, nein wirklich! Dem Kellner ist das Lachen ebenfalls vergangen. Streiten ist O.K., ein kleiner Fight ist schrecklich lustig, aber Bier verschütten ist zu viel. Er greift den immer noch triumphierend Dreinblickenden mit einer Hand am Genick und hebt ihn in die Luft. Die Tunte zappelt, doch Herkules kennt kein Erbarmen. Er übergibt den Verschwender an den Eingangsposten. Dieser, etwa von derselben Statur, öffnet kurzerhand die Tür und befördert den nun wieder laut kreischenden Gast ins Freie. Der Gedemütigte prüft entrüstet den Inhalt seiner Bierflasche – leer. Ungläubig blickt er in Richtung des hünenhaften Kellners. Dieser lacht schon wieder. Seine massigen Hüften wiegen sich zum Takt der dröhnenden Rhythmen und seine riesigen Hände kassieren erst vier Fidschidollar, bevor er dem Dicken sein nächstes Fläschchen Gerstensaft auf die Theke knallt.
Später sitzen wir im Cockpit der OASE II. Anita kuschelt sich an mich. Es ist schon vier Uhr morgens, in wenigen Stunden muss sie die Heimreise antreten. Meine Gefühle sind wirr. Einerseits verspüre ich Trauer über die bevorstehende Trennung, andererseits Euphorie über den kommenden Törn. Suva – Male, 6.700 Seemeilen nonstop habe ich mir vorgenommen. Eine nur schwer kalkulierbare Herausforderung. So mancher zweifelt an meinem Verstand, ich aber möchte einen weiteren Versuch unternehmen, meine Leistungsfähigkeit auszuloten. In drei Tagen werde ich auslaufen.

Vorbei am fünften Kontinent

Suva – Male, der Törn

Schon zum vierten Mal muss ich mit der Kamera in die Bar des Royal Suva Yachtclubs traben. Nahezu alle Angestellten wollen ein Foto mit dem „Crazy Austrian“. Da will der doch glatt nonstop bis Male segeln! Wie weit, nein, unmöglich, äh, überhaupt, wo liegt Male, was, auch noch allein? Der Gedanke an einen Törn dieser Länge lässt so manchen Fidschianer ungläubig den Kopf schütteln. Ja, sicher, man ist ein Volk von Seefahrern, aber man segelt doch nicht zwei Monate ohne Pause, und dann auch noch alleine!

Genau dieser Umstand ruft allgemeines Unverständnis hervor. Wieso nicht mit der Frau oder einigen Freunden? In Gesellschaft macht das Ganze doch viel mehr Spaß! Mein Hinweis, dass ich, falls ich mich nicht spute, einige Monate lang in Australien die Hurrikanzeit abwarten muss, wird mit Begeisterung aufgenommen. Na super, da ist wenigstens ausreichend Zeit, um den fünften Kontinent zu erkunden. Was, ich möchte schon nächsten Sommer wieder zu Hause sein? Wozu denn diese Eile, mir läuft ja in Europa nichts davon, und Anita, na die kann doch wieder mit dem Flugzeug kommen …?

Meine extremen Reisepläne bleiben unverständlich, auch das Argument der Selbstbestätigung ist für die geselligen Fidschianer keine Erklärung. Trotzdem, sie akzeptieren schließlich meinen Entschluss. Noch ein Foto mit den beiden immer gut gelaunten Barmännern, danach bin ich endgültig entlassen.

Leinen los, ich hole den Buganker ein, und los gehts. „Good luck“, „see you in Djibouti“, „aufpassen“, all die Zurufe höre ich bereits wie durch dichten Nebel, meine Gedanken eilen schon voraus, sind bereits auf See, was wird mich und mein Boot in den nächsten Monaten erwarten?

Monika und Patrick von der schwedischen Slup LITORINA begleiten mich ein Stück mit dem Dingi. Sie knipsen einige Fotos, danach wenden sie und tuckern winkend zurück. Ich motore durch die Riffpassage.

Warnend droht das vom Salzwasser bereits arg zerfressene Wrack eines Kutters am östlichen Ende der Durchfahrt. Etwas weiter westlich liegt ein über das Riff bis weit in die Lagune gespülter Tanker. Seine rostbraunen Aufbauten ragen ebenfalls mahnend aus dem türkisblauen Lagunenwasser. Die vom Passat über die Lagune getragene Brandungsgischt lässt seine Konturen verschwimmen. Schaudern packt mich, als ich mir die Strandung vorstelle. Ein Navigationsfehler oder Maschinenschaden bei schwerem Wetter, die Ursache ist in so einer Situation nicht mehr von Bedeutung! Wurde ein Schlepper über Funk aus Suva angefordert? Wenn ja, dann ist er wohl zu spät gekommen! Die Besatzung kann nur noch tatenlos zusehen. Unter markerschütterndem Knirschen wird der Schiffsrumpf von mächtigen Brechern auf das Außenriff gesetzt. Welle um Welle hebt das Achterschiff an, schiebt den bereits lecken Rumpf weiter über die messerscharfen Korallen in die Lagune. Ringsum brodelt Gischt, dazwischen werden braune Korallenköpfe sichtbar. Irrgendwann kommt das Schiff vom Riff frei. Jetzt schwimmt es schwer gezeichnet auf, aber für wie lange? Seewasser dringt durch die unzähligen Leckstellen, die Pumpen arbeiten vergebens. Der Kapitän befiehlt die Aufgabe des Schiffes, Rettungsboote werden zu Wasser gelassen. Träge, mit starker Schlagseite wälzt sich der tief im Wasser liegende Schiffskörper in Richtung Strand. Rums, der Kiel gräbt sich in den Lagunensand, Brandung bugsiert das Schiff, drückt es hart auf die Seite, irgendwann kommt es endgültig fest. Weithin ist das Ächzen und Bersten von Metall zu hören. Kleine Brecher überspülen das Deck, die Besatzung hat bereits den Strand erreicht und beobachtet die Tragödie, einige Seeleute werden vermisst, man beginnt mit der Suche, der Kapitän starrt apathisch auf das, was noch vor kurzem ein stolzes Schiff war. Jetzt wehrt sich ein stählernes Wrack gegen seine unaufhaltsame Zerstörung.

Inzwischen durchsegle ich die Bequa-Passage. Lebhafter Passat sorgt für zügiges Vorankommen. Ein schneller, in unzähligen Pastellfarben schimmernder Sonnenuntergang, danach segle ich durch eine herrliche Tropennacht. An Steuerbord grüßen vereinzelt Lichter. Sie stammen von diversen Ferienanlagen an der Südküste Viti Levus. Nur das leise, dumpfe Rauschen und ein schmaler, im Mondlicht phosphoreszierender, weiß glänzender Streifen weisen auf die Brecher, die sich in etwa zwei Seemeilen Entfernung über das Riff ergießen. Ich sitze im Cockpit, beobachte das Schauspiel und fühle mich trotz meiner Begeisterung über den gerade erst begonnenen Törn schrecklich einsam.
Zaghaft graut der Morgen, Nieselregen setzt ein. Der Wind beginnt zu drehen und nimmt ab, dazwischen harte Böen. Resignierend schreibe ich ins Logbuch: „Endlich wieder Regen." Ich verrichte die notwendige Decksarbeit nackt. Dadurch halte ich mein Ölzeug trocken. Die Luftfeuchtigkeit wird unerträglich, alles klebt, ich bekomme Kopfschmerzen.
Die folgenden Tage bescheren mir unverändert feuchtes, windschwaches Wetter. Da ich mich jedoch wieder zunehmend an den Bordalltag gewöhne, bessert sich mein Seelenzustand kontinuierlich.
Am sechsten Tag habe ich die Insel Vanuatu querab. Gleichzeitig setzt der Passat zeitweise aus, Böen fallen ein, wahrlich alles andere als entspanntes Segeln. Wenige Stunden später liegt Vanuatu im Kielwasser, der Südost weht wieder gleichmäßig und das Korallenmeer zeigt sich von seiner angenehmen Seite.
Mein Bordalltag hat sich eingespielt. Täglich höre ich den Wetterbericht von Pacific Maritim, einem Ham-Radio-Netz. Die Empfangsqualität ist brauchbar. Ich entnehme den Stationsmeldungen diverser Yachten, dass für mein Fahrgebiet derzeit kein großräumiges Schlechtwetter zu erwarten ist – das beruhigt. Ich erweitere mein tägliches Fitnessprogramm, schließlich möchte ich meine Vitalität erhalten und für harte Zeiten auch körperlich gerüstet sein. Beim Fischen stellt sich ebenfalls regelmäßiger Erfolg ein, noch ist ausreichend frisches Obst und Gemüse vorhanden – ich beginne mich richtig wohl zu fühlen. Stundenlang sitze ich an Deck oder stehe an meinem Lieblingsplatz im Niedergang, beobachte die See und sinniere über die Natur, mein vergangenes Leben und die Zukunft. Ich versuche Antworten zu finden, Antworten auf die Fragen nach Sinn und Unsinn dessen, was ich in meinem Dasein schon gemacht habe und noch erleben möchte. Ich versuche meine Basis für Lebensglück, für Zufriedenheit und innere Harmonie zu finden. Doch je mehr ich darüber nachdenke, desto abstrakter wird das Thema. Immer wieder eröffnen sich neue Gesichtspunkte, welche mein Handeln in Frage stellen oder bestärken.
In diesen Tagen beginne ich meine kleine Welt zu analysieren. Wann immer ich keine wichtige Arbeit zu verrichten habe, verlieren sich meine Gedanken ins Philosophische. Langsam, aber sicher finde ich Lösungen. Diese betrachte ich gleichzeitig als Grundlagen für meine zukünftigen Entscheidungen.
Es beginnt sich ein Weg abzuzeichnen, mein Weg für eine glückliche, zufriedene Zukunft. Diese Erkenntnisse mobilisieren in mir ungeahnte Kräfte. Was sind schon acht oder neun Wochen auf See, was bedeuten schon einige durchwachte

Nächte im Vergleich zu innerer Ausgeglichenheit. Ich glaube, meinen Weg gefunden zu haben, einen Weg, begleitet vom Wechselbad der Gefühle. Dieses sorgt dafür, dass ich immer wieder neue Gefühlsregungen an mir bemerke, Regungen, die mich traurig stimmen, die mir Angstschauer über den Rücken jagen, die mir aber auch im Hochgefühl Tränen in die Augen treiben, mich euphorisch singen und tanzen lassen, kurzum: glücklich machen.
Das Wetter wird anspruchsvoller. Der Südsüdost pendelt zwischen 5 und 6 Bft. Die Tagesetmale sind dementsprechend gut. Als wüsste die OASE II, welch langer Weg ihr noch bevorsteht, surft sie nach Westen. Die ersten tausend Seemeilen über Grund sind abgesegelt.

Aus dem Logbuch:
Sonntag, 14. 9. 1997
18.00 O.Z., 24°, aufgelockerte Bewölkung, Barometer: 1018 hpa, 6–7 Bft. SSE.
Mächtige Wellen, schätze etwa sechs Meter, aber wenige Brecher. Befinde mich an der tiefsten Stelle im Korallenmeer. Sitze im Ölzeug auf dem Deckshaus und halte Wache. In regelmäßigen Abständen überfluten Brecherkämme die Plicht.
21.30. O.Z., 23°, dichte Bewölkung, Barometer 1019 hpa, 5–6 Bft. SSE, Böen 8–9 Bft.
Das Schlimmste dürfte vorbei sein, Seegang hat etwas abgenommen, dafür aber sehr harte Böen. Festmacher der Ruderpinne von Brecher über Bord gespült. Bin selber schuld, war eben nicht ausreichend gesichert.

Montag, 15. 9. 1997
02.00 O.Z., 23°, aufgelockerte Bewölkung, Barometer 1022 hpa, 5–6 Bft. Böen um 8 Bft.
Die OASE II bezieht immer noch ordentliche Haue, sehr rauer Seegang. Versuche trotzdem etwas zu schlafen, wer weiß, was noch kommt.
08.00 O.Z., 23°, dichte Bewölkung, Barometer 1023 hpa, 3–4 Bft. SSE.
Im Südosten steht neuerlich mächtige Front. Konfuser Seegang, Seevögel umfliegen das Boot, traue dem Frieden nicht.
12.40 O.Z., 25°, leichte Bewölkung, Barometer 1024 hpa.
Böendurchzug, 9 Bft. aus Ost, kann gerade noch Segel bergen, Scheißwetter.
14.50 O.Z., 25°, leichte Bewölkung, Barometer 1021 hpa, 4–5 Bft. E.
Lage hat sich entspannt. Herrliche Goldmakrele beißt, leider beim Einholen abgerissen, hätte doch die Fahrt aus dem Schiff nehmen sollen.

Das Wetter bleibt anspruchsvoll. Trotzdem wird die Fahrt durch das Korallenmeer zum unvergesslichen Erlebnis. Die guten Etmale entschädigen für die harte Arbeit an Deck. Unaufhörlich muss ich die Segelfläche der OASE II an die wechselnden Windverhältnisse anpassen. Sorgsam beobachte ich Seegang und Wolkenstimmung, um herannahende Böen rechtzeitig zu erkennen.
Am 17. Fahrtag habe ich Port Moresby in etwa vierzig Seemeilen Entfernung querab an Steuerbord. Ich höre das Wunschkonzert von Radio Österreich Interna-

tional. Es sind Grüße für mich dabei, die Freude darüber lässt mich nasse Augen bekommen. Gegen Mittag habe ich die zweitausendste Seemeile über Grund abgesegelt. So motiviert, mache ich einen Motorcheck und anschließend eine außerplanmäßige Fitnessstunde. Noch 98 Seemeilen bis zum Blight Entrance, der östlichen Einfahrt in die Torresstraße.
Um 4 Uhr morgens habe ich das Leuchtfeuer von Bramble Cay querab an Steuerbord. Zwei Fischtrawler drehen ihre Schleifen. Angespannt beobachte ich die wechselnden Kurse und ihre stark schwankende Geschwindigkeit. Kurz nach acht Uhr nimmt ein Trawler ebenfalls Kurs auf die Einfahrt in das Insel- und Riffgewirr der Torresstraße. Ich beobachte eine stehende Peilung, also besteht Kollisionsgefahr. Über UKW-Kanal 16 versuche ich, Funkkontakt herzustellen. Nach dem zweiten Anruf meldet sich der Kapitän des Trawlers. Ich gebe ihm die Daten über Kurs und Geschwindigkeit der OASE II. Nach einer Denkpause schallt ein fröhliches „O. K., there are no problems" aus dem Lautsprecher! Trotz der guten Nachricht beobachte ich den Trawler mit gemischten Gefühlen. Klar weiß ich, dass derartige Schiffe über ausgezeichnete Navigationselektronik verfügen, aber die Kurse scheinen verdammt knapp aneinander vorbei zu führen. Heftig rollend nähert sich der Trawler. Sein Schleppnetz ist über die achterlichen Schwenkkräne weit ausgespannt. Hunderte Seevögel fliegen kreischend in seinem Kielwasser, der Wind lässt nach, die OASE II verliert an Fahrt, ich werde unruhig. Angesichts der Nähe zum Fischer lasse ich den Motor mitlaufen, um etwas mehr Sicherheit für ein notwendiges Ausweichmanöver zu haben. Es trennen uns nur noch etwa hundert Meter. Am Bug des heftig schlingernden Kutters kann ich jetzt auch eine Person erkennen. Sie lehnt lässig an der Reling und blickt in meine Richtung. Letztlich kreuzen sich unsere Kurse in nicht einmal dreißig Meter Entfernung. Während die Schleppnetzausleger drohend über den Mast der OASE II aufragen, winkt der Australier am Bug des Kutters und ruft ein herzhaftes „Hallo" in meine Richtung. Ich erwidere den Gruß und weiß nicht, was ich von der Szene halten soll. Hatte der Kapitän des Fischtrawlers seinen Kurs bewusst so knapp an meinem abgesetzt oder war da Fehleinschätzung mit im Spiel?
Was solls, die Gefahr ist gebannt und mein Boot segelt ungehindert in die Torresstraße ein. Das Wasser ändert seine Farbe. Ein trübes Flaschengrün ersetzt das dunkle Blau der Korallensee. In der Ferne kann ich die ersten Inseln erkennen. Australien, ich bin angekommen!
Angesichts der zahlreichen Untiefen, Riffe und Inseln bin ich glücklich, genaues Kartenmaterial und vor allem ein GPS zu besitzen. Gerade in solch navigatorisch schwierigen Fahrgebieten lernt man diese Errungenschaft der modernen Navigationselektronik zu schätzen. In keiner Sekunde beneide ich die Seefahrer vergangener Tage um ihre teilweise ziemlich ungenauen Methoden. Zweifellos hat das Navigieren mit astronomischen und terrestrischen Verfahren auch heute noch seine Notwendigkeit und mitunter auch seinen Reiz, jedoch gibt einem erst das GPS-System eine Menge wichtiger und vor allem äußerst exakter Daten, die ein präzises und daher effizientes Navigieren ermöglichen. Abgesehen davon sollte man es jedoch keinesfalls versäumen, auf diese Weise erhaltene Informationen

mit gesundem Menschenverstand auf ihre mögliche Richtigkeit zu überprüfen. Nicht erst ein Schiff ist wegen Eingabefehlen beim Bedienen der Navigationselektronik und gleichzeitigem bedenkenlosen Auswerten der erhaltenen Falschinformation verloren gegangen.
Während ich diese Überlegungen anstelle, zieht Insel um Insel an mir vorbei. Am frühen Nachmittag nähert sich ein kleiner Doppeldecker. Er beginnt die OASE II mehrmals in geringer Höhe zu umkreisen. An der Unterseite seiner Tragflächen kann ich deutlich den Schriftzug CUSTOMS entziffern. Ich schalte mein UKW-Gerät ein und werde unmittelbar danach angerufen. Bereitwillig erteile ich Auskunft über Schiffsnamen, Heimathafen, eigenen Namen sowie über das Woher und Wohin. Nachdem ich als Zielhafen Male angebe, herrscht kurzzeitige Sendepause. Offensichtlich sind die Hüter australischer Küsten irritiert. Ich kann förmlich sehen, wie die beiden Aussis im Doppeldecker darüber nachdenken, ob ich sie nun belüge oder tatsächlich keinen Stopp am Roten Kontinent vorgesehen habe. Nach einer halben Minute vernehme ich ein „you are a crazy man, but have a good trip“ aus dem Lautsprecher. Danach dreht die Maschine nach Süden ab.
Ich konzentriere mich wieder auf meine Wegpunkte inmitten des Riffgewirrs. Zeitweise ist die Versetzung durch die herrschende Strömung erheblich. Beim Ansteuern des Vigilant Channel verschätze ich mich trotz aller Vorsicht und komme ungewollt nahe an das unsichtbare Riff. Der Frachter, der hoch und trocken auf dem Riffplateau liegt, bietet keine brauchbare Navigationshilfe, denn er befindet sich weit hinter der senkrecht vom Meeresgrund aufsteigenden Riffkante. Lediglich ein unscheinbares, optisch schwer auszumachendes Seezeichen markiert das östliche Ende.
Gegen 22 Uhr erreiche ich die Nordwesthuk der Insel Sue. Hier in Lee gibt es eine kleine Sandbank, auf der ich einige Stunden ankern und ausruhen möchte. Nach meinen Berechnungen muss ich gegen fünf Uhr morgens weitersegeln, um das letzte schwierige Teilstück der Torresstraße bei Tageslicht zu durchfahren.
Mein Ankerplatz am Rande des Kanals ist nicht gerade ruhig, jedoch durchaus brauchbar. Ich nehme eine Ankerpeilung und versichere mich, dass ich außerhalb der Schifffahrtsroute stehe. Mit einem Glas Wein setze ich mich danach in die Plicht und beobachte die nächtlichen Konturen der Insel. In regelmäßigen Abständen schickt der Leuchtturm sein helles, weißes Licht über die See. Ab und zu flammen kurzzeitig andere Lichter auf, das leise Rauschen der Brandung dringt bis zu mir. Ich verspüre wohlige Müdigkeit, aktiviere den Tiefenalarm am Log und stelle meinen Wecker im Abstand von dreißig Minuten. Danach lege ich mich auf den Kajütboden, beobachte durch den offenen Niedergang die hell leuchtenden Sterne und schlafe zufrieden ein.
Elfmal reißt mich der Weckalarm aus dem Schlaf. Elfmal blinzle ich verschlafen durch den Niedergang, registriere mit Zufriedenheit, dass alles in Ordnung ist und bin gleich danach wieder im Land der Träume. Um 5 Uhr 30 setze ich Groß und Fock 1, hieve den Anker an Bord und segle weiter. Im Morgengrauen sehe ich die Umrisse des Harvey Rocks an Steuerbord. Ich setze Kurs auf Twin Island ab, starker Strom versetzt mich erheblich nach Westen. Um 14 Uhr fahre ich in

das eigentliche Nadelöhr der Torresstraße, den Prince of Wales Channel ein. Noch acht Seemeilen, dann bin ich in der Arafurasee. Pausenlos laufen Biggis nach Ost oder West. In diesem Teilstück der Torresstraße werden Dickschiffe mit Hilfe spezieller Funkbacken durch das enge Fahrwasser gelotst. Schiffe mit gefährlichen Gütern wie zum Beispiel Öltanker müssen zusätzlich einen Lotsen an Bord nehmen. Kurz nach 16 Uhr bin ich durch.

Das hellgrün schimmernde Wasser der Arafurasee nimmt die OASE II auf, ich habe das größte Weltmeer, den Pazifik, abgesegelt – ein gutes Gefühl.

Der Supertanker MAGELLAN SPIRIT kommt von achtern auf. Ich werde über UKW angerufen. Die freundliche Stimme des Kapitäns informiert mich, dass sein Biggi die OASE II zwar sehr knapp, jedoch mit ausreichendem Seitenabstand passieren wird – also kein Grund zur Panik. Ich nehme die Gelegenheit wahr und ersuche die Frau des Kapitäns, die inzwischen das Funkgerät übernommen hat, ein kurzes Fax an Anita zu schicken. Sie verspricht mir, einen knappen Text mit Position, einer „An Bord alles O.K.“-Meldung und Grüßen weiterzuleiten. Ich bin glücklich, Anita über mein zügiges Vorankommen informieren zu können.

Die MAGELLAN SPIRIT grüßt mit einem langen Ton aus dem Signalhorn und zieht davon. Der Wind bleibt angenehm gleichmäßig, und die OASE II segelt mit ausgebaumter Genua und Fock 1 in eine sternenklare Nacht.

In den nächsten Tagen weht leichter, aber stetiger Ostwind. Dank eines mitlaufenden Stromes bleiben die Etmale überdurchschnittlich gut.

24 Stunden später überfliegt mich abermals ein Flugzeug des australischen Zolls. Wieder werde ich angerufen, jedoch der Funker möchte mich lediglich ein bisschen unterhalten. Wir plaudern einige Minuten über meine Reise, danach wünscht mir die Crew des Jets alles Gute und dreht in Richtung australische Küste ab. Der Wind wird von Tag zu Tag schwächer. Er ist gerade noch ausreichend, um den Blister und die Genua zu füllen. Schon 22 Tage bin ich nunmehr auf See. Ich habe mich vollends eingelebt, genieße das ruhige, anspruchslose Wetter und mein nach wie vor gutes Vorankommen. Zeitweise begleiten Delfine die OASE II, ich habe Erfolg beim Angeln, lerne Französisch, betreibe täglich drei Stunden Gymnastik und bin mit meiner kleinen Welt zufrieden.

Radio Australien meldet den ersten Wirbelsturm über Bangladesch. Hunderte Tote sind zu beklagen, eine Sturmflut hat weite Teile der Küste überflutet, unzählige Menschen werden noch vermisst. Ich bin froh, dass zwischen meiner Position und dieser Katastrophe noch einige tausend Seemeilen liegen. Dennoch mache ich mir so meine Gedanken darüber, was wohl passiert, wenn mich ein schwerer Sturm im Indischen Ozean erwischt. Trotz aller Statistiken, das Wetter im Indik bleibt an der Grenze des Monsunwechsels bis zu einem bestimmten Grad unberechenbar. Ich versuche diese tristen Gedanken zu verdrängen und heize die Pantry an, heute stehen Spaghetti auf der Speisekarte.

Der 26. Fahrtag beginnt in gewohntem Gleichklang. 1–2 Bft. aus Südost sorgen für langsame, aber beständige Fahrt. Ich fahre jetzt die Spibäume an den Unterwanten. Dadurch sind sie um den Abstand zum Mast länger und ich kann Blister und Genua weiter ausbaumen. Zusätzlich stehen sie straffer und das Flappen der

Segel und Rumpeln der Bäume wird erträglicher. Wie immer schleppe ich meine Fischleine im Kielwasser. Während des Vormittags bemerke ich große Schatten, welche der OASE II im Kielwasser folgen. Immer wenn ich in die Plicht steige, fallen sie achteraus zurück. Ich verharre bewegungslos im Niedergang. Nach einiger Zeit nähern sich die Schatten abermals, es sind Tigerhaie. Zwischen den etwa fünf stattlichen Tieren schwimmen mehrere kleine Grauhaie. Meine Jagdlust ist erwacht. Endlich habe ich die lange ersehnte Gelegenheit, einen dieser gefürchteten Räuber zu angeln. Ich fiere die Schleppleine und warte. Minuten später schnellt die Spule über Bord, ihre Sicherungsgummis straffen sich, ein Hai hat angebissen. Ich springe in die Plicht und beginne die Leine Hand über Hand einzuholen. Der etwa einen Meter lange Grauhai leistet wider Erwarten wenig Gegenwehr. Ich ziehe ihn auf den Spoiler, schlage den Dreizack ins Fleisch und hieve ihn an Bord. Noch während ich meine Beute begutachte, kracht es am Heck, gleichzeitig spritzt eine Wasserfontäne in die Plicht. Ich schrecke auf und sehe gerade noch das Ende einer Schwanzflosse wild schlagen, bevor es im Kielwasser verschwindet. Jetzt fällt es mir wie Schuppen von den Augen: Meine Angelspiele, denen der kleine Grauhai zum Opfer gefallen ist, haben seine großen Brüder ausrasten lassen. Das Zappeln des am Haken hängenden Tieres und sein durch die Verletzung ins Wasser gelangtes Blut bewirken das aggressive Verhalten der großen Tigerhaie. Rums, abermals attackiert ein heranschnellender Hai das Ruder der Windfahnensteuerung. Völlig perplex starre ich ins Wasser, die Ereignisse degradieren mich vom Jäger zum Gejagten.
Nach einigen Schrecksekunden kann ich wieder klar denken und überlege eine Verteidigungsstrategie. Zwar können Haie dieser Größe meine OASE II nicht versenken, jedoch wichtige Teile wie eben die Ruderanlage erheblich beschädigen, wenn nicht gar zerstören. Ich starte den Motor, danach fallen die Haie etwas weiter ab. Nervös schwimmen sie an der Wasseroberfläche. Was nun? Fieberhaft überlege ich, wie ich einen neuerlichen Angriff gegen das Heck meines Bootes abwehren könnte. Ich nehme die Eisensäge und spitze damit ein Ende des Leinenpickers zu. Durch mehrmaliges Einsägen entstehen vier Spitzen. Das müsste genügen, um beim Abhalten der Angreifer nicht von deren Körper abzurutschen. Kaum bin ich wieder am Heck der OASE II, prescht neuerlich ein Hai vor. Ich steche nach ihm, verfehle jedoch den wirbelnden Fischleib um einiges. Platsch, wieder knallt die Schwanzflosse gegen das Heck, und ich erhalte eine neuerliche Salzwasserdusche. Ich gebe in unregelmäßigen Abständen Vollgas, dann kupple ich den Motor ein und gebe voll vorwärts. Langsam fallen die Haie im aufgewühlten Kielwasser zurück. Nach einiger Zeit sind sie verschwunden. Ich stoppe die Maschine, setze mich in die Plicht und warte. Es vergeht keine Viertelstunde, da nähern sich abermals mehrere Schatten. Erst langsam, dann immer zügiger schließen neuerlich große Tigerhaie mit Begleitung auf. Ich nehme an, es sind die von vorhin. Mit dem gespitzten Leinenpicker bewaffnet, klemme ich mich hinter den Heckkorb. Da, ein Hai löst sich aus der Gruppe und schwimmt mit fahrigen Flossenschlägen auf das Heck zu. Mit aller Kraft ramme ich das Alurohr in den hellbraun schimmernden Körper. Dieser gibt wider Erwarten nach und dreht ab.

Nervös suche ich nach dem Angreifer. Ich kann ihn nicht mehr ausmachen. Das ganze Rudel schwimmt mit wilden, ruckartigen Flossenschlägen durcheinander. Ich werfe den gefangenen Hai über Bord, danach starte ich abermals den Motor, kupple ein und gebe Vollgas. Als ich wieder ins Kielwasser blicke, sind die Haie verschwunden. Ich lasse den Motor weiterlaufen und beobachte gespannt die See. Als auch nach einer halben Stunde alles ruhig ist, stoppe ich den Motor. Danach lassen sich die Räuber nicht mehr blicken. Trotzdem spüre ich ein Unbehagen in mir. Die Lust, einen Hai zu angeln, ist mir erst einmal gründlich vergangen. Ich kontrolliere das Ruder des Windpiloten. Mit Ausnahme einiger Schleifspuren und einer kleinen Beschädigung an der hinteren Kante des Ruderblattes ist nichts zu sehen. Das Heck der OASE II hat durch den Schutz der überstehenden Nirobadeleiter praktisch nichts abbekommen. Dennoch ärgere ich mich über den durch meine Unerfahrenheit inszenierten Zwischenfall. Schließlich hätte er auch schlimmer ausgehen können. Bei dieser Gelegenheit muss ich an die Worte Anasas, den Sohn des Dorfchefs in Dravuni, denken. Auf meine Frage, was er denn mache, wenn beim Fischen am Riff ein großer Hai auftauche, meinte er mit beschwörender Stimme: „Ich gebe ihm die Beute, klettere ins Boot und verhalte mich ruhig, bis er wieder weg ist.“ Jetzt weiß auch ich, warum.

Flautenloch Timorsee

Laut Monatskarte nähere ich mich dem windschwächsten Teilstück meiner Reise, der Timorsee. Tatsächlich weht schon seit Tagen nur mehr ein Hauch aus Südost. Nun herrscht zunehmend stundenlang absolute Flaute. Über der spiegelglatten, silbrig glänzenden Wasseroberfläche flimmert die Hitze. Sie erzeugt Lichtreflektionen, die den Horizont verzerren. Das Thermometer klettert an die 40° C. Gnadenlos brennt die Sonne vom Himmel. Das gequarzte Deck wird brennend heiß. Ich kann es nur noch mit Schuhen betreten. In regelmäßigen Abständen gieße ich Seewasser in die Plicht. Dadurch kann ich deren Oberflächentemperatur einigermaßen absenken. Nachts strahlen tausend Sterne von einem klaren, wolkenlosen Himmel. Ich liege im Cockpit, höre Musik und denke an zu Hause. Wie es wohl Anita gerade geht? Im Wechselbad der Gefühle empfinde ich die Einsamkeit manchmal einfach herrlich, zeitweise aber auch schrecklich bedrückend.
Unendlich langsam kriecht die OASE II nach Westen. Die Tagesetmale fallen unter 30 Seemeilen, manchmal sogar unter 20. Dennoch, nach 36 Tagen, habe ich die Hälfte der Strecke abgesegelt. „Horrordümpeln, aber durchhalten“, schreibe ich mit Blockbuchstaben ins Logbuch.
Ich versuche mich mit Hilfe eines vollen Tagesprogramms abzulenken: Konditionstraining, Französisch lernen, kleine Reparaturen ausführen – ich versuche, meinen Körper und Geist auf Trab zu halten. Meistens gelingt mir das auch, nur ab und zu quält mich eine innere Unruhe. In diesen Momenten fehlt mir jegliches Interesse. Lustlos beginne ich zu lesen, um schon nach wenigen Zeilen das Buch wieder wegzulegen. Ich versuche, mich an der Natur zu erfreuen, empfinde jedoch nur innere Leere. In solchen schlimmen Situationen greife ich meistens zu

Papier und Kugelschreiber. Ich beginne einen Brief an Anita zu schreiben. Beim Niederschreiben meiner Gefühle, meiner Nöte und Ängste empfinde ich große Erleichterung. Außerdem bekomme ich das Gefühl ihrer Nähe, das Gefühl, an ihrem Leben teilzuhaben. Sobald ich einen Brief beendet habe, verstaue ich ihn sorgfältig in der Kartenlade und gehe wieder guter Dinge meinen täglichen Programmpunkten nach. Dazwischen versuche ich, das Boot optimal zu trimmen. Schließlich macht es einen großen Unterschied, ob man einen Knoten oder 1,5 Knoten durch das Wasser dümpelt – in Prozenten eben 50.
Nervend langsam, aber doch läuft die OASE II in die Weite des Indiks. Allmählich setzt beständiger Südwind ein. Die Etmale werden wieder brauchbar, der zweitgrößte Ozean der Erde singt sein Lied.
Tag und Nacht ziehen die ausgebaumten Vorsegel ein lebhaft rollendes Schiff über eine tiefblaue See. Christmas Island und Cocos Keeling querab – die letzten Versorgungspunkte bleiben zurück. Vor mir liegen noch etwa zweitausend Seemeilen offener Ozean. Das Wetter ist für die Jahreszeit gut. Ich stecke meinen Kurs in einem nach Westen ausholenden Bogen ab, um nicht in die Zone umlaufender Winde östlich der Malediven zu gelangen. Stundenlang sitze ich auf dem Vorschiff und beobachte Fliegende Fische. In riesigen, silbrig schimmernden Wolken flüchten sie vor dem durch die lebhafte See preschenden Rumpf der OASE II. Lautes Rauschen sowie das Kreischen der sich auf die Flüchtenden stürzenden Seevögel begleitet dieses atemberaubende Schauspiel.
Mit den lebhaften Segelbedingungen kehrt auch meine Vitalität zurück. Um den 40. Fahrtag laufe ich nochmals in ein ausgeprägtes Hochdruckgebiet. Wind und Dünung passen nicht zusammen. Obwohl die Etmale gut bleiben – da der Strom mitläuft –, wird das Leben an Bord zur Nervenprobe. Tag und Nacht rollt das Boot so heftig, dass ich mich ständig verkeilen oder anklammern muss. Pausenlos fallen die ausgebaumten Segel ein, um anschließend wieder mit lautem Knall dichtzukommen. Tag und Nacht erzittert das Rigg und scheppern die Passatbäume in ihrer Halterung. Ich werde deprimiert und gereizt. Schon unbedeutende Missgeschicke im Bordalltag lassen mich ausrasten. Klebrige Hitze, konfuser Seegang, die andauernde körperliche Anspannung – meine Nerven sind am Ende. Flaute, ein Hauch aus Osten, ein Hauch aus Nordost, Bö aus Südost, wütend sitze ich im Cockpit und versuche einen brauchbaren Kurs zu steuern. Laut fluche ich über die Götter der Meere, schreie ich meinen Unmut über eine emotionslose See. Genau das sind sie, die schier endlosen Weltmeere. Nicht etwa bösartig, nicht hinterhältig oder berechnend, schlichtweg ihre Gefühllosigkeit macht sie zu überlegenen Gegnern oder verträglichen Partnern, zu schäumenden, alles vernichtenden Ungeheuern oder friedlichen, sanft atmenden Weiten.
Endlich weht es wieder aus Südost. Augenblicklich gewinne ich meine Zuversicht und Selbstsicherheit wieder, kann ich wieder lachen, ja, ein unbeschreibliches Hochgefühl treibt mir sogar Tränen in die Augen. In diesen Tagen, in denen ich mich zum zweiten Mal auf meiner Reise dem Äquator nähere, unterliege ich extremen Gemütsschwankungen. Zeitweise verliere ich gänzlich das Gefühl für Zeit und Raum. Ich mahne mich zu großer Selbstdisziplin, um nicht einfach

einzutauchen, einzutauchen in ein Leben der Resignation und gleichzeitiger Euphorie, des ständigen Zweifelns und der gleichzeitigen Sorglosigkeit, der peniblen Selbstkontrolle und des zügellosen Sich-gehen-Lassens.
43. Tag auf See: Zeitweise machen wir sieben Knoten über Grund. Gleichmäßiger, lebhafter Südwind und Schiebestrom machen es möglich. Dennoch bin ich unruhig, habe in den Schlafpausen wilde Träume und leide unter der Einsamkeit. Als moralische Unterstützung lese ich zum x-ten Male Wilfried Erdmanns Buch über seine Nonstop-Weltumsegelung. Der Bericht über diese Höchstleistung gibt mir Zuversicht, hilft mir, meine Gefühle zu ordnen, und lässt mich wieder Freude am bereits Vollbrachten empfinden.
Am 44. Fahrtag frischt es auf. Mit lautem, dumpfem Knall bricht die Vorschot. Die Genua schlägt knatternd um sich. Glücklicherweise habe ich sie nicht gerade ausgebaumt. Rasch berge ich das Tuch, um es vor Schäden zu bewahren. Danach schere ich eine neue Schot ein und setze die Fock 1. Lieber eine Nummer kleiner, denke ich mir, bevor es abermals Bruch gibt. Der Wunsch, endlich anzukommen, verleitet mich dazu, die OASE II so hart wie möglich voranzutreiben. Genau darin jedoch verbirgt sich die große Gefahr. Das Material wird überfordert. Wie oft haben unter dererlei Voraussetzungen Katastrophen einen Törn beendet, verloren Schiffe ihr Rigg und mussten Skipper ihre großen Ziele gezwungenermaßen aufgeben. Ich mahne mich zur Vorsicht.
Der Schiebestrom setzt aus, gleichzeitig ändert sich die Farbe des Ozeans von Tiefblau in ein mattes Dunkelgrün. Es dürfte sich dabei um eine nährstoffreiche Strömung handeln. Während ich im Cockpit sitze und die im Wasser treibenden Schwebepartikel beobachte, kommen von achtern Wale auf. In regelmäßigen Abständen erscheinen ihre dunklen Rücken an der Wasseroberfläche. Atemfontänen steigen auf, der achterliche Wind trägt ihren Geruch über die OASE II hinweg. Ich sitze da und beobachte das imposante Schauspiel mit gemischten Gefühlen. Als die Riesensäuger nur noch wenige Meter hinter dem Heck des Bootes schwimmen, verharren sie für einige Zeit an der Wasseroberfläche. Sie lassen sich treiben, augenscheinlich haben sie ein äußerst nährstoffreiches Gebiet entdeckt und genießen den Überfluss. Langsam vergrößert sich unser Abstand, irgendwann heben sich ihre Schwanzflossen. Ihre mächtigen Körper tauchen ab, in die Tiefe des Ozeans. Nach einigen Minuten kann ich abermals ein Tier an der Wasseroberfläche erkennen. Weit zurück sprüht Wasserdampf auf und lässt die Konturen in unmittelbarer Umgebung verschwimmen, dann habe ich auch den letzten Säuger aus den Augen verloren. Angesichts dieses Naturschauspieles verlieren sich meine Gedanken in die unendlichen Tiefen des Ozeans. Szenen entstehen vor meinen Augen, Szenen von überschwänglichem Leben, aber auch Szenen von gnadenlosem Jagen und Töten.
Im Laufe des nächsten Tages nimmt das Wasser wieder seine gewohnt tiefblaue Färbung an. Bei der täglichen Kontrolle des Riggs stoße ich auf eine lose Unterwant. Wahrscheinlich hat sie der eingepickte Passatbaum zu sehr belastet. Ich kontrolliere die Seilklemmen auf ihren festen Sitz, danach setze ich die Want durch. Als Belohnung für die geleistete Arbeit gönne ich mir eine Dose Fidschi-

Bier. Kaum habe ich sie ausgetrunken, verspüre ich eine angenehme Müdigkeit, ich lehne mich an den Mastfuß und gebe mich meiner Lieblingsbeschäftigung hin: Beobachten. Wann immer ich Zeit habe, das heißt, wann immer es das Wetter und mein Tagesplan zulassen, beobachte ich die See. Unglaublich, was sich da bei näherer Betrachtung an Leben tummelt.
Am 46. Tag auf See lausche ich angespannt Radio Singapur. In den aktuellen Nachrichten wird Sturmwarnung für Thailand und die Philippinen durchgegeben. Es ist nun schon der 20. Oktober. Für November weist die Monatskarte des Indischen Ozeans bereits Wirbelsturmtätigkeit auf. Zwar ist diese auf meiner noch zu bewältigenden Wegstrecke nur sehr gering, aber schon ein solcher Sturm würde mit größter Sicherheit ausreichen, um meine Reise zumindest für einen längeren Reparaturaufenthalt zu unterbrechen. Meine Nervosität steigt.
Später läuft die OASE II nur etwa fünf Meter neben einer großen weißen Treibnetzboje vorbei. Mit gemischten Gefühlen beobachte ich das Ding, das dümpelnd im Kielwasser zurückbleibt.
50. Fahrtag, heute feiere ich auch die fünftausendste Seemeile ab Suva. Ein herrliches Gefühl!
Meine Rechnung, durchschnittlich einhundert Seemeilen pro Tag abzusegeln, geht bisher auf. Für die nur etwas mehr als acht Meter lange OASE II ein ausgezeichneter Schnitt.
Meine Luftmatratze beginnt zu lecken. Zwar kann ich kein Loch finden, aber trotzdem entweicht die Luft schon nach wenigen Minuten. Vor jeder Benutzung ist Aufblasen angesagt. Das Regulierrad der Wasserarmatur bricht ebenfalls. Allmählich zeigt die Ausrüstung Abnützungserscheinungen. Ich versuche, das Kunststoffrad mit einem erhitzten Schraubenzieher zu verschweißen. Kurzfristig hält das Griffstück, jedoch nach mehrmaliger Benutzung bricht es neuerlich. Diesmal kann ich es nicht mehr reparieren. Somit regle ich die Wassermenge, die über eine kleine Tauchpumpe befördert wird, eben über den Hauptschalter auf dem Elektropaneel. Kein Problem, improvisieren ist das halbe Leben!
Die Tage vergehen in relativem Gleichklang. Zirkeltraining, kochen, Segelfläche anpassen, Französisch lernen, Windpilot einstellen, Gymnastik, duschen, glühend heiße Tage und sternenklare Nächte. Meile um Meile nähert sich die OASE II ihrem Ziel.
Sonntag, 2. November 1997, 59. Fahrtag. Noch nie war ich so lange ohne Unterbrechung auf See. Gleichzeitig beginne ich die letzten eintausend Seemeilen bis Male. Es wird ein schöner, ausgeglichener Tag. Mein ganzes Interesse gilt nur noch dem Ankommen. Gleichzeitig wird mir jedoch auch bewusst, dass ein herrlicher Törn bald zu Ende geht. Zum ersten Mal empfinde ich darüber Traurigkeit.
Am 63. Tag auf See überquere ich abermals den Äquator, bin somit wieder auf der Nordhalbkugel. Zur Feier des Tages koche ich groß auf: Das Frühstück besteht aus Kaffee und Fruchtkuchen, mittags kredenzt Demichef Norbert Curryreis, Kekse und Orangenlimonade, abends Schokopudding, Kekse und Kaffee – satt schwelge ich im Hochgefühl der leiblichen Genüsse. Trotzdem entwickle ich einen unbändigen Drang nach frischem Obst und Gemüse. Nachts sichte ich ein

Flugzeug, das nach Süden fliegt. Es schwächt das quälende Gefühl der Einsamkeit. Noch 200 Seemeilen bis Male.
Die unterschiedlichen Strömungen, verursacht von den 30 Seemeilen weiter westlich gelegenen Malediven, machen sich bemerkbar. Wind steht gegen Strom, konfuser Seegang schüttelt das Boot und lässt es zeitweise wahre Bocksprünge vollziehen, 34° Wärme, über 80 Prozent Luftfeuchtigkeit, ich fühle mich schlaff und ausgelaugt. Mein tägliches Fitnesstraining wird zur Tortur.
Noch 46 Meilen bis Male. Vergebens halte ich nach dem Leuchtfeuer am Felidhe-Atoll Ausschau. Radio Male sendet einen Wetterbericht in englischer Sprache. Für die Nacht und den morgigen Tag wird der Durchzug einer Störungsfront angekündigt, zusätzlich gibt der Sender Starkwindwarnung, bis zu 35 Knoten aus Südwest. Tatsächlich stehen über den Inseln dunkle, drohende Schauerwolken. Der Wind schläft ein, die Sonne versinkt hinter einem verschwommenen Horizont, wir segeln in die letzte Nacht auf See.
Schwacher umlaufender Wind lässt die OASE II nahezu unerträglich rollen. Ich starte den Motor zum Probelauf, alles in Ordnung. Gut verkeilt versuche ich, auf dem Kajütboden etwas Entspannung zu finden, ich finde sie nicht. Unruhig setze ich mich in die Plicht und beobachte die Wolken.
Gegen Mitternacht setzen die ersten Regenschauer ein, Böen kreischen im Rigg, die Richtung wechselt laufend, nass und müde kämpfe ich mit den Segeln, um Fahrt auf mein Ziel zu machen. Regenschauer, Sturmbö aus Osten, Flaute, Nieselregen und mäßiger Südwestwind, innerhalb von Minuten muss ich die komplette Segelgarderobe auswechseln. Versuche ich die OASE II einfach treiben zu lassen, drohe ich schon nach wenigen Minuten auszuflippen. Das Rollen und Stampfen ist einfach unerträglich, wie ein Klammeraffe muss ich mich festhalten, um nicht quer durch den Salon oder über das Deck geschleudert zu werden. Also hoch die Segel, meine Handflächen brennen wie Feuer. Einreffen, ausreffen, Fock 1 ausbaumen, bergen, Windfahne einstellen, ich setze mich aufs Vorschiff, das Ölzeug klebt an meiner Haut, innen ebenso nass wie außen, ich trage nichts darunter, ich will nur noch sitzen und ausruhen. Rums, ein Querläufer überspült das Vorschiff. Das warme Seewasser dringt unter mein Ölzeug, füllt meine Seestiefel. Ich empfinde es sogar als angenehm. Im Nordwesten sehe ich erstmals den Widerschein der Lichter Males. Noch kann ich keine einzelnen Lichter erkennen, nur dumpfes Leuchten am mit Schauerwolken übersäten Himmel, aber es ist deutlich erkennbar, dort in 30 Seemeilen Entfernung ist mein Ziel, ich spüre neue Energie in mir aufsteigen.
Die Nacht bleibt unwirtlich. Als der Morgen graut, steht die Front im Südosten. Blitze zucken, abermals setzen Regenschauer ein, heftiger Südost treibt die OASE II vor sich her. Ich setze nur die ausgebaumte Fock 2. Pausenlos versuche ich, Kontakt mit der National Security aufzunehmen. Schweigen im Äther. Inzwischen kann ich das Saumriff des Süd-Male-Atolls deutlich ausmachen. Unentwegt wird es von mächtigen Brechern bestürmt. Mit ohrenbetäubendem Donnern stürzen sie über die Riffkante und ergießen sich in das Atoll. Male selbst wird von dicken Schauerwolken eingehüllt, im Osten liegt der Flughafen. Unge-

hindert vom stürmischen Wetter landen und starten laufend Maschinen. Ab und zu kann ich auch ein Dhoni erkennen, das schwerfällig durch die aufgewühlte See stampft.

Male und seine Bürokraten!

Ich laufe entlang der Nordwestküste Males. Nach wie vor kann ich keine der offiziellen Stellen über UKW erreichen. Am Ufer der lückenlos verbauten Insel erspähe ich ein kleines Hafenbecken, in dem mehrere Boote der Coast Guard liegen. Eine Schauerwolke zieht durch, heftiger Regen prasselt auf mich nieder, böiger Wind drückt die OASE II in die Nähe der Außenmole. Ich steuere durch die schmale Einfahrt. Auf einem Patrouillenboot, das an der Pier längsseits liegt, befinden sich gerade mehrere junge Soldaten. Verblüfft beobachten sie mein Einlaufen. Ich fahre einige Schleifen. In der Zwischenzeit lege ich die Festmacherleinen zurecht und bringe Fender aus. Verständnislos glotzende Augen verfolgen jede meiner Bewegungen. Ich steuere die OASE II längsseits des Coast-Guard-Bootes. Augenblicklich bricht unter den Beobachtern Hektik aus. Ich setze mein freundlichstes Lächeln auf und frage: „Do you speak English?" Ratlose nervöse Augen fixieren mich, ich frage: „Parlez vous français?" Keine Änderung in deren Mimik. Ich versuche zu erklären, was ich ... Ein weiterer Vaterlandsverteidiger eilt unter dem ziemlich wirkungslosen Schutz eines Regenschirmes herbei. Mit seiner freien Hand winkt er mir energisch zu, ich winke ebenfalls, schließlich will man ja einen guten ersten Eindruck hinterlassen. Ja ja, natürlich warte ich mit dem Anlegen, bis er da ist. Mit triefend nasser Uniform erreicht er die Pier. „Yes, I speak English", äh aber no, ich darf da nicht anlegen, „you must go out ..."
Jetzt glotze ich ungläubig aus rot geränderten Augen. Was heißt hier „hinaus", ich bin froh darüber, endlich hier „drin" zu sein. Es entspinnt sich eine holprige Diskussion. Der englische Wortschatz meines Beraters umfasst etwa zehn Vokabeln. Irgendwie kann er mir aber erklären, dass ich keinen so genannten Innenhafen anlaufen darf. Vielmehr muss ich sofort hinaus in den Kanal und danach über UKW die National Security rufen. Diese werde dann an Bord kommen und mein Boot inspizieren. Wenn alles in Ordnung ist, darf ich ... nein, nein, nicht etwa in den Hafen einlaufen, sondern neuerlich über Funk die Behörden zum Einklarieren anfordern. Zoll, Gesundheitsbehörde und Einwanderungsbehörde kommen dann innerhalb der Amtsstunden und erteilen die notwendigen Genehmigungen. Danach darf ich an Land gehen, die OASE II muss im Außenhafen vor Anker gehen.
Ungläubig starre ich auf den Soldaten, der seinerseits blickt sich nervös um. Seine Nervosität ist verständlich, bedenkt man, dass ich unerlaubterweise, jedoch ohne jegliche Probleme bis ins Hauptquartier der Beschützer maledivischer Gewässer gelangt bin. Um nicht doch noch ernsthafte Probleme auszulösen, drehe ich ab und laufe in den so genannten Außenhafen.
Das Echolot bestätigt die Angaben der Seekarte. Die Wassertiefe beträgt innerhalb der zum Ankern ausgewiesenen Fläche mindestens 40 Meter, ein Ankern

mit der OASE II, noch dazu angesichts des schlechten Wetters ist praktisch unmöglich. Ich lasse das Boot treiben. Allmählich beginnt mein Funkgerät zu glühen. Endlich, eine Antwort. Ja, ja es wird in längstens zehn Minuten jemand kommen und mein Boot inspizieren, ich warte. Aus zehn Minuten werden 50. Endlich, ich motore schon zweimal zurück ins Ankerfeld, prescht ein Speedboot heran. Drei junge Soldaten klettern an Bord. Verwundert schauen sie sich um, ich biete ihnen einen trockenen Sitzplatz in der Dinette und Cola an. Einer der durchaus freundlichen Gesellen beginnt mit dem Ausfüllen des notwendigen Formulares. Schiffsdaten und meinen Namen setze ich persönlich ein. Noch stempeln, so, das ist es gewesen, welcome in Male!
Ich bitte noch ihren Schriftführer, über UKW die restlichen Behörden zu verständigen. Er ruft MPA, Male Port Authority, säuselt ein paar mir unverständliche Sätze, lächelt mich an und spricht: „Everything is O.K., you wait!"
„I wait" nun schon eine Stunde, niemand lässt sich blicken. Abtreiben, zurückmotoren, zum x-ten Male laufe ich vor die Hafeneinfahrt an der Westseite. Langsam, aber sicher werde ich nervös und ärgerlich. Die nächsten beiden Tage sind hier Feiertage. Wenn ich heute nicht mehr einklariert werde, könnte ich zwei Tage nicht von Bord gehen. Ich rufe Male Port Authority und bekomme sofort Antwort. Wie bitte, der Name meines Agenten? Ich habe keinen Agenten – ach so, ohne Agent wird das schwierig. Ich verstehe den dezenten Hinweis. Gut, in Ordnung, die Hafenbehörde wird mir einen Agenten besorgen, und der setzt sich mit mir in Verbindung, sehr gut, herzlichen Dank.
Abtreiben, zurückmotoren, Regenschauer, Böendurchzug, mein Funkgerät bleibt stumm. Mir reicht es, ich muss etwas unternehmen. Zurück vor der Hafeneinfahrt schimmert mir unmittelbar an der Außenmole türkisfarbenes Wasser entgegen. Ich motore über die Untiefe direkt in der Einfahrt und gehe dort, von ungläubigen Blicken beobachtet, vor Anker. Danach rufe ich über Kanal 16 abermals die Port Authority und teile unverblümt meine Position mit. Zusätzlich erkläre ich, nicht mehr in der Lage zu sein, das Eintreffen der Behörden am Ankerplatz abzuwarten. Nachdrücklich weise ich auf Motorprobleme und meine schlechte körperliche Verfassung hin. Der Funker am anderen Ende klingt nervös und ratlos, sichert mir jedoch zu, diesmal alles Notwendige einzuleiten. Dhonis umfahren mich, Speedboote stoppen auf, ihre Skipper werfen mir irritierte Blicke zu. An der Steuerbordsaling meiner OASE II weht nach wie vor eine knallgelbe Quarantäneflagge, ich stehe im Niedergang, blicke so freundlich, wie es mein Seelenzustand noch ermöglicht, und warte.
Zwischendurch packt mich regelrechter Zorn, und ich überlege ernsthaft, einfach nach Aden oder Dschibuti weiterzusegeln.
In dieser Phase meldet sich Hazash Enterprises. Man versichert mir, mit den notwendigen Offiziellen in etwa einer halben Stunde an Bord zu kommen. Ich schöpfe wieder neue Hoffnung. Tatsächlich naht 40 Minuten später eine Hafenbarkasse. Sie bringt einen Mitarbeiter von Hazash und sämtliche noch ausständige Beamte. Ich fülle Unmengen an Formularen aus, Stempel knallen, Alkohol oder Drogen an Bord, nein, O.K., schönen Aufenthalt.

West-Samoa – Inseln der Gegensätze

36

37

36. Verkehrspolizist in Suva (Fidschi)
37. McDonald round the world
38. Kopraofen auf Fidschi
39. No Jeans in Dravuni Island (Fidschi) – Kleidungsvorschrift für den Gottesdienst
40. Mein Fremdenführer auf Dravuni Island
41. Marktfrauen in Suva

39

40

41

42. Begegnung mit Walen im Pazifik
43. Eine Dorade – zu anmutig, um harpuniert zu werden
44. Blinder Passagier auf dem Weg von Suva nach Male

Schäumend entfernt sich die Barkasse mit den Behördenvertretern, Hussein bleibt an Bord. Ich erkläre ihm mein Problem. Er spricht über Funk mit diversen Stellen. Ich bekomme die Erlaubnis, die OASE II für einige Tage in den Handelshafen zu verlegen. Das erste große Hindernis scheint überwunden. Die Crew eines Tuckbootes hilft mir beim Festmachen, danach chauffiert mich Hussein mit dem firmeneigenen Motorroller in das Agenturbüro.
Es regnet, aber das stört mich nicht mehr, denn ich bin ohnehin durchnässt. Unrasiert, im stinkenden Ölzeug sitze ich auf dem Sozius und beginne allmählich zu begreifen, dass ich mich tatsächlich in Male befinde. Über neun Wochen war ich auf See, alles hier ist mir fremd. Wegen des hektischen Treibens kann ich mich nicht konzentrieren, fremde Gerüche reizen meine Sinne, ich fühle mich wie in einer anderen Welt.
Wir erreichen das Bürohaus an einer der Hauptstraßen Males. Der Direktor persönlich ist anwesend, er fragt mir Löcher in den Bauch. Ich muss mich konzentrieren, um einigermaßen vernünftige Antworten zu geben. Ich zücke meinen Notizzettel und frage nach einer Möglichkeit, um Geld zu wechseln, nach der Post, nach den Kosten für die Betreuung durch seine Agentur. Erstaunlicherweise nimmt man kein Geld von mir. „Wir haben den Funkverkehr mitgehört und waren der Auffassung, helfen zu müssen. Wenn jemand auf diese Weise alleine die Ozeane durchsegelt, gebührt ihm angemessene Hilfe!“ Ich kann nicht glauben, was ich da höre! Völlig von den Socken, bedanke ich mich überschwänglich, beantworte noch einige Fragen und werde danach von Hussein zur Telecom begleitet.
Ich rufe Anita an, nach über 65 Tagen höre ich wieder ihre Stimme. Sie muss heulen, ich habe nasse Augen und einen Kloß im Hals, beide freuen wir uns riesig auf das für Weihnachten geplante Wiedersehen. Ich habe vor, die OASE II aufzuslippen und danach für einige Wochen nach Hause zu fliegen. Morgen werde ich beginnen, alles Notwendige vorzubereiten.
Ich kaufe frisches Obst, Käse und Brot. Wieder zurück an Bord, nehme ich eine Süßwasserdusche. Danach genieße ich mein Abendessen. Entspannt, mit dem überwältigenden Gefühl, diesen Törn über 6.740 Seemeilen erfolgreich und unbeschadet abgeschlossen zu haben, versinke ich im Land der Träume.
Es gelingt Anita, einen Flug ab Male nach München zu organisieren. Somit bleiben mir zehn Tage, um die OASE II aufzuslippen. Mit diesem an und für sich beruhigenden Zeitpolster mache ich mich an die Arbeit. Ich erkundige mich nach einer Slipmöglichkeit in Male. Sie ist vorhanden, lediglich das dafür geforderte Entgelt lässt mich erstarren. Glaubt man hier, ich sei Rothschild? Abermals kann Hazash helfen. Ein Geschäftsfreund betreibt die einzige private Werft im Male-Atoll. Sie befindet sich auf Guhli Island, 15 Seemeilen südlich von Male. Ich treffe mich mit dem Eigentümer Mr. Adam. Nach wenigen Minuten sind wir handelseinig. Die vorhandenen Möglichkeiten auf seinem Werftgelände sind für mich ausreichend, die Kosten nicht gerade billig, aber angemessen. Jetzt muss ich also nur noch die bürokratischen Hürden nehmen. Das ist auf den Malediven aber leichter gesagt als getan.
In den nächsten Tagen gelingt es mir nur mit der Hilfe allerhöchster Stellen, eine

Genehmigung für das Aufslippen der OASE II zu erhalten. Schuld daran ist eine Passage im Gesetzestext der Republic of Maledives. Sie besagt, dass Schiffen unter fremdländischer Flagge eine Genehmigung zum Anlaufen maledivischer Inseln ausschließlich in zwei Fällen erteilt werden darf: aus touristischen Motiven oder aber zur Beförderung von Gütern. In meinem Fall trifft beides nicht zu. Jedenfalls entscheiden das die zuständigen Ressortbeamten. Ich versuche bei diversen Gesprächen mit den amtsführenden Direktoren von Zoll und Transportministerium doch noch das Ausstellen des notwendigen „Inter Atoll Permis“ zu bewirken. Endlich, vier Tage vor meinem geplanten Abflug nach München, erhalte ich nach endlosem Intervenieren die Fahrgenehmigung. Noch am selben Tag, es ist aber bereits elf Uhr, laufe ich mit Ziel Guhli Island aus. Unendlich langsam bugsiert der Motor die OASE II in das Süd-Male-Atoll. Nun gilt es noch, neun Seemeilen gegenan zu kreuzen. Stunde um Stunde verrinnt, endlich erreichen wir Guhli Island. Die Insel ist von einem Ringriff umgeben, lediglich eine Passage ist in der Seekarte eingezeichnet, diese liegt auf der Südseite. Zwar laufen einige Dhonis auch im Norden über das Riff, aber ohne Ortskenntnisse und ausreichende Markierung wage ich nicht, es ihnen gleichzutun. Schnell sinkt die Sonne, es beginnt zu dämmern. Im fahlen Licht erreiche ich die Riffpassage. Zwei Fischer segeln mit ihren Dhonis am Riff entlang, sie haben Schleppleinen ausgebracht. Die Strömung in der Durchfahrt läuft wild durcheinander. Auflandiger Wind hilft jedoch kräftig beim Einlaufen. In der Zwischenzeit ist es dunkel, ich traue mich nicht mehr durch die nur wenige Meter breite Einfahrt zum Werftgelände und gehe in der Lagune vor Anker. Der Skipper eines ebenfalls ankernden Safaribootes kommt mit dem Dingi längsseits. Als er erfährt, wohin ich möchte, schlägt er vor, die OASE II durch die Einfahrt zu lotsen. Ich nehme das Angebot dankend an. Hinter dem Dingi laufe ich problemlos in den kleinen Hafen des Werftgeländes ein. Ich bedanke mich mit einer Packung Zigaretten, und winkend braust der Maledive davon.
Frischer Südost pfeift im Rigg. Ich stecke noch ein paar Meter Kette, danach sitze ich im Cockpit und beobachte das im Dunkeln liegende Ufer. Gegen Mitternacht falle ich in die Koje. Morgen werden wir die OASE II aufslippen.
Wie besprochen betritt Mr. Adam gegen Mittag das Werftgelände. Er gibt seine Anweisungen an den Vorarbeiter, versichert mir, dass ich morgen mit seiner Barkasse nach Male fahren kann, und verabschiedet sich. Am Nachmittag beginnen Arbeiter einen Slipwagen für die OASE II vorzubereiten. Etwas skeptisch beobachte ich ihr Tun. Es sieht ganz so aus, als wollten sie mein Boot lediglich an Bug und Heck abstützen, um den Slipwagen anschließend an den Strand zu ziehen. Dabei würde der schwere Ballastkiel frei durchhängen. Ich erkläre ihnen mit Händen und Füßen, dass ein Slippen so nicht möglich ist. Schließlich habe ich das Boot selbst gebaut, unzählige Male aufgebockt und weiß daher, wie man den Rumpf fachgerecht abstützt. Ich mache ihnen mit Hilfe einer in den Sand gekritzelten Zeichnung klar, dass der Bootskörper primär auf dem Kiel stehen muss. Erst danach gehören Bug und Heck so unterlegt, dass ein Kippen verhindert wird. Ich ernte ungläubige Blicke. Die Arbeit gerät ins Stocken. Offensichtlich traut man mir nicht.

Mr. Adam wird angefunkt. Ich erkläre ihm das Problem. Er gibt seinerseits genaue Instruktionen, und erst danach erklären sich die Arbeiter bereit, meinen Vorschlag auszuführen. Gemeinsam schieben wir die OASE II über den im Wasser befindlichen Slipwagen. Mit einer Unmenge an Leinen vertäuen sie den Bootskörper. Die Winde, von einem starken Dieselmotor getrieben, zieht den Slipwagen langsam, aber beständig aus dem Wasser. Zeitweise blockiert eines der Räder. Egal, laut quietschend wird die antike Konstruktion auf den Slip gezogen. Die OASE II erreicht ihre vorgesehene Endstellung. Große Blöcke aus Korallenstein sichern den Slipwagen vor einem etwaigen Zurückrollen. Außerdem wird mein Boot mit mehreren Leinen an den Schienen der Sliprampe gesichert. Nachdem ich erfahre, dass es auf der Insel viele Ratten gibt, entferne ich alle über Deck führenden Sicherungsleinen und weise den Vorarbeiter an, diese auch nicht mehr zu ersetzen. Dadurch können die gefräßigen Nager nicht aufentern. Ich möchte gar nicht an die möglichen Schäden denken, sollte es ihnen gelingen, während meiner Abwesenheit an Bord zu gelangen. Ich verklebe zusätzlich das Niedergangsschott und schließe die Backskistenlüfter.
Bis spät in die Nacht staue und ordne ich Ausrüstungsgegenstände, Lebensmittel und persönliche Dinge. Geschafft von der Hitze, falle ich in die Koje. Wenig später wühle ich nach meinem Moskitospray. Die Blutsauger bringen mich an den Rand des Wahnsinns. Nachdem ich das Innere der OASE II kräftig ausgesprüht habe, verschließe ich den Niedergang und unternehme einen ausgedehnten Spaziergang. Als ich nach eineinhalb Stunden zurückkehre, scheinen alle Plagegeister unter Deck vertrieben zu sein. Ich montiere sorgfältig alle verfügbaren Moskitonetze und schlafe danach bald ein.
Frühmorgens ist es noch angenehm kühl. Ich reinige das restliche Unterwasserschiff und packe meine Reisetaschen. Am späten Vormittag kommt die Barkasse. Nach dem Mittagessen fährt sie nach Male zurück, mit an Bord ein Skipper mit gemischten Gefühlen. Hoffentlich finde ich das Boot bei meiner für Januar vorgesehenen Rückkehr unbeschädigt wieder.
Wir gleiten über türkisfarbenes Lagunenwasser, und schon nach vierzig Minuten erreichen wir Male. Ich helfe noch eine an Bord befindliche Standbohrmaschine Marke „Vorsintflutlich“ auszuladen, danach fahre ich ins Büro von Hazash, und Hussein vermittelt mir ein schönes, erschwingliches Hotelzimmer. Morgen fliege ich nach Hause!
Ali Shiam begleitet mich zum Flughafen. Er ist Juniorchef einer Gesellschaft, die zwei Ferienressorts besitzt und auch leitet. Ich habe ihn bei diversen Besorgungen kennen gelernt. Ali, der in Neuseeland studiert hat, ist ein fröhlicher Geselle, spricht ein perfektes Englisch und hat allerorten Beziehungen. In letzter Minute bemerke ich, dass mein Ticket falsch ausgestellt wurde. Ali kennt die zuständigen Leute und in wenigen Minuten wird mein Problem behoben. Danach reihe ich mich in die schier endlose Schlange der auf die Abfertigung wartenden Touristen ein. Ali verabschiedet sich herzlich, er hat noch einige Termine und muss weiter. Ich verspreche ihm, mich bei meiner Rückkunft zu melden. Ein letztes Winken, danach klettert er in ein Dhoni und tuckert davon.

Zwei Stunden später hat auch der letzte Fluggast seinen Platz eingenommen. Elegant startet der Pilot. Die im Bug des Flugzeuges installierte Videokamera überträgt aufregende Bilder auf die Monitoren im Passagierraum.
Nach ruhigem Flug landen wir in München. Das Wetter ist kalt, aber trocken. Mit dem Taxi fahre ich zum Hauptbahnhof, von dort bringt mich der Nachtzug nach Wien.
Um sieben Uhr fährt der Schnellzug in Wien-West ein. Presse und Familie empfangen mich am Bahnsteig. Sektkorken knallen. „Willkommen im Weihnachtsurlaub“, scherzt Anita. Der Radioreporter verabschiedet sich, um das soeben produzierte Material zu bearbeiten. Wir fahren nach Hause, Sektfrühstück ist angesagt. Danach sitze ich im Wohnzimmer, kann meine Gedanken noch nicht ordnen.
In wenigen Wochen ist Weihnachten. Zwei Drittel meiner Reise sind vorbei. Was wird das neue Jahr bringen? Werde ich auch den Rest meines großen Vorhabens unbeschadet zu Ende führen? „Du hast nachmittags einige Termine“, Anitas Stimme reißt mich aus meinen Gedanken. Sie merkt es und setzt sich neben mich: „Woran denkst du gerade?“ – „An alles und nichts“, antworte ich lächelnd und drücke sie an mich. Es ist einfach schön, ihre Nähe zu spüren.

Aus Anitas Tagebuch
Ein aufregender Tag. Heute, schon um halb sieben in der Früh, standen wir am Westbahnhof und holten Norbert ab. Den Vogel hat wohl seine Mutter abgeschossen. Sie wollte ihn überraschen und ist in St. Pölten in den gleichen Zug eingestiegen, hat ihn aber im Zug nicht gefunden. Erst beim Aussteigen sind sie sich begegnet. Nachdem sich auch die Presse verabschiedet hatte, sind wir zum Sektfrühstück gefahren. Ich habe dann einen Überraschungsempfang im Frackerl organisiert. Zuerst wollte Norbert gar nicht mehr weggehen, ich konnte ihn aber dann mit aller Mühe überreden, mit mir fortzugehen. Die anderen haben schon im Frackerl gewartet. Das war eine Überraschung. Norbert hat sich sehr darüber gefreut. Schließlich hatte ich es geschafft, alle seine Freunde und Bekannten zusammenzutrommeln.

Tage und Wochen verrinnen, Weihnachten und Silvester gehen vorbei, und ehe ich michs versehe, beginnt Anita schon über die bevorstehende Trennung zu reden.
Ich bestätige meinen Rückflug, mache letzte Besorgungen und fühle eine innere Unruhe. Werde ich mein Boot unbeschadet vorfinden? Kann ich in der mir zur Verfügung stehenden Zeit alle notwendigen Arbeiten erledigen? Wie wird der Rest meiner Reise verlaufen? Was kommt danach?
Ich verdränge die belastenden Gedanken, gehe ans Fenster und beobachte das lebhafte Straßentreiben. Es ist gerade abendliche Rushhour. Eine farbige Blechlawine zuckelt in Richtung der Außenbezirke, Menschen eilen hektisch von Geschäft zu Geschäft, erledigen letzte Einkäufe, Anita kommt nach Hause.
An unserem letzten gemeinsamen Abend haben wir noch einen wichtigen Pressetermin. Zuvor aber wollen wir unser Abschiedsdinner genießen. Später treffen

wir Journalisten einer Yachtzeitschrift. Es ist Mitternacht, als wir nach Hause kommen. Fühlbare Spannung liegt in der Luft. Wir sind beide über die bevorstehende Trennung nicht gerade glücklich, aber es muss eben sein. Stärker als mein Trennungsschmerz ist der innere Drang, mein großes Vorhaben zu beenden. Anita fühlt und akzeptiert das. Ich bin froh über diese starke Frau an meiner Seite, sie gibt mir den Rückhalt und die Kraft, die ich brauche, um durchzuhalten.

Male – Ghuli Island

Mit einem sanften Ruck setzte sich der Intercity Wien–München in Bewegung. Von München geht es dann direkt auf die Malediven. Anita steht winkend am Bahnsteig. Jetzt geht sie noch einige Schritte neben dem anfahrenden Zug her, dann habe ich sie aus den Augen verloren. Wie immer verging unsere gemeinsame Zeit viel zu schnell, wie jedes Mal hätte ich noch so viel mit Anita zu besprechen, ihr noch unzählige Dinge sagen wollen, zu spät, mir steckt ein Kloß im Hals. Ich versuche meinen Kummer zu mildern, indem ich mich in die mir verbliebene Arbeit stürze. Einige Konzepte sind noch zu schreiben, Reparatur- und Bunkerlisten für meine Arbeit auf den Malediven müssen aufgestellt, Briefe beantwortet werden …, meine lange Liste sorgt für willkommene Ablenkung.
Gegen Mittag erreichen wir München. Ich besuche Freunde, die mich zum Mittagessen einladen. Am späten Nachmittag fahre ich zum Flughafen. Beim Einchecken gilt es für mich die letzte, aber beträchtliche Hürde auf dem Weg nach Male zu nehmen. Großzügig bemessene Navigationsunterlagen für das letzte Teilstück meiner Reise, einige Ersatzteile, die ich in Male nicht bekommen kann, Geschenke von Freunden … all das hat wie immer zu erheblichem Übergepäck beigetragen. Nun muss ich also wieder einmal meine ganze Überzeugungskraft dafür aufwenden, jedes dieser wunderbaren und nicht zuletzt auch für mich notwendigen Dinge mit in das Flugzeug zu bekommen. Ich schleppe meine Reisetasche mit gespielter Leichtigkeit zum Abflugschalter und wuchte sie unter Aufbietung all meiner Kräfte – das entspannte Lächeln nicht vergessend – auf das Gepäcksband. Aus den Augenwinkeln beobachte ich die Reaktion der bis zu diesem Zeitpunkt ebenfalls freundlich lächelnden Stewardess. Kaum erscheint das Gewicht meines Gepäckstückes auf dem Display der Waage, werden ihre Gesichtszüge merklich härter und signalisieren mir unübersehbar, dass hier etwas nicht in Ordnung ist. Ob wohl die Gepäckswaage einen Defekt hat? Bevor mein Visavis noch die passenden Worte findet, beginne ich nach dem Motto „Angriff ist die beste Verteidigung" meine Situation und somit das Zustandekommen dieser „etwas gewichtigen Tasche" zu erklären. Erst unzählige Hinweise auf die Besonderheit der Umstände in Verbindung mit meinem treuesten, etwas sorgenvollen Dackelblick bewirken, dass die überaus freundliche Lady am Condor-Air-Schalter Gnade vor Recht ergehen lässt. Knapp eine Stunde später hebt mein Ferienflieger mit einem überaus glücklichen Skipper inmitten von sonnenhungrigen Urlaubern ab.
Nach einem neunstündigen, angenehmen Flug erreichen wir die Malediven.

Wie ein Flugzeugträger liegt die kleine Insel Hulule im Nord-Male-Atoll unter uns. Ringsherum der tiefblaue Indische Ozean. Einige türkis schimmernde Wasserflächen, in denen man unzählige Korallenköpfe durch das glasklare Wasser ausmachen kann, vervollständigen dieses bezaubernde Bild der Tropen. Nach den trüben, nasskalten Tagen im winterlichen Österreich ist das ein wahres Labsal für die Seele.
Beim Verlassen der Maschine trifft mich die herrschende Hitze in Verbindung mit der üblichen hohen Luftfeuchtigkeit wie ein Keulenschlag. Nun was solls, denke ich, besser schwitzen als frieren. Bei den Einreiseformalitäten werde ich danach sofort wieder daran erinnert, dass auch auf den Malediven die Bürokraten pflichtbewusst, manchmal vielleicht etwas zu pflichtbewusst ihrer Arbeit nachgehen. Nachdem ich eine halbe Stunde Schlange gestanden habe, erreiche ich den Schalter der Einwanderungsbehörde. Ich übergebe Reisepass und Flugticket.
Da will doch glatt einer ohne Rückflugticket einreisen, der Beamte studiert angestrengt mein Ticket. Ich lege alle meine Papiere vor, erkläre ausschweifend die Zusammenhänge, doch es fruchtet nicht. „You wait here“, ist das Einzige, was der Uniformierte in gebrochenem Englisch von sich gibt. Danach verschwindet er zum Ärger der noch hinter mir anstehenden Urlauber in einem Büro. Die Minuten verrinnen, langsam, aber unaufhaltsam bilden sich Schweißflecken an Hemden und T-Shirts der wartenden Menschen – nichts geschieht. Nach über einer halben Stunde – in der Zwischenzeit stehe ich einsam und verlassen vor dem Einreiseschalter – kehrt der Staatsdiener in Begleitung zweier, etwas höher dekorierter Helfer zurück. Nochmals studieren alle drei meinen Reisepass, schließlich, das leuchtet auch mir ein, sehen sechs Augen mehr als zwei. Dann erhalte ich den ersehnten Stempel. Welcome to the Maledives.
Der Ordnung halber sei hier erwähnt, dass ich das übliche Touristenvisum bekam, also eine Aufenthaltsgenehmigung für 30 Tage. Endlich kann ich mein Gepäck übernehmen und benutze einen Gepäckwagen. In der Ankunftshalle treffe ich einige bekannte Gesichter, lediglich Ali Shiam, welchen ich mittels Fax über mein Ankommen informiert habe, ist nicht oder eben nicht mehr da. Schade, denn er hatte mich für zwei Tage in ein Touristenressort eingeladen. Ich fahre also mit dem Dhoni nach Male und besorge mir ein Hotelzimmer. Danach beginne ich alle notwendigen Besorgungen. Am frühen Nachmittag erreiche ich Ali Shiam am Telefon. Er erklärt mir, offensichtlich verwundert über meine Anwesenheit in Male, man habe sehr wohl am Flughafen auf mich gewartet, aber ich sei nicht unter den Ankommenden gewesen. Daher sei er nach einer Stunde mit dem Air-Taxi nach Vilamendhu weitergeflogen. Ich erläutere ihm meine Schwierigkeiten bei der Einreise. Kurzerhand organisiert er für mich einen Transfer nach Vilamendhu.
Nur zwei Stunden später sitze ich zuerst für 25 Minuten in einer Twin Otter. Sie fliegt in etwa eintausend Meter Höhe über das Male Atoll in Richtung Südwesten. Es ist ein wolkenloser Nachmittag und daher genieße ich abermals einen atemberaubenden Ausblick über das Atoll mit seinen unzähligen kleinen Inseln, Lagunen und Riffen. Unmittelbar danach sitze ich mit Ali am weißen Pulverstrand. Ich schlürfe meinen Begrüßungscocktail und blicke zufrieden über eine

türkisblau schimmernde Lagune. In kurzen Abständen flüchten große Schwärme Fliegender Fische vor ihren räuberischen Verfolgern. Der Monsun sorgt für angenehme Kühlung und lässt die Blätter der Kokospalmen leise rascheln – wie im Paradies.
Ich hatte Ali im November angeboten, eine Fotoreportage über die Ferienanlage zu machen. Aus diesem Grund ist für morgen ein Hubschrauberflug organisiert. Da mich der Blick aus der Vogelperspektive über die vielen kleinen Inseln und ihre Lagunen, in denen das Wasser unzählige Farbnuancen zeigt, einfach begeistert, schwelge ich abermals in großer Vorfreude.
Am frühen Morgen des darauf folgenden Tages geht es also los. Wir fahren erst mit dem Dhoni zu einer kleinen Sandinsel, auf der sich lediglich der Hubschrauberlandeplatz und eine wackelige Holzpier befinden. Kurze Zeit später besteigen wir einen alten russischen Militärhubschrauber. Das sehr betagte Fluggerät, das außen nur umlackiert wurde und in großen Buchstaben den Schriftzug HUMMING BIRD trägt, leidet offensichtlich unter Wartungslücken. Unter anderem ist das rechte Rad des Fahrgestells schon so betagt, dass zwischen dem spiegelglatten, abgefahrenen Profilgummi unverkennbar das Innenleben des Reifens an die Oberfläche drängt. Aber was ein richtiger Abenteurer ist, lässt sich von solchen Kleinigkeiten nicht abschrecken – also hineingeklettert. Eine freundliche rumänische Crew, bestehend aus zwei Piloten und dem Bordtechniker, begrüßt uns. Nach dem Inneren des Helikopters zu urteilen, ist er gerade erst von seinem letzten Kriegseinsatz zurückgekehrt. Selbst der Feuerknopf am Steuerhebel befindet sich noch an seinem Platz, die Verkabelung ist aber angeblich abgeklemmt und außerdem sind dort, wo normalerweise Raketen auf ihren Abschussbefehl warten, Rettungstragbahren angebracht. Wo das Maschinengewehr aus der Pilotenkanzel ragte, befindet sich nun ein rot leuchtender Kunststoffdeckel – daher besteht also kein Grund zur Sorge. Ich bekomme einen sehr betagten Hüftgurt verpasst. Dieser soll mich beim Flug mit offener Seitentür während des Fotografierens sichern. Als Sitzunterlage verklemmt der Bordtechniker die Rettungsinsel unmittelbar vor dem Ausstieg. Wir sind startklar.
Mit lautem Getöse hebt der Hubschrauber ab und nimmt Kurs auf Vilamendhu. Selbst meine Laienohren in Sachen Fluggeräusche können mehrere eigenartige Schleif- und Quietschgeräusche orten. Die Vibration im Inneren der Kabine ist beachtlich, aber der Pilot versteht sein Handwerk. Überaus weich steuert er das betagte Fluggerät, und schon nach fünf Minuten erreichen wir unser Ziel, die Fotosafari kann beginnen.
Während der Pilot in gleichmäßigen Kreisen die Insel umfliegt, knipse ich, auf der Rettungsinsel vor dem offenen Luk sitzend, was das Zeug hält. Ständig verändert sich das Spiel von Licht und Schatten. Bis zum Horizont schimmern winzige Sandinseln, Lagunen und Korallenköpfe – ich kann mich kaum satt sehen. Nach 20 Minuten habe ich einige hundert Fotos gemacht und wir treten den Rückflug zum Landeplatz an. Als wir aufsetzen, erinnert uns ein lautes Ächzen im Fahrwerk noch einmal an den technischen Zustand unseres fliegenden Veteranen. Gerade deshalb möchte ich aber erwähnen, dass der Kapitän sein

Fluggerät absolut beherrschte. Ich schieße noch einige Fotos fürs Familienalbum, danach verabschieden wir uns herzlich.
Zwei Tage später bringt mich das Speedboot von Mr. Adam nach Guhli Island. Hoch und trocken steht meine OASE II am glühend heißen Sandstrand in der Mittagssonne. Ein schneller Blick über das Schiff sagt mir, dass offensichtlich alles in Ordnung ist. Als ich das Steckschott öffne, schlägt mir eine muffige Hitzewelle entgegen. Das Thermometer im Inneren des Bootes zeigt mehr als 40° an, das heißt, es steht am Anschlag. Ich öffne alle Luken, um wenigstens ein wenig Frischluft in die Kajüte zu bekommen. Danach beginne ich sofort mit einigen Vorbereitungsarbeiten. Kaum habe ich mich ungeschützt einige Minuten der Sonne ausgesetzt, beginnt meine Haut zu brennen. Ich bekomme einen kleinen Vorgeschmack von dem, was mir in den nächsten Tagen während meiner Arbeiten auf dem Slip blühen wird.
Werftarbeiter begrüßen mich herzlich und helfen mir, mein Gepäck ins Innere der OASE II zu heben. Danach sitzen wir gemeinsam unter einigen Palmen am westlichen Strand der Insel. Während wir radebrechend, teils mit Händen und Füßen gestikulierend, unsere Neuigkeiten austauschen, sorgt der Monsun für angenehme Abkühlung.
Nach Sonnenuntergang wage ich mich wieder in die Kajüte und mache eine Entdeckung, die sich später als folgenschwer herausstellen sollte: Unzählige kleine Käfer mit einem spitzen, bohrerähnlichen Kopf haben sich in der OASE II eingenistet und bevölkern einige Stauräume und Schapps. Ich entferne sie fürs Erste oberflächlich und falle danach todmüde in eine klebrige, muffige Koje. Morgen bei Sonnenaufgang möchte ich mit den Arbeiten am Schiff beginnen.
Um fünf Uhr morgens läutet der Wecker. Es beginnt gerade zu dämmern. Ich habe mir fest vorgenommen, die einigermaßen kühlen Morgenstunden optimal auszunutzen. Wenig später arbeite ich im Akkordtempo am Rumpf der OASE II. Als Erstes muss ich eine kleine Polyesterreparatur am Kiel erledigen, danach bereite ich das Unterwasserschiff zum Aufbringen des neuen Antifoulings vor.
Bereits gegen 10 Uhr steht die Sonne hoch und ihre Strahlen brennen wie Feuer auf der Haut. Um die Mittagszeit wird die Hitze für mich unerträglich. Dazu kommt, dass der Rumpf meiner OASE II hier auf dem Slip der prallen Sonne ausgesetzt ist und sich ohne kühlendes Wasser schnell aufheizt. Daher wird selbst der Stahlkiel des Bootes so heiß, dass er nach innen wie eine Fußbodenheizung abstrahlt – und das bei 34° C im Schatten! Zusätzlich macht mir die hohe Luftfeuchtigkeit zu schaffen. Trotzdem arbeite ich täglich ab Sonnenaufgang so lange, bis mich die Kräfte verlassen. Das ist meistens gegen 16 Uhr der Fall. Um diese Zeit nehme ich eine ausgiebige Dusche mit in Zisternen gesammeltem Regenwasser. Danach wasche ich täglich meine Arbeitskleidung. Nach zwei Stunden Erholungspause, in der ich diverse Schreib- oder Stauarbeiten erledige, kommt pünktlich auf die Minute Mohammed. Er war am ersten Tag meiner Ankunft auf Guhli Island vorbeigekommen und hatte mir seine Gastfreundschaft angeboten. Da die maledivischen Menschen dem moslemischen Glauben angehören, feiern sie gerade ihren Fastenmonat Ramadan. Sein Angebot gilt daher für

das tägliche Dinner, welches als erste Mahlzeit am Tage nach Einbruch der Dunkelheit eingenommen wird.
Mohammed und ich spazieren gemeinsam knapp hundert Meter auf einen aus Korallenstücken aufgeschütteten Damm. Dort wirft Mohammed seine Angel aus und fängt einige Lagunenfische. Gleichzeitig beobachten wir beide schweigend und auf unseren Fersen sitzend, wie die Sonne im Meer versinkt. Jeden Tag macht mich das atemberaubende Spiel der Pastellfarben, die sich in Sekundenschnelle verändern, richtig glücklich. Manchmal stehen hohe Kumuluswolken im Westen und erzeugen zusätzlich unzählige Lichtrefraktionen. Wenn dann die Dämmerung hereinbricht, hat Mohammed ausreichend Fische für das Dinner gefangen, und wir pilgern zu seinem Haus. Dort werde ich von seiner Frau und den vier Kindern begrüßt. Gemeinsam nehmen wir dann das bescheidene, aber stets mit Liebe zubereitete Mahl ein.
Wir essen ohne Besteck, also mit den Fingern. Für Mohammed ist das selbstverständlich, für mich aber ein neues, ungewohntes Gefühl. Dabei lassen wir uns auch nicht von den unzähligen großen, schwarzen Ameisen stören. Wenn einmal eine ins Essen krabbelt, wird sie vom Hausherrn mit einem gekonnten Griff erst aus dem Essen und danach unter den Tisch befördert. Satt und zufrieden sitzen wir nach dem Essen noch einige Zeit im Hof seines Hauses. Mohammed hat hundert Fragen bezüglich meiner Reise. Ich versuche sie einigermaßen verständlich zu beantworten. Danach gehe ich zurück zum Werftgelände.
Das Dorf ist unbeleuchtet. In einigen Hauseingängen stehen kleine Menschengruppen und unterhalten sich angeregt. Hin und wieder dringt ein verhaltenes „Hello“ an mein Ohr. Vor den ärmlichen, nur mit dem Notwendigsten ausgestatteten Häusern liegen die Bewohner auf ihren einfachen, aus rohem Holz gezimmerten Pritschen. Sie dösen vor sich hin oder starren in den sternenübersäten Himmel. Die meisten machen einen durchaus glücklichen und zufriedenen Eindruck. Wenig später, wenn ich dann schwitzend in meiner Koje liege und durch das offene Luk ebenfalls in die Sterne blicke, versuche ich immer wieder dieselbe Frage zu klären: Was brauchen wir Menschen tatsächlich, um glücklich zu sein? Es gibt wahrscheinlich so viele Antworten, wie es Menschen gibt. Jeder ist anders, jeder hat seine eigene Persönlichkeit. Aber was bildet unsere Persönlichkeit, und vor allem, wann wird ... – irgendwann fallen mir die Augen zu – vielleicht finde ich morgen eine Antwort.
Nach einer Woche bin ich nicht nur mit meiner Arbeit am Ende. Meine Hände sind mit kleinen Schürf- und Schnittwunden übersät, die Augen sind durch den Schleifstaub und den vom Wind aufgewirbelten Korallensand entzündet, ein Muskelkater, der nahezu meinen ganzen Körper befallen hat, schmerzt bei jeder Bewegung. Endlich ist die Stunde der Erlösung gekommen. Eine ganze Kompanie von Helfern schiebt den wegen seiner manchmal klemmenden Räder laut quietschenden Slipwagen mit meiner OASE II ins Wasser. Während sie langsam aufschwimmt, klettere ich an Deck und genieße die ersten sanften Schiffsbewegungen.
Am letzten Tag auf Guhli Island werde ich von der Werftbelegschaft zum Essen eingeladen. Auf einer etwa sieben Meter langen, roh gezimmerten Tafel stehen

unzählige Schüsseln mit typisch maledivischen Gerichten. Ich esse bis zum Platzen, danach halte ich eine ausgiebige Siesta. Am Abend verabschiede ich mich von Mohammed und seiner Familie. Ich glaube so etwas wie Wehmut in seinen Augen zu erkennen, während er mir alles Gute für meine weitere Reise wünscht. Gleich nach dem Frühstück werfe ich die Leinen los und segle die knapp 15 Seemeilen nach Male. Als ich mittags ankomme, suche ich vergebens eine in der Seekarte eingezeichnete Untiefe im Ankerfeld. Resignierend drehe ich Runde um Runde. Mir wird klar, dass ich hier nun endgültig auf sage und schreibe 41 Meter Wassertiefe ankern muss. Zum x-ten Male rufe ich meinen Agenten über UKW. Warum auch immer – ich bleibe ungehört. Das mir in der Zwischenzeit schon bekannte Spiel nimmt seinen Lauf. Yves bietet mir Hilfe beim Ankern an. Während er die OASE II mit dem Motor gegen die starke Strömung einigermaßen auf der Stelle hält, lasse ich den Anker in die Tiefe gleiten. Nur unter gewaltiger Kraftanstrengung kann ich die Geschwindigkeit beim Ausrauschen von 30 Meter Kette und 80 Meter Ankerleine etwas bremsen. Erst nach zwei misslungenen Versuchen liegt die OASE II zufriedenstellend inmitten einiger anderer Yachten. Meine Finger brennen vom wiederholtem Einholen der Leine, Shorts und T-Shirt sind vollkommen salzwasserdurchtränkt und verschmutzt, mein Helfer und ich sind geschafft.
In den folgenden zwei Tagen erledige ich mit der bescheidenen Hilfe meines Agenten sämtliche Behördenwege, um ordnungsgemäß auszuklarieren. Als unerfreulicher Höhepunkt wird mir von der Hafenbehörde in Male eine Rechnung über 451 US-Dollar „Ankergebühr" gestellt. Ich laufe zur Bestform auf. Mit meinem so genannten „Agenten" setze ich abermals alle Hebel in Bewegung, jedoch ohne wirklichen Erfolg. Zwar ist der zuständige Hafenkapitän durchaus bereit, meine spezielle Situation zu verstehen, lediglich er selbst sei eben nicht befugt, hier irgendwelche Abweichungen von der Gesetzeslage zu genehmigen. Als ich ihn nach dieser provokanten Aussage, geistig bereits mit Mordgedanken spielend, darauf hinweise, dass meine Situation in keiner Vorschrift verankert und deshalb ausschließlich Auslegungssache sei, lächelt er wissend und erklärt mir die Vorgangsweise für eine Beschwerde bei der nächsthöheren Stelle. Allerdings, so fügt er gleich hinzu, sei es heute dafür zu spät, morgen und übermorgen sei Wochenende, also in drei Tagen könne ich selbstverständlich, natürlich schriftlich, eine Revision meiner Abrechnung beantragen. Wenn ich jedoch noch heute meine Papiere bekommen möchte, sei die Rechnung erst einmal zu begleichen. Nach dieser Mitteilung verabschiedet er sich auf das Freundlichste und eilt zur Tür hinaus.
Während sich mein Agent möglichst unauffällig verhält, begleiche ich die Rechnung. Danach muss er noch einige Amtszimmer aufsuchen, bis ich endlich alle notwendigen Papiere zum Auslaufen habe. Wir verabschieden uns mit gespielter Freundlichkeit. Am Abend ist mein Zorn einigermaßen verraucht und ich genieße mit anderen Yachties ein letztes, typisch maledivisches Abendessen. Zu vorgerückter Stunde tuckere ich mit dem Dingi zur OASE II, die unruhig an der Ankerleine zerrt. Es ist, als wollte sie mir sagen: Komm, lass uns endlich weitersegeln, Afrika wartet!

Afrika wartet

Endlich wieder auf See

Mit dem ersten Tageslicht springe ich von innerer Unruhe getrieben aus der Koje. Sobald die letzten Stauarbeiten erledigt sind, möchte ich nach Dschibuti, am südlichen Eingang zum Roten Meer, auslaufen. Dieser Törn von etwa 1.900 Seemeilen ist immerhin nur um 100 Seemeilen kürzer als eine Atlantiküberquerung von den Kapverdischen Inseln nach Barbados. Auf diesem Kurs ist man nicht nur den Gefahren der See ausgesetzt, das Fahrgebiet um die Halbinsel Sokotra ist wegen der dort nach wie vor praktizierten Piraterie gefürchtet, im Golf von Aden ist sehr starker Großschiffverkehr, und die somalische Küste schließlich sollte man wegen der außerordentlich brisanten politischen Lage keineswegs ansteuern.
Zwei Stunden später hilft mir Yves beim Ankerauf-Manöver. Mit vereinten Kräften holen wir das Eisen aus der großen Tiefe. Kaum haben wir den Anker aus dem Grund gebrochen, beginnt die OASE II in der starken, ablaufenden Strömung zu treiben. Hand über Hand zerren wir erst den Kettenvorlauf und danach den Danford an Bord. Yves springt sofort in sein Dingi und braust winkend in Richtung Hafen davon. Hoffentlich sehen wir uns einmal wieder, denke ich, während Motor und Strömung die OASE II nach Westen in Richtung Rasdhoo Atoll schieben. Nachdem ich etwas Raum gewonnen habe, setze ich die Genua, stelle den Windpiloten ein und stoppe die Maschine.

Male – Dschibuti

Im Norden und Süden zeigen weiße Brecherlinien die Riffe der Atolle an, einige winzige Sandinseln grüßen mit einzelnen Palmen zum Abschied, in mir steigt trotz aller hier erlebten Schwierigkeiten Freude auf. Schön, dass ich diese Inselrepublik mit ihren Besonderheiten besucht habe. Schön, dass ich jetzt voller Erwartung an Dschibuti denken kann, mein nächstes Ziel an der Ostküste Afrikas.
Um 16 Uhr habe ich das Atoll Thoodoo querab. Es ist zugleich das letzte Stück Land auf meinem Weg nach Afrika. Ich spüre meinen größten Feind näher kommen, das Gefühl von Einsamkeit. Ein bereits gewohntes Gefühl, mit dem mich eine Hassliebe verbindet. Was treibt einen Menschen trotzdem dazu, sich ständig diesem Seelenschmerz zu unterwerfen? Meine Antwort darauf lautet: „Ohne Abschied kein neuer Anfang.“ Ohne das manchmal schier unerträglich schmerzhafte, mich innerlich nahezu zerreißende Gefühl des Abschiednehmens

gäbe es auch nie die Euphorie des Ankommens. Ich hätte es nie erlebt, wie mir die Freude über gelungene Erlebnisse Tränen in die Augen treibt, wie selbst die Erinnerung nach langer Zeit ein unbeschreibliches Gefühl der Freude und Zufriedenheit auslösen kann.

Inzwischen hat der Seegang zugenommen. Achterlich auflaufend lässt er meine OASE II heftig rollen. Ich fühle erste Anzeichen von Seekrankheit und nehme eine Tablette. Offensichtlich hat mich das zu Hause üppig genossene Landleben verweichlicht. Die erste Nacht auf See bricht herein, ich sitze im Cockpit und hänge meinen Gedanken nach. Gegen ein Uhr morgens beginne ich mit einigen kurzen Schlafpausen. Dabei werde ich wieder mit meinem Feind Nummer zwei konfrontiert: dem unbestechlichen Wecker. In der Navigationsecke, von meinen diversen Schlafplätzen aus unerreichbar, macht er sich je nach der von mir vorgenommenen Einstellung, alle zwanzig oder dreißig Minuten bemerkbar. Sein so genanntes „human wake system" beginnt ganz leise und steigert seine Lautstärke bis zur Unerträglichkeit – es sei denn, man stellt ihn ab. Nicht erst einmal bin ich mit dem festen Vorsatz in die Navigationsecke gestürzt, dieses Teufelsgerät zu ertränken. Andererseits ist es eben genau dieser nervende Weckton, der mich wieder auf die Beine bringt, auch wenn ich noch so müde bin. Deshalb sind meine Wutausbrüche immer schnell vorbei. Ich weiß, wie wichtig der Wecker ist, er kann mein Leben retten.

An den ersten beiden Tagen auf See vertreibe ich mir die Zeit mit diversen kleinen Arbeiten, die es an Bord immer gibt. Das Wetter ist gut und die Etmale zufrieden stellend. Ich gewöhne mich wieder ziemlich schnell an den Bordalltag. Am dritten Tag liege ich abends im Cockpit, schaue in den mit Sternen übersäten Himmel und denke an Anita. Wenn ich immer wieder einnicke, holt mich mein vorhin beschriebener zweiter Feind in rhythmischen Abständen aus dem Reich der Träume. Nach dem ich weiß nicht wievielten Male verliere ich beim Aufstehen das Gleichgewicht. Schlaftrunken möchte ich mich am Niedergangsluk abstützen, greife jedoch ins Leere und stürze über das Brückendeck. Dabei knalle ich mit der rechten Augenbraue heftig gegen das Deckshaus. Glücklicherweise errinnert mich nachher nur eine Beule an meinen Ausrutscher. Ich verschreibe mir zur Behandlung eine Dose Fidschi-Bier und habe den Vorfall schnell abgehakt.

Mein Bordleben hat sich wieder völlig eingespielt. Dazu zeigt sich der Indische Ozean von seiner besten Seite. Ausreichend Wind, moderater Seegang, Delfine, die das Boot spielerisch begleiten, und herrliche Sonnenuntergänge bescheren mir das Gefühl von Harmonie und innerer Zufriedenheit.

Tags darauf stoße ich beim Öffnen einer Reispackung abermals auf die schon erwähnten kleinen Käfer mit spitzem, bohrerähnlichem Kopf. Einige von ihnen befinden sich innerhalb der Verpackung. Noch mache ich mir darüber keine Sorgen. Schließlich kann ich ja den Reis vor dem Kochen in Salzwasser ausspülen und so das Ungeziefer entfernen. Mein nächster Fund ist allerdings unangenehmer. Auch einige Keks-, Nudel- und Mehlpackungen sind vom Ungeziefer befallen. Da sich die Käfer durch die Verpackung gefressen, besser gesagt ge-

bohrt haben, sind alle in den betroffenen Packungen befindlichen Lebensmittel auch nicht mehr luftdicht verschlossen. Alle diese Lebensmittel waren immerhin zwei Monate lang sehr hohen Raumtemperaturen ausgesetzt und sind jetzt ranzig, schmecken grässlich. Ich ärgere mich sehr. Es bricht zwar keine Hungersnot an Bord aus, aber erstens hasse ich es, Lebensmittel wegzuschmeißen, und zweitens bedeutet der Verlust eine Einengung meines Menüplans. Schließlich ist auch ein finanzieller Schaden damit verbunden. Während ich die stark befallenen Packungen öffne und über Bord leere, grüble ich über eine Lösung nach, wie die nur „geschmacksgestörten" Lebensmittel noch verwendet werden könnten. Ich öffne und verkoste diverse Packungen. Allesamt haben eines gemeinsam: Sie schmecken nach Seife!
Ich räume die Kajüte der OASE II auf. Danach setze ich mich schlecht gelaunt in die Plicht und überlege angestrengt, ob es nicht doch eine Möglichkeit gibt, die betroffenen Lebensmittel wieder schmackhaft zu machen. Ich versuche es mit einer Packung Kekse, deren Inhalt ich in eine Tupperdose gebe und auf dem Brückendeck in die Sonne stelle, um die Kekse auszulüften. Tatsächlich hat sich der ekelige, seifige Geschmack bis zum Sonnenuntergang merklich gebessert. Ich freue mich über den Teilerfolg und öffne tags darauf noch zwei Packungen. Der Inhalt der ersten ist gegen Mittag geschmacklich wieder in Ordnung, man könnte sogar sagen, dass die Kekse durch die starke Sonneneinstrahlung fast wie frisch gebacken schmecken. Den Erfolg in Form der Kekse esse ich sofort hemmungslos auf und stelle gleich danach eine Packung Kräcker in den „Backofen". Somit kann ich am späten Nachmitag mit ruhigem Gewissen zur Feier des Tages einen üppigen Sundowner – eine Riesenportion frisches Popcorn mit Diät-Cola – genießen. Ich freue mich darüber, die kleinen Störenfriede besiegt zu haben, und beginne den Menüplan für die nächsten Tage zu erstellen. Schließlich muss ich ja die meisten Zutaten einen Tag vorher „aufbacken"!
Während ich die Halbinsel Sokotra im Süden passiere – durch starke Strömung näher, als es mir lieb ist – und in den Golf von Aden segle, gibt es wieder Probleme in der Kombüse: Diesmal sind es die Eier zum Palatschinkenbacken. Von Tag zu Tag sind mehr Eier faulig, immer öfter muß ich den stinkenden, wässrigen grünen Inhalt eines Eis angewidert über Bord schütten. Passiert mir das an einem Morgen zweimal hintereinander, habe ich absolut keinen Appetit mehr auf meine Pfannkuchen und begnüge mich mit ein paar Kräckern zum Kaffee.
Der Schiffsverkehr im Golf von Aden ist schrecklich. Ziemlich nervös peile ich ständig irgendwelche in der Nähe laufenden Dickschiffe oder nachts eben deren Lichter. An Schlaf denke ich in diesen Tagen und Nächten fast nicht. Das Wetter bleibt wenigstens angenehm und beschert mir bis zum vorletzten Fahrtag gute Etmale, um die 100 Seemeilen über Grund. Erst am letzten Tag auf See, also schon bei der Einfahrt in den Golf von Tadjoura, wird der Nordostwind merklich schwächer. Für einige Stunden herrscht Flaute, in der die OASE II in einer kabbeligen Dünung schrecklich rollt. Ich versuche mir immer wieder einzureden, dass wir ja ohnehin schon fast in Dschibuti sind und der nervende Zustand sicherlich bald ein Ende haben wird. Trotzdem habe ich den einen oder anderen

Wutausbruch und fordere Aeolos, den Gott der Winde, lautstark auf, endlich wieder mit seiner Arbeit zu beginnen.
Nach etwas mehr als 19 Tagen auf einem im Großen und Ganzen friedlichen Indischen Ozean beginnen sich die Konturen der Küste Dschibutis durch den Dunst abzuzeichnen. Am frühen Nachmittag erreiche ich, immer noch unter Segel, den Ankerplatz unmittelbar vor dem Dschibuti Yachtclub. Auf nur drei Meter Wasser fällt das Eisen und gräbt sich, nachdem ich mit dem Motor etwas nachhelfe, sofort in den gut haltenden Schlickgrund. Anschließend sitze ich für wenige Minuten unter der wie Feuer auf der Haut brennenden Sonne. Afrika, ich bin angekommen!
Ich genieße das herrliche Gefühl nur kurz, wrigge dann als Erstes die Sonnenpersenning auf, um beim Aufklarieren wenigstens zeitweise Schatten zu finden. Als Nächstes pumpe ich mein Dingi auf. Voller Vorfreude auf den ersten Landgang erledige ich noch viele Kleinigkeiten. Doch dann ist es so weit, in Gleitfahrt sause ich zum Schwimmsteg und bekomme auch gleich die erste Rüge des schrulligen Oberaufsehers. Da ich seinen mit starkem Akzent ausgestoßenen französischen Wortschwall nicht verstehe, entschuldige ich mich für alle Fälle. Er ist anscheinend noch nicht zufrieden, verfolgt er mich doch bis in das Clubbüro, wo er nochmals gegenüber der dort anwesenden Sekretärin seinen Unmut äußert. Danach verlässt er das Büro, nicht ohne mir einen vernichtenden Blick zuzuwerfen. Die freundliche Dame erläutert mir anschließend den Grund der lautstarken Zurechtweisung durch den „Herrn über die Schwimmstege“: Langsam und vorsichtig habe man sich dem Club und dessen Anlagen zu nähern, nicht wie ein wild gewordener „Filibuster“ bei der Verfolgung britischer Handelsschiffe.
Nun, wo mir der Stein des Anstoßes bewusst ist, verspreche ich, mich in Zukunft respektvoll, in angemessen langsamer Fahrt den Schwimmstegen zu nähern. Danach erledigen wir – ich freundlich, sie wissend lächelnd – die Formalitäten. Dann trinke ich im Clubrestaurant mein erstes herrlich kaltes, aber niederschmetternd teures Bier und kehre zum Dingi zurück. Dabei kann ich es mir nicht verkneifen, dem zweiten der beiden nun anwesenden Aufpassern eine Packung Zigaretten zu schenken, die eigentlich für den Zornnigel von vorhin bestimmt war, den ich jetzt mit Missachtung strafe. Ich starte den Außenborder und tuckere, selbstverständlich mit angemessener Geschwindigkeit, davon. Aus den Augenwinkeln heraus kann ich erkennen, wie die beiden eine hitzige Diskussion beginnen. Offensichtlich erhebt der Oberlehrer von vorhin ebenfalls Anspruch auf mein Präsent, dürfte jedoch mit der Argumentation Probleme haben.
Die folgenden Tage verbringe ich damit, Dschibuti-Stadt ein wenig zu erkunden. Viele Dinge stimmen mich nachdenklich, ja manchmal sogar sehr traurig. Bedenkt man, wie viel Geld die Franzosen, welche die Schutzmacht in Dschibuti sind und hier Militär stationiert haben, in die Infrastruktur des Landes investieren oder investiert haben, so ist das Ergebnis niederschmetternd. Überall erblickt man Bauten, die offensichtlich einmal neu waren, jetzt aber komplett verdreckt und demoliert einen schrecklichen Anblick bieten. Niemand von der Bevölkerung ist augenscheinlich dazu bereit, auch nur einen Gedanken an Müllentsor-

gung, schonende Benutzung von Allgemeineigentum oder Landschaftspflege zu verschwenden. Allgegenwärtig ist eine latente Brutalität. Mit Sicherheit sind Leistung und Produktivität keine besonders anerkannten Werte.
Um nicht missverstanden zu werden: Ich habe keine Vorurteile gegen irgendein Volk, gegen irgendwelche Menschen, wo immer sie auch leben mögen. Ich versuche immer, fremde Kulturen zu verstehen und zu respektieren. In Dschibuti allerdings musste ich auf Schritt und Tritt wachsam sein, um nicht bestohlen zu werden. Ein kleines Beispiel soll das illustrieren:
Ich gehe zum Postamt, werde dabei von vielen Bettlern angesprochen. Dazu gehören auch zwei kleine Buben, welche mich auf dem Rückweg lange begleiten und mich dabei auf Französisch immer wieder anbetteln, ihnen doch etwas Geld für den Kauf von Lebensmitteln zu geben. Da die beiden sichtbar nicht im Überfluss leben, ja einen wirklich erbärmlichen, verwahrlosten Eindruck machen, gebe ich ihnen etwas Geld. Sofort laufen sie grußlos davon. Vier Tage später mache ich abermals einen Abstecher zum Postamt. Ich kaufe Briefmarken und setze mich vor dem Postamt auf eine schattige Bank, um zu schreiben. Kurz darauf erscheinen meine zwei kleinen Freunde wieder. Sie begrüßen mich überschwänglich und setzen sich zu beiden Seiten von mir auf die Bank. Während ich meine Karten schreibe, beobachte ich sie aus den Augenwinkeln und muss ernüchternd feststellen, dass sie versuchen, mich zu bestehlen. Einer der beiden verwickelt mich in ein Gespräch, währenddessen der Zweite genau jenes Fach meines Rucksackes öffnet, wo Tage zuvor meine Geldbörse steckte. Ich unterbreche den für mich von Anfang an durchschaubaren Versuch und mache ihnen unmissverständlich klar, dass ich an ihrer Gesellschaft nicht mehr interessiert bin. Sie trollen sich und somit entsteht Platz für einige andere „Akteure“, welche diese Gelegenheit auch blitzartig ergreifen.
Trotzdem genieße ich die Tage in Dschibuti. Ich treibe mich stundenlang am Markt herum, wo mir zwar ein unbeschreiblicher Gestank den Atem verschlägt, mir dafür aber unvergessliche Eindrücke beschert werden. Unter sengender Sonne werden ohne die geringste Hygiene Obst, Gemüse, Fleisch – lebend oder tot, Fisch, Gewürze und Dinge des täglichen Lebens wie Korbwaren und Stoffe angeboten. Dazwischen schwirren Millionen von Fliegen und Moskitos, huschen Ratten und hausen unzählige Obdachlose, die sich um die äußerst spärlichen Abfälle streiten. Ihre „Unterkunft“ markiert ein Stück Karton. Rinder, die auf dem Marktgelände gehalten werden, stehen mit den Beinen halb versunken in total demolierten Abfallcontainern und fressen alles außer Plastik – manchmal auch das. Mein Abenteurerglück wird nur dadurch getrübt, dass man hier fotografieren nicht schätzt. So vorsichtig man auch ans Werk geht, man ist nie vor einem Zornausbruch eines Beobachters sicher. Um meine Gesundheit nicht unnötig zu gefährden, begnüge ich mich mit einigen Schnappschüssen.
Wie immer vergeht die Zeit wie im Fluge, der letzte Tag geht langsam zu Ende. Ich weiß, daß es beim Durchfahren des Roten Meeres durchaus Schwierigkeiten geben kann, und da ich mein Treffen mit Anita in Griechenland auf keinen Fall versäumen möchte, habe ich eine größere Zeitreserve für alle Fälle einkalkuliert.

Am letzten Abend genieße ich noch einmal eine Einladung zum Dinner auf der AQUARIUS, einer unter englischer Flagge segelnden 33-Fuß-Ketsch. Ihr Skipper Arthur, pensionierter Pilot der Royal Navy, ist ein wunderbarer Gesprächspartner. Mit seinem großem Erfahrungsschatz sowie schier unerschöpflichen Anekdoten ist es wieder einmal frühmorgens, als ich mich verabschiede.
Als ich in der Koje liege und durch das Luk den hell erleuchteten Sternenhimmel betrachte, bin ich mit den Gedanken schon irgendwo im Roten Meer. Fast jeder Segler, der es einmal durchquert hat, erzählt von seinen Gefahren. Ich denke an so manche Geschichte, die ich gehört oder gelesen habe. Aber bald schlafe ich ein und träume vom Einlaufen in Suez.

Im Roten Meer

Dschibuti – Hurghada

„Let's go up the Red Sea!" schreibe ich voller Euphorie ins Logbuch, danach starte ich den Motor und breche den Anker aus dem Grund. Heimweh sorgt zum ersten Mal auf meiner Reise dafür, dass sich mein Abschiedsschmerz in Grenzen hält. Die Tatsache, dass mich nur mehr ein vergleichsweise kurzes Stück Weg vom Erfolg trennt, erzeugt in mir eine bisher unbekannte Aufbruchsstimmung. Mit Kurs in Richtung Bab el Mandeb, dem Tor der Tränen, am südlichen Ende des Roten Meeres, laufe ich aus. Ich habe, vom Heimweh getrieben, den kühnen Plan gefasst, das Rote Meer nonstop bis Suez zu durchsegeln. Diese extreme Entscheidung traf ich in dem Bewusstsein, dass der Törn durch das Rote Meer mitunter das härteste Teilstück einer Weltumsegelung werden kann.
Dieser lange Schlag ohne Stopp bedeutet viele Entbehrungen für mich und eine enorme Belastungsprobe für das ohnehin bereits geschundene Boot, geht es doch die meiste Zeit gegen mitunter stürmische Nordwestwinde an. Dazu kommen jede Menge Großschifffahrt sowie Küstenabschnitte, deren Ostseite zum Teil verboten, deren Westseite zum Teil aus Sicherheitsgründen äußerst bedenklich sind. Die Navigation wird wahrlich nicht einfach. Trotzdem bin ich guter Dinge, als meine OASE II bereits ab der Außenmole von Dschibuti gegen einen lebhaften Nordostwind ankämpft. Hätte ich zu diesem Zeitpunkt bereits gewusst, was sich Neptun für mich als Abschlussprüfung ausgedacht hat, wäre mir das Lachen schnell vergangen. Im Nachhinein betrachtet bescherte mir dieser Reiseabschnitt zwar äußerst harte, dafür unvergessliche Erlebnisse. Bedenkt man, dass ich diesen Törn im Grenzbereich aus Gründen der Selbstbestätigung sowie meiner körperlichen, mentalen und seglerischen Weiterentwicklung geplant hatte, so war die Etappe durch das Rote Meer mit Sicherheit eine besonders lehrreiche.
Am Morgen des zweiten Tages erreiche ich die Seven Brothers, eine Inselgruppe unmittelbar am südlichen Eingang zum Roten Meer. Der Wind beginnt auszusetzen, düstere schwarze Schauerwolken verhüllen die Küsten zu beiden Seiten. Hin und wieder prasseln dicke Regentropfen auf das Deck der OASE II. Wenig später segle ich mit leichtem, zunehmend auf Süd drehendem Wind in die Straße von

Bab el Mandeb ein. Schon von weitem kann ich eine mit Brechern weiß geschmückte Fläche ausmachen. Sie markiert zwei Untiefen unmittelbar in der Meerenge. Ich setze mich selbst ans Ruder, der Tanz kann beginnen. Die beiden Teile des Steckschotts lehnen, wie üblich bei leichtem Wetter, mit Sorgleinen gesichert an der Schotwand neben dem Niedergang. Wieder einmal wittert Neptun eine Chance, mir eine Lektion zu erteilen, und er nützt sie gnadenlos aus.
Während ich mich darauf konzentriere, die OASE II durch die in der Zwischenzeit starke, kabbelige Strömung zu steuern, achte ich zu wenig darauf, dass die Wellen steiler und steiler, schließlich sogar zu Grundseen anwachsen. Als ich davon Notiz nehme, ist es auch schon zu spät: Wie eine gläserne Wand baut sich achtern eine Grundsee auf. In für mich erschreckender Geschwindigkeit rollt sie heran und überflutet kurzerhand die gesamte Plicht. Ziemlich nass starre ich danach ins Innere der OASE II, wo nunmehr ein Teil des Brechers munter vor sich hin plätschert und mit jeder Rollbewegung von Steuerbord nach Backbord und wieder zurück schwappt. Laut fluchend, aber im Klaren darüber, dass ich selbst an diesem Missgeschick schuld bin, steuere ich mein Boot selbst, bis sich der Seegang wieder normalisiert hat. Danach stelle ich den Windpilot ein und beginne die Kajüte trockenzulegen. Glücklicherweise sind keine elektrischen Teile nass geworden.
Am Nachmittag brist es auf und dreht auf Ost. Parallel zur Schifffahrtsroute sprintet mein Boot nach Nordwesten, der Kurs liegt an. Am Abend dreht der Wind auf Nordost und pendelt sich bei 4 Bft. ein. Also dicht die Schoten, Kurs Suez.

Neptuns Wille geschehe

Um 23 Uhr kommt der nächste Schock: Schon von weitem sehe ich zwischen einigen anderen Dickschiffen einen Containerfrachter. Er läuft auf Gegenkurs. Ich peile ihn durch das Fernglas, es besteht eindeutig keine Kollisionsgefahr. Wenig später kommt es mir vor, als hätte der Biggi seinen Kurs etwas nach Osten geändert. Ich peile erneut. Tatsächlich kommt er näher an mich heran, also hole ich meine Schoten noch dichter und segle nunmehr Nordkurs. Immer wieder peile ich die in der Zwischenzeit sehr nahen Lichter des Frachters und stelle zu meinem Erschrecken fest, dass dieser abermals seinen Kurs etwas nach Osten geändert hat. Ich gehe so hart an den Wind wie nur möglich. Danach versuche ich ohne Erfolg, eine Verbindung über UKW-Kanal 16 herzustellen. Als ich wieder ins Cockpit komme, ist der Bug des Frachters bereits querab an Backbord in etwa 20 Meter Entfernung. Für den Bruchteil einer Sekunde bin ich wie gelähmt, danach springe ich zur Pinne und drehe in den Wind. Der Biggi erzeugt aber bereits spürbare Verwirbelungen. Die OASE II luvt zwar an, bis das Vorsegel killt, aber dann ist Endstation. Verzweifelt beginne ich mit dem Ruder zu wriggen, während die schwarze Bordwand mit den riesigen weißen Buchstaben HANJIN – LINEA näher und näher kommt. Die Sekunden während unserer Begegnung erscheinen mir wie Stunden. Nur noch wenige Meter trennen das

Rigg der OASE II von der stählernen, riesigen Bordwand des Frachters. Ich kann jede Einzelheit, jeden Rostfleck erkennen. Die Bugwelle lässt mein Boot zusätzlich rollen. Ich bin machtlos, kann nichts mehr tun. Das monotone Stampfen der riesigen Schiffsmaschine dröhnt in meinen Ohren. Trotz meines verzweifelten Wriggens fällt die OASE II weiter ab, langsam beginnt sich das Vorsegel wieder zu füllen. Da ich aber keine Fahrt im Schiff habe, kann ich nichts unternehmen. Neptuns Wille geschehe, ich kann nur noch daran denken, was jetzt alles passieren kann. Als die Aufbauten auf dem Achterschiff des Frachters querab vorbeiziehen, sind wir bereits so nahe, dass mein Rigg jeden Moment mit der Bordwand kollidieren kann. Hoch über uns zieht jetzt eine riesige rote Positionslaterne vorbei, ich glaube eine Person an der Reling des Biggis zu erkennen. Ich starre verzweifelt auf die Bordwand. Wieder und wieder rollt die OASE II in Richtung des stählernen Kolosses. Ich wrigge aus Leibeskräften, die Schoten fliegen, Segel knallen, die Schiffsmaschine stampft. Plötzlich wird die OASE II wie von Geisterhand geschüttelt, gleichzeitig erscheint das weiße Dampferlicht am Heck des Frachters. Die Heckwelle wirft schäumendes, phosphoreszierendes Wasser auf und lässt uns tanzen. Die Lichter des Biggis entfernen sich, und mir wird langsam bewusst, dass die Gefahr vorüber ist.
Womit ich nicht mehr gerechnet habe, ist dennoch eingetroffen: Wir sind ohne Blessuren davongekommen. Mit weichen Knien sitze ich am Ruder und fühle grenzenlose Erleichterung in mir aufsteigen. Während ich die Segel dichthole und wieder auf Kurs gehe, grüble ich über eine Erklärung nach. Sosehr ich mir auch den Kopf zermartere, ich kann keine finden. Es bleibt mir unergründlich, wieso das Schiff seinen Kurs in meine Richtung geändert hat. Lief es zu Anfang meiner Beobachtung Kurs Südost, so war sein Kurs während unserer Beinahekollision bereits Ost. Ich finde in den nächsten Stunden weder eine Erklärung noch etwas Entspannung.
Der Morgen bringt Südwind. Im Hochgefühl schreibe ich ins Logbuch: „Happy downwindsailing!“ Am Nachmittag ist mir nicht mehr nach „downwindsailing“ zumute. Es bläst mit 6–7 Bft. und ich habe alle Hände voll zu tun, die OASE II mit passender Besegelung durch eine aufgewühlte, kurze, steile See zu steuern. Zeitweise fallen so harte Böen ein, dass ich glaube, mein Schiff beginnt zu fliegen. Packt eine große, von achtern auflaufende Welle das Heck, so hält sich das Boot für einige Sekunden direkt am Wellenkamm, um im Surf in atemberaubender Geschwindigkeit mit bis zu 13 Knoten über Grund nach Nordwesten zu rauschen. Diese Surfphasen werden jeweils von einem offensichtlich bis an seine Grenzen belasteten und daher heftig vibrierenden, laut brummenden Ruderstock begleitet. Obwohl vom zügigen Segeln begeistert, beobachte ich skeptisch die Reaktion meines Bootes beim Einfallen jeder einzelnen Bö. Der Wind dreht auf Südwest und nimmt weiter zu. Am Nachmittag messe ich im Cockpit mit dem Handwindmesser bereits um die 40 Knoten. Längst habe ich die Segelfläche drastisch verkleinert.
Während wir dahinsurfen, werde ich Augenzeuge eines mörderischen Schauspieles. Wie aus dem Nichts tauchen plötzlich in einiger Entfernung vor dem Bug

Delfine auf. Mit wahren Riesensprüngen nähert sich die Schule von etwa 20 Tieren mit atemberaubender Geschwindigkeit. Plötzlich scheren zwei der Säuger aus und trennen sich von der inzwischen an mir vorbeiziehenden Gruppe. Als ich wieder nach Steuerbord blicke, sehe ich in etwa 30 Meter Entfernung zwei ineinander verschlungene Leiber an der Wasseroberfläche kämpfen. Einer davon ist klar erkennbar ein Delfin, der Zweite ist größer und silbrig-weiß glänzend. Plötzlich färbt sich das Wasser an dieser Stelle rot, der dunkle Delfinleib erschlafft und treibt nunmehr an der Oberfläche inmitten einer stark bewegten See. Offensichtlich hat ihn ein großer Raubfisch gnadenlos zur Strecke gebracht, während den restlichen Delfinen die Flucht gelang. Noch längere Zeit beobachte ich die Stelle, so gut es eben geht, mit dem Fernglas, mit Ausnahme des Delfinleibes und einem roten Fleck rundum kann ich nichts erkennen. Meine Gefühle schwanken zwischen Faszination und Schaudern angesichts dieses imposanten Schauspiels von überschäumendem Leben und blitzschnellem, gnadenlosem Tod.
Nachts nimmt der Wind nochmals zu, schwarze Wolken ziehen auf, zuerst beginnt ein Wetterleuchten, danach setzen sintflutartige Regenschauer ein. Die Konvergenzzone liegt wesentlich weiter südlich, als in der Monatskarte eingezeichnet. El Niño lässt grüßen! Mit brennenden Augen, nass bis auf die Haut und frierend sitze ich am Ruder. Ich konzentriere mich auf die zahlreichen Dampferlichter und versuche deren Kurse zu bestimmen. Immer wieder löscht ein Regenschauer Teile meines Blickfeldes aus. Da ich bereits die dritte Nacht ohne Schlaf unterwegs bin, zeigen meine Nerven erste böse Erscheinungen. Nur mit Mühe zwinge ich mich zu Ruhe und Besonnenheit. Endlich, am frühen Vormittag entspannt sich die Lage. Der Regen hat aufgehört. Allmählich dreht der Wind auf Nordwest. Er behält seine Stärke bei, wird aber merklich kälter. Ich hole die Schoten dicht und segle einen möglichst brauchbaren Kurs hart am Wind.
Die nächsten beiden Tage bringen leichten Nordwestwind. Endlich kann ich ein wenig schlafen und die notwendigen kleinen Bordarbeiten erledigen. Unter anderem ist eine Befestigungsleine der Motorschachtdeckel gerissen. Ich baue den Motor aus und erneuere den Spanngummi, gleichzeitig reinige ich die Zündkerzen und warte die wichtigsten Teile am Außenborder.
Dann, am siebenten Fahrtag, kommt die nächste Bewährungsprobe wie aus dem Nichts. Ich segle einen Schlag über die Dahlak Bank, eine weiträumige Untiefe mit unzähligen kleinen Inseln. Sie reicht von der äthiopischen Küste etwa 60 Seemeilen in das Rote Meer. Da ich mit Fischerbooten rechne, schlafe ich nicht, sondern sitze in der Navigationsecke oder beobachte aus dem Niedergang die leicht bewegte See. Plötzlich, ich mache gerade eine Logbucheintragung, bekomme ich ein sonderbares Gefühl. Irgendetwas irritiert mich, ich weiß aber nicht, was. Nach einigen Augenblicken fällt mir auf, dass die OASE II sonderbar ruhig segelt. Es fehlen die Stampfbewegungen, wenn der Bug einsetzt und sich das Boot überlegt. Ich blicke aus dem Niedergang und sehe, meinen Augen kaum trauend, eine große afrikanische Dau. Sie liegt etwa hundert Meter an Steuerbord achtern. Unzählige Gedanken jagen durch mein kurzfristig etwas verwirrtes Ge-

hirn. Piraten! Keine zu sehen! Fischer, ein irgendwo losgerissenes Boot … aber was hat das mit den eigenartigen Bewegungen meiner OASE II zu tun? Während ich nach der Ursache grüble, erblicke ich eine starke Leine, welche vom Heck meines Bootes auf Höhe des Heckkorbes an Steuerbord in Richtung Dau führt. In der Zwischenzeit kann ich auch am Bug der immer näher kommenden Dau eine Leine erkennen. Unmittelbar danach fällt es mir wie Schuppen von den Augen: Die OASE II hat sich hier, über 40 Seemeilen fernab der Küste, mit dem Ruder in einer schwimmenden Ankerleine verfangen.
Nun, ein mögliches Manöver war mir von vornherein klar: Leine kappen. Ansonsten würden die beiden Boote unweigerlich gegeneinander treiben. Danach würde der Seegang die Bootskörper brutal aneinander schlagen. Da ich jedoch annehme, dass sich auf dem Fischerboot einige fähige Seeleute befinden und außerdem zu diesem Zeitpunkt noch ausreichend Platz ist, will ich aus Rücksichtnahme auf die offensichtlich friedlich schlummernden Gesellen nicht einfach deren Anker kappen und mich davonmachen. Ich beginne also lautstark zu rufen. Kurz danach erscheinen mehrere dunkle Gestalten auf dem Vorschiff der Dau. Sie machen auf mich einen total verwirrten Eindruck. Zwar antwortet einer von ihnen auf meine Frage „Do you speak English?" mit „Jajaja", doch wird mir im selben Moment klar, dass die Kerle völlig überfordert sind. Geistig male ich mir bereits ein düsteres Szenario aus, während ich trotzdem versuche, die Situation friedlich und ohne Schaden für beide Seiten zu bereinigen.
So ruhig wie möglich, aber laut und bestimmt fordere ich den unmittelbar neben der an einem hölzernen Poller befestigten Ankerleine kauernden Burschen auf, seine Ankerleine zu lösen und mir zu übergeben. Danach würde ich die Leine klarieren und vorübergehend belegen. Die Dau könnte unmittelbar hinter dem Heck der OASE II die Ankerleine wieder übernehmen und belegen – das wäre es gewesen.
Ich springe auf den Spoiler der OASE II, um die Leine unter dem Rumpf hervorzuziehen. Nachdem ich den ersten Meter eingeholt habe, geht plötzlich nichts mehr. Als ich zur Dau aufschaue, sehe ich den Typen von vorhin verbissen die Ankerleine wieder belegen, während ein anderer irgendwelche unverständliche Befehle durch die Nacht brüllt. Jetzt wird mir klar, dass mich und mein Boot nur noch ein völlig eigennütziges Handeln vor der Zerstörung bewahren kann. Plötzlich prallen die Schiffsrümpfe zum ersten Mal hart aneinander. Der dumpfe Knall und das Splittern von Holz lassen mich zusammenzucken. Ein Teil der Scheuerleiste und der Flaggenstock schwimmen zwischen den Rümpfen. Wieder treiben die Boote etwas auseinander, danach legt sich die um einiges höhere Dau weit über, um im nächsten Moment wieder auf die OASE II einprügeln zu können. Ich springe zum Heck und kann den Schlag gerade so viel abfangen, dass der Windpilot keinen Schaden erleidet. Bug und Heckkorb sowie alle drei Relingstützen an Steuerbord werden nach innen gebogen. Der Genuaschlitten zersplittert mit einem durch Mark und Bein dringenden Knirschen. Glücklicherweise hält die Saling dem Schlag stand, lediglich das Rigg erzittert heftig. Die nächste Atempause nütze ich, um ein scharfes Messer aus der Pantry zu holen. Kaum bin ich

wieder in der Plicht, erzittert das Boot ein weiteres Mal unter einem heftigen Zusammenprall. Ich verliere das Gleichgewicht und knalle mit der Hüfte gegen das Deckshaus. Zorn steigt in mir auf.
Während ich neuerlich auf den Spoiler hechte, belege ich die Gesellen vis-à-vis mit allen nur erdenklichen Verwünschungen. Obwohl der Wortführer des unkontrollierten Haufens ständig ein „No, no, no“ in meine Richtung brüllt und die beiden Schiffe neuerlich heftig aneinander prallen, durchtrenne ich mit einem beherzten Schnitt die Ankerleine. Sofort treiben die Bootskörper etwas auseinander. Ich springe zurück in die Plicht und starte den Motor, der auch sofort anspringt. Unter lautstarken Protesten kupple ich ein und gebe Vollgas. Längst schon bin ich fest entschlossen, diesen Ort des Grauens auf Nimmerwiedersehen so schnell wie möglich zu verlassen. Nur noch Brachialgewalt könnte mich daran hindern. Als die OASE II schon fast an ihrem querab dümpelnden Peiniger vorbei ist, holt dieser mit dem aus Stahlschrott roh zusammengestückelten Dach des Deckshauses noch einmal zum Schlag aus: Eine Eisenstrebe verhängt sich in der Dirk. Dabei wird der komplette Aufbau der Dau um zirka 30° nach achtern verbogen. Fast spüre ich so etwas wie Befriedigung darüber, dem Gegner wenigstens einen ordentlichen Knuff versetzt zu haben. Blitzschnell gebe ich Lose in das Fall, wir kommen frei und treiben weiter ab. Da ich mir nicht die Zeit genommen hatte, die Benzinleitung des Motors anzuschließen, war dieser in der Zwischenzeit abgestorben. Sofort setze ich wieder Segel, gleichzeitig höre ich, wie der am tiefen Heck der Dau sitzende Außenborder aufheult. Während wir bereits in Richtung saudi-arabische Küste laufen, blicke ich gespannt zurück und warte, was geschieht. Glücklicherweise hat der Nordwestwind wieder aufgefrischt und so segelt mein vom Nahkampf gezeichnetes Schiff zügig nach Nordost.
Anfangs habe ich den Eindruck, verfolgt zu werden, doch schon bald wird der dunkle Strich am nächtlichen Horizont schmaler, bis er komplett verschwindet. Ich genehmige mir einen Manöverschluck und warte gespannt auf das Tageslicht, um das wahre Ausmaß der Beschädigungen feststellen zu können.
Mit zunehmender Dämmerung werden die „Kampfspuren“ am Deck der OASE II mehr und mehr. Die Schadensliste, die ich wenig später aufstelle, hat einen nicht gerade kleinen Umfang: Ein Teil der Steuerbordscheuerleiste ist abgesplittert, der Flaggenstock abgebrochen und die komplette Steuerbordreling, inklusive Bug- und Heckkorb, ist erheblich verbogen. Nur die Tatsache, dass ich sie beim Bau wesentlich stärker als üblich dimensionierte, erklärt ihr wenn auch deformiertes Überleben. Der Genuaschlitten ist zerschmettert und wurde samt der verbogenen Führungsschiene an einer Stelle direkt in das Deckslaminat eingeschlagen. Dadurch entstand ein etwa zehn Zentimeter langer Riss im Laminat der Außenschicht. Rüsteisen und Wantenspanner an Steuerbord sind stark verbogen. Das Decksfenster weist zahlreiche kleine Risse auf. Das Deckslaminat an der Fußlaufkante hat mehrere Schäden in der Feinschicht abbekommen.
Ich bekämpfe meine depressive Stimmung, indem ich mich sogleich an die Reparaturarbeiten mache.
Gegen Mittag habe ich alle wesentlichen Schäden so weit mit Bordmitteln repa-

riert, dass die Sicherheit und Funktionsfähigkeit meines Bootes gewährleistet ist. Glücklicherweise hat der Wettergott ein Einsehen und schickt mir ein paar Stunden leichten Südwind.
Es folgen Tage mit der für das Gebiet und die Jahreszeit typischen Nordwestwetterlage. Mit langen Schlägen hart am Wind erkämpft sich die OASE II ihren Weg nach Norden. Zweimal kommt für kurze Zeit Südwind auf und beschert uns gute Etmale um die 70 Seemeilen. Leider bringt jede Südwindlage auch eine zwar kurze, aber durch den auslaufenden Seegang äußerst nervende Flaute. Zudem wird mit dem Südwind eine unangenehme, klebrige Luft herantransportiert. Der daraus sich an den Aufbauten absetzende Tau ist mit Wüstensand versetzt, verdreckt das Deck und macht es gefährlich schlüpfrig. Ich verliere das Gefühl für Zeit und Raum. Lediglich das Vorankommen zählt. Meine ganze Aufmerksamkeit gilt Kurs, Segeltrimm und den vielen Großschiffen, wenn ich mich an der Hauptroute befinde. Noch zweimal muss ich unter Tage ein Ausweichmanöver fahren, um eine Kollision zu verhindern. Scheinbar sind nur die wenigsten Offiziere auf der Brücke eines Dickschiffes dazu bereit, etwas Rücksicht auf eine Segelyacht zu nehmen und durch einen Knopfdruck an der Rudermaschine etwaige Probleme zu vermeiden. Unter ihnen herrscht wohl immer öfter die Meinung, dass Skipper einer Yacht schon in ihrem eigenen Interesse aufpassen und den Biggis aus dem Weg gehen sollen, was sie vernünftigerweise in den meisten Fällen auch machen. Zudem wäre es sehr schlechte Seemannschaft, auf seinem Wegerecht zu beharren, dadurch unter Umständen eine Kollision mitzuverursachen und unvorhersehbare Folgen mitzuverschulden.
So verrinnt Stunde um Stunde, Tag um Tag. Die große Krängung beim harten Gegenansegeln und die damit verbundenen heftigen Schiffsbewegungen sorgen für ein ziemlich unangenehmes Bordleben. Meine Bewegungsfreiheit, die tägliche Fitnessstunde und vor allem das Kochen muss ich stark einschränken. Selbst auf meinen Französischkurs kann ich mich nicht richtig konzentrieren. Immer bin ich mit einem Auge am Display des GPS, mit einem Teil meiner Gedanken beim Errechnen eines möglichst optimalen Kurses.
Am 13. Fahrtag beschert mir stürmischer Südwind abermals sehr hartes, jedoch zügiges Segeln. Zeitweise von langen Sturmböen getrieben, sprintet die OASE II nach Nordnordost. Der Seegang wird merklich rauer, immer öfter drücken große Brecher den Bug hart zur Seite. Ich beobachte aufmerksam Wind und Seegang. Stunden später verlieren die Böen etwas an Heftigkeit, der Wind dreht übergangslos über Nord auf Nordwest und nimmt gleich darauf abermals zu. Am Morgen des 15. Tages heult ein Nordweststurm im Rigg. Mit der kleinsten Arbeitsfock und drei Reffs im Groß boxt sich die OASE II nach Nordosten. Trotz des in der Zwischenzeit ziemlich chaotischen Seegangs nimmt mein kleines Schiff elegant die anlaufenden Brecher. Erst den Wellenkamm erklommen, legt es sich unter der einfallenden Böe etwas stärker auf die Seite, lässt den Brecher unter sich durchlaufen und surft elegant in das nächste Wellental. Unten angekommen, taucht der Bug etwas ein, wirft zu beiden Seiten Wasserfontänen auf und beginnt die nächste Welle zu erklimmen. Ich beobachte voller Begeisterung,

wie das Boot durch den richtigen Trimm und die daraus resultierende Harmonie in den Bewegungen den wild anstürmenden Wellenbergen jede Angriffsfläche nimmt. Was ihnen bleibt, ist ein zorniges Zischen und Gurgeln. Gleichzeitig reißt der Sturm Gischt von den Brechern und weht sie über das Deck. Da ich absolutes Vertrauen in die Stabilität meiner OASE II habe, genieße ich sogar diese Stunden, in denen ich meine theoretischen Überlegungen beim Bau des Bootes bestätigt sehe. Was kann eindrucksvoller sein, als mit einem gut getrimmten kleinen starken Segelboot durch eine stürmische See zu pflügen? Trotzdem empfinde ich große Ehrfurcht und Respekt vor dieser Demonstration der Naturgewalten. Neptun ist jedoch wieder einmal der Meinung, dass Ehrfurcht und Respekt keineswegs ausreichen, um sein Tun zu würdigen.

Knock-down

Ich sitze gerade gut verkeilt in der Navigationsecke und errechne das Tagesetmal. Ein lauter, dumpfer Knall an der Bordwand reißt mich aus meinen Gedanken. Gleichzeitig, noch während ich mich zum Niedergang drehe, um Nachschau zu halten, werde ich wie von Geisterhand aus meiner Sitzposition gehoben. Als ich in die Plicht steigen möchte, kommt eine gläserne Wasserwand mit weißer Gischt durchsetzt auf mich zu. Die OASE II sackt ruckartig nach Steuerbord. Während der Wasserschwall mich und die Kajüte der OASE II überflutet, werde ich durch die heftige Rollbewegung zurück in die Navigationsecke geschleudert und lande unsanft zwischen Kartenlade und Sitz.
Obwohl sich das Folgende in Sekundenschnelle abspielt, kann ich mich im Nachhinein an jede Einzelheit erinnern, als hätte ich einen Film in Zeitlupe gesehen. Während das Boot immer weiter nach Steuerbord krängt, beginnt eine nahezu endlose, vom ohrenbetäubenden Getöse des Brechers begleitete Talfahrt. Den Toilettenraum habe ich jetzt genau über mir, meine kleine Welt, die vor Sekunden noch in Ordnung war, steht Kopf. Gleichzeitig werden sämtliche Gegenstände, welche ich in der Dinette gestaut habe, unter lautem Rumpeln und Scheppern quer durch die Kajüte nach Steuerbord geschleudert. Vieles davon knallt ziemlich unsanft auf die Pantry, die Sitzpolster der Dinette und einige Kleidungsstücke landen mit zahlreichen anderen Dingen auf dem Kajütboden und somit mitten im Seewasser. Nach einigen Schrecksekunden richtet sich die OASE II, begleitet vom lauten Scheppern der vielen lose herumkullernden Gegenstände wieder auf. Danach herrscht für kurze Zeit unwirkliche Stille. Lediglich der Sturm heult unverändert in der Takelage und sagt mir, dass der Mast und zumindest Teile des Riggs noch stehen.
Mit einem schnellen, oberflächlichen Rundumblick schätze ich erst einmal das Ausmaß der Verwüstung im Inneren der Kajüte ab. Da sich bei dem leider nicht wasserdichten Kurzwellenempfänger das Display schon jetzt mit Wasserdampf beschlägt, ist mir sofort klar, dass er wohl keinen Laut mehr von sich geben wird. Die Kartenlade ist bis zum Rand mit Seewasser gefüllt. Darin schwimmen teilweise schon in Auflösung begriffene Seekarten und diverse andere Navigations-

unterlagen. Die komplette Navigationsecke, der Toilettenraum und die Dinette sind überflutet worden. Viele Gegenstände wie Schreibzubehör, Sextant, Gastlandflaggen und andere sind triefend nass oder stehen gar unter Wasser. Im in der Kajüte herumschwappenden Wasser schwimmen Kojenkissen, Kleidungsstücke, Bücher, Batterien, der Laptopkoffer, Markierstifte, mein Französischkurs, schon belichtete Filme und vieles mehr. Mit sehr gemischten Gefühlen klettere ich in die Plicht. Sie ist leer gewaschen. Sämtliche Leinen schwimmen außenbords. Die Pütz samt Geschirr und Leinenpicker sind verschwunden, die Spritzwasserverkleidung zu beiden Seiten ist ebenfalls weggerissen. Der mit einer Sorgleine gesicherte Tank des Außenborders liegt verkehrt inmitten der Plicht, die Ruderarretierung und der Windpilot sind ausgehängt, jedoch das komplette Rigg steht noch. Auf den ersten Blick kann ich keinen Schaden erkennen. Die OASE II treibt mit killenden Segeln quer zum Wind nach Südosten.
Rein mechanisch, mit gelähmten Gedanken und frierend beginne ich mit den Aufräumarbeiten. Zwar habe ich vor dem Antritt meines Abenteuers durchaus die Möglichkeit einer Kenterung bedacht, ihr nüchternes, gnadenloses Eintreffen ohne jeder Vorwarnung hat mich aber doch schrecklich überrascht.
Zuerst bringe ich das Boot wieder auf Kurs und stelle die Selbststeueranlage ein. Nachdem ich sämtliche Leinen aufgeschossen habe und der Tank wieder an seinem Platz steht, beobachte ich kurz den immer noch zunehmenden Seegang. Dabei grüble ich über den Querläufer nach, welcher die OASE II so hart und ohne jede Vorankündigung getroffen hat. Sicherlich, der Seegang läuft zeitweise wild durcheinander, aber bedenkt man, wie elegant und problemlos mein Boot über die Brecher hinweggleitet, so muss der Kaventsmann, der mein Boot überrannt hat, schon beachtliche Größe gehabt haben. Zu viel über Sturm und seine Folgen nachzudenken stimmt trübsinnig, und so klettere ich in die Kajüte, sehe mich einem nassen Chaos gegenüber und beginne, so gut es eben geht, aufzuräumen. Das ist jedoch leichter gesagt als getan, womit soll ich anfangen und wohin soll ich mit all den nassen Sachen? Ich entscheide mich für den Toilettenraum. Aus diesem habe ich das eingedrungene Seewasser relativ schnell entfernt. Danach stopfe ich alles dort hinein, was irgendwo herumschwimmt oder herumliegt. Endlich kann ich mit der Pütz das Wasser in die Plicht befördern, ohne dabei diverse Gegenstände mit auszuleeren. Nach etwa einer Stunde schwappt nichts mehr. Trotzdem bleibt das Chaos unüberschaubar. Ich beginne an allen Ecken und Enden gleichzeitig ziemlich wahllos Dinge abzutrocknen, wegzustauen, Zerbrochenes oder durch das Wasser sichtbar unbrauchbar gewordene Gegenstände stopfe ich in einen großen schwarzen Müllsack. Als Glück im Unglück erweist sich jetzt im Nachhinein die Heftigkeit der Kenterung. Wie bereits erwähnt wurde so ziemlich alles, was in der Dinette gestaut war, quer durch die Kajüte auf die Pantry geschleudert und blieb dort liegen. Vieles war durch den harten Aufprall beschädigt, blieb aber wenigstens einigermaßen trocken. Das war dem von mir über die ganze Länge der Pantry angebrachten Handlauf zu verdanken.
Trotzdem ist der Anblick erschreckend: Tassen sind zerbrochen, das Gehäuse des Walkman und Kopfhörer liegen total verklemmt und in einige Teile zersprungen

zwischen der ebenfalls zerbrochenen Kaffeemaschine und diversen Tupperdosen. Batterien schwimmen in dem mit etwas Wasser gefüllten Waschbecken, ein Glas Löskaffee ist zersprungen und hat seinen Inhalt gleichmäßig verteilt, sämtliche Kassettenhüllen sind zerbrochen, über all dem liegen wie zum Schutz diverse Kleidungsstücke, das Bordbuch, Reiseführer, Handbücher, ein medizinischer Ratgeber – ich sollte das Kapitel über Beruhigungspräparate und deren Anwendung suchen – und eine zum Teil abgespulte Rolle Toilettenpapier. Immer wieder muss ich mich selbst motivieren, um nicht einfach auf die nüchtern und unfreundlich wirkende Dinette zu sinken und loszuheulen. Da ich bisher während meiner gesamten Reise äußerst bemüht war, das Innere meiner OASE II möglichst sauber und heimelig zu gestalten, trifft mich diese Verwüstung umso härter.
Stunde um Stunde vergeht, während ich Stück für Stück das Chaos klariere und, so gut es eben geht, erst einmal trockenlege. Gegen Abend überziehe ich zwei der nassen Dinettekissen mit Müllsäcken und lege sie auf den Kajütboden. Mit dem im Segelsack verstauten, aber ebenfalls nassen Blister als Kopfkissen versuche ich, darauf etwas Entspannung zu finden. Als der Morgen graut, bessert sich die Lage etwas. Zumindest der Wind geht auf 6 Bft. zurück, lediglich der Seegang läuft nach wie vor konfus.
Ein durch den starken Nordostwind zwar frischer, aber sonniger Tag bricht an. Daher kann ich einige Kleidungsstücke und zahlreiche Handtücher trocknen. Danach klopfe ich sie kräftig über dem Heckkorb aus, um so einen Teil des zurückgebliebenen Salzes zu entfernen.
Als die Sonne am Abend in herrlichen Pastellfarben untergeht und mein Gemüt ein wenig aufheitert, nimmt der Wind abermals zu. Der Schlafmangel und die daraus resultierende Müdigkeit machen mir schwer zu schaffen. Meine Glieder sind wie Blei. Nach einer unruhigen, nahezu schlaflosen Nacht muss ich mich abermals mit Starkwind aus Nordwest herumschlagen. Gleichzeitig zieht Bewölkung auf und wilde Böen fauchen zornig über die kabbelige See. Ein passender Segeltrimm ist praktisch unmöglich. Die Windstärke ändert sich zeitweise schlagartig von 4 auf bis zu 8 Bft. Mit wenig Tuch lässt sich kein brauchbarer Kurs steuern, zu viel würde das Rigg gefährden.
Offensichtlich ist Neptun fest dazu entschlossen, mich jetzt endgültig mürbe zu machen. Meinem Naturell entsprechend beginne ich aber immer hartnäckiger und ohne Rücksicht auf mein körperliches Befinden die OASE II voranzutreiben. Längst schon habe ich keinen geregelten Bordalltag mehr. Ich ruhe mich nur aus, wenn es absolut sein muss und meine Glieder den Dienst versagen. Mein Essen besteht hauptsächlich aus Chinanudeln, etwas Reis, Keksen und Löskaffee. Dazwischen mampfe ich je nach Stimmung und Gelegenheit alles, was ich gerade finden kann. Einen ganzen Tag ernähre ich mich ausschließlich von Bonbons. Danach habe ich schreckliche Bauchkrämpfe. Alles in allem reicht das Essen gerade aus, mein Gewicht einigermaßen zu halten, jedoch habe ich ständig ein flaues Gefühl im Magen. Spürbar entspricht der Menüplan dieser Tage nicht unbedingt den Vorstellungen meines Verdauungsapparates.
Während die hart erkämpften Etmale angesichts des Fahrgebietes und der

schlechten Wetterlage brauchbar bleiben, überlege ich, ob es richtig ist, bis Suez durchzusegeln. Zu viele Dinge an Bord sind reparatur- oder wartungsbedürftig, die volle Seetauglichkeit der OASE II ist augenscheinlich nicht mehr gegeben. Außerdem hätte ich mit Hurghada am südlichen Ende des Golfes von Suez einen passenden Hafen, um die wichtigsten Dinge wieder in Ordnung zu bringen und etwas Kraft zu tanken.
Auch am nächsten Tag bleibt das Wetter extrem unwirtlich. Somit beschließe ich, Hurghada anzulaufen. Mein Vorhaben, das Rote Meer nonstop zu durchsegeln, habe ich vollbracht, und daher halte ich es in jeder Hinsicht für seemännisch leichtsinnig, auch noch die zirka 170 Seemeilen durch den Golf von Suez mit einem teilweise ramponierten Schiff und völlig übermüdet in Angriff zu nehmen. Auch mein Zeitplan für das nächste Treffen mit Anita ist O.K., und so besteht tatsächlich nicht die geringste Notwendigkeit, dieses zusätzliche Risiko auf mich zu nehmen. Grundsätzlich bin ich der Meinung, dass man, so extrem und gefährlich ein Abenteuer auch sein mag, bei der Durchführung unnötige Risiken nach Möglichkeit vermeiden sollte. Schon bei planmäßigem Verlauf sind solcherlei Abenteuer im Grenzbereich mit teilweise nur sehr schwer kalkulierbaren Risiken behaftet. Will man sie erfolgreich bestehen, sollte man jedes zusätzliche Risiko vermeiden.
Der 20. Fahrtag beginnt unverändert rau. Unter der kleinsten Arbeitsfock und mit drei Reffs im Großsegel steuere ich die OASE II so hart wie möglich am Wind und versuche, Weg nach Nordwesten gutzumachen. Es bläst uns mit 7 Bft. genau auf die Nase. Zwischendurch erreichen die Böen satte 9 Windstärken. Es herrscht schlichtweg eine Wettersituation, in der man davon ausgeht, dass ein kleiner Seekreuzer unter Segel nicht mehr gegenankommt. Auch ich merke, dass die OASE II nahezu keine Höhe mehr heraussegeln kann. In den schrill heulenden Sturmböen kann das Boot die Windkraft fast nicht mehr in Vortrieb umsetzen. Anstatt anzuluven und Fahrt aufzunehmen, wird das Rigg nahezu platt auf das Wasser gedrückt und gleichzeitig driftet das Boot quer zum Seegang ab. Ich probiere alles Erdenkliche, um Vortrieb in das Boot zu bekommen – es ist jedoch zum Ausrasten. Verkleinere ich die Segelfläche, so wirken sich Seegang und Strömung so stark aus, dass wir keinen Weg nach Luv gutmachen. Stillstand bedeutet in dieser Situation jedoch Rückschritt. Sobald ich die Schoten etwas auffiere und geradewegs nach Westen laufe, kommt die in etwa fünf Seemeilen aus dem Meer wachsende ägyptische Küste schnell näher und zwingt mich zum Wenden. Laufen wir in Richtung offene See, nehmen der Seegang und die Strömung schnell zu und sorgen für noch härtere Bedingungen, bei denen wir rasch an Höhe verlieren. Also hole ich die Schoten bis an das absolute Limit dicht. Sämtliches laufende Gut ist zum Zerreißen gespannt und ächzt unter den wie Hammerschläge einfallenden Böen.
In kurzen Abständen krieche ich aufs Vorschiff, um den Segeltrimm und das Material zu kontrollieren. Dabei muss ich mich trotz des extrem kurz eingepickten Lifebelts krampfhaft an den Aufbauten festklammern, um nicht über Bord geschleudert zu werden. Längst bin ich schon – oder besser gesagt: immer noch

total durchnässt. Meine Handflächen brennen wie Feuer, obwohl ich dicke Segelhandschuhe verwende. An zahlreichen Stellen ist die Haut wund gescheuert, sind Fingernägel abgesplittert und eingerissen. Eisern konzentriere ich mich darauf, Weg nach Hurghada gutzumachen – nur das Ankommen zählt. Wild und kompromisslos bin ich dazu entschlossen, vor dem Sturm nicht zurückzuweichen. Mit lautem metallischem Knall bricht ein Rutscher des Großsegels, bei einer Wende verklemmt sich die Vorschot in einer durch zu große Krafteinwirkung verbogenen Halterung der Backbordumlenkrolle. Vor Zorn und Erschöpfung fluchend kämpfe ich mit steifen Fingern, um die Schot wieder gängig zu bekommen. Dabei verliere ich kostbaren und hart erkämpften Boden nach Luv. Trotzdem nähern wir uns kriechend langsam, jedoch unaufhaltsam der Küste. Für die letzten sieben Seemeilen bis in die südliche Bucht vor Hurghada, in der Seegang und Strömung endlich etwas nachlassen, benötigen wir sage und schreibe acht Stunden. Acht Stunden, in denen ich um jeden Meter unter Aufbringung all meiner Kraftreserven kämpfe. Acht Stunden, in denen ich zu allen mir bekannten Göttern bete, dass nichts an der OASE II bricht und wir noch in letzter Minute abdrehen und einen Ersatzhafen irgendwo weiter südlich anlaufen müssen.
Jetzt, von der Pein der Brecher befreit, macht die OASE II wieder merklich Weg nach Nordwesten. Förmlich triumphierend wirft sie ihren Bug in die anstürmenden, nunmehr sichtbar kleineren Wellen.
Ich fühle, wie sich erste Euphorie in mir ausbreitet. Während wir nun unter den hart einfallenden Böen unmittelbar an der Küste in türkisblauem Wasser am Riff entlang kreuzen, nimmt die Stadt Formen an. Ich kann einzelne Gebäude, Autos und Menschen erkennen. Unmittelbar an der Riffeinfahrt, im Osten Hurghadas, berge ich die Segel und laufe unter Motor weiter. Trotz Vollgas schafft der Außenborder lediglich knapp zwei Knoten über Grund, um 21 Uhr erreichen wir den Ankerplatz vor dem Gouvernementjetty von Hurghada.
Die Crew der unter finnischer Flagge segelnden Slup MARIA V kommt, durch die Motorgeräusche alarmiert, an Deck und zeigt mir eine Untiefe im Ankerfeld. Nach 20 Tagen und elf Stunden ab Dschibuti gleitet der Anker meiner OASE II in zwölf Meter tiefes Wasser vor Hurghada. Trotz des nach wie vor stürmischen Wetters liegt das Boot sicher und relativ ruhig hinter 30 Meter Kette plus zehn Meter Leinenvorlauf. Ich bedanke mich bei der Crew der MARIA V und beginne mir zuerst einmal ein üppiges Essen zuzubereiten. Die Arbeit an Bord hat Zeit bis morgen. Zu viel ist auf meiner Reparaturliste und zu erschöpft bin ich, um heute noch etwas zu erledigen, außer mich der Völlerei hinzugeben. Nachdem ich eine herrliche Portion Curryreis mit Thunfisch in einer würzigen Chilisauce und eine dreiviertel Flasche französischen Rotwein genossen habe, mache ich mir, satt und glücklich über meinen erfolgreichen Törn und ziemlich benebelt vom Wein, die Dinettekoje zurecht und schlafe sofort zufrieden ein. Mehrmals reißt mich eine wild das Rigg rüttelnde, schrill kreischende Sturmbö aus meinen Träumen. Ich klettere dann ins Cockpit, kontrolliere die Ankerpeilung und schlüpfe so schnell wie möglich wieder in meine noch warme Koje, um nach wenigen Augenblicken erneut in mein Reich der Träume einzutauchen.

Hurghada

Als ich frühmorgens erwache, fühle ich mich, obwohl der Zustand meines Bootes nicht gerade dazu beiträgt, absolut fit und guter Dinge. Ich überdenke nochmals meine Situation. Zwar heulen immer noch heftige Böen über den Ankerplatz, und unzählige Arbeiten an meiner OASE II sind überfällig. Trotzdem rechne ich mir aus, dass ich in etwa drei Stunden die notwendigsten Dinge erledigen könnte und danach nichts mehr gegen ein Weitersegeln in den Golf von Suez spricht. Also mache ich mich an die Arbeit. Zuerst einmal wasche ich das Geschirr ab und klariere das Deck auf. Danach länge ich die Vorschot neu ab, reinige die Winschen, tausche einige Stagreiter an den Segeln aus, öle die Karabiner im laufenden Gut und vieles mehr. Kurz vor Mittag habe ich sämtliche unbedingt notwendige Arbeiten erledigt. Alles, was jetzt noch ansteht, kann bis Suez warten. Nachdem ich die passende Seekarte und das Handbuch vorbereitet habe, präge ich mir noch die notwendigen Einzelheiten für das erste Wegstück ein. Abschließend möchte ich über UKW den Hafenkapitän rufen, um vielleicht einen brauchbaren Wetterbericht zu erhalten. Ich schalte das Gerät ein, drücke die Sprechtaste und – nichts geschieht. Weder leuchtet das TX für Senden am Display, noch bringe ich eine Verbindung zu Stande. Mein Gefühl sagt mir unmissverständlich, das UKW-Gerät ist defekt! Dieser Umstand vernichtet blitzartig meine gute Laune. Immer wieder versuche ich wider besseres Wissen, einen Funkspruch abzusetzen. Verärgert gebe ich nach unzähligen Versuchen auf. Somit ist nun endgültig klar, dass ich gezwungenermaßen einige Tage in Hurghada verbringen werde. Ein Durchsegeln des Golfs von Suez würde zusätzliche unnötige Risiken mit sich bringen. Abgesehen davon, muss ich das Gerät vor dem Kanaltransit ins Mittelmeer ohnehin reparieren.

Durch lautes Rufen mache ich mich bei einem Crewmitglied der MARIA V bemerkbar. Danach fiere ich meine Ankerleine, um etwas näher heranzukommen, und bitte, für mich über UKW einen Agenten zu verständigen, welcher mir beim Einklarieren und diversen Besorgungen helfen kann. Zwar wird mich die Hilfe einiges kosten, aber ich bin nicht gewillt, mich tagelang mit diversen Behördenvertretern abzumühen. Zehn Minuten später kommt ein Polizeiboot längsseits, mit an Bord ist ein Angestellter von Fantasia, einer Agentur mit Sitz unmittelbar am Hafen. Wir treffen eine grobe Preisabsprache, und wenige Minuten später gehe ich an einem großen Motorboot am Zollsteg längsseits.

Mein Helfer verschwindet mit Pass und Schiffspapieren, der Doktor kommt und will – zum ersten Mal auf meiner Reise – auch das internationale Impfzeugnis sehen. Augenscheinlich hat er nicht damit gerechnet, dass ich auch tatsächlich eines habe. Merklich irritiert und gelangweilt blättert er darin, bevor er mir den Ausweis mit gezwungenem Lächeln wieder aushändigt. Ich dürfte ihn wohl gerade um ein großes „Bakschisch" gebracht haben, das hier üblich ist, wenn man unvollständige Papiere hat, aber trotzdem einklarieren möchte. Ich fülle noch ein vier Seiten langes Formular aus. Danach ist der Behördenvertreter zufrieden und zieht von dannen.

Am frühen Nachmittag hat die Agentur auch meine letzten Papiere erledigt und ich verlege die OASE II an ihren neuen wie auch alten Ankerplatz. Danach spute ich mich, das Dingi klarzumachen und an Land zu fahren, um mit Anita zu telefonieren.

Ich träume davon, dass wir uns vielleicht schon hier in Ägypten wieder sehen könnten. Erstens ist Hurghada durchaus ein attraktiver Platz, um Urlaub, speziell Tauchferien zu genießen, und zweitens könnte sie mich mit den vielen so dringend benötigten Ersatzteilen versorgen. Nicht zuletzt für den Fall der Fälle auch ein UKW-Gerät mitbringen, das ich für den Suezkanal unbedingt benötige.

Zunächst bekomme ich Anitas Mutter ans Telefon und bitte sie um Anitas Rückruf. Wenig später höre ich ihre spürbar unsichere, sorgenvolle Stimme am anderen Ende der Leitung. „Was ist passiert?", sind die ersten Worte, die sie von sich gibt. Ich erkläre ihr, dass stürmisches Wetter und einige kleine Gebrechen das Anlaufen Hurghadas notwendig machten. Merklich erleichtert, dass „nur" diverse Ausrüstungsgegenstände nach der Kollision und dem Knock-down im Roten Meer ihren Dienst quittiert haben, notiert sie sich einige wichtige Punkte. Meinem Vorschlag, sich mit mir in Hurghada zu treffen, erteilt sie leider gleich eine Absage. Zu viel an unaufschiebbarer Arbeit sei zu Hause fällig und auch ihre Bedenken bezüglich einer Flugmöglichkeit in der kurzen noch in Frage kommenden Zeit erweisen sich zwei Tage später als berechtigt. Nach unserem ausführlichen Gespräch faxe ich meine „Wunschliste" nach Hause und deponiere danach im Büro der Agentur meine zahlreichen Anliegen: UKW-Gerät reparieren lassen, Wasser und Benzin bunkern, jede Menge salzhaltiger, muffiger Wäsche waschen, Geld wechseln, einige Bretter für den von mir für die Suezkanalfahrt geplanten provisorischen Motorspiegel am Heck besorgen ... Langsam, aber sicher bekommt mein Gegenüber deutlich sichtbare Sorgenfalten. Mein abschließender Hinweis, dass ich all diese Dinge am liebsten schon gestern erledigt hätte, geben ihm den Rest. Wenig später verlassen wir das Büro, steigen in einen für ägyptische Verhältnisse neuwertigen Pick-up und brausen – im wahrsten Sinne des Wortes – los. Sekunden später kann man den ziemlich bleichen Skipper der OASE II sehen, wie er ungläubig den hier üblichen Fahrstil seines Chauffeurs beobachtet. Glaubte ich in puncto Fahrstil schon das Schlimmste erlebt zu haben, so werde ich hier in Ägypten eines Besseren belehrt. Offensichtlich sind der Kreativität und dem Einfallsreichtum der ansässigen Verkehrsteilnehmer keine Grenzen gesetzt. Wichtig erscheint mir lediglich, dass jeder, der hier irgendein Vehikel bewegt, möglichst lautstark auf seine mehr als abenteuerlichen Manöver aufmerksam macht. Das Benützen der falschen Richtungsfahrbahn für ein kurzes Wegstück oder das Abstellen des Fahrzeuges auf der Überholspur einer Schnellstraße sind relativ gängige Verhaltensformen. Nach Einbruch der Dunkelheit wird beim Benutzen der Scheinwerfer individuell zwischen totaler Finsternis – sprich ausgeschaltet – oder Sicherheitsbeleuchtung – also permanentes Fernlicht – unterschieden. In jedem Fall gilt es, die notwendige Wegstrecke möglichst schnell und laut zu bewältigen. Als Gegenmaßnahme richte ich meine Blicke ausschließlich auf die sich allerorts befindlichen Baustellen. Hurghada ist mit

Sicherheit der größte Bauplatz, den ich je gesehen habe. Trotzdem besitzen Teile der Stadt, wie der alte Basar oder der lokale Gemüsemarkt, durchaus ihre Reize, in jedem Fall orientalisches Flair.
Zwei Tage später hat sich meine Situation merklich entspannt. Viele Kleinigkeiten sind erledigt und auch das UKW-Funkgerät konnte ein ortsansässiger „Elektroniktechniker" reparieren. Zwar machte seine Werkstätte, so wie er selbst, nicht gerade einen Vertrauen erweckenden Eindruck, aber das Ergebnis sprach für sich. In einer vom Wüstensand völlig bedeckten und mit einer Unmenge an Elektronikschrott übersäten Werkstätte lokalisierte er in nur kurzer Zeit, nachdem ich ihm das Gehäuse des Funkgeräts geöffnet hatte, zwei schadhafte Elektronikbauteile und ersetzte sie aus seinem Lagerbestand. Gleichzeitig – schließlich ist man ja multifunktional – mampfte er an einem Salatsandwich und rauchte mehrere Zigaretten. Etwas verwundert und durch die für meine Begriffe niedere Rechnung angenehm überascht, konnte ich schon bald mein Funkgerät in repariertem Zustand an seinem Platz montieren. Somit war mein wichtigster Punkt erledigt.
Tags darauf erfahre ich von Anita, dass ein Treffen hier in Ägypten aus mehreren Gründen tatsächlich nicht möglich ist. Etwas bedrückt telefonieren wir extra lange. Wie immer beim Abschied vor einer Etappe fällt uns das Schlussmachen besonders schwer, und daher wird erst von jeder Seite etliche Male ein „Tschüss, vergiss mich nicht, aufpassen" oder Ähnliches ausgesprochen, bis einer dann endgültig den Hörer auflegt.
Fünf Tage später habe ich alles Notwendige erledigt und auch die nicht gerade günstige Rechnung der Schiffsagentur bezahlt.
Nach einer kleinen Abschiedsparty mit einigen mir zu Freunden gewordenen Seeleuten falle ich erst gegen 3 Uhr morgens in die Koje. Mein Bauch ist von den zahlreichen Köstlichkeiten prall gefüllt, und ich kann nur auf dem Rücken liegend einschlafen. Schon frühmorgens bin ich wach, wie immer vor einer Abfahrt treibt mich die Aufbruchsstimmung. Gegen 8 Uhr habe ich sämtliche Dinge seefest verstaut, starte den Motor und beginne den Anker einzuholen. Als die Kette senkrecht nach unten zeigt, geht nichts mehr. Durch das glasklare Wasser kann ich meinen Anker erkennen, der sich mit einem Stück des Kettenvorlaufes in einem riesigen alten Stockanker mit Muringsleinen verfangen hat. Zusätzlich haben in der Zwischenzeit einige andere Skipper ihre Anker über dem meinigen ausgebracht.
Mir ist klar, dass ich ihn mit Motorkraft nicht ausbrechen kann. Also rufe ich über UKW meine Agentur und ersuche jemanden, Mr. Makussa, einen tansanischen Bootsmann auf einer am Pier liegenden Motoryacht, zu verständigen. Gemeinsam mit ihm und dem starken Dingi der Yacht möchte ich versuchen, meinen Anker zu klarieren. Wenig später geben wir unsere erfolglosen Bemühungen auf und ich tauche mit der Druckluftflasche zur Muring ab. Auf dem Grund angekommen, klariere ich dann in aller Ruhe den Anker und das Teilstück der völlig verhedderten Ankerkette. Eine halbe Stunde später tauche ich wieder auf. Makussa hilft mir beim Spülen der Ausrüstung und lädt mich noch zum Kaffee ein. In der Zwischenzeit ist es bereits 10 Uhr. „Zu spät zum Auslaufen", wie Makussa meint. Er schlägt mir vor, doch noch einen Tag zu bleiben. Ich spüre, dass er sich

wirklich freuen würde, noch einmal mit mir zu lunchen und danach über Gott und die Welt, vor allem über seine Heimat Tansania, zu plaudern. Ich gebe nach und sage zu, noch einen Tag zu bleiben. Da ich zeitmäßig gut im Rennen liege, spricht wirklich nichts dagegen und obendrein kann mir ein Nachmittag relaxen sicherlich nicht schaden. So kommt es, dass ich meine „Seediät" mit dem überfüllten Tisch von Makussas Salon vertausche und abermals alles nur Erdenkliche dazu beitrage, meinen im Ansatz bereits vorhandenen Fettbauch zu vergrößern. Gerade die zwar äußerst schmackhafte, jedoch überaus schwere ägyptische Kost ist dafür wie geschaffen. Sämtliche Hauptspeisen werden mit sehr viel Öl, Desserts mit reichlich Butter und Getränke wie Tee oder Kaffee mit einer Unmenge von Zucker zubereitet. Das Ergebnis sind wahre Kalorienbomben, die schnell zur Gewichtszunahme führen.
So kommt es, dass ich abermals mit prallem Bauch spätabends auf die OASE II zurückkehre. Ich setze mich ins Cockpit und lasse die letzten Tage Revue passieren. Viele der neuen Eindrücke kann ich noch nicht zuordnen. Darüber grübelnd schlafe ich ein. Frühmorgens erwache ich und lege mich noch für ein paar Stunden in die Koje. Um 8 Uhr reißt mich der Wecker aus dem Schlaf. Es verspricht ein schöner, sonniger Tag zu werden – also Anker auf, und ab nach Suez!

Hurghada – Suez Yachtclub

Langsam tuckere ich zwischen den Ankerliegern nach Norden. Es weht ein leichter Nordwestwind, das verspricht ein zügiges Vorankommen. Da ich wegen der zahlreichen Inseln und Riffe ohnehin keinen direkten Kurs auf die Straße von Gubal, den südlichen Eingang in den Golf von Suez, absetzen kann, macht mir das Gegenansegeln nicht allzu viel aus. Also hoch die Segel!
Ich habe kaum begonnen, das Großsegel aufzuheißen, da blockiert das Fall. Sosehr ich auch daran zerre, nichts geht mehr. Das Fall hat sich in der Führung des Blockes am Masttop verklemmt. Somit bleibt mir nichts anderes übrig, als aufzuentern und das Fall zu klarieren. Zwar habe ich ein Ersatzfall aufgeriggt, dieses jedoch bereits jetzt, unmittelbar nach Beginn des Törns zu verwenden wäre schlechte Seemannschaft. Schließlich habe ich hier die Möglichkeit, in einer Lagune bei relativ ruhigen Bedingungen die notwendige Reparatur durchzuführen. Während ich das Boot unter Motor zurück an die Küste steuere, überlege ich, was wohl auf den letzten etwa 2.000 Seemeilen bis Grado noch alles kaputtgehen wird. Nach dem überaus harten Törn durch das Rote Meer zeigen diverse Ausrüstungsgegenstände und vor allem auch die Segelgarderobe unübersehbare Abnützungserscheinungen.
Unmittelbar vor der Küste Hurghadas steigt das Riff senkrecht nach oben. Mit größter Vorsicht motore ich langam über die Riffkante in die Lagune. Das Lot zeigt knapp einen halben Meter Wasser unter dem Kiel. Wieder einmal ermöglicht nur der geringe Tiefgang meines Bootes das Einfahren in die Lagune, direkt vor einer noch in Bau befindlichen Hotelanlage. In einigen Monaten wird man auch hier mit einer große Menge Sprengstoff das Riff aufreißen, um den Tauch-

und Ausflugsbooten ein ungehindertes Einfahren zu ermöglichen. Noch aber schimmern die braunen Korallenköpfe verräterisch im türkisfarbenen Wasser. Ich laufe einige Meter über die Riffkante, lasse den Anker fallen und beginne sofort die Mastleiter aufzuriggen. Danach entere ich auf und versuche das Fall zu klarieren. Durch mein ungestümes Zerren hat es sich tief zwischen der Rolle des Umlenkblocks und deren Nirostahalterung eingeklemmt. Nur mühsam und mit großer Kraftanstrengung kann ich es klarieren. Zu guter Letzt bringe ich die verbogene Nirostahalterung wieder annähernd in ihren Urzustand. Die Schiffsbewegungen sind einigermaßen erträglich, lediglich mehrere auslaufende Fischer ändern meinetwegen ihren Kurs und kommen nah an die OASE II. Der dadurch erzeugte Schwell lässt das Boot heftig rollen. Sie glauben wohl, dass ich auf das Riff gelaufen bin, und erhoffen sich ein ertragreiches Geschäft beim Freischleppen des Bootes. Sobald sie aber erkennen, dass ich keine Hilfe benötige, drehen sie ab in Richtung offene See.
Einige Zeit später habe ich wieder das Deck unter den Füßen, klariere den Mast und gehe ankerauf. Mit dichtgeholtem Großsegel treibt die OASE II über die Riffkante in tiefes Wasser. Erleichtert setze ich zusätzlich Fock 1 und bringe das Boot auf Nordkurs. Hart am Wind, Gischtfontänen nach Lee werfend, kämpft es sich durch den moderaten, jedoch unangenehm kurzen Seegang. Ich stehe im Niedergang – meinem Lieblingsplatz – und genieße es, wieder unterwegs zu sein. In der Zwischenzeit ist es früher Vormittag. Unzählige Tauchboote dümpeln in den schimmernden Lagunen oder sind gerade auf dem Weg zu einem der vielen herrlichen Tauchplätze rund um Hurghada. Schlag um Schlag kämpfen wir uns in Richtung Norden. Kurz vor Sonnenuntergang segle ich in die Straße von Gubal ein. Dabei durchfahre ich ein großes Feld von Fischern. In mehreren kleinen Booten, welche rund um die Mutterschiffe vor Anker liegen, warten sie auf den Einbruch der Dunkelheit. An Bord von jedem der kleinen, kaum drei Meter langen Holzboote sind jeweils zwei Mann. Ihre Ausrüstung besteht neben den üblichen Ködern, Leinen und Haken aus einem Stromgenerator, der einige sehr starke Lampen betreibt. Lediglich die über ein Ruder aufgespannte Plastikplane schützt die Besatzung während des Tages vor der gleißenden Sonne. Sobald es dunkel ist, fangen sie mit Hilfe der starken Lichtquellen hauptsächlich Tintenfische. Angesichts der schrecklichen Rollbewegungen, welche diese Miniboote im Seegang vollführen, und des minimalen Platzangebotes werde ich schon vom Beobachten der Schiffchen beinahe seekrank. Tatsächlich können die bedauernswerten Gesellen lediglich sitzen oder lümmeln, während sie zehn bis 15 Stunden lang ihrer Arbeit nachgehen. Etwas Wasser und Fladenbrot sind die einzige Nahrung, das Verrichten der Notdurft wird zur Zirkusnummer. Angesichts dieser Umstände fühle ich mich an Bord meiner OASE II wie auf einem Luxusliner.
Die aufflammenden Lampen der Fischer bleiben im Kielwasser zurück, während ich in den Golf von Suez einsegle. Unzählige Lichter von Dickschiffen, Ölterminals und Bohrplattformen erschweren zunehmend die Navigation. Ich starre mit brennenden Augen in die Nacht und versuche den Überblick zu bewahren. In der Zwischenzeit haben Wind und Seegang merklich zugenommen. Gischt fegt über

45

46

47

45. Tobendes Element
46./47. Erste Eindrücke nach der Kenterung
48. „Urlaubstörn“ durchs Rote Meer
49. Ein übermächtiger Gegner

48

49

50

Ein Rundgang durch Suez
50. Kaffeekünstler vor dem Markteingang
51. Traditionelles Handwerk
52. Fleischverkauf über die Gasse

52

54

55

57

53. Wanderhändler
54. Fast Food – Kartoffelküche auf Rädern
55. Beschauliches Leben
56. Am Fischmarkt
57. Fischerboot im großen Bitter See, Suezkanal

56

Triumphale Heimkehr

das Deck. Trotz mehrerer Schichten warmer Kleidung, Handschuhen und Wollmütze friere ich erbärmlich. In unregelmäßigen Abständen bekomme ich im Ausguck einen Schwall Seewasser ab. Danach klettere ich fluchend in die Kajüte und trockne zumindest mein Gesicht und die Hände. Als der Morgen graut, herrscht wieder einmal ein bekannt unangenehmes Szenario: Es bläst in der Zwischenzeit mit satten 6 Windstärken aus Nordwest. Der Seegang hier an der Ostküste wird zunehmend rauer. Ich nehme direkten Kurs auf die Westküste, um dort in etwas ruhigerem Wasser nach Norden zu kreuzen. In den folgenden zwei Stunden laufe ich quer über den Golf an die Westküste. Kurzer, steiler Seegang schlägt brutal auf den Bootskörper ein und erzeugt zudem großen Abtrieb. Nass, frierend und müde kämpfe ich um jeden Meter Höhe. Endlich erreiche ich die Westküste des Golfs und kann wieder Weg nach Norden gutmachen. Abends entscheide ich mich dafür, in Ras Shukeir zu ankern. Ich vermure den Anker, um das Rollen im Schwell der weiträumigen Bucht einigermaßen erträglich zu machen, und schlafe nach einem herrlichen Abendessen todmüde, aber zufrieden ein.
Wie der aufmerksame Leser sicher schon bemerkt hat, ist Essen für mich das wichtigste körperliche und mentale Aufbaumittel. Selbst wenn ich noch so ausgelaugt oder deprimiert bin, kann mir ein schmackhaft zubereitetes Mahl zu ungeahntem körperlichem und mentalem Aufschwung verhelfen. Alle Mühsal ist danach blitzartig vergessen und ich sehe erwartungsvoll in die Zukunft. Im aktuellen Fall besteht die unmittelbare Zukunft in einer Bauernnacht. Um 5 Uhr reißt mich der Wecker aus meinen Träumen. An den Bootsbewegungen merke ich, dass heute Morgen etwas anders ist. Tatsächlich, es weht sanfter Südwestwind. Voller Euphorie springe ich ins Ölzeug. Eine schnelle Katzenwäsche folgt, und noch während das Kaffeewasser kocht, reiße ich den Anker aus dem Grund, setze das Groß und laufe aus. Es gilt, die Gunst der Stunde zu nutzen. Als ich die Mitte des Golfes erreiche, herrscht immer noch das gleiche Bild. Also: Downwindsailing! In Hochstimmung, fröhlich vor mich hin singend, setze ich zur bereits ausgebaumten Genua die alte Fock 1. Kaum setze ich das Fall durch, fällt das betagte Segel wieder schlaff aufs Deck. Diesmal ist der Vorliekstrecker des geschundenen Oldtimers gebrochen. An einem Tag wie heute lasse ich mir die gute Laune nicht von solchen Kleinigkeiten verderben. Ich setze ein Passatsegel zur Genua und verstaue das defekte Vorsegel. Danach genieße ich es, endlich wieder einmal vor dem Wind zu segeln. Sanft rollt die OASE II in Richtung Suez. Wir passieren einige Ölbohrplattformen, zahlreiche Dickschiffe laufen nach Norden oder Süden. Die Luft ist erfüllt vom Dröhnen der vielen Hubschrauber, die zwischen der Küste und den Bohrtürmen verkehren. Versorgungsschiffe laufen kreuz und quer durch den Golf. Wohin man auch blickt, es herrscht reges Treiben.
Am Nachmittag brist es auf. Der Wind dreht erst auf Ost, nach kurzer Zeit auf Südwest und schläft anschließend ziemlich abrupt ein. Schlagartig werden die Bedingungen unerträglich. Zum noch laufenden Seegang aus Süd gesellt sich Dünung aus Nordwest. Bei Totenflaute rollt und stampft die OASE II erbärmlich. Ständig muss ich mich festhalten, um nicht quer über das Boot geschleudert zu

werden. Es folgen einige harte Böen aus Süd. Die Luft kommt aus der Wüste und ist extrem heiß. Gegen 20 Uhr setzt schlagartig Westwind ein. Eine Stunde später pfeift die erste Sturmbö aus Nordwest im Rigg. Ich ahne, was da kommt, und laufe sofort Westkurs, um im seichten Uferbereich an der Westküste des Golfes ankern zu können. Die Seekarte verspricht einen etwa 400 Meter breiten, nur zwei Meter seichten Uferstreifen mit Sandgrund. Da ich nicht gewillt bin, abermals einen Sturm abzureiten und das Material unnötigerweise bis aufs Äußerste zu strapazieren, habe ich mich für diese Lösung entschieden. Mit zeitweise fast sieben Knoten stürmt meine OASE II durch eine konfuse See. Ständig trommelt Gischt auf das Deck. Immer wieder wirft ein Brecher das Boot aus dem Kurs oder trifft so hart den Bug, dass meine OASE II beinahe aufstoppt. In solchen Situationen erzittert das Rigg bis zum letzten Wantenspanner und ich hoffe innigst, dass kein wesentlicher Teil bricht, denn das könnte das gesamte Rigg kosten. Nervös und erstaunt stehe ich verkeilt im Niedergang und beobachte Wind und Seegang. Zeitweise wird das Boot wie von Geisterhand gepackt und nach Lee gedrückt. Während der Mast für einige Sekunden nahezu waagrecht auf der See liegt, füllt sich die Plicht mit Stauwasser, welches sich durch das Wegdriften des Bootskörpers nach Lee bildet. Das schrille Kreischen des Sturmes im Rigg wird zu einem satten Brummen. Sobald sich das Boot zitternd und triefend wieder aufrichtet, fängt das schrille Kreischen wieder an. Mein Magen beginnt zu hüpfen. Noch eine Meile bis zur Küste. Unter größter Anstrengung klettere ich auf das Vorschiff und versuche, so gut es geht, das Ankergeschirr für mein geplantes Manöver vorzubereiten. Zwischendurch wird immer wieder das Deck unter meinen Beinen von auflaufenden Brechern weggerissen. Ich lande dann erst im Sicherheitsgurt und anschließend irgendwo auf dem Vorschiff. Keinen trockenen Faden mehr am Leibe, rapple ich mich auf und erledige mechanisch die notwendigen Handgriffe. Endlich bin ich wieder in der Plicht. Schnell lese ich die GPS-Position ab und trage sie in die Karte ein. Danach befinde ich mich bereits unmittelbar an der Küste. Jetzt merke ich auch, dass der Seegang deutlich schwächer geworden ist. Rundherum leuchtet phosphoreszierende Gischt. Die Lichter an der Küste scheinen zum Greifen nahe.
Plötzlich geht mir alles viel zu schnell! Verdammt, wo ist hier die Bremse? Kurzzeitig total überfordert, fahre ich eine abrupte Wende und laufe weg von der Küste. Nach einigen Minuten habe ich mich wieder gesammelt und wende erneut, um einen zweiten Anlauf zu versuchen. Diesmal klappt es: Mit dichten Schoten prescht die OASE II hart am Wind direkt an die Küste. Jetzt muss es so weit sein, ich lege hart Ruder. Willig dreht der Bug in den Wind. Nun zählt jede Sekunde. Ich belege die Pinne mittschiffs. Die Segel knattern ohrenbetäubend, das Rigg zittert. Ich springe auf das Vorschiff. Das Schothorn der Fock verpasst mir eine harte Breitseite, aber ich bin viel zu konzentriert, um Schmerzen zu verspüren. Nur ein Gedanke beherrscht mich: Schaffe ich ein ordentliches Ankermanöver, so erspare ich dem Boot und mir eine weitere Nacht im Sturm. Endlich habe ich den Sicherungsbolzen aus der Ankerdeichsel, und das Eisen versinkt im grünen Wasser. Rasselnd beginnt die Ankerkette auszurauschen.

30 Meter habe ich vorbelegt. Während sie ausrauschen, berge ich die Segel. Dabei verpasst mir die Fock noch eine Backpfeife. Gerade als ich das Groß am Baum sichere, kommt die Ankerkette steif und reißt den Bug der OASE II abrupt herum. Ich verliere das Gleichgewicht und lande auf dem Allerwertesten. Ich krieche zum Ankerkasten und stecke zusätzlich Leine. Alle fünf Meter lasse ich den Anker kräftig einrücken. Bei 60 Meter Vorlauf belege ich die Leine. Ausgelaugt setze ich mich auf das Deckshaus. Der Sturm heult nach wie vor in den Wanten. Lediglich der Seegang hat angesichts der geringen Wassertiefe deutlich abgenommen. Die Wellenhöhe beträgt nunmehr lediglich einen halben Meter. Der extrem lange Vorlauf an Ankertrosse und Kette dämpft die Stampfbewegungen auf ein erträgliches Maß. Nun muss nur noch der Anker halten, dann war das Manöver erfolgreich. Ich notiere zahlreiche der sich ständig minimal veränderten GPS-Positionen, um ein Bild über den Schwoiradius zu erhalten. Danach beobachte ich einige Zeit die Küste und den Seegang. Es sieht ganz so aus, als hielte der Anker. Ich beginne, wie könnte es anders sein, zu kochen. Gegen 1 Uhr morgens, die Wetterlage ist unverändert, habe ich die Gewissheit, dass der Ankerplatz für die derzeit herrschenden Verhältnisse brauchbar ist. Ich stelle den Wecker im Abstand von 30 Minuten und lege mich angezogen auf die Salonkoje. So döse ich von einem Alarm zum anderen. Dazwischen kontrolliere ich die Ankerpeilung. Das Wetter bleibt für den Rest der Nacht stürmisch. Mit dem ersten Morgengrauen flaut der Sturm ebenso schnell ab, wie er eingesetzt hat. Ich klariere das Deck und hole den Ankervorlauf bis auf die übliche Länge ein. Um 8 Uhr gehe ich ankerauf. Als ich den Danforth in seine Halterung am Bug zerre, lacht mir eine völlig verbogene Flunke entgegen! Unglaubliche Kräfte müssen auf das Ankergeschirr eingewirkt haben. Glücklich darüber, die vergangene Nacht einigermaßen friedlich verbracht zu haben, setze ich Segel und beginne in gewohnter Manier nach Norden aufzukreuzen. In der Zwischenzeit an die Wetterkapriolen im Roten Meer gewöhnt, überrascht mich die einsetzende Flaute am Nachmittag nicht im Geringsten. Ich motore vier Stunden bis El Hafain. Dort komme ich mit dem letzten Dämmerlicht an und ankere unmittelbar vor dem Ort auf vier Meter Wasser bei einer spiegelglatten See.
Tags darauf setzt morgens ein Hauch aus Südwest ein. Im Schneckentempo segle ich die letzten 15 Seemeilen bis Suez. Mittags erreiche ich den Eingang zum Kanal, wo sich unter anderem auch der Yachtclub befindet. Ein Lotsenboot hält auf mich zu. Beide Männer, welche sich an Bord befinden, lungern auf den Aufbauten des Vorschiffes herum. Wir haben stehende Peilung. Während sich der Abstand zwischen unseren Booten rasch verkleinert, machen die beiden Typen nicht die geringsten Anstalten, ihren Kurs zu ändern. Offensichtlich ist eine segelnde Yacht für sie nur ein Wasserfahrzeug – da man ja ohnehin der Stärkere ist –, das einfach ignoriert wird. So kommt es, dass ich nur wenige Meter vor dem querlaufenden Rumpf des Lotsenbootes eine Wende fahre, um nicht zu kollidieren. Während mich die beiden Typen nicht einmal eines Blickes würdigen, läuft der Kutter unveränderten Kurs ans westliche Ende der Bucht. Ich berge die Segel und fahre unter Motor die letzte Meile bis zum Suez YC. Über UKW

kündige ich meine Ankunft an. Unmittelbar vor dem Yachtclub befindet sich ein Bojenfeld. Darin wird mit Bug- und Heckleine festgemacht. Ankern ist auf Grund des geringen Platzangebotes und der ständig wechselnden und böigen Winde nur mit ausdrücklicher Genehmigung der Clubverwaltung erlaubt. Kaum angekommen, rudert mir Kapitän Heeby, Juniorchef der Schiffsagentur Prince of the Red Sea, entgegen und hilft beim Festmachen. Diese Agentur betreut hauptsächlich Schiffe der britischen Marine. Aus persönlichem und nicht zuletzt wirtschaftlichem Interesse kümmern sich die beiden „Prinzen" aber auch um einen Großteil jener Yachten, die von Süden nach Norden durch den Suezkanal wollen. Sie verstehen es, auf nette Art und Weise ihre Dienste im Zusammenhang mit einem Kanaltransit anzubieten. Heeby kommt an Bord. Wir verhandeln über die Abwicklung und Kosten meiner Kanalpassage. Nach einigem Hin und Her sind wir uns einig und beschließen die getroffene Vereinbarung mit Handschlag. Am Nachmittag, ich bin gerade dabei, die erste Reparaturen am Rigg auszuführen, schickt mir der „Senior-Prinz" eine Schachtel mit sechs Stück Kuchen. Dies ist für mich der unverkennbare Wink Allahs, eine Pause einzulegen. Schließlich muss ich ja die eben eingetroffenen Gaumenfreuden auf ihre Genießbarkeit überprüfen. Wenig später, mich zwickt gerade der Bauch von zu viel Kaffee und Kuchen, braust Seine Excellency, der „Prinz", in einen seidenen Umhang gehüllt, mit dem Schlauchboot freundlich winkend vorbei – zweifelsohne ein echtes Unikum!

Willkommen im Morgenland

Suez

Die Arbeit will mir nach meiner Kuchenorgie nicht so richtig von der Hand gehen. Zwar hänge ich gerade gut gesichert im Masttop und mühe mich redlich damit ab, drei gebrochene Umlenkblöcke auszutauschen, aber irgendetwas in mir erzeugt ein heftiges Gefühl von Gesättigtsein und Schlaffheit. Deshalb verbringe ich einen Großteil der Zeit damit, das Treiben auf dem Clubgelände aus der Vogelperspektive zu betrachten. Plötzlich setzen heftige Böen ein. Mein Platz in luftiger Höhe wird schlagartig ungemütlich. Träge beende ich meine Arbeit und klettere zurück an Deck. Unten angekommen, muss ich erst einmal ausruhen und meine Umgebung beobachten.

Seit ich lange Einhandtörns segle, nehme ich meine Umgebung noch intensiver wahr und genieße es, andere Menschen, Lebewesen oder Naturabläufe zu studieren. Dabei verlieren sich meine Gedanken des Öfteren in die Philosophie. In solchen Situationen grüble ich über Gott und die Welt, um gleichzeitig auf den ersten Blick eindeutige Situationen zu hinterfragen. Im Moment zermartere ich mir immer noch den Kopf, warum ich alle sechs Stück Kuchen auf einmal verschlungen habe und nun seit Stunden dafür büße. Mit dem felsenfesten Vorsatz, mir dererlei Gaumenfreuden in Zukunft besser einzuteilen, beginne ich meine Schmutzwäsche zu sortieren. Der Club besitzt eine Waschmaschine, die

man gegen ein angemessenes Entgelt benutzen kann. Diese Gelegenheit nutze ich, um den Großteil meiner Garderobe zu entsalzen. Abgesehen davon hat das oftmalige Waschen diverser Kleidungsstücke mit kaltem Wasser unübersehbare Spuren hinterlassen. Beim Anlanden mit dem Dingi am Steg des Clubs werde ich sofort wieder daran erinnert, in welchem Land ich mich gerade befinde. Kaum festen Boden unter den Beinen, sehe ich mich der Polizei und Zollkontrolle gegenüber. Also Pass vorzeigen, Taschen und Säcke ausleeren, schließlich könnte man ja verbotene Dinge an Land schmuggeln. Diese ständige, an allen Ecken und Enden stattfindende Perlustrierung beginnt nicht nur mich allmählich zu nerven. Selbst wenn man die Toilette besuchen möchte, muss man beim Kommen und Gehen den Pass vorweisen. Trinkwasser, das ich praktisch vor den Augen der Behörden der clubeigenen Wasserleitung entnehme, wird mit der Frage „What is this?“ auf seinen Geruch und Geschmack kontrolliert. Schließlich könnte es theoretisch auch Wodka sein.
Nach der Devise „Andere Länder, andere Sitten“ versuche ich diesem Umstand die heitere Seite abzugewinnen. Mauro, Skipper der 60-Fuß-Slup APRES SECONDA, ist dazu noch nicht oder eben nicht mehr in der Lage. Als der Muezzin am ersten Tag seiner Anwesenheit im Suez YC gegen 4 Uhr 30 sein allmorgendliches Gebet über den Lautsprecher der nahen Moschee verkündet, springt Mauro athletisch und nackt, wie Gott ihn schuf, an Deck. Dort steht er nun und macht lautstark seinem Ärger über die gestörte Nachtruhe Luft. Selbst ohne Sprachtrichter kann Mauro mit der Lautstärke des Predigers durchaus mithalten. Schließlich hat er es ja auch geschafft, mich aufzuwecken. Ich sitze also im Cockpit und beobachte die Szenerie: Ein Polizist kommt zum Clubsteg. Mit lautem Gekeife und unmissverständlichen Gesten fordert er Mauro auf, den Mund zu halten, sich etwas anzuziehen und wieder unter Deck zu verschwinden. Mauro klettert unter lautstarkem Protest in den Salon der APRES SECONDA. Dort höre ich ihn noch einige Minuten kräftig schimpfen. Danach herrscht wieder frühmorgendliche Stille über dem Gelände des Suez YC. Amüsiert gehe ich ebenfalls wieder in die Koje.
Bei unserem gemeinsamen Frühstück ist Mauro immer noch verstimmt. Von seinem Wesen her ein grundsätzlich freundlicher, einfühlsamer und nachsichtiger Zeitgenosse, sinnt er dieses Mal auf Rache. Nein, nein, nicht etwa ein roher Gewaltakt ist es, worüber Mauro grübelt. Wie ich ihn kenne, sucht er gerade nach einer Möglichkeit, seine Quälgeister zu schockieren. Seit nunmehr zwei Monaten macht ihm die arabische Lebensweise, vor allem jedoch die allgegenwärtige Präsenz und Belästigung durch Polizei und Militär zu schaffen. Jetzt ist es endgültig so weit: Das hintergründige Flackern in Mauros Augen sagt mir, dass er zum Gegenschlag ausholt.

Der Bluff mit dem Beinkleid

An dieser Stelle ist es notwendig, Mauros Äußeres zu erläutern. Mit seiner Körpergröße von 1,80 Metern und einem muskelbepackten Oberkörper kann

man ihn zweifelsohne als stattliche, Respekt einflößende Erscheinung bezeichnen. Seine Glatze und der zur Zeit fehlende rechte Schneidezahn verleihen ihm zusätzlich das Aussehen eines ungestümen Piraten. Genau genommen würde er einwandfrei in das Gefolge von Kapitän Drake oder anderer Eroberer passen.
Bleiben wir jedoch bei den Fakten: Mauro ist Italiener, 36 Jahre jung und listig. Nach dem Frühstück zwingt er seinen Unterleib in einen winzigen, gerade noch die Genitalien bedeckenden, schwarzen Stringtanga, grapscht sich den vollen Müllsack, springt ins Dingi und rudert zur Pier des Yachtclubs. Angelandet, stolziert er zum Müllcontainer. Nein, nein, nicht zu irgendeinem Müllcontainer, sondern natürlich genau zu dem unmittelbar neben dem Tisch der Polizei und Zollbeamten stehenden. Dante, sein italienischer Mitsegler, und ich streiten uns um das Fernglas. Die Staatsdiener sind zwar über Mauros Auftreten mit nacktem Oberkörper und ohne Schuhe offensichtlich verärgert, verzichten aber noch auf jegliche Zurechtweisung. Was jedoch bei Mauros Rückzug sichtbar wird, lässt einem von ihnen sogar die Kalaschnikow aus der Hand fallen: Schwungvoll dreht sich Mauro nach Einwurf des Müllbeutels um und zeigt den wachsamen Augen des Gesetzes seine nackte Kehrseite. Auch das ohnehin nur einige Millimeter breite Band seines Designerhöschens ist zwischen den Pobacken verschwunden. Noch bevor sich Polizist und Zöllner aus ihrer Errstarrung gelöst haben, rudert Mauro, übers ganze Gesicht grinsend, zurück an Bord. Angekommen, strahlt er uns an, setzt sich in die Plicht und ergötzt sich an der nunmehr hektisch und lauthals geführten Diskussion einiger Ägypter. Die zu Boden gefallene Maschinenpistole hängt inzwischen wieder auf der Schulter ihres mit wildem Blick zornig gestikulierenden Besitzers. Ginge es nach ihm, würde Mauro wahrscheinlich sofort verhaftet werden.
Bis zum Abend haben sich die Gemüter einigermaßen beruhigt. Mauro, Dante und ich wollen nach Suez. Lediglich die äußerst genaue Kontrolle von Mauros Papieren beim Betreten des Clubgeländes erinnert an den „skandalösen" Zwischenfall. Mauros Agent sitzt ebenfalls am Tisch der Beamten. Gestenreich beschwört er ihn, solcherlei Provokationen in Zukunft zu unterlassen. Dieses Mal konnte er gerade noch die Gemüter besänftigen, aber beim nächsten derartigen Zwischenfall kann auch er für nichts mehr garantieren.
Unser Stripper nimmts gelassen, bedankt sich überschwänglich für den, wie er es formuliert, „heldenhaften Einsatz seines überbezahlten Beschützers", und wir pilgern zur Hauptstraße. Dort stoppen wir ein Taxi. Dante und ich nehmen auf dem Rücksitz Platz, Mauro bezieht den Beifahrersitz. Unser Taxilenker braust los, so wie er gekommen ist, also ohne Licht, dafür aber viel zu schnell. Mauros Körper verkrampft sich merklich. Er fordert den Lenker auf, das Licht aufzudrehen und etwas langsamer zu fahren. Der „Herr über die Pedale" lächelt nur und braust weiter. Blitzschnell packt Mauro das rechte Ohr des unfolgsamen Taxilenkers und schreit „Anhalten!". Total verschreckt über den Zornausbruch unseres nun grimmig dreinschauenden Freundes, drückt der Fahrer das Bremspedal durch. Mit quietschenden Reifen hält das Taxi auf der ersten Fahrspur. „Aussteigen, wir gehen zu Fuß", bestimmt Mauro. Als der Fahrer schreiend einen Fuhr-

lohn einfordert, verdunkelt sich Mauros Gesicht dermaßen, dass der Ägypter wortlos in sein Auto steigt und mit rauchenden Reifen davonbraust, natürlich weiterhin ohne Licht.
Zwei Tage später stürze ich mich zum ersten Mal in das wirkliche Ägypten. Mit meiner Kameraausrüstung bewaffnet – nach zehn Minuten habe ich sie durch die Zollkontrolle –, besteige ich einen der lokalen Minibusse, um nach Down-Town Suez zu gelangen. Der Fahrpreis von umgerechnet etwa 2 Schilling 40 (40 Pfennig) entspricht dem technischen Zustand dieses fahrenden Schrotthaufens. Trotzdem, ich genieße es, im völlig überfüllten Vehikel unter dem Gedröhn arabischer Musik unterwegs zu sein. Beim Bezahlen mache ich mit einer weiteren, etwas unangenehmeren arabischen Eigenart Bekanntschaft. Wenn man die Höhe des üblichen Fahrpreises nicht weiß, fällt er im speziellen Fall mit größter Wahrscheinlichkeit um einiges höher als üblich aus. Wenn man ihn kennt, jedoch mit einem größeren Geldschein bezahlt, muss man ebenfalls in den meisten Fällen das Wechselgeld einfordern. Das alles sollte nicht zu eng gesehen werden, schließlich sind die Menschen hier seit je Händler und besitzen einen ausgeprägten Geschäftssinn. Diese Erklärung würde ich ja durchaus akzeptieren, wäre mir nicht Folgendes widerfahren. Während Personen, welche mit Ausländern zu tun haben, fast ausnahmslos damit beschäftigt sind, diese zu übervorteilen, bestechen andere – auch die einfachsten Menschen – durch ihre Gastfreundschaft und Hilfsbereitschaft. Das Wort „Ausländer“ wähle ich durchaus bewusst, denn Tourismus ist hier in Suez praktisch nicht vorhanden. Dafür leben und arbeiten hier zahlreiche Europäer, Amerikaner und Asiaten, insbesondere für die zahlreichen Ölfirmen.
Schon bald bemerke ich zu meiner Freude, dass es die meisten Ägypter lieben, fotografiert zu werden. Immer wieder werde ich aufgefordert, auch noch von dieser oder jener Person ein Foto zu schießen. Herz, was willst du mehr! Während ich stundenlang unter gleißender Sonne durch Straßen und über Plätze in Suez wandere, beginnt der Auslöser meiner Kamera allmählich zu glühen. Ständig bieten sich neue Motive, pausenlos werde ich von Einheimischen dazu aufgefordert, mit ihnen einen Kaffee oder Tee zu trinken. So gerne ich derlei Angebote auch annehme, die offerierte Wasserpfeife lehne ich entschieden ab. Ihr einmaliger Genuss hat mir schmerzlich gezeigt, dass meine Lungen und Innereien dafür nicht geschaffen sind. Spätabends erreiche ich total geschafft den Yachtclub. Nachdem ich den üblichen Sicherheitscheck überstanden habe, pulle ich zu meiner OASE II und falle todmüde in die Koje.
So vergehen die Tage in Suez. Während meine Besorgungsliste immer kürzer wird, füllt sich die Tasche mit belichteten Filmen und diversen Reiseutensilien. Ich setze den Tag für meinen Kanaltransit fest. Morgen erwarte ich die technische Inspektion, in zwei Tagen soll es losgehen: „Zurück ins Mittelmeer.“
Ich sitze gerade auf der SEPTIMUS SEVERUS und klöne mit Skipper Herbert, als sich ein Tuckboot der Kanalverwaltung nähert. Was Größeres hatten sie wohl nicht mehr auf Lager! Der Kapitän beginnt den Koloss von schätzungsweise 40 Tonnen in das enge Bojenfeld zu steuern. Auf den Yachten setzt schlagartig

hektisches Treiben ein. Schließlich sind an dem rostigen Ungetüm der Kanalverwaltung lediglich einige alte Autoreifen als Fender angebracht. Man kann sich also vorstellen, wie die verletzliche Außenhaut einer gepflegten Yacht selbst auf einen sanften Knuff beim Längsseitsgehen reagiert. Elf Boote sind zur Inspektion angemeldet. Ich beobachte, wie meine kleine OASE II skeptisch erst einmal von außen begutachtet wird. Danach kommen die Inspektoren zuerst an Bord der SEPTIMUS SEVERUS. Die Kontrolle verläuft ohne Beanstandung, schließlich ist Herbert im Zivilberuf Ingenieur für Maschinenbau. Zusätzlich besitzt er die viel zitierte deutsche Gründlichkeit und hält sein Schiff in technisch einwandfreiem Zustand. Da also nichts zu beanstanden ist, beginnt das übliche Feilschen um Backschisch. Als Nächstes ist die OASE II an der Reihe. Sorgfältig werden Bilgepumpen, Feuerlöscher und technischer Zustand des Motors kontrolliert. Die von mir angegebene Fahrgeschwindigkeit von fünf Knoten will der technische Ingenieur angesichts des 8-PS-Außenborders nicht glauben. Nachdem ich ihm jedoch den von mir am Heck angebrachten Motorspiegel für meinen 4-PS-Außenborder zeige und dessen möglichen gleichzeitigen Einsatz mit der Hauptmaschine erläutere, bleibt ihm nichts anderes übrig, als meine Angaben zu bestätigen. Wir streiten noch einige Minuten über die Höhe des geforderten, jawohl geforderten Bakschischs, danach setzen die Inspektoren sichtbar unzufrieden zur nächsten Yacht über. Wahrscheinlich liegt die Ursache für ihren Unmut darin, dass ich Zigaretten nicht in der Stange, sondern im Päckchen und Geldspenden nicht in amerikanischen Dollar, sondern in ägyptischen Pfund gegeben habe. Auch die Größenordnung entsprach, obwohl durchaus üblich, nicht den Forderungen (eine ausführliche Behandlung dieses leidlichen Themas folgt im Anhang).
Da ich nunmehr – sollte das Wetter sich nicht drastisch verschlechtern – am nächsten Tag den Kanaltransit in Angriff nehmen will, klariere ich sämtliche notwendigen Kleinigkeiten. Am Nachmittag besorge ich ausreichend frische Lebensmittel, will ich doch gleich anschließend durch das östliche Mittelmeer bis Heraklion auf der zu Griechenland gehörenden Insel Kreta segeln. Dort werde ich mich auch, so alles klargeht, endlich wieder mit Anita treffen. Voller Vorfreude darauf verstaue ich mein Dingi, montiere den 4-PS-Außenborder am provisorischen Heck der OASE II und sitze danach noch bis gegen Mitternacht im Cockpit. Meine Gedanken kreisen um den bevorstehenden Kanaltransit, etwaige Probleme dabei und deren Lösungen. Sosehr ich auch grüble, tatsächlich habe ich sämtliche Eventualitäten bedacht und eine theoretische Lösung ausgearbeitet. Mit dieser Gewissheit schlafe ich zufrieden und mit großer Vorfreude auf die Rückkehr in das Mittelmeer ein.

Der Suezkanal

Bei Sonnenaufgang bin ich wieder auf den Beinen. Ringsum beschauliche Stille. Eine Stunde später herrscht bereits auf den meisten Yachten emsiges Treiben. Um 8 Uhr laufen die ersten Dickschiffe des Morgenkonvois von Süd nach Nord

in den Kanal ein. Spätestens nach dem letzten Biggi heißt es für die Yachten „Leinen los". Je nach Anzahl der Großschiffe beginnt der Yachttransit zwischen 8 Uhr 30 und 10 Uhr 30. Ich habe sämtliche Vorbereitungsarbeiten abgeschlossen. Nun sitze ich im Cockpit, beobachte das hektische Treiben rings um mich und warte. Um 9 Uhr treffen die ersten Kanallotsen ein, der meinige ist nicht dabei. Während ein Boot nach dem anderen ablegt und mit fröhlich winkender Crew in den Kanal motort, warte ich immer noch vergebens auf den mir zugeteilten Lotsen. Inzwischen ist es bereits 10 Uhr. Bis auf zwei Maxiyachten mit über 60 Fuß und mir haben alle Boote ihren Transit angetreten. Einige Minuten später erscheinen zwei weitere Lotsen, meiner ist wieder nicht dabei. Als ich mich schon ziemlich verärgert damit abgefunden habe, dass der Techniker von gestern scheinbar abermals die fehlenden Transitpapiere nicht ausgestellt hat und ich dadurch noch einen Tag warten muss, kommt das Dingi des Yachtclubs längsseits. Mit an Bord ist der für die OASE II zugeteilte Kanallotse. Er mustert skeptisch mein Boot und klettert danach an Deck. In der Zwischenzeit ist es 10 Uhr 40, also selbst für eine stark motorisierte Yacht reichlich spät, um die Kanaldurchfahrt zu beginnen. Gemeinsam holen wir die Bojenleinen ein, und los gehts. Obwohl der Lotse nicht ein Wort über die mäßige Motorisierung der OASE II verliert, ist ihm eine gewisse Enttäuschung über den mit Sicherheit bis zum Einbruch der Dunkelheit dauernden Transit deutlich anzusehen. Er wird wohl, wie hier allgemein üblich, damit spekuliert haben, das deutlich verspätete Auslaufen mit Hilfe einer möglichst hohen Fahrgeschwindigkeit ausgleichen zu können. Angesichts des 8-PS-Außenborders dürfte ihm jedoch sofort klar geworden sein, dass diese Überlegung heute nicht aufgeht. Wir laufen mit 80 Prozent der Motorleistung und mäßigem Schiebestrom immerhin fast sechs Knoten über Grund. Ich bin begeistert, er trägts mit Fassung. Im Laufe des Tages erweist sich jedoch mein Begleiter als durchaus angenehmer Zeitgenosse. Ich halte ihn mit Cola und Diskomusik aus dem Walkman bei Laune. Um die Mittagszeit hält er, als streng gläubiger Moslem, seine Gebetsstunde ab. Ich gebe ihm ausreichend Süßwasser, damit er seine rituellen Waschungen im Cockpit der OASE II vollziehen kann. Anschließend bereite ich einen typisch ägyptischen Lunch mit aufgebackenem Weißbrot, Käse und Salat. Ibrahim spricht gebrochen Englisch und so plaudern wir im Laufe des Nachmittags über die Arbeit der Kanallotsen und seinen ganzen Stolz: die eigene Familie. Seine dunklen Augen beginnen zu leuchten, als er mir vom erst 13 Monate alten Sohn erzählt.
Die Sonne brennt gnadenlos von einem stahlblauen, wolkenlosen Himmel. In der Zwischenzeit durchfahren wir bereits den großen Bittersee, noch 16 Seemeilen bis Ismailija, dem Ankerplatz des ersten Tages. Da es Yachten untersagt ist, während der Dunkelheit den Kanal zu befahren, dauert der Transit für sie generell zwei Tage. Die Stadt Ismailija mit ihrer weiträumigen Bucht wird in jedem Fall angelaufen. Auf Wunsch kann dort auch für einen oder mehrere Tage die Kanaldurchfahrt unterbrochen werden. Man muss lediglich vor Antritt des Transits der Kanalverwaltung Bescheid geben, andernfalls kommt automatisch am nächsten Tag der Lotse für den zweiten Teil der Wegstrecke an Bord.

Zahlreiche kleine, bunt bemalte Fischerboote säumen die markierte Schifffahrtsroute durch den Bittersee. Sie bilden einen bizarren Kontrast zu der glatten, im gleißenden Sonnenlicht silbrig glänzenden Wasseroberfläche. Als wir etwa zwei Drittel des Sees durchfahren haben, beginnen sich im Westen mächtige Gewitterwolken aufzutürmen. Heiße Windböen fallen über uns her und transportieren große Mengen Wüstensands mit sich. Binnen kurzer Zeit ist das ganze Deck mit einer gelben Schicht überzogen. Danach setzt der Wind aus, es wird drückend schwül. Blitze zucken, dumpfes Donnergrollen erfüllt die heiße, flimmernde Luft, es fällt jedoch kein Regen. Einige Meilen im Westen kann ich die typischen Schauerstreifen ausmachen. Wenig später spannt sich ein Regenbogen über der Wüste und der neuerlich sanft einsetzende Nordwestwind ist merklich kühler. Um 18 Uhr erreichen wir Ismailija. 45 der 85 Seemeilen im Suezkanal sind geschafft. Ich bringe den Lotsen an Land und laufe danach zum Ankerplatz, wo bereits alle übrigen Yachten des Tagestransits friedlich dümpeln. Die meisten sind in diversen Päckchen vertäut. Ich drehe eine Ehrenrunde um die allein ankernde SEPTIMUS SEVERUS. Von meinen Zurufen aufgescheucht, erscheint Skipper Herbert an Deck und erlaubt mir, längsseits zu gehen. Somit erspare ich mir ein Ankermanöver. Als Gegenleistung lade ich Herbert zum Tee ein. Er erscheint ein paar Minuten später in einem Kaftan. Der weiche, luftige Stoff, welcher seine zweifelsohne vorhandene Körperfülle umspielt, und der fröhlich verschmitzte Gesichtsausdruck verleihen ihm das Aussehen eines erfolgreichen arabischen Geschäftsmannes. Wir plaudern über den ersten Tag unserer Kanalpassage. Herbert zeigt sich erbost über das ständige Drängen seines Lotsen, noch schneller zu motoren. Mit der 130 PS starken Maschine lief seine Ketsch ohnehin sieben Knoten, also ebenso schnell wie die Großschifffahrt. Zusätzlich forderte der Lotse penetrant mehr Bakschisch in Form von Geld und Zigaretten, die ihm Herbert schon bei Fahrtantritt in angemessenem Ausmaß zugesteckt hatte. Während wir uns den Kummer von der Seele klönen, bricht die Nacht herein. Gemeinsam mit Herberts Chartergästen nehmen wir noch einen verspäteten Sundowner auf der SEPTIMUS SEVERUS, danach verholen wir uns in die Kojen. Für 8 Uhr morgens sind die Kanallotsen angekündigt.

Port Said, nein, danke!

Nahezu auf die Minute pünktlich bringt ein Boot der Kanalverwaltung die Lotsen an Bord. Heute habe ich weniger Glück. Der mir zugeteilte Wüstensohn steht mit ungläubiger Miene an Deck der mit ihren 44 Fuß etwa dreimal so großen SEPTIMUS SEVERUS. Seinem Gesichtsausdruck nach zu urteilen würde er den Job auf der OASE II am liebsten erst gar nicht antreten. Daran ändert auch meine freundliche Begrüßung nichts. Ein von mir zur Aufheiterung gedachtes Späßchen wird seinerseits entweder ignoriert oder nicht verstanden. Dann eben nicht, denke ich mir und warte auf die Kommandos meines Herrn und Meisters. Nach einigen mürrischen Äußerungen gegenüber seinem glücklicheren Kollegen, der Herberts Schiff zugeteilt wurde, steigt er im wahrsten Sinne des Wortes auf die OASE II

hernieder. Angewidert mustert er das Boot und – wie könnte es anders sein – den Motor. Um seine Skepsis etwas zu dämpfen, versuche ich einen Beweis für die absolute Verlässlichkeit der schwachen Maschine zu geben. Ein Zug an der Starterleine, willig springt der Motor an und stirbt beim ersten Versuch, die Drehzahl zu erhöhen, ab. Irritiert, mit dem unzufriedenen Blick des Lotsen im Nacken, starte ich abermals. Wieder stirbt der Motor beim Versuch, Gas zu geben, ab. Das Ganze wiederholt sich dreimal. An Stelle der von mir erhofften Aufheiterung tritt eine radikale Verfinsterung im Gesicht meines Lotsen ein. Endlich fällt es mir wie Schuppen von den Augen: Da habe ich doch glatt vergessen, die Tankbelüftung aufzudrehen. Während der Motor nach einem Zug an der Starterleine neuerlich willig anspringt, halte ich ein ausführliches Plädoyer über Ausdauer und Verlässlichkeit der nunmehr gleichmäßig laufenden Maschine, und noch bevor sichs mein missgelaunter, unfreiwilliger Tagesgast versieht, brummen wir in Richtung Fahrwasser. Dabei überholen uns laufend andere Yachten. So manches Crewmitglied erteilt mir im Vorbeirauschen gute Tipps, wie ich die Geschwindigkeit der OASE II erhöhen könnte. Den eines amerikanischen Skippers möchte ich an dieser Stelle wörtlich wiedergeben: „Wirf den Lotsen über Bord, das bringt dir sicher einen halben Knoten!"
Eine halbe Stunde ist vergangen und wir sind das glorreiche Schlusslicht. Machmut, so der Name meines Peinigers, stoppt haargenau die Durchfahrtszeiten zwischen den Kilometertafeln. Zu meinem Glück – und seiner Enttäuschung – tuckern wir mit exakt fünf Knoten über Grund nach Port Said, also kein Grund zur Panik. Aber schon liegt der nächste Stunk in der Luft! Wir erreichen den ersten Kontrollpunkt. Machmut erkundigt sich nach dem UKW-Gerät. In der Navigationsecke, bemerkt er barsch, sei das Funken nicht möglich, denn es sei zu laut, ob ich denn kein UKW-Handy an Bord habe? Nachdem ich verneine, setzt er sich verärgert in die NAV-Ecke. Mein Angebot, ihm das Gerät so einzustellen, dass er seinen Gesprächspartner sehr wohl verstehen kann, lehnt er entrüstet ab. Schließlich ist man ja langjährig erprobter Vollprofi und hat die Hilfe eines Hobbyseglers wohl keinesfalls nötig – oder vielleicht doch? Kaum in der Kajüte verschwunden, klettert er auch schon wieder in die Plicht. Mit triumphierendem Blick und demonstrativer Entrüstung verkündet er laut: „Das Funkgerät ist funktionsuntauglich!" Gleichzeitig legt ein Boot der Kanalverwaltung am Pier des Kontrollpostens ab und nimmt Kurs auf die OASE II. Mir läuft es heiß über den Nacken. Sollte das UKW-Gerät wie schon in Hurghada abermals defekt sein, wäre es tatsächlich ein Grund, von Seiten der Verantwortlichen meinen Transit vorübergehend abzubrechen. Ich habe auch nicht den geringsten Zweifel daran, dass mein Quälgeist von dieser Möglichkeit Gebrauch machen würde. Ich fordere ihn auf, kurzzeitig die Pinne zu übernehmen, frage nach der gewünschten Frequenz und begebe mich zum Funkgerät. Der erste Blick auf das Display lässt mir einen wahren Felsen vom Herzen fallen. Anstatt der von ihm gewünschten Einstellung, Kanal 8, zeigt das Display einen nicht existierenden Kanal. Offensichtlich hat der Alleskönner keine Ahnung davon, wie man das absolut gängige UKW-Gerätemodell der OASE II einstellt und hat deshalb auf gut Glück überall

gedreht und gedrückt, bis eine Leadanzeige sichtbar wurde, welche er mit viel Phantasie als Kanal 8 interpretierte. Ich wähle den richtigen Kanal, drücke die Sprechtaste, rufe Suezkanal Control und bekomme eine mir zwar unverständliche, aber dafür umso lautere Antwort. Als ich wieder in der Plicht bin, ist auch schon die Barkasse der Kanalverwaltung auf gleicher Höhe an Backbord. Mein Lotse brüllt irgendwelche Unmutsäußerungen in dessen Richtung und versucht gleichzeitig verbissen, die OASE II einigermaßen auf Kurs zu halten. Ich beende seine erfolglosen Bemühungen, indem ich die Pinne übernehme. Danach fordere ich Machmut freundlich lächelnd auf, seinen Funkspruch abzusetzen. Ich ernte einen bösen Blick, gleichzeitig verschwindet er im Niedergang, schreit abermals für mich nur sinngemäß verständliche Worte in das Mikrofon und kehrt mit sichtbarer Enttäuschung in die Plicht zurück. Mit der Funktionalität des UKW-Gerätes gezwungenermaßen zufrieden, brüllt er noch einige Wortfetzen in Richtung Lotsenkutter. Dieser dreht daraufhin mit Vollgas – wie könnte es auch anders sein – ab. Die daraus resultierende Heckwelle lässt mein Boot hart überholen, und noch bevor sichs Machmut versieht, wird er gegen das Deckshaus geschleudert. Es vergehen einige Schrecksekunden, dann rappelt er sich auf und belegt seine Kollegen mit einigen deftigen Flüchen.
An unserem gespannten Verhältnis ändert sich trotz meiner zahlreichen Bemühungen, ihm das Leben an Bord so angenehm wie möglich zu gestalten, nichts. Machmut sitzt missmutig im Niedergang und qualmt eine Zigarette nach der anderen. Dazwischen fixiert er seine Uhr und die am Kanalufer angebrachten Kilometertafeln. Nach dem Mittagessen überreiche ich ihm das obligatorische Backschisch, Zigaretten und etwas Geld. Seine Reaktion lässt mich jedoch beinahe meine gute Kinderstube vergessen. Ohne eine Silbe des Dankes verschwinden die Zigaretten im Hosensack, danach zählt er demonstrativ vor meinen Augen die soeben erhaltenen Geldscheine und sagt zu mir mit unzufriedener, abwertender Geste: „Das sind nur fünf Dollar, ich brauche zehn!“ Es entsteht eine kurze Gesprächspause. Als ich die Sprache wiederfinde, unterdrücke ich einige aufgestaute Unmutsäußerungen und mache ihm zwar immer noch freundlich, jedoch deutlich kühler klar, dass er von mir absolut nichts mehr zu erwarten hat. Meine Geduld im Umgang mit diesem unverfrorenen Zeitgenossen ist endgültig aufgebraucht.
Auf den letzten 15 Meilen des Kanaltransits fordert er mich auf, zur Maschine ein Vorsegel zu setzen. Obwohl ich weiß, dass Segeln im Kanal grundsätzlich verboten ist und uns der Wind beinahe auf die Nase bläst, komme ich seinem Wunsch nach. Auch ich bin daran interessiert, dieses Drama so schnell wie möglich zu beenden. Unmittelbar vor jedem Kontrollposten der Kanalverwaltung muss ich die Fock bergen, um sie nach einigen hundert Metern wieder zu setzen. Dabei ist Machmut jedes Mal nervös und ungeduldig. Anscheinend würde er einige Probleme bekommen, wenn die OASE II einen Kontrollpunkt mit dichtgeholtem Segel passiert. Nun, was solls, ich nehme diese Arbeit gerne in Kauf, um Machmut schneller loszuwerden.
Inzwischen sind wir auf den letzten Seemeilen vor Port Said. Der Nordwest hat

ordentlich aufgefrischt und pfeift in wilden Böen über den Kanal. Die Sicht ist äußerst schlecht, ein von der Hitze flimmernder gelber Schleier liegt über dem Festland. In einem Moment der Unachtsamkeit reißt mir eine Böe meine Lieblingskappe vom Kopf. Sie landet nach ausgedehntem Segelflug im Kielwasser. Ohne zu zögern lege ich hart Ruder, fahre einen Aufschießer, berge die Fock und noch bevor sich Machmut aus seiner Sinnierpose im Niedergang hochrappelt, um sich aufzuregen, steuere ich zu meiner an der Wasseroberfläche schwimmenden Kappe. Als er mit grimmiger Miene zu einem aus einem englisch-arabischen Wortgemisch bestehenden Vortrag von wegen Sicherheit und unerlaubter Kursänderung ansetzt, ignoriere ich das Gekeife freundlich lächelnd, fische meine Kappe aus dem Wasser und gehe wieder auf Kurs. Die Fock bleibt unten. Schließlich bin ich absolut nicht daran interessiert, hier im Kanal ein Segel oder gar das Rigg zu beschädigen.
Das Wetter wird zunehmend unangenehmer, und ich beschließe, über Nacht in Port Said zu ankern, um am nächsten Tag ausgeruht und mit frischem Elan meine Reise nach Kreta fortzusetzen. Ich sage Machmut Bescheid. Dieser, ich kann es einfach nicht glauben, fordert über UKW einen weiteren Lotsen an, welcher ihn auf der letzten halben Seemeile ablösen soll. Er erläutert mir weiters, dass es die Aufgabe des Neuen sei, mich nach Erhalt eines angemessenen Bakschischs zum Ankerplatz zu lotsen. Eine absolut lächerliche Vorgangsweise, bedenkt man, dass das so genannte Yacht Center, zugleich der Ankerplatz für Yachten, unmittelbar gegenüber dem Gebäude der Kanalverwaltung direkt am Kanal liegt. Ich harre der Dinge.
Nach einigen Minuten, wir sind etwa eine halbe Meile vom Yacht Center entfernt, hält ein knallig oranger Lotsenkutter auf uns zu. Er kommt an Steuerbord längsseits, und während wir nebeneinander herfahren, beginnen alter und neuer Lotse eine lautstarke Diskussion. Ich entnehme ihr mittels einiger verständlicher Worte wie Marlboro, Softdrink und Dollar, dass der Neue sein Bakschisch einfordert. Nach heftigem Wortgefecht steigt der Alte auf den Lotsenkutter über. Beide verschwinden im Deckshaus. Gleichzeitig fordert mich der Bootsmann, der den Kutter vom Rumpf der OASE II abhält, auf, ihm einen Softdrink zu spendieren. Um auch weiterhin meinen guten Willen zu bekunden, angle ich nach der Flasche mit Orangenlimonade und halte sie ihm entgegen. Er, offensichtlich in Erwartung anderer Köstlichkeiten, verzieht das Gesicht und lehnt die Limonade entrüstet ab. Gleichzeitig stoppt er seine Bemühungen, den Lotsenkutter weiter abzuhalten. Der Kapitän sieht durchs offene Fenster des Steuerhauses und macht keine Anstalten, abzudrehen. Die dicke, ölverschmierte Hartgummileiste, mit einigen alten, ebenfalls komplett verdreckten Autoreifen verziert, schrammt den Rumpf der OASE II entlang. So man den Berichten anderer Yachtskipper Glauben schenkt, ist das eine durchaus übliche Vorgangsweise, um den Forderungen nach Bakschisch Nachdruck zu verleihen. Hatte ich an der Wahrheit solcher Erzählungen bisher gezweifelt, erfahre ich sie jetzt am eigenen Leibe, genauer gesagt am eigenen Boot. Mir platzt endgültig der Kragen. Ich drehe abrupt nach Backbord ab. Gleichzeitig fahre ich den Kapitän des Lotsenkutters an, aufzupassen. Plötz-

lich erscheinen auch die beiden Lotsen wieder an Deck. Die Eskalation der Situation ist dem Neuen sichtbar unangenehm. Wild gestikulierend fordert er mich auf, abermals längsseits zu kommen, damit er auf die OASE II übersteigen kann. Ich jedoch denke nicht im Entferntesten daran, bei diesem Drama länger mitzuspielen. Unwiderruflich habe ich den Entschluss gefasst, hier so schnell wie nur irgendwie möglich zu verschwinden. Während ich mit entschlossener Miene und nunmehr meinerseits laut brüllend – scheinbar ist das hier notwendig, um akzeptiert zu werden – verkünde, nicht mehr ankern zu wollen, sondern sofort auszulaufen, faselt der Neue irgendetwas von Vorschriften und Verboten. Unbeirrt nehme ich unter Vollgas Kurs auf die Hafenausfahrt von Port Said, dazwischen halte ich laut fluchend den ständig längsseits drängenden Lotsenkutter ab. Nach zirka zweihundert Metern, wir befinden uns bereits unmittelbar vor der Pier der Kanalverwaltung, dreht der Kutter ab und läuft noch ein kurzes Stück parallel zur OASE II. Danach wendet er und geht an der Pier der Kanalverwaltung längsseits.

Mich beherrscht nur noch der Gedanke, diesen Ort der penetranten Schnorrer, welche mir pausenlos Unannehmlichkeiten verursachen, so schnell wie möglich zu verlassen. An der Außenmole setze ich Segel, klariere die notwendigsten Dinge, lege eine passende Seekarte zurecht und laufe ins offene Mittelmeer – Kurs Heraklion, an der Nordseite Kretas. Zorn schnürt mir die Kehle zu – ich brauche Seeluft zum Atmen.

Europa! Ich bin wieder da!

Hart erkämpftes Griechenland

Noch im durch die Hafengebäude von Port Said geschützten Bereich sagt mir ein Blick über die Außenmole, dass der Seegang hier an der seichten Auslaufküste Ägyptens gerade unangenehm rau läuft. Aber was solls, ich muss hinaus, um meinen Trübsinn zu bekämpfen. Kaum habe ich den Molenkopf passiert, packt die OASE II kurzer, steiler Seegang und lässt sie heftig rollen und stampfen. Ich spüre Übelkeit aufsteigen. So schnell es geht, erledige ich die notwendigen Arbeiten unter Deck, ziehe Ölzeug über und setze mich in die Plicht. Während die frische Luft die Symptome der Seekrankheit etwas lindert, beobachte ich angespannt den dichten Schiffsverkehr. Die Sonne versinkt hinter der westlichen Kimm, schnell wird es empfindlich kalt, trotz meiner warmen Kleidung friere ich. Um Mitternacht habe ich das weiträumige Feld der Ankerlieger im Westen von Port Said durchfahren. Der Wind dreht allmählich auf Südwest, ich kann Kurs auf Kreta anliegen und fühle mich nach all den Querelen der letzten Tage endlich wieder glücklich und frei.

Am frühen Vormittag bricht die Knebelschraube am Windpiloten. Nun, bei dem, was er schon geleistet hat, ist ein gewisser Verschleiß unumgänglich. Ich ersetze den Knebel durch eine Fixierzange, die ich unmittelbar auf die Mutter des Bolzens klemme, und das Problem ist provisorisch erledigt. Natürlich treten in letzter Zeit auf Grund der langen, streckenweisen extremen Belastung des Materials einige Gebrechen auf, bisher konnte ich jedoch noch alles mit Bordmitteln zumindest provisorisch reparieren. Mit jeder Meile wird meine riesige Kiste mit unzähligen Ersatzteilen und Reparaturmaterialien leichter, zugleich aber auch wichtiger. Der Umstand, dass ich eher ein Stück mehr als weniger eingepackt habe, macht sich nun positiv bemerkbar. Auch bei ausgefallenen Pannen finde ich immer das notwendige Ersatzteil oder zumindest etwas Ähnliches, was sich mit einigen Handgriffen und etwas Fantasie brauchbar umfunktionieren lässt. Natürlich würden meine Behelfskonstruktionen aus einem Designerwettbewerb für Yachtzubehör nicht gerade als Sieger hervorgehen, jedoch um ein altes Sprichwort etwas modifiziert wiederzugeben: Der Zweck heiligt das Aussehen!

Nachmittags dreht der Wind neuerlich auf Nordwest, und ich verbringe die nächsten beiden Tage mit Aufkreuzen. Dementsprechend schlecht fallen die Tagesetmale aus. Schon jetzt zeichnet sich eine harte Überfahrt nach Kreta ab. Neptun steht auf der Bremse und will das Boot und mich scheinbar bis zur letzten Seemeile ernsthaft fordern.

In der Nacht des vierten Tages auf See herrscht Flaute. Ich berge die Genua und

lasse nur das zweifach gereffte Groß stehen, um die Schlingerbewegungen in der Restdünung einigermaßen zu dämpfen. Hin und wieder regt sich der eine oder andere Hauch aus Westen. Nach drei halbstündigen Schlafpausen versuche ich genervt, mit ständigen Segelmanövern wenigtens minimale Fahrt in das Schiff zu bringen. Der Erfolg ist mehr als bescheiden. Obwohl ich Segelhandschuhe verwende, bilden sich – wie auch schon im Roten Meer – durch das Hantieren mit den vom Salz steifen Fallen und Schoten auf meinen Handflächen tiefe, offene Rillen. Obwohl ich sie mehrmals täglich dick mit Hautcreme einschmiere, wird ihr Zustand permanent schlechter. Es fehlt der Haut einfach ausreichend Zeit zum Regenerieren. Andererseits verwende ich fälschlicherweise immer erst dann Handschuhe, wenn es mich friert oder ich bereits starke Schmerzen verspüre. Während ich die höllisch brennenden Hände erst mit Süßwasser spüle und danach dick eincreme, schwöre ich mir, in Zukunft bei solch rauen Bedingungen immer Handschuhe zu tragen – Schmerz macht einsichtig.
In den frühen Morgenstunden setzt erst zaghafter, bald jedoch schon lebhafter Südwestwind ein. Zufrieden kritzle ich etwas von „Zischsegeln“ ins Logbuch. Um Mitternacht ist aus dem „Zischsegeln“ ein neuerlich ungemütliches Gegenanbolzen geworden. Sechs Windstärken aus Nordwest! Was solls, da musst du eben durch, versuche ich mich zu motivieren und kämpfe um jede Seemeile. Ich höre jetzt täglich den Wetterbericht für das Mittelmeer. Leider herrschen nur sehr selten auch tatsächlich die vorhergesagten Bedingungen. Am siebenten Fahrtag, der Wetterbericht spricht frühmorgens von 10 Knoten aus Nordwest, sind es um die Mittagszeit schon über 20, in den Böen an die 30. Dementsprechend rau läuft der Seegang. Mit doppelt gerefftem Groß und kleinster Arbeitsfock kämpft sich die OASE II wie schon im Roten Meer Meile um Meile nach Norden. Bei der starken Lage zieht das Decksfenster an Steuerbord etwas Wasser. Scheinbar ist es nach der Kollison im Roten Meer nicht mehr hundertprozentig dicht verschraubt und arbeitet unter der extremen Belastung.

Aus dem Logbuch
17.00 Uhr, Nordwest 8 Bft., Seegang 5 bis 6, Neptun, was soll das?

Bis Mitternacht bläst es im wahrsten Sinne des Wortes aus allen Rohren. Dazu lacht hämisch ein blank geputzter, sternenübersäter Himmel. Einmal läuft ein Biggi vom Kurs ab und quert uns in nur 200 Metern vor dem Bug. Scheinbar hält man auf der Brücke nach der kleinen, im wilden Seegang kämpfenden OASE II Ausschau. Ich stehe im Niedergang, beobachte fast neidisch die hell erleuchtete Brücke des Frachters und denke mir, wie unvergleichlich bequemer wohl die Mannschaft dieses schwimmenden Riesen zur See fährt. Allerdings werden sie auf ihrem stählernen Koloss auch nie die intensiven Erlebnisse mit der See bekommen, derentwegen ich letztendlich meine Reise angetreten habe.
Am neunten Fahrtag das gleiche Bild, hartes Gegenansegeln. Abends legt der Nordwest kräftig zu und wird böig, um dann im Laufe des frühen Morgens wieder etwas abzuflauen. Ich fühle mich ausgelaugt und schlaff. Die Anstrengun-

gen der letzten Monate ohne die erforderlichen Regenerationsphasen zeigen ihre Wirkung.
Trotzdem bleibe ich guter Dinge und versuche so etwas wie Vorfreude auf Kreta zu entwickeln. Aber es will mir nicht so recht gelingen. In der Nacht des zehnten Tages ist es endlich so weit: Erst ganz schwach, doch schon bald mit aller Deutlichkeit kann ich die Leuchtfeuer an der Südostküste Kretas ausmachen. Mit dem Morgengrauen nimmt die Felsküste Gestalt an. Bei Sonnenaufgang dreht der schwache Wind auf Südost und ermöglicht es mir, bis gegen Mittag an der Ostküste im ruhigen Wasser nach Norden zu segeln. Ich sitze lauthals singend auf dem Deckshaus und kann mich an der Küste mit ihren weiß getünchten Häusern und Olivenhainen kaum satt sehen. Bizarr ragen einige Felsen aus dem kobaltblauen Meer. Endlich verspüre ich es: Hochstimmung, Glück und Zufriedenheit darüber, wieder in Europa zu sein. Noch 50 Seemeilen bis Heraklion!
Am späten Nachmittag umsegle ich die Nordosthuk Kretas, der Wind dreht auf Ost. Gleichzeitig zieht von Südosten eine dichte Schlechtwetterfront auf. Mit Einbruch der Dunkelheit brist es kräftig auf. Blitze zucken hinter einer dicken, drohenden Wolkendecke, dann setzen Regenschauer ein. Ich berge alles Tuch mit Ausnahme der Fock 2. Mit dem nur 10 Quadratmeter großen Segel surft die OASE II immer noch mit fast 8 Knoten nach Westen. Von der Küste grüßen die zahlreichen Lichter der Leuchtfeuer, Häuser und Autos. Ich fühle mich zwar abgespannt, jedoch gleichzeitig innerlich total aufgedreht und glücklich. Noch 30 Seemeilen.
An Steuerbord ziehen zwei Dickschiffe vorbei. Nach Mitternacht berge ich auch die Fock 2 und laufe mit nacktem Rigg vor dem Wind, um nicht bei Dunkelheit in den Hafen von Heraklion einlaufen zu müssen. Mit dem ersten Dämmerlicht setze ich wieder Segel. Ich bin nur mehr zwei Seemeilen von der Außenmole Heraklions entfernt. Mehrere Fährschiffe laufen knapp hintereinander ein. Ich höre nach ewiger Zeit endlich wieder einmal ein Hitradio auf UKW und fühle mich unbeschreiblich glücklich. Daran kann auch das herrschende Schlechtwetter nichts ändern. Ganz im Gegenteil verstärkt es nur noch mein Gefühl, wieder ein hartes, wichtiges Stück Wegs zu meinem persönlichen Triumph abgeschlossen zu haben. Dann erreiche ich das äußere Hafenbecken, berge die Fock und laufe unter Motor zum alten venezianischen Hafen, wo auch einige Yachtliegeplätze vorhanden sind. Als ich durch die schmale Einfahrt in das Hafenbecken motore, sehe ich zu meiner Freude die APRES SECONDA. Vorsichtig gehe ich längsseits. Danach wecke ich mit lautem Rufen und Klopfen Mauro und Dante, den Borddkoch. Als Erster erscheint Mauro völlig verschlafen und konfus im Niedergang. Es vergeht einige Zeit, ehe er registriert, wen er vor sich hat. Unsere Begrüßung fällt ausgelassen und lautstark aus. Jetzt wankt auch Dante verschlafen aus dem Niedergang, sieht mich und schreit ein herzliches „Norberto“, ehe er mich an seine Brust drückt. Mauro hilft mir, die OASE II am einzigen freien Liegeplatz festzumachen.
Nach getaner Arbeit sitzen Mauro und ich noch einige Zeit an Bord der OASE II, trinken die letzte Flasche französischen Rotwein aus Dschibuti und feiern unser

Wiedersehen. Mauro erzählt mir, dass sich Dante und er schon ernsthafte Sorgen um mich gemacht haben. Auch sie mussten einige Male gegen stürmischen Nordwestwind anknüppeln und haben dabei die Genua und ein Vorstag der APRES SECONDA beschädigt. Udo, der hier ansässige Schweizer Bootsbauer, wird heute im Laufe des Tages vorbeikommen und die zu reparierenden Dinge abholen. Nachdem wir die Flasche bis auf den letzten Tropfen geleert haben, lädt mich Mauro noch zum Duschen ein. Das Angebot nehme ich voller Begeisterung an, und während ich an Bord der APRES SECONDA unter einem heißen Wasserstrahl das Salz der letzten zehn Tage auf See abschrubbe, höre ich Dante bereits in der Pantry rumoren. Zweifelsohne bereitet er gerade ein Frühstück der Extraklasse zu, um den heutigen Tag gebührend zu beginnen.
Beim ausgiebigen Frühstück erzählt mir Mauro, dass er ein Auto gemietet hat. Damit wollen Dante, sein Freund Janni und er heute den Nordwesten der Insel erkunden. Mauro besteht darauf, dass ich mitkomme. Meinen Einwänden bezüglich Aufklarieren, Wäsche waschen und, und, und … erteilt er eine klare Absage. Dies, so meint er lachend, kann ich genauso gut erledigen, wenn er in drei Tagen nach Italien ausläuft, und noch während ich zögere, bugsiert mich Mauro freundschaftlich zur OASE II – umziehen, die Fotoausrüstung greifen, und los gehts. 20 Minuten später knallen die Autotüren, und vier fröhliche Gesellen brausen, begleitet von italienischer Diskomusik, über die Küstenstraße Nordkretas. Wieder einmal erlebe ich in kürzester Zeit diverse, extrem unterschiedliche Formen unseres täglichen Lebens und bin darüber restlos begeistert.

Heraklion! Kreta!

Die Tage mit Mauro und seinen Freunden vergehen wie im Flug. Mein konstant prall gefüllter, sich kontinuierlich vergrößernder Bauch zeugt von Dantes ausgezeichneten Kochkünsten. Kein Tag vergeht, an dem er nicht mit einer neuen Kreation aufwartet. Ich versuche redlich, meine Kalorienzufuhr zu kontrollieren, doch Dante ist diesbezüglich anderer Meinung. Er findet, ich sei zu dünn und außerdem hätte ich ja noch ein Stück Wegs vor mir. Also sehe er es als seine Pflicht, mich für noch anstehende Entbehrungen ordentlich aufzupäppeln. Deshalb, so bestimmt er, habe ich ab sofort bis zum Auslaufen der APRES SECONDA sämtliche Mahlzeiten an Bord einzunehmen. Meine diesbezüglichen Bedenken – schließlich habe ich ja eine vage Vorstellung von den anstehenden Mampforgien – übergeht er und stellt mein etwaiges Nichterscheinen zu den von ihm festgelegten Aufpäppelzeiten mit einer persönlichen Beleidigung gleich. Somit ist für mich – man will ja niemanden vor den Kopf stoßen – ein pünktliches Erscheinen Ehrensache. Bei jeder Mahlzeit ist ein Nachschlag, manchmal auch ein zweiter oder dritter von Demi Dante vorprogrammiert. Jedes Mal lehne ich diesen erst einmal dankend ab. Dante ist jedoch auch psychologisch gut bewandert. Er akzeptiert zwar vordergründig meine Ablehnung, lässt aber, sollte ich wider Erwarten doch noch nicht so richtig satt sein, einiges an kulinarischen Genüssen auf dem Tisch stehen. Die Leckerbissen vor Augen und Mauros sowie

Dantes regelmäßige Aufforderungen zum Probieren im Ohr, greife ich dann doch noch das eine oder andere Mal zu. Erst wenn das letzte Stück Käse, Torte oder Obst aufgegessen ist, entsorgt Dante strahlend die leeren Teller und Servierplatten. Glücklich offenbart er mir dabei seinen Menüplan für die nächste Mahlzeit.
Vier Tage später verabschiede ich, um etwa zwei Kilo schwerer, die Crew der APRES SECONDA. Dante übergibt mir noch einen frisch gebackenen Erdbeerkuchen. Gleichzeitig ermahnt er mich, diesen gleich heute und vor allem selbst zu essen, andernfalls werde mir Neptun zürnen, ruft er mir lachend zu, während die APRES SECONDA bereits unter Motor ausläuft. Eine Viertelstunde später verschwindet ihre Silhouette hinter der Nordmole Heraklions, und ich stürze mich, nicht ohne vorher ordentlich vom Erdbeerkuchen probiert zu haben, in die Arbeit. Mit einer schier endlosen Reparatur- und Besorgungsliste als Gedächtnisstütze erledige ich kontinuierlich Punkt für Punkt.
Diverse spezielle, hier nicht erhältliche Ersatzteile versprach mir Anita mitzubringen. In großer Vorfreude auf das Treffen mit ihr und einigen Freunden verbringe ich die letzten Tage bis zu ihrer Ankunft mit dem Schreiben meines Buchmanuskriptes. Seit ich damit begonnen habe, ist es eine meiner liebsten Tätigkeiten. Jedes Mal, wenn ich meinen Laptop starte, um diverse Erlebnisse in Worte zu fassen, durchlebe ich meine Abenteuer aufs Neue. Beim Suchen nach passenden Formulierungen empfinde ich nicht nur ein mentales Hochgefühl, sondern vor allem große Dankbarkeit dafür, alle Abenteuer im Wesentlichen unbeschadet überstanden zu haben.
Endlich ist es so weit. Mit eineinhalbstündiger Verspätung landet die Maschine der Olympic Airways auf dem Heraklion Airport. Anita ist wie vorgesehen an Bord und somit hat unsere bisher längste Trennung – nahezu vier Monate – ein Ende. Glücklich darüber, warten wir auf das Gepäck. „Diese Tasche“, kommandiert Anita, „und diese und …“ Ich zerre schon die dritte Tasche vom Förderband. Ihrem Gewicht nach zu urteilen ist sie mit Blei gefüllt. „Du hast wohl deinen Kleiderkasten eingepackt“, scherze ich und ernte einen viel sagenden Blick. Na ja, sicher sind auch einige Dinge für mich dabei, aber …! Anitas Mimik sagt mir, dieses Thema besser nicht weiter mit zweideutigen Hinweisen zu kommentieren. Augenscheinlich kann sie angesichts ihrer letzten stressgefüllten Wochen in Wien darüber nicht lachen. Sie hat einen aufreibenden Job in einem Verlag, musste für mich viele Besorgungen erledigen, hatte also genug Stress und keine Freizeit. Als dann auch noch ein Wasserrohrbruch und die damit verbundenen Unannehmlichkeiten in der Wohnung dazu kamen, hatte sie wirklich genug …

Aus Anitas Tagebuch

Der Flug war sehr anstrengend. Ich bin zwar schon wesentlich weitere Strecken und unter erschwerteren Bedingungen geflogen, aber irgendwie bin ich froh, endlich in Heraklion angekommen zu sein. Der Flug hatte wie immer Verspätung und Norbert lief schon aufgeregt auf und ab. Als er sich dann über mein Gepäckvolumen lustig machte, platzte mir der Kragen. Schließlich und endlich schleppte ich nur so viel mit, weil er es brauchte. Wie immer hatte ich bei der Eincheckkontrolle Glück, denn ich hatte 34 Kilogramm Gepäck. Der momentane Ärger war aber schnell verflogen, denn ich war froh, ihn nach seinem katastrophalen Törn und der Kenterung wieder zu sehen.

„Sollte ein Spaß sein", versuche ich versöhnlich einzulenken. Als ich mich anschicke, ihr umfangreiches Gepäck in den geliehenen Kleinstwagen, einen Fiat Cinquecento, einzuladen, kann sie wieder lachen. Mit der ersten Tasche ist das Kofferraumvolumen dieses zur Gänze aus Fahrgastraum bestehenden Flitzers ausgefüllt. Die noch verbliebenen zwei Gepäckstücke müssen sich, ob es ihnen passt oder nicht, den Platz auf der Rücksitzbank teilen. Glücklicherweise verfügt unser Bolide über ein großes Schiebedach, und so können wir eine Stauvariante wählen, bei der ein Teil des Gepäcks eben über die Dachkontur hinausragt. Mit ihrem Rucksack klemmt sich Anita stöhnend auf den Beifahrersitz, ich finde gerade noch hinter dem Lenkrad Platz und verrenkt fahren wir zur OASE II. Auf halbem Weg beginnt es zu allem Unglück auch noch zu regnen. Somit wird aus unserer äußerst unbequemen Fahrt auch noch eine ziemlich nasse. Endlich erreichen wir den Hafen. Beim Entladen hole ich mir mangels Bewegungsfreiheit einige blaue Flecken. Unser Cityflitzer erhält wieder seine vom Konstrukteur errechnete Bodenfreiheit und wir stehen vor dem nächsten Problem. Wohin mit alledem auf der OASE II? Während Anita mich vom Bootssteg aus mit guten, manchmal auch gehässigen Ratschlägen versorgt, nutze ich jeden auch noch so kleinen Winkel an Bord. Endlich ist auch die letzte Tasche entleert. Erschöpft setzen wir uns in die Dinette. Bei einer Flasche griechischem Rotwein klönen wir noch stundenlang. Nach so langer Trennung besteht kein Mangel an Gesprächsstoff. Erst als bereits der Morgen graut und die ersten Fischer auslaufen, gehen wir voller Vorfreude auf zwei gemeinsame Wochen in die Koje.
Diese verlaufen dann auch sehr harmonisch und abwechslungsreich. Gemeinsam mit Anitas Eltern und einigen Freunden mischen wir uns unter den Touristenstrom Kretas. Die antiken Ausgrabungen von Knossos stehen genauso auf dem Programm wie die Lasithihochebene mit ihren zahlreichen Windmühlen. Abends geht es dann nahezu täglich – schließlich muss ja Versäumtes nachgeholt werden – in die Disko, wo müde Skipperknochen wieder locker geschüttelt und vom Lärm entwöhnte Trommelfelle wieder großstadtreif gedröhnt werden. Auf Grund des eben beschriebenen Aktivprogramms vergehen die Tage sehr schnell. Noch bevor wirs uns versehen, ist unsere gemeinsame Zeit in Kreta vorbei. Anita und meine Freunde müssen die Heimreise antreten, und auch für mich heißt es langsam, aber sicher Abschied nehmen. Ich verbringe noch einige Tage mit dem Montieren diverser von Anita mitgebrachter Ausrüstungsgegenstände. Abends treffe ich mich mit Freunden auf der Touristenmeile nahe Heraklion. Bei Retsina und Ouzo sitzen wir und diskutieren stundenlang über alles und nichts. Langsam, nahezu unbemerkt beginne ich Wurzeln zu schlagen. In den vergangenen sechs Wochen sind mir hier viele Menschen ans Herz gewachsen. Egal, ob es sich um Aphrodite, die Dolmetscherin des Hafenkapitäns, den Bootsbauer Udo, den Be-

sitzer der Wassersportstation im Hotel Apolonia, Sven, oder Georg, den Chef vom „Tropical“, handelt, allesamt sind sie nette, verträgliche Menschen auf einer zum Verweilen einladenden Insel.
Einen Tag vor meinem geplanten Auslaufen bin ich noch zu einer Geburtstagsparty eingeladen. Im Laufe des Abends werde ich dann von diversen Freunden darauf hingewiesen, dass mein Absegeln ohne zünftige Abschiedsfeier undenkbar ist. Udo, der Wortführer, droht mir seine Freundschaft zu kündigen, wenn ich mich frühmorgens klammheimlich verdrücke. Angesichts dieses gewaltigen Drucks gebe ich nach und verspreche, einen Tag länger zu bleiben. Somit steht der morgigen Abschiedsparty nichts mehr im Wege.
Es ist 3 Uhr morgen als ich nicht mehr ganz nüchtern den Hafen erreiche. Trotz meines festen Vorsatzes, am Abend vor dem Auslaufen keinen Alkohol zu konsumieren, habe ich einige Abschiedsgläschen getrunken. Während ich in die Koje gehe, mache ich mir deshalb auch schon Vorwürfe. Mit böser Vorahnung denke ich an das Erwachen und den ersten Tag auf See. Ich stelle den Wecker. Minuten später sinke ich in einen tiefen Schlaf.

Durch die griechische Inselwelt

Nervendes Piepsen reißt mich aus dem Tiefschlaf. Es kommt mir vor, als wäre ich gerade eben erst eingeschlafen. Der Blick auf die Uhr sagt mir jedoch, dass ich schon vier Stunden geschlummert habe. Also raus aus den Federn, der Countdown läuft. Zerschlagen wühle ich mich aus der Koje. Die letzten Abschiedsouzos waren spürbar zu viel. Um mein Schwindelgefühl und die leichte Übelkeit zu bekämpfen, verordne ich mir eine Elefantendusche. Der kalte Wasserstrahl weckt in mir neue Lebensgeister. Ein kräftiges Frühstück verdrängt den Rest meines Katers. Böiger Nordwestwind setzt ein und lässt die Fallen lautstark gegen den Mast schlagen. Der Wetterbericht hat also Recht behalten.
Mechanisch treffe ich letzte Vorbereitungen zum Auslaufen. In einem nahe am Hafen gelegenen Supermarkt kaufe ich frisches Brot. Danach ersuche ich Aphrodite, mein Ablegen zu überwachen, um bei einer etwaigen Panne hilfreich einzuspringen. Mein exponierter Liegeplatz in der westlichen Ecke des Hafens und der schwache Motor meiner OASE II lassen mich diese Vorsichtsmaßnahme ergreifen. Schließlich möchte ich nicht noch bei meinem Abschied für Aufregung sorgen, indem ich ein anderes Boot touchiere oder gar beschädige.
Ich werfe die Festmacher los. Aphrodite hält das Boot am Schwimmsteg längsseits. Ich lege den Rückwärtsgang ein und gebe ihr das Zeichen, loszulassen. Sofort drückt der Wind das Boot quer aus der Box. Ich gebe Vollgas. Langsam, aber doch stoppt die OASE II auf. Ich lege Ruder hart Steuerbord und versuche, auf dem Teller in den Wind zu drehen. Nach einigen Sekunden, in denen wir beängstigend schnell in Richtung Pier abtreiben, nimmt mein Boot Fahrt auf, und wir tuckern gegenan in Richtung Hafenausfahrt. Aphrodite steht winkend am Steg, einige Fischer grüßen, dann sind wir auch schon im äußeren Hafenbecken. Während die OASE II unter Motor und Autopilot dem Ende der Nordmole,

übrigens der längsten Europas, zusteuert, verstaue ich Festmacher und Fender. Unmittelbar vor der Ausfahrt setze ich Segel und stoppe den Motor, der Törn kann beginnen.
Kaum im offenen Wasser, greift böiger Nordwestwind in die Segel. Nachdem sich die OASE II kurz, aber heftig auf die Seite legt, sprintet sie los. Ich gehe so hart wie möglich an den Wind, stelle mich in den Niedergang und atme durch. Endlich wieder auf See, denke ich, während sich mein kleines Schiff nach Norden boxt. Ich mache einen langen Schlag zur Insel Dia. Danach gehe ich auf Westkurs. Langsam verschwindet die Silhouette Heraklions am Horizont. Ich bin wieder allein. Kaum einigermaßen entspannt, macht sich mein Kater neuerlich bemerkbar. Einerseits ärgere ich mich über meinen gestrigen Umfaller in Sachen Alkohol, andererseits muss ich mir eingestehen, dass es einfach herrlich war. Also Schluss mit dem Selbstmitleid. Ich esse trockenes Weißbrot und trinke Cola. So, jetzt fühle ich mich besser. Nach ein paar Stunden hat sich mein Magen beruhigt. Ich verrichte notwendige Bordarbeiten, dazwischen verklemme ich mich im Niedergang und beobachte die Küste Kretas.
Mit dem Sonnenuntergang nimmt auch der Nordwestwind merklich ab. Mehrere Fährschiffe ziehen am Horizont in Richtung Festlandküste. Die OASE II dümpelt durch eine herrliche Vollmondnacht. Als der Wind für zwei Stunden aussetzt, starte ich den Motor, um die Schiffsbewegungen in der Restdünung einigermaßen erträglich zu halten. In den folgenden Tagen bleibt das Wetter unverändert. Langsam, aber beständig kämpfen wir uns nach Nordwesten. Nach fünf Tagen erreiche ich den westlichen Teil des Peloponnes. Der Schiffsverkehr nimmt dramatisch zu. Pausenlos ziehen Biggis nach Nordwest oder Südost. Am Morgen des sechsten Tages auf See erreiche ich Methoni. Dieser am südwestlichsten Punkt des Peloponnes gelegene Ort bietet sich für einen Zwischenstopp an. Die schon von weitem sichtbare Festung ermöglicht ein problemloses Ansteuern. Der Anker fällt hinter einer aus rohen Felsen bestehenden kurzen Südmole.
Ich pumpe das Dingi auf und gehe an Land. Beim Durchstreifen der im altgriechischen Stil renovierten Ortschaft kaufe ich frische Lebensmittel. Wieder an Bord, bereite ich mir einen herrlichen Lunch. In Verbindung mit zwei Gläsern Retsina sorgt er für angenehme Bettschwere. Die idyllische Ruhe des Ankerplatzes bewirkt, dass ich, kaum habe ich die Pantry vom Schmutz der vergangenen Tage befreit, in der Dinette sitzend einschlafe. Als ich erwache, ist es bereits dunkel. Ich koche frischen Kaffee und setze mich in die Plicht. Das Wasser der Bucht ist spiegelglatt. Hin und wieder springt ein Fisch. Meine Gedanken eilen voraus. Wie werde ich mich fühlen, wenn alles vorbei ist, wenn ich meine Reise endgültig abgeschlossen habe? Momentan kann ich diesbezüglich keine klaren Gedanken fassen. Zwar habe ich das erste Jahr nach meiner Rückkehr bereits mit Arbeit verplant, aber was kommt danach? Wie wird mein gemeinsames Leben mit Anita verlaufen? Wann werde ich wieder auf See sein? Für all diese Fragen kann und will ich momentan keine definitive Antwort finden. Ich versuche mein Abenteuer so lange wie möglich auszukosten. Je näher ich meinem Ausgangshafen komme, desto schwieriger wird das. Ich habe das Ziel jahrelanger Vorberei-

tungsarbeiten und beharrlichen Durchhaltens zum Greifen nahe. Im Unterbewusstsein steigt die Spannung von Tag zu Tag. Immer öfter erlebe ich wilde Träume. Sie sind der eindeutige Beweis für meine innere Unruhe.
Nach zwei Tagen der Ruhe verkündet der Wetterbericht Südwind. Da es ein Frevel wäre, diese günstige Wetterlage zu ignorieren, laufe ich schon frühmorgens aus.
Als ich aus der Landabdeckung komme, setzt leichter Südost ein. Mit knapp drei Knoten und angenehmem Raumwindkurs segelt die OASE II nach Nordwesten. Ich habe vor, wenigstens bis zur Insel Lefkas, also etwa 120 Seemeilen durchzusegeln. Wenn das günstige Wetter anhält, könnte ich morgen Abend da sein. Jedoch abermals funkt Neptun dazwischen. Auch auf diesem Teilstück lässt er mich nicht ungeschoren davonkommen.
Im Laufe des Vormittags dreht der Wind auf Südwest und nimmt beständig zu. Gegen Mittag weht es mit vier bis fünf aus Südwest. Die OASE II trägt zu viel Tuch. Der kurze Seegang drückt das Boot weit vom Kurs ab, der Windpilot hat schwer zu kämpfen. Um das ohnehin strapazierte Material zu schonen, möchte ich eines der ausgebaumten Passatsegel bergen. Da das Backbordvorstag ohnehin angeschlagen ist, berge ich das daran gesetzte Segel. Ich gebe Lose ins Fall und versuche das Segel an Deck zu zerren. Anfangs lässt sich das Tuch problemlos niederholen, aber plötzlich bleiben die Stagreiter auf Höhe der Saling hängen. Sosehr ich mich auch bemühe, die Fock ist nicht an Deck zu bekommen. Inzwischen hat es weiter aufgebrist. Die nun auswehende Fock knattert nervtötend. Schothorn und Schot schlagen wild um sich, ich muss handeln. Ich rolle das Segel, so gut es geht, zusammen und versuche es anschließend mit Brachialgewalt an Deck zu zerren. Ratsch, mit lautem Knall platzt die Fock im oberen Drittel. Gleichzeitig reißt das Vorliek auf etwa drei Meter aus. Das, was gerade noch ein neuwertiges Segel war, hängt nun zwar etwas tiefer, jedoch immer noch hoch über Deck am Vorstag. Inzwischen kann ich auch den Grund für die Beschädigung erkennen. Abermals ist eine Kardele des Vorstags gebrochen. Sie hat sich zu einer Spirale verwickelt und blockiert deshalb die Stagreiter. Durch mein ungestümes Zerren ist sie in das Segeltuch eingedrungen und hat es wie ein Messer durchtrennt. Ich ärgere mich über meine unbeherrschte Handlungsweise. Mit etwas mehr Geduld und Umsicht wäre das nicht passiert. Kleinlaut verstaue ich die Fetzen des Segels am Bugkorb. Ein Stück Segeltuch und einige Stagreiter stecken etwa drei Meter über Deck am Vorstag fest. Ich setze mich zum Kartentisch und überlege, welcher Hafen wohl für mich der günstigste wäre. Ich muss in den Mast, um das Rigg zu reparieren. Ich entscheide mich für Zakynthos Stadt. Dieser Hafen liegt an der Ostseite der gleichnamigen Insel, einige Meilen westlich des griechischen Festlandes, auf direktem Weg in die Straße von Otranto.
Mit dem ersten Morgengrauen laufe ich ein. Am Anleger ist ausreichend Platz vorhanden. Ich schlinge ein schnelles Frühstück hinunter und beginne danach sofort mit den notwendigen Reparaturarbeiten. Erst einmal klettere ich in den Mast und klariere das beschädigte Vorstag sowie dessen Fall. Anschließend länge ich noch das Großfall neu ab, klariere das Deck und mache mich auf die Suche

nach einem Segelmacher. Leider ist auch die zweite Fock 1 beschädigt. Die Kausch am Schothorn und ein Teil des Unterlieks sind ausgerissen. Nahezu drei Stunden irre ich durch Zakynthos. Der Rucksack, in dem ich die Fock mitschleppe, wird immer schwerer. Abermals erreiche ich eine mir empfohlene Firma und erfahre, dass auch hier eine Reparatur nicht möglich ist. Resignierend und mit brennenden Fußsohlen kehre ich zur OASE II zurück. Es wird mir wohl nichts anderes übrig bleiben, als das Segel von Hand zu nähen. Ich krame mein Reparaturmaterial aus dem Schapp, setze mich in die Plicht und beginne die notwendigen Reparaturen. Beim Vernähen eines Nirostaringes am Schothorn muss ich jedes Loch mit einem Durchschlag vorbereiten. Anders ist es nicht möglich, die Segelnadel durch das Schothorn zu führen. Am späten Nachmittag habe ich es endlich geschafft. Nun muss ich nur noch die ausgerissene Stelle am Unterliek einfassen. Letzter Punkt des Tages ist das Auswechseln der beim Wriggen angeknacksten Pinne. Als ich mein Werkzeug verstaue, ist es bereits dunkel. Ich bin mit meinem Tagewerk zufrieden. Der Wetterbericht lässt für morgen Nordwestwind erwarten, aber schon in zwei Tagen soll es abermals aus Südwest wehen. Somit bewillige ich mir erst einmal einen Tag Urlaub, übermorgen möchte ich weiterziehen.

Zakynthos – Kephallenia

Willig startet der Motor. Die Achterleinen der OASE II sind auf Slip belegt, der Buganker durchgesetzt, die Ruderpinne mitschiffs festgelascht. Ich löse die Heckleinen und beginne die Ankerkette einzuholen. Langsam schiebt sich mein Boot zwischen den Yachten ins freie Hafenwasser. Einige Segler beobachten mein Einhandmanöver, als wollten sie sagen: „Nun, das Boot sieht ja professionell aus, mal sehen, ob der Typ es auch ist."
Ich klariere das Deck von Leinen und Fendern, fixiere den Anker im Bugbeschlag und nehme Kurs auf die Hafenausfahrt von Zakynthos. Leichter Nordwest steht mir genau auf die Nase, trotzdem möchte ich wenigstens einen Tagestörn nach Poros machen. Dieser kleine Ort liegt an der Ostküste Kephallenias.
Also kreuzen! Wenig später herrscht nahezu Flaute, also motoren. Wieder zwei Stunden später ein Hauch aus Westnordwest, also motorsegeln – das Mittelmeerwetter lässt grüßen. Am frühen Nachmittag dreht es auf Nordwest und brist ordentlich auf. Ich erreiche Poros und lege mich vor Buganker an die Südwestmole. Beim ersten Anlegen slipt der Anker, also muß ich die Kette einholen und das Ganze nochmals fahren. Jetzt hat der Danforth sich eingegraben. Ich belege die Achterleinen und klariere die Segel. Nach einem kurzen Klön mit dem Skipper einer finnischen Yacht bereite ich mir ein Abendessen zu. Anschließend erkunde ich zu Fuß die nähere Umgebung, gegen Mitternacht packe ich mich in die Koje.
Ein Hafentag, danach laufe ich wieder aus. Mein Ziel ist es, wenigstens Euphimia, zwölf Seemeilen nördlicher an der Ostküste Kephallenias, zu erreichen. Am frühen Nachmittag laufe ich unter Motor ein. Harte Fallböen aus Südwest ziehen

kreischend über die Bucht. Die LA ROSE, eine 16 Meter lange Aluminium-Slup, ist gerade dabei, den Buganker auszubringen. Ihre Crew, bestehend aus Skipper Niki, seiner Frau Renée und zwei befreundeten Ehepaaren, allesamt südafrikanische Obstfarmer, hat gerade schwer zu kämpfen. Ich entscheide mich fürs Abwarten, vielleicht kann ich in Lee der LA ROSE an die Pier gehen. Wir trafen uns schon auf mehreren Ankerplätzen, Niki Apel, wie ihn seine Freunde auch nennen, und Renée haben meistens ihre Kinder oder liebe Freunde mit an Bord. Sie alle zeichnet ständige Fröhlichkeit und grenzenlose Gastfreundschaft aus, sie gehören zu den Menschen, die man schon nach kurzer Zeit lieb gewonnen hat.
Während sich die Crew der LA ROSE mit dem Buganker abmüht, drehe ich einige Warteschleifen, gleichzeitig laufen Teile einer Charterflotte ein. Ungläubig beobachte ich den Skipper eines dieser 30-Fuß-Boote, wie er sich mit Vollgas durch das Feld wartender Yachten manövriert. Zwei Frauen sind ebenfalls an Deck, eine steht am Bug, die andere neben dem Skipper in der Plicht. Das Boot läuft weiter unter „voll voraus“ im rechten Winkel zum Pier. Zwischen zwei anderen Charterbooten derselben Firma, die bereits an der Pier liegen, ist noch ein Platz frei. Voll voraus, nur etwa drei Meter vor dem Bug der LA ROSE schießt das Boot in wilder Fahrt an die Pier, die Frauen stehen bewegungslos an Deck. Erschrocken springt der Skipper einer an die Lücke grenzenden Yacht ins Cockpit. Immer noch voll vorwärts! Ich glaube nicht, was ich da sehe. Der Kamikazeskipper steuert sein Boot in die Lücke an der Pier. Ein Mitarbeiter der Charterflotte kommt gelaufen, Schaulustige bleiben verwundert stehen und harren der Dinge, die nun geschehen: Rums, mit lautem Krachen prallt der Bug gegen die Steinpier. Danach geht ein vom lauten Scheppern des Riggs begleitetes Zittern durch die Yacht, der Mast bleibt aber zum Glück stehen. Allgemeine Aufregung an der Pier.
Der Skipper springt, nachdem er die Bugleinen belegt hat, lässig ins Dingi und bringt nunmehr in aller Ruhe den Heckanker aus. Die Menschenansammlung löst sich murmelnd auf. Na ja, hartes Wetter erzwingt eben harte Anlegemethoden. Oder etwa nicht?
Inzwischen liegt die LA ROSE sicher vertäut am Pier. Niki signalisiert mir, ich solle den Platz neben ihm ansteuern. Ich bringe den Buganker gegen den Wind aus, lasse mich nach achtern treiben und steuere den Freiraum mit einigen wohl dosierten Schraubenstößen an. Renée übernimmt meine Heckleinen und ich fühle mich angesichts der zahlreichen Helfer richtig entspannt. Danach liegt die OASE II in Lee der doppelt so langen Aluslup. „Big sister is watching me“, rufe ich Niki zu. Der steht, fröhlich lächelnd wie immer, auf dem Achterschiff, scherzt über sein neues Segeldingi – er wird doch nicht etwa meine OASE II meinen? – und lädt mich zum Nachmittagskaffee ein.
Der Wetterbericht gibt Starkwindwarnung für das Ionische Meer, 6–7 aus Nordwest, Böen auch darüber. Ich möchte nicht noch auf den letzten Seemeilen ein unnötiges Risiko eingehen und verordne der OASE II einige Hafentage.
Während des Frontendurchzuges wird eine 34-Fuß-Slup von wilden Fallböen an die Pier gdrückt. Die norwegische Crew ist auf Inselrundfahrt, anwesende Segler

gaffen nur und warten, was geschieht. Während Niki bereits an Bord des mit dem Bug heftig gegen einige an der Pier vorspringende Felsen schlagenden Schiffes springt, alarmiert er mich mit lauten Zurufen. Ich sitze gerade am Laptop, höre seine Rufe und blicke durch den Niedergang. Sofort erkenne ich den Ernst der Lage. Gemeinsam holen wir den Heckanker dichter, der slipt jedoch. Inzwischen hilft auch Renée das Boot vom Nachbarlieger abzuhalten. Sie drückt und schiebt aus Leibeskräften. Dennoch kann sie das Zusammschlagen der Schiffsrümpfe nur bremsen, aber nicht verhindern. Vis-à-vis im Restaurant sitzen die Crews anderer Charteryachten und Touristen. Alles gafft, niemand hilft. Typisch Mittelmeer, durchfährt es mich, während ich den Heckanker an Deck zerre.
Mit Nikis Dingi bringen wir den viel zu leichten Anker neu aus. Nur fünf Meter Kettenvorlauf sind angeschäkelt, der Rest ist Leine. Gerade die dämpfende Wirkung der Ankerkette aber bewirkt sein Eingraben und die damit verbundene Haltekraft. Neuerlich holen wir den Heckanker dicht. Kreischend fährt eine Sturmböe durchs Rigg, der Anker slipt abermals.
Wir schäkeln den schweren, nutzlos in seiner Bughalterung befindlichen Hauptanker samt Kette ab. Beide haben wir hart zu kämpfen, um die gewichtige Kette auszubringen. Schließlich haben wir es geschafft, wir holen die Kette über eine Klampe auf dem Achterschiff dicht. Langsam zieht es den Bootskörper weg von der Pier, weg von den scharfen Felsen knapp unterhalb der Wasserlinie.
Die Menge gafft. Ist diese spannende Liveshow gar schon vorbei? Aber nein, seht doch! Eine Böe fällt ein, härter als ihre Vorgänger, abermals slipt der Anker, abermals kracht der Bug gegen die Unterwasserfelsen. Wir sind nass und müde, nahe daran aufzugeben. Doch ist es nicht unsere seemännische Pflicht zu helfen? Sind wir nicht selber ebenfalls manchmal auf die Hilfe anderer angewiesen? In der Zwischenzeit laufen mehrere Yachten ein. Nervös fahren ihre Crews die Anlegemanöver. So mancher Versuch scheitert kläglich, die momentan herrschenden Bedingungen erfordern exaktes Manövrieren. Schon der kleinste Fehler kann bewirken, dass eine Yacht unkontrollierbar wird, andere beschädigt oder gar an die Pier schlägt. In jedem Fall sind erhebliche Schäden sehr wahrscheinlich.
Niki und ich bringen beide Anker aus. Entkräftet klettern wir zurück an Bord und beginnen abermals, unsere Sorgenkinder möglichst gleichzeitig dichtzuholen. Diesmal dürfte es glücken. Zentimeter um Zentimeter dreht das Heck in den Wind, weicht der Bug von der Pier zurück. Wir belegen die Ankerleinen – geschafft. Obwohl nach wie vor harte Sturmböen durch den Hafen pfeifen und die Riggs der Yachten erzittern, halten die Anker. Wir haben Blasen an den vom Salzwasser aufgeweichten Händen, das Dingi der LA ROSE ist beinahe zur Hälfte mit Seewasser gefüllt, aber unser Patient ist gerettet, nur das zählt.
Als die norwegischen Eigner abends zurückkehren, stehen sie erst einmal verwundert an der Pier. Es fällt ihnen natürlich sofort auf, dass sich an Bord etwas verändert hat und außerdem: Wo ist das Dingi? Niki klärt den verwunderten Besitzer auf. Dieser bedankt sich knapp und geht an Bord. Als Niki einem seiner Freunde den vorübergehenden Liegeplatz des Dingis zeigt, meint dieser lakonisch, er sei nur Gast, der Skipper werde sich später darum kümmern.

Niki sieht mich ungläubig an. „Typischer Urlaubssegler, kommt gratis auf Grund einer Einladung und rührt keinen Finger“, stellt er resigniert fest. Später kommt der Skipper selbst nochmals zur LA ROSE, bringt uns als Dankeschön eine Palette Bier und nimmt sein Dingi mit. Diese Gesten machen die Fahrtenseglerszene nach wie vor zu einer großen Familie. Leider gibt es auch in den meisten Familien das eine oder andere schwarze Schaf.
Crewwechsel auf der LA ROSE: Nikis Freunde müssen die Heimreise antreten, seine Kinder treffen ein. Großes Hallo! „The crazy Austrian sailor“ wird jetzt erst so richtig zum Familienmitglied. Umso mehr verursacht meine Ankündigung, morgen früh weiterzusegeln, traurige Gesichter. Es vergehen Stunden, in denen man mich mit allen nur erdenklichen Verlockungen zum Bleiben überreden möchte. Gut, dass ich schon so oft auf meiner Reise den Abschied geprobt habe. Natürlich würde ich noch gerne ein paar Tage bleiben, aber das Datum mahnt mich zum Aufbruch. Abgesehen davon habe ich Flöhe im Bauch, ich möchte endlich meinen Ausgangskurs kreuzen, endlich meine Weltumsegelung abschließen. Noch einige Abschiedsdrinks auf der LA ROSE – mit dem ersten Tageslicht werde ich auslaufen.

Der Kreis hat sich geschlossen

Otranto

Der Wetterbericht verspricht leichten Westwind. Dennoch regt sich kein Hauch, als ich um 5 Uhr morgens erwache. Im Bereich der Inseln herrschen eben öfter sehr lokale Wetterverhältnisse. Deshalb möchte ich den Kanal zwischen Kephallenia und Ithaka so schnell wie möglich hinter mich bringen. Niki und Renée kommen an Deck, lösen meine Leinen, nochmals verabschieden wir uns herzlich, danach laufe ich unter Motor durch eine spiegelglatte See mit Kurs auf die Südwesthuk der Insel Lefkas. Ab da kann ich direkten Kurs nach Otranto anlegen, der Countdown läuft.
Nachdem ich die Westseite von Lefkas erreicht habe, kommt tatsächlich leichter Westwind auf. Am Nachmittag wird er lebhaft, gegen Mitternacht schläft er ein. Ich werde immer aufgedrehter, der GPS zeigt noch 99 Seemeilen über Grund bis Otranto. Ich starte den Motor, ringsum herrscht reger Schiffsverkehr. Am Morgen ist das Deck vom Tau triefend nass: immer noch Totenflaute. Mittags beginnt der Autopilot zu randalieren. Wie ein Betrunkener steuert er im Slalomkurs über die flimmernde See. Verdammt, langsam, aber sicher nerven mich diese allesamt anfälligen Konstruktionen. Was auch immer der Grund sein mag, ich kann ihn nicht finden. Also sitze ich mit glühender Birne selbst am Ruder. Noch 70 Seemeilen, jetzt lasse ich mich nicht mehr aufhalten. Dieser Gedanke hat sich in mein Gehirn eingebrannt: Durchhalten, was auch immer geschehen mag.
Abends kommt ein Hauch aus Süd. Dennoch muss ich die Maschine mitlaufen lassen. Der Autopilot – warum auch immer – nimmt seinen Dienst wieder auf. Nachts verstärkt sich der Südwind gerade so weit, um ein Segeln zu ermöglichen.

Das Feuer von St. Maria de Leuca dringt durch den Dunst, wenige Zeit später der weiße Blitz, den der Leuchtturm am Capo Otranto aussendet. Ich kann die ersten Lichter an der italienischen Festlandküste erkennen, noch 18 Seemeilen trennen mich vom Ausgangskurs.
Der Schiffsverkehr wird dichter, schließlich befinden wir uns im Flaschenhals der Adria, der Straße von Otranto. Frachter, Fischkutter und Militärboote dampfen durch die Nacht, Flugzeuge ziehen in alle Himmelsrichtungen über das sternenklare Firnament. Die letzte Nacht auf See, bevor sich der Kreis schließt. „Die Erde ist tatsächlich rund", erzähle ich scherzhaft meinem Aufnahmegerät. Danach blicke ich wie gebannt nach Westen, wo sich die Küste durch ihre Lichter verrät.
Dort, in nunmehr neun Seemeilen Entfernung, bin ich vor knapp 23 Monaten durch eine aufgewühlte See nach Süden gelaufen. Dort bin ich mangels ausreichender Erfahrung nervös an der Pinne gesessen und in eine ungewisse Zukunft, in ein bevorstehendes Abenteuer geblickt. Ich habe meine aufkommende Angst, den Abschiedsschmerz und die Seekrankheit bekämpft. Heute, jetzt und hier, beruhigt mich die Gewissheit: Es hat sich gelohnt! Nie zuvor war ich glücklicher, habe ich intensiver gute und schlechte, fröhliche und traurige, gefährliche und gefühlsbetonte Tage durchlebt, als auf dieser Reise. Keine Minute, keine Erfahrung und keines der lehrreichen Erlebnisse möchte ich missen.
Es ist der 24. Juni 1998, 6 Uhr 50 mitteleuropäische Sommerzeit, als ich meinen Ausgangskurs kreuze. Ich bin unsagbar glücklich, meine Gefühle überwältigen mich. Ich stoße laute Freudenschreie aus, gleichzeitig kullern mir Glückstränen über die Wangen. Ein unbeschreibliches Hochgefühl durchflutet meinen ganzen Körper. Mein kleines Boot und ich, wir haben es tatsächlich geschafft!
Dankbar streiche ich mit den Händen über das zerschundene Deckshaus, betrachte den stinkenden, jedoch wieder mangels Wind unermüdlich vor sich hin rasselnden Außenborder, den verbogenen Heckkorb, die verrostete Fixierzange am Windpilot – ich bin nicht fähig, einen klaren Gedanken zu fassen. Spürbar brauche ich Zeit, um alles zu verarbeiten. Für den Augenblick ist es einfach zu viel.
Mit Sonnenaufgang fällt dichter Nebel über die Küste. Er verschluckt die Konturen, zum Glück gibt es GPS. „Lass dich auf den letzten Seemeilen nicht zu leichtsinnigen Handlungen hinreißen", diese mahnenden Worte Anitas im Ohr, starre ich mit rot geränderten Augen in die Waschküche. Ich versuche etwas zu erkennen. Eine Küstenlinie, ein anderes Schiff … da, über einer kleinen Bucht lockert es auf! Ich sehe die felsige Steilküste, ändere meinen Kurs um 10° nach Norden und laufe weiter. Unmittelbar vor der Einfahrt in den Hafen von Otranto lichtet sich der Nebel. Die vertraute Kulisse bewirkt in mir abermals einen Gefühlsausbruch. Ein Schiff der Coast Guard läuft aus. Die Soldaten erwidern meinen Gruß, danach hebt sich der Bug des schnittigen Patrouillenboots und es prescht mit überschäumender Kraft nach Osten in die offene Adria.
Die Pier unmittelbar vor der Hafenbehörde ist unverändert, sogar der selbst ernannte Hafenmeister, ein kleiner alter Italiener mit zerschlissener Hose – aber neuer Kapitänsmütze –, ist noch der Alte. Wie damals gibt er seine Kommandos,

auf die nur selten jemand hört. „Lass fallen Anker, Maschine rückwärts, mehr Kette, mehr Kette, stopp, Festmacher belegen, Anker dichter holen, O.K."
Ich schenke ihm Zigaretten und zeige mein erstes Logbuch. „Io qui, due anni", belebe ich meine praktisch nicht vorhandenen Italienischkenntnisse. „A, si si", meint er freundlich, „Otranto tutto bene, no problemi."
Ich schlendere zur Hafenkommandantur, melde mein Einlaufen und bitte um einen Stempel in das Logbuch der OASE II. Der Hafenmeister bekommt große Augen, als er seinen Stempel vom ersten Aufenthalt sieht, und erfährt von mir, was inzwischen geschah. Stolz stempelt er abermals das aktuelle Logbuch der OASE II, danach setzt er seine schwungvolle Unterschrift darunter, „you are welcome back to Italy, un circumnavigazione della terra, molto bene", er nimmt Haltung an und drückt mir fest die Hand. Beinahe hätte ich auch salutiert, „äh, mille grazie", entfährt es mir, dann packe ich meine Logbücher in den Rucksack, werde herzlich verabschiedet und verlasse die Hafenkommandantur. Wieder am Kai, schweift mein Blick über das Hafengelände. Wie schnell vergehen doch zwei Jahre, denke ich. Was mag wohl die Zukunft bringen?
Wie beim Auslaufen habe ich heute auch unzählige Vorhaben, aber wie viele davon werden tatsächlich in Erfüllung gehen?
Ich rufe Anita an. Beinahe kann ich hören, wie ihr ein Stein vom Herzen fällt. „Endlich hast du es geschafft, gratuliere", schreit sie ins Telefon. Ich schreie zurück, bin noch glücklicher, weil sie es auch ist. Ich wünschte, sie könnte jetzt, in diesem Augenblick, hier sein, das würde mein Glück vollkommen machen.
Ich klariere auf, ziehe mich um und gehe in die Stadt. Ich kaufe Postkarten und Briefmarken. Wie viele, nun ja – erst einmal 50. Ob es langt, ich werde ja sehen. Letztendlich konnte ich ja nach meiner Kenterung im Roten Meer einiges aus der überfluteten Kartenlade trocknen und weiter verwenden. Darunter waren auch noch etwa 50 meiner persönlichen Postkarten. Alles zusammen sind es also 100 Stück, das sollte reichen.
Mit frischem Brot, etwas Schinken und einem Cola setze ich mich in den gepflegten, dicht mit alten Palmen und duftenden Blumen bewachsenen Stadtpark. Ein üppiger Hibiskusstrauch spendet mir Schatten. Ich esse und beobachte die vorbeischlendernden Menschen. Als ich ein untrügliches Völlegefühl verspüre – dem Gusto nach könnte ich noch einige Zeit abwechselnd frisches Weißbrot, hauchdünn geschnittenen Schinken und duftenden Hartkäse in den Mund schieben –, beende ich mein Frühstück und lehne mich entspannt zurück. Nach einigen Minuten beginne ich den Kartenberg abzuarbeiten, eine Arbeit, die mir heute besondere Freude bereitet.
Eineinhalb Stunden später rauchen mir die Finger. Eigentlich wollte ich auf jede Karte nur kurz und bündig „Habe den Kreis geschlossen, an Bord alles O.K." schreiben. Letzlich aber fällt mir zu jedem meiner Familienmitglieder, Freunde und Bekannten unendlich viel Wichtiges ein, was ich sofort mittels Postkarte mitteilen muss.
Auszeit – der Faserschreiber hat ebenfalls gekündigt, und ich ziehe los, um einen neuen zu besorgen. Am Nachmittag schreibe ich mit schmerzenden Fingern die

letzte Karte. Als ich in einem Tabakladen 81 Briefmarken verlange, schaut mich die Verkäuferin nur ungläubig an und fragt mich in Englisch: „You want eight stamps, yes?“ – „Äh, no no, eightyone, please.“ Dem Blick nach glaubt sie es immer noch nicht, aber als ich ihr mein dickes Bündel Postkarten zeige, ruft sie ein lautes „Mamma mia“ und beginnt die Marken abzuzählen. Danach bringt sie mir einen neuen Schwamm zum Markenbefeuchten und bietet mir sogar noch einen Stuhl in der Ecke des Verkaufslokales an.
Wenig später fallen die frankierten Karten mit lautem Rums in einen Briefkasten, geschafft.
In den folgenden Tagen herrscht immer noch Flaute. Lediglich hier und da huscht ein Windhauch aus ständig unterschiedlicher Richtung über das Hafenbecken. Ich unternehme ausgedehnte Spaziergäng, schlafe auf Vorrat und genieße es merklich, entspannter zu sein. Abends setze ich mich in den Stadtpark oder wandere zum Wahrzeichen Otrantos, der alten Festung, um das südländische Treiben mitzuerleben. Zeitweise fühle ich mich wie früher, als Anita und ich Süditalien, Sizilien oder Sardinien bereisten. Ich mag sie eben, die Italiener, ich mag ihre Kultur, ihr Essen und ihre emotionale Artikulation. Kurzum, hier fühle ich mich fast schon wie zu Hause.

In heimischen Gewässern

Ein Hauch regt sich aus Südost, ich laufe aus, Kurs Nordwest. Als nächsten Stopp habe ich den Küstenabschnitt um Brindisi ins Auge gefasst. Es wird ein herrlicher Segeltag. Die OASE II gleitet über eine ruhige Adria, gegen Mitternacht schläft der Wind ein. Ich setze mich auf das Deckshaus und blicke über die sternenerleuchtete See. Wohin mein Blick auch fällt, sehe ich Positionslichter, Fähren, Frachter, Tanker und für meine Begriffe viel zu viele Fischkutter, die durch die Nacht tuckern. Angesichts dieser übermächtigen Fangflotten wundert es mich nicht, dass die Adria ziemlich leer gefischt ist. Tatsächlich sieht man beim Schnorcheln lediglich ab und zu einen Fisch, der die Länge von 15 Zentimetern übersteigt. Kein Wunder, kommen doch zu den Berufsfischern jährlich noch einige Millionen Touristen, die der Unterwasserjagd frönen. Geangelt, harpuniert und aufgespießt wird dabei so ziemlich alles, was sich unter Wasser bewegt. Sollte dieser Trend anhalten, wird die Adria wohl tatsächlich bald ein ziemlich lebloses Gewässer sein. Mit diesen trüben Überlegungen beschäftigt, koche ich Kaffee. Das duftende Getränk belebt meine Sinne, und ich beginne wieder über positivere Dinge nachzudenken, wie zum Beispiel: Welchen Ort werde ich als nächsten anlaufen? Ich entscheide mich für Mola de Bari.
Diese kleine Stadt liegt zwölf Seemeilen südlich von Bari und ist genau so, wie man sich eine süditalienische Küstenstadt vorstellt: ein kleiner, gut geschützter Hafen mit zwei Sportbootmarinas. Eine gut erhaltene Altstadt mit jeder Menge historischer Bauwerke und einem neuen Stadtteil, in dem jedes Wohnhaus mehr Fernsehantennen und Satellitenschüsseln an Dach und Fassade aufweist als Bewohner. Als ich einen derartig dekorierten Wohnblock betrachte, der, streng nach

unseren ästhetischen Normen beurteilt, eigentlich grundhässlich ist, kommt mir unweigerlich der Gedanke, dass es die Menschen hierzulande eben so mögen. So gesehen kann man diesen von Antennen und Satellitenschüsseln überwucherten Häusern durchaus auch ihren Reiz abgewinnen. Im Geist beginne ich Vergleiche anzustellen. Österreich wählt sein schönstes Blumendorf, Italien seine Antennencity, ich muss lachen.

Wieder an Bord, gönne ich meiner OASE II eine Süßwasserdusche. Es ist lange her, dass ich so verschwenderisch mit Frischwasser umgehen konnte. Ich schwemme Segelsäcke und Schoten, um sie wieder einigermaßen geschmeidig zu machen. Danach schrubbe ich das Deck und abschließend mich selbst. Herrlich, ich fühle mich wie neu geboren.

Auf Grund der vorangegangenen schlaflosen Nacht und der extremen Hitze gehe ich früh in die Koje. Auch für morgen ist zwar wenig, jedoch südlicher Wind vorhergesagt. Ich möchte dieses anspruchslose Segelwetter nutzen, um bis zu den Tremitischen Inseln zu gelangen. Sie liegen 100 Seemeilen nördlicher.

Kaum die Hafenmole hinter mir, stoppe ich den Motor und setze Vollzeug. Gemächlich beginne ich zu kreuzen. Schlag um Schlag segeln, besser gesagt kriechen wir nach Norden, aber was solls, besser ein paar Stunden in der Flaute hängen, als sich durch einen kurzen, steilen Seegang gegenanboxen und dabei die ohnehin stark abgenützte Segelgarderobe der OASE II überstrapazieren. Ich verkrieche mich also unter Deck, überlasse das Ruder dem Autopiloten und versuche etwas Französisch zu lernen. Ich kann mich aber nicht konzentrieren. Die unmenschliche Hitze und das Flappen der Segel nerven einfach. Ich beginne ein Buch zu lesen. Der Inhalt dieser obskuren Mordgeschichte ist anspruchslos – momentan genau das Richtige für mich. Ich lese ohne großes Interesse, mehr als Beschäftigungstherapie. Alle zehn bis fünfzehn Minuten klettere ich nach draußen und halte Ausschau. Schließlich möchte ich nicht noch auf den letzten Meilen von einem Biggi oder Fischkutter überlaufen werden.

Mit Sonnenaufgang erreiche ich Vieste. Die imposant auf einem Felskap thronende Altstadt ist schon von weitem sichtbar. Leider liegt der Hafen an der Rückseite der Landzunge und ist von wenig einladenden Neubauten umgeben. Noch 33 Seemeilen sind es bis zu den Tremitischen Inseln. Mit der Sonne ist auch der sanfte Südost wieder erwacht, also drehe ich nur eine Ehrenrunde im Hafenbecken und segle weiter.

Während ich noch zum Nordostkap der Landzunge aufkreuze, kommen drei Schiffe der Guardia di Finanza auf. In nur etwa 300 Metern Entfernung laufen sie in voller Fahrt an Steuerbord und Backbord vorbei. Ein schweres Kanonenboot und zwei PS-strotzende Powerboote. In jedem sitzen lässig – à la Miami Vice – vier Beamte mit Designersonnenbrillen und mustern mich mit ausdruckslosen Gesichtern. Die OASE II beginnt im durcheinander laufenden Kielwasser wild zu rollen. Ihre gerade noch vollen Segel flappen unkontrollierbar hin und her – als wollten sie mir sagen: „Was soll der Blödsinn?“ – das Rigg erzittert, ich hege Mordgedanken.

Mittags Totenflaute. Ich berge alles Tuch, verkrieche mich in die Kajüte, schwit-

ze vor mich hin und lese. Zwei Stunden später regt sich erst ein Hauch aus Ost, bald jedoch sind es immerhin zwei bis drei Windstärken.
Mit ihren größten Schwingen, Blister und Genua ausgebaumt, segelt die OASE II nach Westen. Ich übernehme die Ruderpinne, ein beruhigendes Gefühl, wieder Leben im Schiff zu verspüren. Weitaus früher als erhofft erreichen wir die Tremitischen Inseln. Ich gehe in Lee der Insel St. Nicola vor Anker. Die steil aufragende Felsinsel mit ihrer Befestigungsanlage bildet eine atemberaubende Kulisse. Teilweise überhängend wurde sie auf und an den senkrecht abfallenden Steilklippen erbaut. Bei diversen Kriegszügen und zuletzt im Zweiten Weltkrieg wurde die Anlage teilweise zerstört, und auch die Erosion hat ihre unübersehbaren Spuren hinterlassen. Das italienische Kulturministerium ist seit Jahren mit dem Wiederaufbau beschäftigt. Teile der Innenhöfe sowie die mächtige Stadtmauer sind bereits größtenteils nach Archivunterlagen wieder aufgebaut. Von der untergehenden Sonne bestrahlt, zeigt sich die Festung in ständig wechselndem Licht- und Schattenspiel. Ich springe ins glasklare Wasser und überzeuge mich vom guten Sitz des Ankers. Danach setze ich mich ins Cockpit und erfreue mich am pastellfarbenen Sonnenuntergang.
In den folgenden Tagen versuche ich etwas auszuspannen. Schnorcheln, Tauchen und eine Inselwanderung stehen täglich auf dem Programm. Zwischendurch arbeite ich an meinen Buchmanuskript. Dabei verliere ich mich regelmäßig in Gedanken an meine Heimkehr und das anschließende gemeinsame Leben mit Anita. Bei meinen Wanderungen über das nur mit Gras und spärlichem Buschwerk bewachsene Inselplateau von St. Nicola setze ich mich regelmäßig an die Abbruchkante der Steilwände. Dort beobachte ich stundenlang Möwen bei der Betreuung ihrer Jungen. Diese unternehmen gerade ihre ersten Flugversuche. Unsicher watscheln sie auf den Felsvorsprüngen hin und her. Von den Eltern durch hektisches Gekreische lautstark angefeuert, wagen sie es irgendwann doch. Schwups, sichtbar unbeholfen stürzen sie sich wagemutig von ihrer Startrampe. Danach trudeln sie mit plumpen, unregelmäßigen Flügelschlägen an der Steilwand entlang. Meistens wird gleich die nächste Gelegenheit für eine Zwischenlandung genützt. Hoppla, auch elegante Bauchlandungen wollen gelernt sein. Nun, nur Übung macht eben den Meister. Nach diesem Grundsatz flattern und plumpsen die noch mit ihrem grauen Federkleid geschmückten Jungtiere kreuz und quer über die Felsklippen und landen mal hier und mal dort. Bei grobem technischem Fehlverhalten wird eben die nächstniedrigere Gelegenheit zum Ausruhen wahrgenommen. Verlässt eines der Jungtiere der Mut, so tut es dies mittels herzzerreißendem Gejammer kund. Auf diese Weise aufmerksam gemacht, gleiten Papa- und Mama-Möwe heran, beziehen neben ihrem Schützling Stellung und beginnen ihn mit energischem Keifen in Verbindung mit hektischem Kopfnicken neu zu motivieren. Für mich sieht es so aus, als wollten sie ihren Kindern sagen: „Na jetzt mal los, du Schlappschwanz, mach uns keine Schande, die Nachbarn lachen schon.“ Ich sitze am Plateaurand der Südseite und lache ebenfalls über die Livevorstellung. Gleichzeitig imponieren mir die erwachsenen Vögel, wenn sie im eleganten Sturzflug laut kreischend auf die Felsklippen

zusteuern, um dann nur knapp vor der Steilwand abzuschwingen. Scheinbar spielerisch nützen sie die lebhaften thermischen Winde.
Am Abend des dritten Tages verspüre ich eine für mich typische innere Unruhe. Was wohl der Grund sein kann? Der Wetterbericht verspricht störungsfreies Schönwetter mit 1 bis 3 Bft. aus Nordwest. Die OASE II liegt sicher vor Anker, und auch sonst sehe ich keinen Grund zur Besorgnis. Dennoch, es liegt etwas in der Luft. Ob es die heute besonders lauten Schreie der Möwen sind, die mich irritieren? Ich lege mich in die Koje und versuche zu schlafen.

„Schwachwind" aus Nordwest!

Es wird ein unruhiges Dösen, in kurzen Abständen klettere ich ins Cockpit und beobachte den Himmel und die See. In den frühen Morgenstunden erwache ich abermals, Nordwestwind säuselt durchs Rigg, sanfter Schwell setzt ein. Kein Grund zur Sorge, nach dem Frühstück werde ich verholen.
Als ich neuerlich erwache, haben Wind und Schwell merklich zugenommen. Die OASE II zerrt ruckartig an ihrer Ankerkette, so, als wollte sie mir sagen: „Komm, lass uns von hier verduften, so lange noch Zeit ist."
Schnell Kaffee gekocht, Katzenwäsche gemacht, und schon bin ich damit beschäftigt, den Anker aufzuholen. Ich nehme das Dingi an Bord und motore einige hundert Meter an die Leeseite der Insel San Domino.
Die auf den ersten Blick passenden Ankerplätze in kleinen, nach drei Seiten geschützten Buchten erweisen sich jedoch wegen der großen Wassertiefe und auflandigem Schwell als Mausefalle. Noch dazu laufen nacheinander Yachten ein. Die Crews werfen sorglos ihre Anker, lassen etwas Kette auslaufen und warten, was geschieht. Mit solchen von Bootsbesitzern, nicht aber verantwortungsvollen Skippern geführten Yachten möchte ich keinesfalls eine beengte, mit schlecht haltendem Ankergrund ausgestattete Bucht teilen. Deshalb gehe ich abermals ankerauf und suche weiter nach einem brauchbaren Schlupfloch: vergebens.
Durch das Fernglas beobachte ich den Seegang am Südwesthuk der Insel. Ich sehe nur kleine Schaumstreifen, es sieht also so aus, als herrschten zwar lebhafte, jedoch für mich brauchbare Bedingungen. Ich überdenke meine Situation. Ruhiges Ankern ist hier momentan nicht möglich. Mit dem gemäßigten Nordwest könnte ich am Wind an die italienische Festlandküste segeln. Dort finde ich mit Sicherheit einen ruhigen Hafen, in dem ich einsetzenden Südwind abwarten kann. Ich setze die Fock 1 und gehe auf Westkurs.
Als ich das Westkap erreiche, frischt der Nordwest wider Erwarten rasch auf. Gleichzeitig wird er unangenehm böig. Ich erkläre mir diesen Umstand mit dem typischen Kapeffekt: Weiter draußen wird es ruhiger werden. Während ich also selbst an der Pinne sitze und regelmäßige Salzwasserduschen erhalte, läuft die OASE II durch eine immer lebhafter werdende Adria nach Westen. Von abnehmendem Wind kann keine Rede sein, ganz im Gegenteil, ich muss reffen.
Mit Fock 2 und zweimal gerefftem Groß segelt, nein stampft die OASE II durch kurzen, unangenehm steilen Seegang. Nun, langsam beginne ich meine gestrige

Nervosität zu deuten. Aber da ist doch ein Wetterbericht, der Barometerstand und das makellose Wolkenbild. Wetterbericht hin, Wolkenbild her, es bläst mit 6 bis 7 aus Nordwest. Brecher beginnen das Deck zu überspülen, unverkennbare Symptome, welche zum Umkehren auffordern. Tatsächlich wäre es von mir töricht, hier ohne Not gegenan zu bolzen. Ich liege gut in der Zeit und kann mir ein Warten auf passenden Wind zwischen den Tremitischen Inseln durchaus leisten, aber wo ankern? Der eigentliche Ankerplatz inmitten der Inselgruppe ist ebenfalls den harten Fallböen ausgesetzt. Lediglich vom Seegang ist er einigermaßen geschützt. Zudem besitzt er gut haltenden Sandgrund. Man kann also hier relativ sicher besseres Wetter abwarten.
Diese Idee ist wohl in der Zwischenzeit auch den meisten anderen Skippern gekommen. Als ich wenig später wieder das Ankerfeld erreiche, liegen die Boote dicht gedrängt im westlichen Teil, der bei der herrschenden Wetterlage ausreichend Schutz bietet. Dennoch, auch hier hämmern Fallböen über das Wasser und werfen Gischt auf. Beim Ansteuern versuche ich, so gut es geht, die Lage zu sondieren. Mit fremder Hilfe kann ich hier nicht rechnen. Sämtliche Bootsbesitzer sind mit ihren eigenen schwimmenden Sorgenkindern beschäftigt.
Auch die Yachten, die mich endgültig aus den Buchten der Südostseite San Dominos vertrieben haben, sind bereits hier. Sie haben durchwegs an gerade freien Bojen festgemacht. Noch während ich mir das alles anschaue, dampft ein Fischkutter heran und macht mit lautem Hupen eine große Motoryacht darauf aufmerksam, dass die von ihrem Skipper in Anspruch genommene Boje eigentlich seine ist. Also heißt es für den Freizeitkapitän „Leinen los“ und eigenes Ankermanöver fahren. So ich das geglaubt habe, liege ich schlichtweg falsch: Sofort bewaffnen sich zwei Crewmitglieder dieser unverschämten Bande mit Leinenpickern, um die nächstbeste Boje aufzufischen. Nicht nur diese Skrupellosigkeit, sondern vor allem die damit verbundene schlechte Seemannschaft ärgern mich. Wie kann man hier, wo viele Bojen lediglich zum Festmachen von Schlauchbooten ausgelegt sind, wie kann man hier, noch dazu bei schwerem Wetter und mit einer 40 Fuß langen Motoryacht einfach eine x-beliebige Muringsboje auffischen, die dünne Leine belegen und, jetzt kommts, anschließend mit dem Dingi an Land fahren? Mir schaudert bei den Gedanken an treibende Boote in einem dicht belegten Ankerfeld.
Was solls, denke ich, ich muss eben das Beste aus der zweifellos unangenehmen Situation machen.
Mit vorbereitetem Buganker, Heckanker sowie bereitgelegten Leinen und Fendern steuere ich den letzten, einigermaßen freien Platz im Ankerfeld an. Die Wassertiefe beginnt abrupt abzunehmen, acht Meter, sechs Meter, rundum spüre ich verständnislose Blicke auf mir lasten. Was will der da, hier ist doch gar keine Boje mehr frei? Jetzt, ich stoppe den Motor, sprinte zum Bug und lasse den Anker fallen. Sofort drücken die Sturmböen den Bug der OASE II nach steuerbord, rasselnd läuft die Kette aus, viel zu schnell treiben wir in Richtung eines Fischkutters. 30 Meter Kette sind ausgerauscht, ich lasse den Anker zum ersten Mal einrucken. Der Bug wird in den Wind gerissen, gleichzeitig schwingt nun

das Heck in Richtung des Fischkutters. Ich fiere die Leine, die OASE II beginnt wieder abzutreiben. Nur etwa zwei Meter driftet ihr Bug am hoch aufragenden Heck des Kutters vorbei. Geschafft, Leine belegen, die erste Gefahr ist gebannt, also weiter! Trotz des langen Ketten- und Leinenvorlaufes habe ich das Gefühl, immer noch nicht fest zu liegen. Achtern zerren eine Segelyacht und ein Tragflächenboot an ihrer Muring. Der Abstand zwischen unseren Booten verringert sich langsam, aber beständig. Ich lasse den schweren Heckanker als Reitgewicht in die Ankerleine eingeschäkelt auf Grund rutschen – eine bewährte Methode. Jetzt sollte sich der Hauptanker auf jeden Fall fest eingraben. Der Spannung an der Ankerleine nach zu urteilen ist das auch bereits geschehen. Kreischend fährt eine Sturmbö durch das Rigg. Der Winddruck lässt mich das Gleichgewicht verlieren, ich kann gerade noch nach der Backbordsaling greifen, um mich festzuhalten. Für die vorausgesagten drei Windstärken ist da ja ganz schön Druck dahinter, denke ich und außerdem: Hat das Marlin-Tauchboot nicht bis vor kurzem im nördlichen Teil des Ankerfeldes an einer Boje gehangen? Nunmehr treibt es zwischen der OASE II und einigen Schlauchbooten geradewegs auf eine schnittige Motoryacht zu. Die Crew sitzt im geschützten Cockpit und hat noch nichts von dem drohenden Unheil bemerkt. Durch lautes Zurufen versuche ich, sie auf den treibenden Kutter aufmerksam zu machen. Endlich blickt jemand an Bord mit lässiger Geste in meine Richtung. Als er den Ernst der Lage begreift, bricht Hektik aus: Mit Fendern und Bootshaken bewaffnet, postiert sich jeder verfügbare Mann an Bord, um den drohenden Zusammenstoß abzuwehren. Plötzlich zischt ein Schlauchboot heran. Es gehört dem Werbeaufdruck nach zu urteilen derselben Tauchschule. In letzter Sekunde erwischt jemand die am Kutter befestigte, im Wasser treibende Festmacherleine samt Boje. Mit dem starken Außenborder gelingt es den Kutter zu stoppen, ein Mann springt an Bord und startet die Maschine des Abtrünnigen. Sekunden später dröhnt das gleichmäßige Brummen des starken Einbaudiesels, und beide Boote entfernen sich in Richtung Hafenmole. Ohne mich auch nur eines weiteren Blickes zu würdigen, verschwindet die Motorbootbesatzung unter Deck. Wahrscheinlich müssen sie erst einmal die glückliche Rettung ihres schwimmenden Wochenendhauses feiern.
Ich springe mit Tauchmaske und Schnorchel ins vom Starkwind aufgepeitschte Wasser, um nach dem Anker zu sehen. Tatsächlich hat er sich bis zum Ende der Deichsel in den weichen Sandgrund gegraben. Die OASE II liegt somit sicher, zumindest was Wind und Seegang betrifft. Ich kann in Ruhe eine Wetterbesserung abwarten.
Nach der Eintragung ins Logbuch und Klarieren des Decks koche ich Kaffee, setze mich auf das Deckshaus und beobachte das hektische Treiben rings um mich. Für heute ist mein Bedarf an Segeln und Abenteuer gedeckt.

Die letzten Meilen

Ich verbringe noch zwei Tage auf den Tremitischen Inseln. Danach herrscht wieder für die Jahreszeit typisches Hochdruckwetter. Strahlender Sonnenschein

mit leichten, umlaufenden Winden und eine ruhige Adria laden zum Weitersegeln ein.
San Benedetto del Tronto, Ancona, Riccione, gemächlich segle ich entlang der italienischen Festlandküste nach Nordwesten. Bei einigen Zwischenstopps besuche ich Freunde. Dabei erweist sich die geringe Größe der OASE II als äußerst angenehm. Überall kann ich mit Hilfe meiner Freunde oder anderer hilfsbereiter Segler trotz Hochsaison einen kurzzeitigen Liegeplatz für meine Nussschale ergattern. Ob im Päckchen, am Ende einer Tankpier oder längsseits der Coast Guard, wo ein Wille, da ist auch ein Liegeplatz.
Der Törn von Riccione nach Cavallino verläuft auf Grund einer Gewitterfront sehr zügig. Der geplante Stopp am Punto Mestre, dem Podelta, fällt den günstigen Windverhältnissen zum Opfer. Die OASE II läuft ein für die Adria zu dieser Jahreszeit gutes Tagesetmal von 87 Seemeilen über Grund.
In Cavallino angekommen, bietet sich wieder das gleiche Bild. Die Marina del Faro ist bis zum letzten Platz belegt. Dennoch darf ich die OASE II erst einmal unter dem Bootskran festmachen. Tags darauf bietet mir ein Italiener seinen Liegeplatz für die nächsten Tage an, er selbst segelt mit Frau und Kindern in den Süden.
Wieder einen Tag später treffen Sigi und Helga ein. Sie sind die Eigner der 44-Fuß-Kunststoffslup PYXIS. Schon wenig später klönen wir über meine Reise und ihren bevorstehenden Törn nach Kroatien und Montenegro. „Kennst du das Redentore?“, fragt mich Sigi. „Nein, noch nie gehört, was ist das?“ Helga und Sigi erklären mir dieses eindrucksvolle Fest, welches alljährlich am dritten Wochenende im Juli in der Lagune von Venedig gefeiert wir. Samstag früh laufen sie mit Freunden nach Venedig aus, ich bin herzlich eingeladen, mitzukommen.

Das Fest des Redentore

1575 hatte sich die in Venedig wütende schwarze Pest endlich ausgetobt. Als Dank errichteten die überlebenden Venezianer auf der Insel Giudecca die Kirche zu Ehren des Erlösers.
Seit damals wird dieses Fest von den Venezianern mit unveränderter Inbrunst gefeiert. Jeweils am dritten Samstag im Juli versammeln sich ab den frühen Morgenstunden tausende Familien auf ihren Booten rund um den Markusplatz. Anschließend geben sie sich stundenlang den leiblichen Genüssen hin. Ranghohe Persönlichkeiten aus Politik und Wirtschaft sowie Abordnungen von Polizei, Coast Guard, Special Forces, Guardia di Finanza, Feuerwehr – kurz alles, was Rang und Namen hat, findet sich ein. Gegen 23 Uhr 45, wenn die Kanäle Venedigs endgültig heillos verstopft sind, bildet ein atemberaubendes Feuerwerk den Höhepunkt des Tages. Danach ziehen endlose Bootsschlangen heimwärts, viele Boote bleiben auch über Nacht an ihren von der Stadtverwaltung ausnahmsweise geduldeten Ankerplätzen entlang der Mauern oder zwischen den Markierungsdalben der Lagunenfahrstraßen liegen.
Sonntags findet dann eine Prozession zur Kirche des Erlösers statt. Anschließend

verbringen die Venezianer abermals einen Tag auf ihren Booten. Sie ankern in der Lagune oder fahren einige Seemeilen aufs Meer hinaus. Irgendwo fällt der Anker. Während die Männer angeln, Muscheln sammeln oder einfach dasitzen und klönen, beobachten sie die plantschenden Kinder. Die Frauen und Mädchen beginnen mit der Zubereitung des Festessens.
Am frühen Nachmittag beginnt abermals das große Schlemmen. So vergeht der Sonntag. Abends treten die Bootsbesatzungen mit prall gefüllten Bäuchen den Heimweg an.
Schon um 10 Uhr vormittags erreichen wir den Canal Grande. Mit der PYXIS, auf der ich mich befinde, läuft auch die MS PRINCESS ein, das zur Zeit weltgrößte Passagierschiff. Wie ein schwimmender Hotelkomplex gleitet sie, von Tuckbooten flankiert, bis in das Hafenbecken unmittelbar am Markusplatz. Dann läuft sie durch den Guidecca-Kanal und geht an der Dampfermole längsseits. Eine unbeschreibliche Kulisse: überragt doch der Ozeanriese sogar die altehrwürdigen Türme Venedigs.
Sigi manövriert die PYXIS längsseits der AERE PERENNIUS, einer zwölf Meter langen Slup. Sie repräsentiert die klassischen Linien italienischer Bootsbautradition. Aus Holz, in typischer Plankenbauweise gefertigt, ist sie mit ihren über 20 Jahren nach diversen Renovierungsarbeiten in tadellosem Zustand. Ihr Skipper Maurizio hilft uns mit den Leinen. Wir bringen reichlich Fender aus, um den Rumpf der makellosen Yacht keinesfalls zu beschädigen. Der Schwell vorbeifahrender Boote verursacht zeitweise heftiges Rollen. Es wäre ewig schade, sollten die Bootskörper kollidieren und sich dabei beschädigen.
Sigi, Walter und ich begeben uns mit dem aufblasbaren Minidingi der PYXIS auf Erkundungsfahrt in die engen Kanäle Venedigs. Zuerst aber müssen wir den Canal Grande überqueren, ein schwieriges und vor allem nasses Unterfangen. In dem winzigen Dingi sitzen Sigi und Walter jeweils seitlich auf den Trageschläuchen des Bootes, ich stehe im Bug und versuche mit der Festmacherleine einigermaßen das Gleichgewicht zu halten. Zusätzlich ziehe ich den Bug nach oben, um nicht allzu viel Wasser zu übernehmen. Am Heck sprudelt der 3-PS-Außenborder und bugsiert uns mit keinesfalls überhöhter Geschwindigkeit – hier sind 8 Stundenkilometer zulässig – in Richtung Markusplatz. Nass erreichen wir die Einfahrt zur Seufzerbrücke und reihen uns in die schier endlose Kolonne der Gondolieri, die zahlungskräftige Touristen durch die engen Kanäle rudern, um ihnen so das Flair der einzigartigen Stadt zu vermitteln.
Als wir an einem kleinen Platz längsseits gehen, um uns die Füße zu vertreten und einen Kaffee zu trinken, bedenken uns sofort einige Gondolieri mit lauten Unmutsäußerungen. No no, hier können wir nicht festmachen, schließlich wird der Platz zum Manövrieren benötigt! Kurzerhand heben Sigi, Walter und ich das Dingi an Land und parken es auf einer Gehsteigerweiterung. Während sich zahlreiche Touristen über unser Anlandemanöver amüsieren, schütteln die ausgetricksten Gondolieri wütend ihre Köpfe.
Nach einem Rundgang mit Kaffepause hieven wir unser Schlauchboot wieder ins Wasser und setzen die Erkundungsfahrt fort. Einige Male passieren uns größere

Motorboote in bewusst knapper Distanz. Scheinbar erhoffen sich ihre Besatzungen ein schrecklich lustiges Schauspiel, sollte unser Minigefährt kentern. Was jedoch drei wirkliche Seeleute sind, verstehen es auch, diese inszenierten Seegänge auszureiten. Lediglich das Überkommen von Spritzwasser können wir nicht verhindern. Deshalb legen wir noch zweimal einen Entleerungsstopp ein, bevor wir wieder unbeschadet die PYXIS erreichen.

An Bord sind bereits die letzten Vorbereitungen für das Dinner im Gange. Rundum liegen Boote vor Anker, auf denen es bereits hoch hergeht. Dennoch drängt eine endlose Bootskolonne in Richtung Markusplatz. Langsam, aber sicher frage ich mich, wo denn alle diese schwimmenden Untersätze jetzt noch Platz finden. Vom Speedboot bis zu Arbeitsbarken, Schleppkähnen, Fischkuttern, Taxis, Behördenbooten, Dingis, Segelyachten – einfach unglaublich, was hier unterwegs ist und nach einem brauchbaren Ankerplatz sucht. Wie Trauben hängen Bootspäckchen zwischen Dalben und an Hausmauern.

Dann ist auch auf der PYXIS das Essen fertig. Helga, Anna und Waltraud haben uns einige Gaumenfreuden gezaubert. Zusätzlich kommen noch Maurizio, Sharla und Töchterchen Marina an Bord. Sie bringen ebenfalls diverse Köstlichkeiten und einige ausgesuchte Flaschen Wein. Es kann losgehen!

Als Vorspeise gibt es Schinken mit Melone. Dazu trinken wir, je nach Geschmack, verschiedene Weine. Anschließend essen wir Reissalat, Curryhuhn und Pasta als Hauptspeise, dazu gibt es knusprig frisches Weißbrot. Zum Abschluss wird eine herrliche Fruchttorte serviert, typisch venezianische Süßspeisen und Kaffee. Die Damen an Bord haben sich tatsächlich ordentlich ins Zeug gelegt. Angesichts meiner bescheidenen Kochkünste bekomme ich da beinahe Minderwertigkeitskomplexe. Nachdem sich das Festmahl etwas gesetzt hat, beziehen wir auf dem Vorschiff Position.

Wenig später eröffnen mehrere gewaltige Detonationen das nächtliche Spektakel. Unglaubliche 40 Minuten lang erhellen Feuerwerkskörper den Himmel über Venedig. Das dumpfe Knallen der hoch aufsteigenden Raketen und das Pfeifen der springbrunnenartigen Leuchtsäulen, das Prasseln der Wundersterne und das gedämpfte Zischen diverser bunter Rauchraketen schaffen eine Stimmung, die ich nie zuvor erlebt habe. In einem Abschnitt zeichnen Feuerwerkskörper sogar bunte Sterne, Noten und einen Notenschlüssel an den Himmel. Der abschließende Höhepunkt, bei dem ganz Venedig unter einem Regen aus buntem Licht nahezu ertränkt wird, lässt mich das Fotografieren vergessen. Die Druckwellen gewaltiger Explosionen, bei denen tausende kleinere, abermals explodierende Knallkörper frei werden, lassen die Luft erzittern. Dumpfes Grollen übertönt heiße Diskorhythmen – einfach fantastisch. Glockengeläute beendet diesen Zauber aus Lärm, Licht und Rauch. Schlagartig beginnt emsiges Treiben. Vor allem die kleinen Boote, die keine Schlafmöglichkeit besitzen, treten die Heimreise an. Abermals wälzt sich eine Kolonne durch die Wasserstraßen Venedigs. Gegen 2 Uhr morgens geht auch der Letzte an Bord in die Koje. Als ich um 5 Uhr erwache, herrscht immer noch Bewegung rund um unseren Liegeplatz.

Am frühen Vormittag motoren wir zur Insel Giudecca und anschließend nach

Chioggia am südlichen Ende der Lagune von Venedig. Etwa 300 Meter vor einer kleinen Marina läuft die PYXIS mit ihren zwei Metern Tiefgang auf eine Untiefe inmitten des markierten Fahrwassers auf. Mit der kräftigen Hilfe einer uns folgenden Bark kommen wir schnell wieder frei. Kaum sind wir 50 Meter entfernt, läuft ein anderer Segler an der gleichen Stelle auf und muss von einer zweiten Yacht freigeschleppt werden. Wir legen uns an den Kopf eines Bootssteges und essen zu Mittag. Danach motoren wir mangels Wind zurück nach Cavallino, wo wir etwa eine halbe Meile vom Strand entfernt die atemberaubende Flugshow der Tricolore beobachten. Mit uns dümpeln hunderte Boote und beobachten die spektakulären Kunststücke der waghalsigen Piloten.
Nach dem Ende der Darbietung setzt der Rückfahrtsstrom in die drei Marinas von Cavallino ein. Dicht gedrängt fädeln sich die Boote zwischen die Einfahrtsfeuer. Dennoch verläuft der Verkehr mit großer Disziplin und daher reibungslos. Sigi manövriert die PYXIS routiniert auf ihren Liegeplatz, wir belegen die Festmacher und bringen sicherheitshalber einige Fender aus. Ein eindrucksvolles Wochenende ist vorüber. Waltraud, Walter und Anna müssen noch am Abend die Heimreise nach Bozen antreten. Die Crew der AERE PERENNIUS beginnt zu grillen. Helga kocht abermals eine wunderbare Pasta. Wir sitzen am Grillplatz der Marina, essen, trinken und klönen. Auch die mit Einbruch der Dunkelheit aktiv werdenden Moskitos können die entspannte Atmosphäre nicht stören.
Dennoch, in vier Tagen werde ich Anita wieder sehen, zwei Tage später in Grado einlaufen. Immer wieder verlieren sich meine Gedanken in diese Richtung. Mit einem lachenden und einem weinenden Auge denke ich an das unmittelbar bevorstehende Ende meines Abenteuers.

Das Ziel vor Augen

Bei Totenflaute laufe ich unter Motor aus der Marina aus. Nachdem ich etwa eine Seemeile Abstand zur Küste gewonnen habe, setze ich Kurs auf Lignano ab. Ich möchte dort noch einen Tag pausieren und meine OASE II über Top und Takel beflaggen, bevor wir die letzten Seemeilen bis Grado zurücklegen.
Der Tag bleibt windschwach. Im Zeitlupentempo zieht die italienische Küste vorbei. Tausende Urlauber säumen die Sandstrände. Fein säuberlich ausgerichtet stehen Regimente von Sonnenschirmen und zeigen durch ihre Farbe das jeweilige Baderessort an. Unzählige Wasserratten dümpeln mit ihren Surfbrettern und Segeljollen entlang des Ufers oder flitzen mit laut röhrenden Wasserscootern und kleinen Motorbooten über die nahezu unbewegte, silbrig glitzernde Adria. Ich flüchte vor der Mittagshitze in die Kajüte.
In kurzen Abständen klettere ich in den Niedergang und halte Ausschau. Das rege Treiben auf dem Wasser lässt mir unter Deck keine Ruhe. Also verbleibe ich im Niedergang, beobachte die Umgebung und schwitze vor mich hin.
Endlich, gegen 4 Uhr nachmittags erreiche ich die Markierungsdalben, welche die Fahrrinne in die Marina del Faro anzeigen, und beginne mit der Ansteuerung Lignanos. Dieter hat mir trotz Hochsaison für zwei Nächte einen Liegeplatz zu

einem einigermaßen humanen Preis besorgt. Jetzt möchte ich nur noch den Hafen erreichen und mich unter eine kalte Dusche stellen. Je näher ich dem Festland komme, desto drückender wird die Hitze. Mit dampfendem Kopf erreiche ich am frühen Nachmittag die Marina. Dieter wartet schon am Gästesteg und lotst mich zu einem freien Liegeplatz. Gemeinsam belegen wir die Festmacher der OASE II und flüchten danach sofort in den Schatten, um mit einer eisgekühlten Dose Bier meine Ankunft zu begießen.
Tags darauf hilft mir Dieter beim Setzen der Landesflaggen und Signalwimpel. Ich klettere in den Mast. Oben angelangt, weht ein Hauch aus West und sorgt für etwas Abkühlung. Ich sichere mich mit dem Lifebelt und überblicke die in der Hitze flimmernde Marina.
Morgen werde ich meine Reise beenden, morgen habe ich endgültig meinen Traum verwirklicht. Je länger ich darüber nachdenke, desto zerfahrener werden meine Gedanken. Wie im Zeitraffer laufen die schönsten und die schrecklichsten, die emotionalsten und die deprimierendsten Augenblicke dieses Abenteuers vor meinen Augen ab. Ich bin dem Schicksal ewig dankbar, dies alles erlebt haben zu dürfen. Schließlich ist es eben das sprichwörtliche Glück des Tüchtigen, welches manchmal in besonders angespannten Situationen über Erfolg und Misserfolg entscheidet.
„Nicht einschlafen!“, Dieters raue Stimme reißt mich aus meinen Gedanken. Ich beende meine Arbeit und klettere wieder an Deck. Unten angelangt, setze ich mich erst einmal auf das Deckshaus meiner weitgereisten OASE II und freue mich über den herrlichen Anblick der im Westhauch flappenden Wimpel und Flaggen.
Abends stürzen sich Dieter und ich in das touristenbelagerte Lignano. Ich freue mich trotz überfüllter Restaurants und dichtem Gedränge in den Straßen darüber, hier zu sein. Spät nachts fallen wir in die Koje. Völlig aufgewühlt kann ich keinen Schlaf finden und wälze mich unruhig auf dem schweißdurchtränkten Laken. Morgen ist mein großer Tag.

Im Wechselbad der Gefühle

Neugierige Augenpaare mustern die OASE II, während ich sie aus der Marina von Lignano in die Lagune steuere. Abermals herrscht Flaute. Es ist 1 Uhr mittags. Ich habe versprochen, am Nachmittag in Grado einzulaufen. Auf Grund des fehlenden Windes muss der ohnehin schon geschundene Hilfsmotor herhalten. Redlich müht er sich, die OASE II wenigstens mit dreieinhalb Knoten über Grund in Richtung Grado zu bugsieren. Etwa auf halben Weg setze ich Groß und Genua. Der Lufthauch aus West füllt gerade einmal die Segel, sorgt jedoch für keinerlei zusätzlichen Vortrieb. Einige Boote begleiten mich auf den letzten Seemeilen. Friedrich, ein lieber Bekannter, filmt meine Rückkehr. Er ist ebenfalls leidenschaftlicher Segler und neben seinem Beruf als Zahnarzt auch noch ein begnadeter Kameramann. Ob über oder unter Wasser, wo immer sich der segelnde Doktor auch gerade aufhält, ist die Videokamera mit dabei. Durch seine

Begeisterung hat es Friedrich schon zu einer beachtlichen Menge ausgezeichneter Kurzfilme gebracht – monatlich werden es mehr.
Dann ist es endlich so weit, die Konturen San Vitos, des Yachthafens von Grado, werden sichtbar. Unmittelbar hinter ihm liegt die Klubanlage der Lega Navale Italiana. Dort werde ich erwartet.
Mit jeder Minute steigert sich meine Nervosität. Ein Schlauchboot löst sich aus den vor der Hafeneinfahrt kreuzenden Schiffen und hält in Gleitfahrt auf mich zu. Vorne im Bug kann ich Anita erkennen. Sie fotografiert so schnell, wie es der elektrische Filmtransport zulässt. Antonio, der Segelwart, winkt schon von weitem. Er war es, der mir vor nunmehr zwei Jahren zum Abschied ein großes Stück Salami zugesteckt hat. Leider wurde ich gleich nach meinem Auslaufen seekrank und konnte sie nicht sofort genießen.
All diese Ereignisse habe ich so vor Augen, als wäre es erst gestern gewesen. Kreuz und quer laufen Segelyachten, Motorboote und Dingis. Hupen ertönen vom Steg der Lega Navale. Ich belege die Pinne hart Steuerbord. Während die OASE II langsam im Kreis motort, berge ich das Groß und lege einige Festmacher und Fender zurecht.
Unter dem Beifall der wartenden Menge motore ich auf den mir von Antonio zugewiesenen Liegeplatz, gebe die Festmacher über, belege meine Enden und bin angekommen.
Wie durch einen Nebel dringen Applaus und lautes Zurufen an mein Ohr. Ich versuche mich dennoch auf das zu konzentrieren, was ich mir bei meiner Abfahrt felsenfest vorgenommen habe.
So schnell vergingen die beiden abenteuerlichsten Jahre meines Lebens, fährt es mir noch durch den Kopf, bevor ich auf das Heck meiner geschundenen OASE II steige und so, wie ich bin, in das sommerlich warme Wasser der Adria springe.

Epilog

Kaum stehe ich triefend auf dem Steg, prasselt ein Hagel von Glückwünschen auf mich ein. Das Präsidium der Lega Navale Italiana ehrt mich mit einem Geschenk und dem Angebot zur Mitgliedschaft, Vertreter des Österreichischen Hochseeyachtclubs verpassen mir eine zwar warme, jedoch wohlschmeckende Sektdusche und Journalisten zücken ihre Bleistifte oder starten das Aufnahmegerät fürs erste Interview. „Herr Sedlacek, wie fühlen Sie sich?“, ist ihre erste Standardfrage. „Völlig überfordert“, meine Antwort.
Tatsächlich erlebe ich die Feierlichkeiten wie durch dichten Nebel. Zwischen einem Hochgefühl über das beendete Abenteuer und Trauer darüber, dass nunmehr alles vorbei ist, bin ich hin und her gerissen, genieße es erst einmal, inmitten meiner Familie und vieler Freunde zu sein. Gemeinsam mit dem harten Kern meiner Fangemeinde halten wir bis zum Morgengrauen durch. Und erst als der erste Hahn kräht, schleppe auch ich mich in mein Zimmer, falle ziemlich erledigt auf das Bett und schlafe augenblicklich ein.
Gegen Mittag erwache ich, bin guter Dinge und realisiere nunmehr so richtig, dass mein großes Abenteuer zwar vorbei ist, jedoch unzählige andere Aufgaben ab sofort auf mich warten. Ob es meine geplante Vortragstournee oder eine weitere Reise ist, in jedem Fall werde ich in absehbarer Zukunft nicht unter Langeweile leiden.
Nach einem gemeinsamen Frühstück verlege ich meine OASE II zum Bootskran. Anschließend beginne ich, die wichtigsten Dinge von Bord in unser Auto zu schaffen. Wehmütig schleppe ich Tasche um Tasche, Karton um Karton zu unserem leidgeprüften Kleinwagen, der inzwischen schon verdächtig wenig Bodenfreiheit hat. Anita ermahnt mich energisch, endlich mit dem Einladen aufzuhören, aber ich …
Letztendlich sind wir ohne Panne in Wien angekommen. Drei Tage später fahre ich nochmals nach Grado. Mit der Hilfe zweier Freunde kranen wir die OASE II und trailern sie nach Wien. Ohne großes Aufsehen erreichen wir den Platz, welchen sie vor knapp drei Jahren neu und glänzend verlassen hat. Nun, neu und glänzend ist meine OASE II gerade nicht mehr, für mich jedoch ist sie schöner und wertvoller als je zuvor.

Anhang

Länge über alles: 8,40 m
Breite über alles: 2,65 m
Tiefgang: 0,90 m
Gewicht tourenfertig: 3 Tonnen
Motor: 8-PS-Außenbordmotor im Schacht

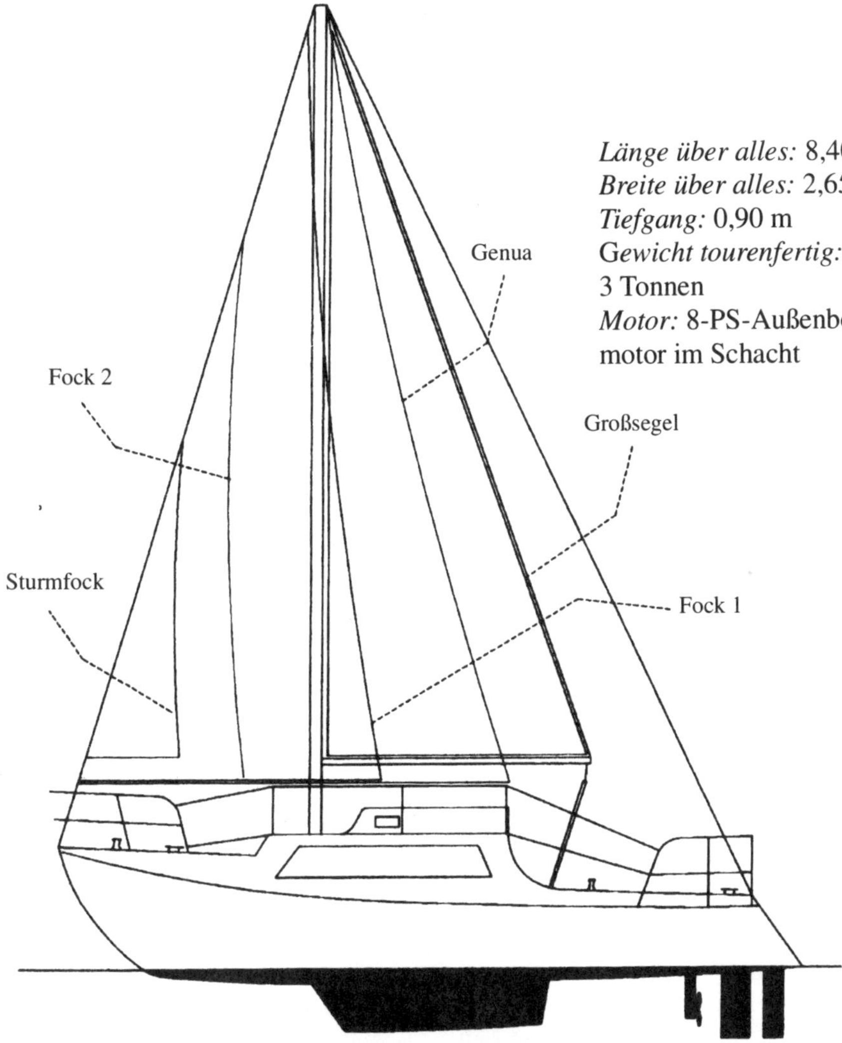

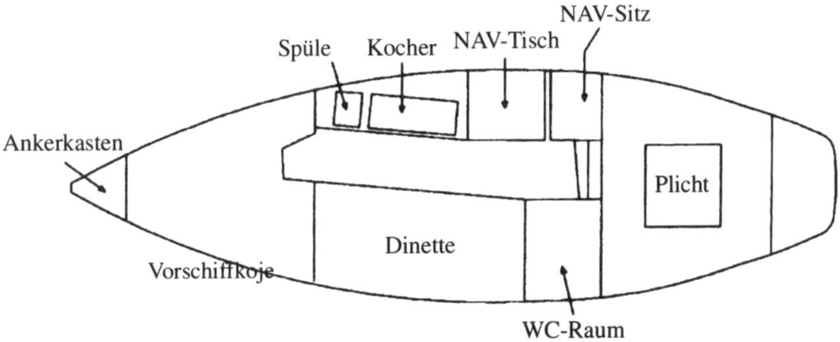

Bootsbau

Die Entstehungsgeschichte der OASE II ist sehr ungewöhnlich, sie entspricht meinen Fähigkeiten und Möglichkeiten: Ich bin handwerklich geschickt und hatte nie genug Geld, mir ein fertiges Schiff zu kaufen.
Ich kaufte das nie fertig gestellte, 13 Jahre alte Wrack einer Wolf 766. Danach zerschnitt ich die Rohschale und begann, mein zukünftiges Schiff Stück für Stück auf- und auszubauen.
Basierend auf dem Mittelteil des Originalrumpfes modellierte ich Bug und Heck. Ich laminierte den Rumpf und auch die Originalteile in massivem Handauflegeverfahren. Unterschiede zu Serienyachten bestanden in der Materialwahl – ich verwendete zum Beispiel teilweise KR-Kunstharz, das sich auch bei geringen Temperaturen einwandfrei verarbeiten lässt und zusätzlich mehr Festigkeit als BE-Kunstharz aufweist – und ich war in der Dimensionierung großzügig.
Danach modellierte ich die Aufbauten mittels Conticellplatten und laminierte sie als Sandwichlaminat. Auch hier verwendete ich teilweise Harz vom Typ KR und dimensionierte etwas stärker, als es der Germanische Lloyd in seinen Richtlinien vorschreibt. Die Rumpf-Deck-Verbindung wurde verklebt und zusätzlich innen überlaminiert. An exponierten Stellen laminierte ich zusätzliche Lagen diverser Rovinggewebe zum Aufnehmen auftretender Zugkräfte. Der Rumpfbereich unterhalb der Wasserlinie wurde mittels einlaminierter Längsversteifungen verstärkt.
Der nächste Schritt war das Einlaminieren der Schotten. Sämtliche Schotten der OASE II sind durchgehend laminiert, sie bilden also massive Rumpf-Deck-Verbindungen und tragen somit wesentlich zur notwendigen Festigkeit des Bootskörpers bei. Zudem sind das Bugschott sowie das Niedergangsschott als Kollisionsschott, also wasserdicht eingearbeitet. Insgesamt besitzt die OASE II sechs Schotten und eine zusätzliche Abstützung der Plicht.
Der Stahlkiel, ein gemäßigter Kurzkiel, ist untergebolzt. Im untersten Sechstel besitzt er zusätzlichen Bleiballast, sein Gesamtgewicht beträgt etwa 600 Kilo, also 30 Prozent des tourenfertigen Bootes. Die Ruderanlage ist frei stehend mit vorbalanciertem Ruderblatt. Sie besteht aus einer Niro-Welle im Niro-Steigrohr. Als Passlager dienen Bronzeblechhülsen. Das Ruderblatt war aus überlaminiertem Schiffsbausperrholz gefertigt und wurde von der mit der Ruderwelle verschweißten Ruderblatttasche gehalten.
Bei der Kollision mit Treibgut auf dem Atlantik wurde die komplette Ruderanlage bis zur Rumpfkante abgerissen. Die Reparatur in Martinique erfolgte aus minderwertigem Baustahl, obwohl man vorgab, zumindest für die Wellenverlängerung V4A zu verwenden und dies auch verrechnete. Die zweite Reparatur – die minderwertige Ruderwelle brach schon wenige Meilen nach Union Island – wurde in Willemstad, Curaçao, solide dimensioniert und kostengünstig ausgeführt. Das zwar strömungstechnisch schlechte, jedoch stabile Ruder steuerte die OASE II sicher zurück nach Grado.
Der Innenausbau besteht aus Schiffsbausperrholz. Er ist zwischen den Schotten sowie mit einigen massiv in die Außenhaut laminierten Befestigungspunkten verschraubt. Dadurch wird die Steifigkeit des Bootskörpers zusätzlich verstärkt, darüber hinaus sind Rumpf und Deckschale an allen Stellen von innen zugänglich. Dies ermöglicht ein rasches und effizientes Abdichten möglicher Leckstellen nach Kollision oder Materialbruch und ist bei einer Serienyacht mit eingesetzter Kunststoffinnenschale nicht möglich.
Der Mast ist auf Deck gestellt, ein Kantholz als Mastabstützung im Kiel einlaminiert und mit dem Mastfuß verschraubt. Die Wanten – jeweils zwei Unterwanten und eine Saling – sind mittels Rüsteisen an

der Deckshausseite verschraubt. Die OASE II verfügt über doppelte Vor- und Achterstagen. Das Finish der Außenhaut besteht aus Gelglos. Dies verwendete ich für die Einwinterung während des Baues – der Bootskörper stand im Freien – sowie weitere fünf Lagen Plastolit plus drei Lagen Zweikomponentenlack.
Als Antirutschbelag brachte ich im Zweikomponentenlack eingestreuten Quarzsand auf. Diese Variante ist äußerst kostengünstig, rutschfest und ein guter Schutz für das darunter liegende Laminat. Gleichzeitig jedoch ist es ein wahrer Textilienmörder und verursacht schmerzhafte Hautabschürfungen. Ich würde deshalb Bootsbauern zur Verarbeitung diverse Decksbeläge oder Teak raten. Beide Varianten sind zwar in der Anschaffung teurer, amortisieren sich jedoch bei langjährigem Einsatz durch ihre Verträglichkeit in Bezug auf Kleidung, Segel etc. und ersparen mitunter schmerzhafte Hautverletzungen. Auch das Reinigen eines gequarzten Decks ist sehr schwierig.
Die Reling der OASE II besteht aus Bugkorb, zwei Heckkörben und sechs Relingsstützen. Letztere sind mit Grundplatten verschweißt. Bug- und Heckkörbe sind mit Grundplatten, innenliegenden Gegenplatten und V4A-Bolzen verschraubt. Die gesamte Steuerbordreling überlebte auch den Zusammenstoß im Roten Meer fast unbeschadet, sie war nur verbogen. Als Relingsdurchzug verwendete ich 5 Millimeter starkes V4A-Material, wie es für Wanten und Stagen eingesetzt wird.
Deckshausfenster und Luken wurden von mir zumindest nach den Richtlinien des Germanischen Lloyd dimensioniert. Solarlüfter an Deck bzw. verschraubbare Lüftungsdurchlässe, Querschnitt 100 Millimeter, in der Plicht ergänzen die Bootsbelüftung.
Sämtliche Kunststoffe, Farben und Kleinmaterialien bezog ich über die Firma Polyester Wolf in Wien, bei deren Firmenleitung und Mitarbeitern ich mich auf diesem Weg herzlich bedanken möchte. Nicht nur einmal haben mir kleine Tipps und Tricks einen Arbeitsprozess wesentlich erleichtert und das Ergebnis verbessert.

Segel

Sie sind nicht nur wichtige, sondern auch äußerst kostspielige Ausrüstungsgegenstände. Umso mehr gilt es bei der Wahl von Material, Form, Anzahl und insbesondere Verarbeitung die passende Entscheidung zu treffen. Was teuer ist, ist nicht immer auch gut, was billig ist, ist nicht immer schlecht. Vor allem jedoch sind selbst die ausgeklügeltsten, hochwertigsten Einzelanfertigungen, wenn sie unzweckmäßig sind, ihrer Aufgabe nicht oder nur unzureichend gewachsen. Andererseits gibt es Einsatzgebiete wie beispielsweise die südlichen oder nördlichen Extrembreiten, wo das beste und somit in der Regel auch teuerste Material gerade noch gut genug ist.
Im Falle einer langjährigen, anspruchsvollen Segelreise sorgen deshalb unzweckmäßige Segel auch dementsprechend lange und reichlich für Unannehmlichkeiten oder gar Gefahrensituationen. Die gesamte Segelgarderobe einschließlich sämtlicher Planen der OASE II wurde von mir bei Segelmacher Weber in Auftrag gegeben. Ausschlaggebend für meine Entscheidung war das Preis-Leistungs-Verhältnis, das mir durchschnittlich gut geschnittene, solide verarbeitete Fahrtensegel zu einem für mich erschwinglichen Preis einbrachte. In meinem speziellen Fall war auch Herrn Webers Bereitschaft, mir einige Sonderwünsche zu erfüllen, äußerst hilfreich. Die unter diesen Voraussetzungen gefertigten Segel hätten zwar nicht gerade jede Hochseeregatta gewonnen, glänzten jedoch im Laufe meiner gesamten Reise durch die für mich und meine Zwecke im Fahrtenseglerbereich brauchbare Schnitt- und Materialwahl. Die Segel waren nach Beendigung meiner Weltumsegelung in einsatz-

bereitem Zustand, ohne unterwegs in Reparatur gewesen zu sein. Gerade dieser Umstand erscheint mir bemerkenswert. Lediglich einige kleine Reparaturen wurden von mir behelfsmäßig mit Hilfe von Bordmitteln durchgeführt. Dass kleine Schäden und Vertrimmungen der Segel nach streckenweise härtestem Einsatz, verbunden mit nicht optimaler Trimm, entstanden sind, ist verständlich.

Segelgarderobe an Bord der OASE II während ihrer Weltumsegelung:
2 Großsegel à 14 m^2 mit jeweils drei Reffreihen (Bindereff)
(Der Großbaum der OASE II ist zwar mit einem Patentreff ausgestattet, das habe ich jedoch nie verwendet.)
1 Blister, 34 m^2, als Vorwindsegel oder Leichtwindgenua einsetzbar
1 Genua, 24 m^2
2 Fock 1, zugleich Passatsegel
1 Fock, 10 m^2, als Starkwindsegel
1 Fock, 5 m^2, als Sturmsegel
1 Fock, 3 m^2, als Sturmsegel
(Dieses aus sehr schwerem Tuch gefertigte Segel setzte ich einmal bei meiner Atlantiküberquerung – wo auf Grund des fehlenden Ruders ein ausgewogener Segeltrimm bei stürmischem Wetter und Vorwindkurs äußerst wichtig war – und in Teilstücken des Roten Meeres ein.)
Weiters führte ich eine Großbaum-, eine Niedergangs- und eine Sonnenpersenning sowie eine große Plastikplane, welche ich jedoch nie benutzte, mit. Letztere war als Mehrzweckplane vorgesehen.

Motorisierung

Die Motorisierung der OASE II besteht aus einem 8-PS-Außenborder in Langschaftausführung. Dieser sitzt in einem Motorschacht unmittelbar vor dem Ruderblatt. Ich möchte an dieser Stelle keinesfalls eine Lobeshymne auf diese in Seglerkreisen heiß diskutierte Lösungsvariante anstimmen, sondern lediglich meine Überlegungen und Erfahrungen auflisten. Ich hoffe dadurch, den interessierten Leser objektiv informieren zu können.
Grundsätzlich wollte ich einen möglichst leichten, platzsparenden und im Ankauf kostengünstigen Hilfsmotor. Weiters sollte er einbau-, reparatur- und servicefreundlich sein.
Diese Kriterien haben sich voll und ganz bestätigt. Im Zusammenhang mit der kurzen Distanz zwischen Propeller und Ruderblatt möchte ich auf den etwas stärkeren Ruderdruck bei höherer Propellerdrehzahl hinweisen. Deshalb dreht das Boot ohne Zuhilfenahme des Retourganges durch die Anstrahlwirkung der Schraube auf das Ruderblatt praktisch auf dem Teller.
Die Leistung, also 8 PS, hatte ich gewählt, um den Außenborder nicht nur als Hilfsmotor auf der OASE II, sondern auch am Dingi einsetzen zu können. Diese Entscheidung war bei den vorhandenen Größenverhältnissen und Gewichten – die tourenfertige OASE II wiegt ca. 3 Tonnen, das Dingi ist ein kleines Schlauchboot mit Rollboden – schlichtweg falsch. Der Motor war für die OASE II gerade noch ausreichend, hatte aber im Einsatz so gut wie keine Reserven, für das Dingi jedoch von Gewicht und Leistung absolut überdimensioniert. Ich habe aus diesem Grund auch während der Reise einen 4-PS-Außenborder für das Dingi gekauft. Als Hilfsmotor für die OASE II wäre eine Leistung zwischen 12 und 15 PS passend.
Das System des Einbaues mit geteiltem, nach unten zu öffnendem Motorschachtdeckel sowie das Weglassen einer Schaltbox – ich habe lediglich die serienmäßige Steuerpinne mit integriertem Gasgriff mittels einer Halterung arretiert – hat sich bewährt. Ich konnte den Motor problemlos und mit wenigen Handgriffen lösen und nach innen, also ins Cockpit heben. Gerade Letzteres hat sich auf See einige Male als überaus zweckmäßig erwiesen.
Die Betriebsgeräusche und vor allem der Abgassumpf im Cockpit waren unange-

nehm. Für längeres Motoren ist dieses spartanische Einbausystem mit Sicherheit nicht geeignet, ich hatte es auch nicht vorgesehen. Ebenso liegt der Treibstoffverbrauch mit etwa 2,5 Liter Benzin plus einprozentiger Ölzugabe pro Betriebsstunde – ca. 80 Prozent der Leistung, Fahrgeschwindigkeit plus/minus vier Knoten – deutlich höher als bei einem vergleichbaren Einbaudiesel.

Die Abgase im Motorschacht, hauptsächlich im Leerlauf, haben jedoch die Laufruhe nicht beeinträchtigt, da der Motor Frischluft über einen Schlauch aus der Backskiste bezieht. Auch bei längeren Hafenmanövern mit geringer Drehzahl lief er störungsfrei. Die Reparatur- und Servicefreundlichkeit waren gegeben.

Die serienmäßig eingebaute 12-Volt-Ladespule arbeitet auch bei geringer Drehzahl gut.

An Ersatzteilen führte ich mit:

Ersatzpropeller
1 Wasserpumpen-Reparatursatz
mehrere Garnituren Zündkerzen
Ersatzzündkerzenstecker
Motorschaftdichtung
Thermostatgehäusedichtung
Benzinfilter

Seenotausrüstung

Sie bedeutet Vorsorge für den Fall der Fälle.

Es versteht sich von selbst, dass man bei der Planung eines derartigen Abenteuers auch an den Notfall denkt und möglichst alle Eventualitäten berücksichtigt. Überhaupt ist das persönliche, körperliche und mentale Vorbereiten auf Notfälle das wohl wichtigste Hilfsmittel.

Von vornherein stand eines für mich fest: Ich wollte mein Boot im Ernstfall unter keinen Umständen aufgeben. Denn alle lebensnotwendigen Dinge wie Wasser, Nahrungsmittel, Medikamente und Kleidung sind an Bord. Dazu muss die Möglichkeit von Reparatur und Wiederherstellung einer wenn auch bedingten Seetauglichkeit des Bootes gegeben sein und zuletzt, wenn alle Stricke reißen, zumindest das Erhalten aller Vorräte rund um das Beiboot an der Wasseroberfläche. Basierend auf dieser Erkenntnis rüstete ich die OASE II wie folgt aus:

An Stelle einer Rettungsinsel führte ich mit Druckluft aufblasbare Kunststoffrollen – Inhaltsvolumen zwischen 90 und 110 Liter – für ein Gesamtvolumen von zirka 3.500 Liter mit. Ich erhielt diese nach gründlicher Rücksprache mit Verkaufsberatern der Firma Allroundmarine, die solche Rollen unter der Bezeichnung „Transportrollen" in mehreren Größen anbietet. Die Druckluft hierfür war in zwei 10-Liter-Tauchflaschen, Füllmenge jeweils 220 Bar = 4.400 Liter Druckluft, gestaut. Für das Befüllen war ein gewindeloser Kunststoffschlauch, der sich vom ebensolchen Rollenventil bei Erreichen des Solldrucks automatisch absprengt, vorgesehen. Damit wäre ein rasches, technisch unbedenkliches Befüllen der Schwimmkörper möglich gewesen. Die relativ große Anzahl kleiner Luftbehälter wählte ich, um ein Umstauen im befüllten Zustand zu ermöglichen. So hätte ich das vollgeschlagene Boot in eine Position bringen können, die das Lenzen nach einer behelfsmäßigen Reparatur der Außenschale ermöglicht hätte. Dies ist bei fest eingebauten Auftriebskörpern, die zusätzlich einen Großteil des Stauraumes ausfüllen, praktisch unmöglich. Auf See hatte ich Auftriebskörper und Druckluftflaschen, jederzeit ungehindert zugänglich, im Vorschiff gestaut. Zusätzlich ist der Spoiler der OASE II ausgeschäumt, und im Heck des Bootes sind ständige Auftriebskörper in Form von Kunststoffbehältern vorhanden.

An herkömmlichen Rettungsmitteln waren an Bord der OASE II:

1 automatische Rettungsweste der Firma Marinepool, Type Vario mit Doppelkam-

mersystem. Dieses Modell verhindert durch seinen speziellen Druckzünder das ungewollte Aufblasen im Falle eines Kontaktes mit Leckwasser;
1 herkömmliche Feststoffweste als Kälte- und Verletzungsschutz;
1 EPIRB Notfunkboje, Modell MT250C. Sie arbeitet auf den Frequenzen 121,5 und 243 MHz;
Comet-Signalmunition des Kalibers 4 plus dazugehöriger Signalpistole;
Handfackeln und Rauchtöpfe in ausreichender Menge und SNAP-LIGHT-Signallichtstäbe, welche ich nach fachlich kompetenter Beratung durch die Firma Diskontmarine bezog;
Glücklicherweise musste ich während meiner Weltumsegelung keines dieser Rettungsmittel verwenden. Aber ich war für einen Notfall gerüstet.

Elektronik

Die Bordelektronik der OASE II beschränkte ich aus Kosten- und Servicegründen auf ein Minimum. Ich absolvierte diese Reise nicht, um Schiffselektronik, sondern mich selbst auf Belastbarkeit zu testen. Dennoch waren an Bord einige Geräte im Einsatz:
Zwei GPS-Empfänger, Log und Lot, UKW-Funk, ein KW-Empfänger und eine elektrischer Autopilot. Probleme hatte ich mit dem Log, das einen Schaufelradgeber besitzt. Diesen musste ich andauernd reinigen, um seine Funktion zu gewährleisten. Zudem setzte der Geber im lebhaften Seegang des Öfteren aus. Die Tiefenangaben des Lots waren bei starken Rollbewegungen verständlicherweise ungenau. Der KW-Empfänger erhielt bei der Kenterung im Roten Meer eine Salzwasserdusche und war trotz sofortiger Reinigung irreparabel beschädigt. Das spritzwassergeschützte UKW-Funkgerät wurde wahrscheinlich ebenfalls durch eine dezente Salzwasserdusche betriebsuntauglich. Spritzwassergeschützt bedeutet eben nicht wasserdicht. Ich konnte das Gerät aber in Hurghada reparieren lassen. Der Autopilot wird beim Thema Selbststeueranlagen behandelt.
Sollte ich ein Siegergerät küren, so ist dies mit Sicherheit das verwendete GPS Garmin 45. Er ist nicht nur wasserdicht, sondern steckte auch sämtliche anderen Misshandlungen wie Erschütterungen, Stürze, extreme Temperaturunterschiede – einmal hatte ich ihn in der Sonne liegend vergessen und so beinahe zum Glühen gebracht – unbeschadet weg. Die Bedienung erwies sich auch im völlig übermüdeten, unkonzentrierten Zustand als leicht. Der Empfang war an seinem Platz, in der Navigationsecke, auch ohne externe Antenne brauchbar.

Laptop

Ich wollte einen Laptop zum Schreiben meines Buchmanuskriptes und zum Archivieren einiger Daten verwenden. Mir war allerdings bei dem Gedanken, auf meiner kleinen OASE II eines dieser Hightech-Geräte mitzunehmen, nicht gerade wohl. Die nahezu andauernden, manchmal sehr heftigen Erschütterungen, bis zu über 90 Prozent Luftfeuchtigkeit und einiges mehr ließen in mir Zweifel aufkommen, ob ein so genannter „herkömmlicher" Laptop solcherlei Strapazen tatsächlich überlebt. Etwaige Spezialausführungen lagen schlichtweg weit über meinen finanziellen Möglichkeiten.
Nach einigen Diskussionen mit Fachleuten habe ich mich überzeugen lassen und entgegen meiner Bedenken einen Laptop – IBM ThinkPad 310 ED – angeschafft und mitgeführt. Warum gerade dieses Gerät? Es ist mit seiner Hardware so ausgeführt, dass es bei vorhandener Software sämtliche Optionen zum Einsatz für Navigation und Nachrichtentechnik bietet. Ich wollte, wenn schon, dann wenigstens ein zeitgemäßes Gerät kaufen. Zudem, und das war letztendlich meine hauptsächliche Ent-

scheidungshilfe, haben mir Insider generell IBM-Geräte nahe gelegt, da diese, ihrer Erfahrung nach, äußerst robust und zuverlässig sind. Vom Preisniveau liegen sie auf einer Ebene mit vergleichbaren Geräten anderer Hersteller. In meinem Fall hat sich diese Behauptung durchaus bestätigt. So wie die Fotoausrüstung wurde auch der Koffer mit dem Laptop bei meiner Kenterung trotz Sicherung quer durch das Vorschiff geschleudert. Dennoch entstanden dabei keinerlei Beschädigungen. Auch meine andauernde Behandlung mit schweißnassen, unter Umständen auch salzwassernassen Fingern überdauerte es ohne Beschädigung. Bei einem heftigen Regenschauer bekam es auch viel an Spritzwasser ab. Ich trocknete den Bildschirm und die Tastatur mittels Küchenkrepp, stellte das Gerät anschließend für zwei Stunden in die Sonne – keine Schäden!

Energieversorgung

Das 12-Volt-Bordstromnetz der OASE II basiert auf zwei Langzeit-Entladebatterien mit jeweils 100 A/h Speicherkapazität. Sie sind im Unterschied zu herkömmlichen Starterbatterien speziell für andauernden, relativ geringen Stromfluss ausgelegt. Sie wurden während meiner Reise mittels Solarzellen – flexible, begehbare Unisolar-Zellen – gespeist. Diese haben vor allem auf kleinen Booten den großen Vorteil, keinen eigenständigen, fixen Platz zu benötigen. Ich hatte sie auf See auf dem Packdeck oder in der Plicht liegen, im Hafen und am Ankerplatz am Großbaum beziehungsweise auf der Sonnenpersenning verzurrt.
Zusätzlich besitzt der 8-PS-Außenborder eine Ladespule. An Bord hatte ich auch einen kleinen Koffergenerator, 220 Volt, 400 Watt bzw. 12 Volt, 8 Ampere, welchen ich jedoch nie zum Laden der Batterien benötigte. Ich betrieb mit dem Generator ausschließlich Elektrowerkzeuge wie Bohrmaschine, Winkelschleifer oder Vibrationsschleifmaschine.
Für Notfälle hatte ich ausreichend Trockenbatterien an Bord, um UKW-Funk, KW-Empfänger und GPS-Empfänger zu betreiben.

An Stromverbrauchern waren an Bord:
GPS- Empfänger
Log
Lot
KW-Empfänger
UKW-Funk
Kompassbeleuchtung
Autopilot
Positionslichter
Handscheinwerfer
Innenbeleuchtung
Tauchpumpe für die Frischwasserarmatur
Laptop

Navigation

Im Zeitalter des GPS-Satellitennavigationssystems hat dieses Thema einiges an Schrecken eingebüßt. Immer mehr Skipper sind ohne jegliche astronomische Navigationskenntnisse unterwegs, ein Trend, den ich keinesfalls befürworte. Letztendlich sollte jeder pflichtbewußte Schiffsführer bedenken, dass er die Funktionalität des GPS-Systems in keiner Weise beeinflussen kann. Schließlich steuern und betreiben die USA alle wichtigen Einzelkomponenten und können dadurch deren Funktion und/oder Genauigkeit jederzeit beeinflussen – siehe Golfkrieg. Lediglich beim Empfang der gesendeten Signale kann man persönlich dafür sorgen, dass keinerlei Probleme auftreten. Deshalb sollte auch ein Ersatzempfänger an Bord sein.
Aus oben stehenden Gründen plädiere ich dafür, neben der terrestrischen auch die astronomische Navigation zu erlernen und gelegentlich auch zu praktizieren, bevor ein Törn außerhalb der Küstengewässer angetreten wird. Es versteht sich deshalb

von selbst, dass an Bord jedes Schiffes nach wie vor ein Sextant mit dazugehörigen Tafeln und das aktuelle nautische Jahrbuch vorhanden sein sollten. Dadurch ist man für den zugegebenermaßen unwahrscheinlichen Fall der Fälle gerüstet. Ich habe mir die Astronavigation selbst beigebracht und nehme hin und wieder zur Übung eine Standlinie, um das Gelernte nicht wieder zu vergessen. Es macht auch Spaß, die eigenen Messungen mit Hilfe des GPS auf ihre Genauigkeit zu überprüfen.
Schließlich praktiziert man mit der Astronavigation zwar eine antiquierte, jedoch unter Umständen lebenswichtige Form der Standortbestimmung.

An Bord der OASE II waren:
2 GPS-Empfänger
1 Vollsichtsextant
HO-249-Tafeln
das aktuelle nautische Jahrbuch
1 Handpeilkompass
1 Fernglas mit eingebautem Peilkompass
2 Kursdreiecke
2 Kurslineale
1 Kartenzirkel
diverses Schreib- und Zeichenzubehör
Seekarten hatte ich als Übersegler und im Detail für die vorgesehene Reiseroute sowie im mittleren Maßstab für die angrenzenden Fahrgebiete an Bord. An Handbüchern verwendete ich die jeweils letzten Ausgaben diverser Verlage in deutscher oder englischer Ausführung. Bei der Auswahl betreffend Umfang und Qualität meiner Navigationsunterlagen habe ich mich durchwegs auf die persönliche Beratung durch Mitarbeiter der Firma Freytag & Berndt verlassen. Im Speziellen möchte ich mich bei Herrn Christian Katz und Herrn Stefan Kratochwilla bedanken, die ich des Öfteren bis lange nach ihrer offiziellen Dienstzeit mit Fragen gelöchert habe.
Elektronische Kartensysteme wie Plotter sind zweifelsohne die Navigationshilfen der Zukunft, fanden allerdings bei meiner Weltumsegelung aus technischen und finanziellen Überlegungen keinen Einsatz.

Selbststeueranlagen

Das Thema Selbststeueranlagen hat mir in der Planungsphase die meisten schlaflosen Nächte beschert, galt es doch, eine für mein ausgefallenes Vorhaben möglichst optimale Lösung zu finden.
Ich entschied mich dafür, eine Windfahnen-Selbststeueranlage und einen elektrischen Autopiloten – Pinnenpiloten – zu installieren.
Für den Einsatz einer Windfahnen-Selbststeueranlage sprachen mehrere Punkte:
Sie benötigt keine elektrische Energie, sie verkörpert im Fall des von mir eingesetzten Windpiloten gleichzeitig eine Notruderanlage und ist wesentlich verschleißfreier als ein elektrischer Pinnenpilot. Zusätzlich lässt sie sich auch mit spartanischen Mitteln zumindest behelfsmäßig reparieren. Dies ist bei jedem elektrischen, elektronischen und hydraulischen Selbststeuersystem nicht möglich.
Weiters sind nach meiner Erfahrung elektrische Pinnenpiloten – gleich welche Marke und Type – nicht in der Lage, eine kleine Yacht mit geteiltem Lateralplan sicher über einen aufgewühlten Ozean zu steuern. Daran ändert auch eine noch so ausgeklügelte elektronische Steuereinheit nichts, das Problem liegt schlichtweg in der Arbeitsweise. Abgesehen davon ist ihr Energieverbrauch bei starkem Seegang viel zu hoch: ein Vielfaches des für den so genannten Normalbetrieb angegebenen Verbrauchs. Andererseits steuert ein elektrischer Autopilot auch noch bei 0–1 Bft. unter Segel oder eben unter Maschine.
Der Windpilot wurde seiner Aufgabe in jeder Hinsicht gerecht. Er steuerte die OASE II notgedrungen ohne Hauptruder über den Atlantik und durch Teile des Karibischen Meeres, arbeitete auch bei 1–2 Bft. sowie vor dem Wind ohne Probleme und benötigte während meiner Welt-

umsegelung, obwohl ich ihn gebraucht erstanden hatte, nicht ein einziges Ersatzteil. Diese Fakten sprechen für sich und bedürfen keiner weiteren Erklärung.
Mit dem von mir installierten Autopiloten gab es vom Start weg Probleme. Er unterlag starkem Verschleiß, hatte Korrosionsprobleme in der Antriebseinheit und benötigte ein Mehrfaches der angegebenen durchschnittlichen Energiemenge. Eine Garantiereparatur war in meinem Fall außerhalb Österreichs nicht möglich. Ich mühte mich also mit dem zu keiner Zeit hundertprozentig arbeitenden Gerät ab, bis es auf Grund eindringenden Wassers in die Antriebseinheit endgültig außer Gefecht war. Auch diese Tatsache bedarf keines weiteren Kommentares.
Da jedoch ein elektrischer Autopilot wesentlich zur Erleichterung des Bordalltages eines Einhandseglers beitragen kann – befreit er einen eben in oben genannten Situationen von der Fron des Rudergehens –, wechselte ich die Erzeugerfirma und installierte einen neuen Pinnenpiloten – NAVICO 300 CX –, welcher bis zum Ende meiner Reise seinen Dienst versah. Er steuerte die OASE II problemlos bei Leichtwind und unter Motor, sein Stromverbrauch hielt sich dabei in Grenzen.
Abschließend kann ich nur empfehlen, bei Blauwassertörns mit einer kleinen Segelyacht beide Systeme zu installieren. Da ein Notruder ohnehin an Bord sein sollte, würde ich bei der Windfahnensteuerung eine Anlage mit eigenem Ruderblatt wählen, also kein System, welches über das Hauptruder arbeitet.

Pantry total!

Die Pantry der OASE II ist mit einem zweiflammigen Einbaukocher und einer einfachen Spüle bestückt. Ein Backofen ist aus Platzgründen nicht vorhanden. Als Brennstoff dient Spiritus (Alkohol). Der Kocher arbeitet drucklos nach dem Verdampfungsprinzip, also wie ein übergroßer Fonduebrenner. Maximal 1,2 Liter kann ein Brennstoffbehälter jeweils aufnehmen. Bei meinen Kochgewohnheiten – zumindest ein warmes Essen täglich sowie mehrmals Kaffee oder Tee – benötigte ich für die 19-monatige Reise 61 Liter des zwar teuren, jedoch in dieser Verwendungsform äußerst sicheren Brennstoffs. Selbst wenn ein Durchkentern den Kocher beschädigt hätte, wäre kein Brennstoff ausgelaufen. Weiters benötigt der Kocher keine Brennstoffleitung, die brechen könnte. Die Brennstoffbehälter sind mit saugendem Material gefüllt. Dieses ermöglicht eben nur ein langsames Verdampfen. Das würde man, so es unbeabsichtigt erfolgt, sofort riechen. Ich halte dieses System auf kleinen Booten, wo diverse Alternativen aus Platzgründen ausgeschlossen sind, für das sicherste. Wasser kommt in die Pantry mit Hilfe einer elektrisch betriebenen Tauchpumpe aus einem im Unterbau gestauten 17-Liter-Behälter. Ein Abwasserbehälter ist ebenfalls vorhanden. Ein Seeventil zum Entleeren der Spüle wurde von mir nicht eingebaut, der Abwasserbehälter muss händisch entleert werden. Neben einem Druckkochtopf – sehr wichtig, da energiesparend und verschüttungssicher – führte ich einige herkömmliche teflonbeschichtete Kochtöpfe und das übliche Kochzubehör mit. Die teflonbeschichteten Töpfe erwiesen sich als sehr pflegeleicht, jedoch nicht seewasserbeständig. Auf See spülte ich das Geschirr aber ausschließlich mit Seewasser. Deshalb waren die Töpfe in Fidschi durchgerostet. Ich ersetzte sie durch Edelstahltöpfe. Tupperwarebehälter sind ebenfalls zu empfehlen. Auf Grund ihrer Auslaufsicherheit sollte man sie diversen Billigprodukten vorziehen. Dies erspart mit Sicherheit einige Reinigungsstunden, in denen man ausgelaufene Speisen aus diversen Stauräumen oder einer Kühlbox schrubben muss.

Vorräte

Ich kann nur empfehlen, möglichst vielfäl-

tig einzukaufen. Bei mir ändert sich auf See der Appetit je nach Laune drastisch. Kann ich mir meinen Menüwunsch erfüllen, bin ich satt und zufrieden, wenn nicht, bin ich satt und missmutig.
Das Erteilen einschlägiger Ernährungsvorschläge überlasse ich Fachleuten, lediglich die Grundregeln einer möglichst fettarmen und vitaminreichen Kost sollte jeder zur Erhaltung der persönlichen Vitalität, übrigens nicht nur auf See, berücksichtigen.
Unterwegs bestand meine tägliche Hauptspeise entweder aus Reis oder Teigwaren. Beides vermischte ich abwechselnd mit Gemüse oder Fisch, ab und zu mit Fleisch. Dazwischen aß ich beispielsweise Kekse, Schokolade, Obst, Kräcker, Trockenfrüchte und manchmal auch alles gleichzeitig. Ich kann nur jedem Reisenden nahe legen, einheimische Speisen, wo auch immer, möglichst vielfältig zu probieren. So man nicht absolut auf die heimische Küche schwört, findet sich überall etwas Passendes für den eigenen Gaumen.
Zwiebel nicht vergessen. Ich esse die kleinen Geruchsteufel roh oder gekocht zu Reis, Fisch, Fleisch, Käse, Gemüse, klein geschnitten in Soßen gemengt – kurz gesagt fast täglich.
Alkohol war an Bord, jedoch allein auf See trinke ich so gut wie nie. Am Ankerplatz oder im Hafen genieße ich durchaus einen guten Schluck. Nach langer Abstinenz oder bei „unbekannten Muntermachern" hatte ich auch schon ordentlichen Seegang in den Beinen.
Noch ein heißer Tipp: Ersatzdichtung für Druckkochtopf mitführen.

Fischen:
Prinzipiell habe ich täglich, außer bei extrem schlechtem Wetter, am Vormittag die Schleppangel ausgebracht. Wenn bis zum frühen Nachmittag nichts angebissen hatte, gab es eben keinen frischen Fisch.
Als Schleppangel verwende ich hauptsächlich eine etwa 50 Meter lange, zwei Millimeter starke Kunststoffleine mit anschließendem Stahlvorlauf. Am Ende befestige ich einen Wirbelschäkel mit Dreifachhaken, über den ich als Köder einen bunten Gummioktopus schiebe. Dieses System hat sich im Großen und Ganzen gut bewährt, zudem stellt es eine kostengünstige Variante des Schleppfischens dar. Die Kunststoffleine habe ich auf einer Plastikspule beim Schleppen jeweils zur Hälfte ab- beziehungsweise aufgespult. Die Plastikspule selbst ist wiederum mittels eines kräftigen Gummistropps am Heckkorb befestigt. Erfolgt ein Biss, federt der Gummistropp den ersten Ruck ab, gleichzeitig rauscht die restliche Leine aus. Anschließend kann man mit dem Einholen der Beute beginnen. Lediglich bei lebhafter Fahrt durchs Wasser, etwa ab fünf Knoten, oder bei richtig großen Brocken habe ich zum Einholen der Leine die Segel geborgen. Das Risiko, dass ein Fisch abreißt, ist bei diesem System zweifelsohne relativ groß. Will man die Beute auf Nummer Sicher einholen, sollte in jedem Fall beigedreht werden.
Da es auf der OASE II keinen Kühlschrank gibt, habe ich mich stets nur mit frischem Fisch satt gegessen, der Rest wanderte wieder über die Bordkante. Auf das Konservieren mittels Einkochen verzichtete ich während meiner Reise grundsätzlich. Lediglich anfangs habe ich probeweise Fischfilet eingelegt bzw. eingekocht. Die nachstehende Rezeptur ist in Seglerkreisen weit verbreitet:
Man besorgt sich diverse Gläser, deren Deckel eine aufvulkanisierte Dichtung besitzen, z. B. leere Gurkengläser, Olivengläser, Mayonnaisegläser etc. Diese weden sorgfältig gereinigt. Anschließend befülle man sie mit Fleisch oder Fisch. Nach dem Würzen wird der noch vorhandene Leerraum im Glas mit Wasser ausgefüllt. Anschließend die Gläserdeckel locker aufsetzen. Danach wandern sie in den zu zwei Drittel mit Wasser gefüllten Druckkochtopf. Nach einer Kochzeit von mindestens einer Stunde kann man den Druckkoch-

topf nach vorherigem Druckausgleich öffnen und die noch kochenden Gläser fest verschließen. Nach ihrem Abkühlen bildet sich im Inneren Unterdruck. Dies zeigt der nach innen gewölbte Deckel an. Die Haltbarkeit der so produzierten Konserven liegt mit Sicherheit bei einigen Monaten. Ich habe selbst eingekochte Fleischkonserven auch schon über zwei Jahre aufbewahrt. Sie waren immer noch einwandfrei genießbar.

Brot
ist für mich äußerst wichtig. Da die OASE II über kein Backrohr verfügt, war ich bei den langen Überfahrten selbst am Brotbacken. Ich verwendete dafür eine teflonbeschichtete Bratpfanne und nachstehendes Rezept:
550 Gramm Mehl
$^1/_2$ Esslöffel Zucker oder Honig
25 Gramm Hefe (frisch oder instant)
2 Esslöffel Speiseöl
2 Teelöffel Salz
400 Milliliter Milch oder Wasser
Zutaten gut vermengen, den Teig zugedeckt ca. 40 Minuten aufgehen lassen, danach zugedeckt 40 Minuten von unten und 20 Minuten von oben, also gewendet backen. Guten Appetit!

Werkzeuge und Reparaturmaterial

Grundsätzlich sollte jede Fahrtenyacht mit ausreichenden Mengen an Werkzeugen und Ersatzteilen ausgerüstet sein. Ich habe diese so genannte Binsenweisheit absichtlich vorangestellt, um dadurch ihre unzureichende Aussagekraft hervorzustreichen. Was heißt ausreichend? Diese Frage muss sich jeder Skipper selbst beantworten. Lediglich so viel möchte ich als Grundregel vorschlagen: Ist der Platz an Bord vorhanden, sollte man beim Erstellen der Ersatzteilliste möglichst jede Eventualität berücksichtigen. Für Werkzeuge gilt dieser Grundsatz ebenso. Bei der Qualitätswahl und dem Mehrfachkauf bestimmter Werkzeuge sollte man Folgendes bedenken: Werkzeuge, welche überhaupt nur selten eingesetzt werden, müssen nicht von allerbester Qualität – also nicht so teuer – sein. Werkzeuge, welche leicht verloren gehen, wie spezielle Gabelschlüssel oder Schraubenzieher, die häufig an Deck benötigt werden, sollten im qualitativen Mittelfeld, dafür aber in größerer Anzahl vorhanden sein. Lediglich bei wichtigen Stücken wie Notfallwerkzeugen, zum Beispiel Wantenschneider, empfehle ich, so es finanziell möglich ist, nur die beste Qualität anzuschaffen. Es ist mental niederschmetternd und mitunter auch lebensgefährlich, wenn sich in Extremsituationen Ersatzteile oder Werkzeuge als unpassend bzw. unbrauchbar erweisen.

An Bord der OASE II waren an Werkzeug:
diverse Schlitz- und Kreuzschraubenzieher in großer Menge
2 Faustschraubenzieher
2 Prüfschraubenzieher
1 Satz Schraubenzieher für Feinmechanik
1 Satz Gabelschlüssel (die an Bord gängigsten Größen waren mehrfach vorhanden)
1 Satz Gabel-Ringschlüssel
1 Satz Ringschlüssel, gekröpft
1 Satz Steckschlüssel
1 Satz Feilen
1 Satz Schlüsselfeilen
1 Satz Holzraspeln
1 Satz Holzstemmeisen
1 Satz Durchschlageisen
1 Montiereisen
3 Eisensägen plus einer großen Menge Ersatzsägeblätter
3 Stück Zündkerzenschlüssel
1 Metallstemmeisen
2 Körner
4 Klingenmesser plus ausreichend Ersatzklingen
1 Schublehre
3 Maßbänder

2 Hämmer
2 Hacken
1 Bolzenschneider = Wantenschneider
4 Fixierzangen in verschiedenen Größen
1 Wasserpumpenzange
1 Abisolierzange
2 Kombizangen
2 Seitenschneider
1 Spitzzange, gerade
1 Spitzzange, gebogen
1 Kabelschuhzange
1 Beißzange
1 Blechschere
Gewindeschneider für Außen- und Innengewinde in 4, 6, 8 und 10 mm
2 Werkzeughalter
2 Fettpressen
5 Schraubzwingen
1 Kartuschenpresse

Elektrowerkzeug:
1 Generator für Wechselstrom 220 Volt, 400 Watt bzw. Gleichstrom 12 Volt, 8,1 Ampere
1 Bohrmaschine plus einer großen Menge Ersatzbohrer
1 Bohrerschleifaufsatz für die Bohrmaschine
1 Winkelschleifer plus Schleif- und Schneidscheiben
1 Vibrationsschleifer plus einer großen Menge Schleifpapier
1 Lötkolben plus Lötzinn

An Bord der OASE II war an Reparaturmaterial:
Segelreparaturmaterial, bestehend aus:
1 Segelhandschuh
2 Scheren
mehrere Packungen Segelnadeln verschiedener Stärken, Längen und Formen
mehrere Rollen Takelgarn und Zwirn in verschiedenen Stärken und Materialien
Stagreiter in verschiedenen Größen
Segeltuch in verschiedenen Stärken
Segeltuch, selbstklebend
Spinnakertape
Planenmaterial
Einschlagösen in Nirosta und Plastik
Ersatzsegellatte

Diverses Reparaturmaterial:
Sperrholz in verschiedenen Stärken und Größen
kleinere Stücke Acrylglas (zum Verkleben etwaiger Risse in Fenstern oder Luken)
Nirostastreifen und -plättchen in diversen Stärken
Nirostarundstangen in 2, 4, 5, 6, 8 und 10 mm
Nirostagewindestangen von 4 bis 10 mm Querschnitt
Nirostalocheisen
Schweißelektroden für Nirosta (Lichtbogenschweißen)
Aluminiumstreifen
Aluminiumrohre in diversen Größen (z. B. zum Reparieren der Spi-Bäume)
Winkeleisen in Nirosta und Aluminium
großes Schraubenset

Reparaturset für das Beiboot:
große Mengen an Klebebändern in verschiedenen Breiten
Druckkleber
verschiedene Zweikomponentenkleber

Reparaturset für Tauchausrüstung:
O-Ringsatz für Tauchausrüstung (Lungenautomat und Flaschenventile)

Diverses:
verschiedene Dichtmassen
Polyesterharz und dazugehörige Härter
Glasfasermatten und Rovinggewebe
Epoxikitt
Zweikomponentensperrgrund
Zweikomponentenlack mit dazugehöriger Verdünnung
diverse Pinsel und Farbrollen
0,5 Liter Resorzinleim

An Bord der OASE II waren an Ersatzteilen:
Für jede beim Bau verwendete Schraube, jeden Bolzen oder Beschlagteil minde-

stens eine, meistens aber mehrere in Reserve
Ersatzrollen für die Ankerwippe am Bugbeschlag
Neopren in verschiedenen Stärken und Formen (Matten und Streifen) zum Fertigen von Dichtungen
Ersatzdichtung für den Druckkochtopf
Ersatzteile für den Motor siehe im Abschnitt Motorisierung

Elektromaterial:
Teilstücke aller beim Bau verwendeten Kabel
diverse Blockklemmen und Quetschkabelklemmen
diverse Sicherungen und Schalter
diverse Widerstände und Anoden
diverse Ersatzlampen jeder an Bord befindlichen Type

Ersatzleinen:
Ersatzfallen und Schoten
Ersatzwanten, Niroseilklemmen und Wantenspanner
diverse Kleinteile für Winschen
Ersatzumlenkblöcke, Schäkel, Karabiner, Splinten und Bolzen

Leben an Bord

Prinzipiell hatte ich mein Bordleben während meiner Reise nach folgenden Überlegungen aufgebaut:
Ich kann nicht, heißt, ich will nicht. Ich hatte mich mental darauf eingestellt, dass letztendlich nur das Versagen meiner körperlichen Fähigkeiten oder ein Sinken der OASE II das Unternehmen frühzeitig beenden könnten. Auf die körperliche Fähigkeit bezogen habe ich schon während meiner Zeit als aktiver Kampfsportler gelernt, auf stur zu schalten, extreme Belastungen auch mental zu ertragen und Kraftreserven bis zur letzten Konsequenz – das ist eben Ohnmacht oder Tod – zu mobilisieren. Auf diesem Grundsatz basierend, war es während meiner Überfahrten oberstes Gebot, den technisch einwandfreien Zustand des Schiffes und die eigene Gesundheit sowie Belastbarkeit so weit wie möglich sicherzustellen. Der Bordtag wurde nach einer Prioritätenliste eingeteilt, der ein 24-Stunden-Rhythmus zu Grunde liegt.
So weit wie möglich den technisch einwandfreien Zustand des Schiffes zu gewährleisten, das heißt, Materialbruch in erster Linie zu vermeiden, etwaige Reparaturen möglichst schnell und zweckmäßig durchzuführen. Darunter verstehe ich auch das Verändern einer technischen Lösung noch während einer Überfahrt, so sie sich als unbrauchbar erwiesen hat und die notwendigen Materialien an Bord zur Verfügung stehen.
Immer wichtig waren und sind: guter Segeltrimm und optimale Kurswahl. Aufmerksames Beobachten der Wettersituation. Regelmäßiges Ausruhen in Form von kurzen – 15 bis 30 Minuten – Ruhe- bzw. Schlafpausen. Unter Ruhepause verstehe ich das entspannte Sitzen in Verbindung mit mentalen Grundübungen. Geschlafen habe ich auf See auf dem Kajütboden auf einer Luftmatratze. Dies ist der sicherste und gleichzeitig ruhigste Platz an Bord.
Regelmäßiges Zirkeltraining und Laufübungen an Bord – außer bei extremem Schlechtwetter –, etwa zwei Stunden täglich, um die körperliche Fitness zu gewährleisten.
Essen und Trinken in relativ kurzen Abständen. Dadurch hatte ich die Gewissheit, permanent für einen möglichen Notfall gerüstet zu sein.
Täglich, außer bei extremem Schlechtwetter, große Körperpflege, also Duschbad eingeschlossen, mit Seewasser. Als „Badeplattform" diente mir je nach Wetterlage der Spoiler oder die Plicht. Lediglich zum Zähneputzen verwendete ich Süßwasser.
Wenn diese Prioritäten erledigt waren, gestaltete ich den Rest des Bordtages nach Belieben.
Dazu gehörte in großer Regelmäßigkeit

das Radiohören, Kurzwelle, Sprachen lernen mittels Kurs zum Selbststudium, Lesen, Schreiben meines Buchmanuskriptes, die See beobachten und das Schmieden von Plänen für die Zukunft. Besonders bei langen Überfahrten ist es wichtig, sich geistig zu beschäftigen, um nicht in einen Zustand der Inaktivität zu geraten. Depressionen in Verbindung mit Gleichgültigkeit machen unaufmerksam und werden dadurch zu einer großen Gefahr.

Gesundheit und Medizin

Nach dem Grundsatz „Vorbeugen ist besser als Heilen" habe ich mich vor Antritt meiner Reise einer gründlichen Gesundheitskontrolle unterzogen. Trotz meiner panischen Angst vor Zahnärzten – eine Einstellung, die ich wohl mit vielen Lesern teile – habe ich besonderes Augenmerk auf den einwandfreien Gesundheitszustand meiner Zähne gelegt. Bedenkt man, wie viele Beschwerden ihren Ursprung in Zahnerkrankungen haben können, von der Beeinträchtigung körperlicher Leistungsfähigkeit einmal ganz abgesehen, tut man sicher gut daran, die Zähne in Ordnung bringen zu lassen.
Ein weiteres äußerst wichtiges Thema ist die Bordapotheke: Fernab von jeglicher Hilfe von außen bekommt sie selbstverständlich größte, mitunter lebenserhaltende Bedeutung, gilt es doch, für möglichst viele Eventualitäten gerüstet zu sein. Während ich diesen Satz schreibe, kann ich meine Kritiker bereits laut aufstöhnen hören. Richtig, natürlich ist ein medizinischer Laie wie ich kein Chirurg, Internist oder Zahnarzt. Natürlich bin ich nicht mit gleicher Kompetenz in der Lage, schwere Verletzungen oder gar innere Erkrankungen zu behandeln beziehungsweise zu diagnostizieren. Dem gegenüber steht jedoch die Tatsache, dass jeder Mensch, der sich auf ein Abenteuer wie das hier erzählte einlässt, eben zeitweise ausschließlich auf sich allein gestellt ist, ein Risiko, dessen man sich bewusst sein muss, bevor man ausläuft, um die Weltmeere zu erobern. Hat man sich jedoch einmal dafür entschieden, bleibt einem aber nichts anderes übrig, als gegebenenfalls alle medizinischen Herausforderungen durch Unfall oder Krankheit anzunehmen.
Ich habe also nach dem Studium einschlägiger Literatur meinen Hausarzt aufgesucht und ihn über mein Vorhaben informiert. An dieser Stelle möchte ich mich bei Herrn Dr. Maier, seiner Frau und seiner Assistentin für ihr Verständnis und die ausführliche Betreuung herzlichst bedanken. Gemeinsam erstellten wir den immerhin über acht Kilogramm schweren Inhalt der Schiffsapotheke. Besonders wirkungsvolle Medikamente wurden von mir kurzzeitig eingenommen, um ihre Verträglichkeit zu überprüfen. Auch Antibiotika nahm ich probeweise, jedoch selbstverständlich über den jeweils vollen Kurzeitraum, um das Überleben etwaiger Bakterien möglichst auszuschließen.
Zu guter Letzt versuchte ich noch bei diversen Fachärzten einschlägige Informationen über innere Verletzungen, offene Knochenbrüche oder auch mentale Knock-downs zu erhalten. In diesem Zusammenhang kann ich jedem Leser nur raten, dies ebenfalls zu tun, möchte ihm jedoch meine unzähligen negativen Erfahrungen nicht vorenthalten: Zumeist trifft man auf absolutes Unverständnis, den ständig wiederkehrenden Hinweis: „Dann müssen Sie schnellstens ein Spital oder den Facharzt aufsuchen" konnte ich schon nicht mehr hören. Letztendlich finden sich jedoch nach hartnäckigem Suchen auch äußerst verständnisvolle Mediziner, welche sich bemühen, auch für Laien anwendbare Behandlungsmethoden, soweit dies eben möglich ist, zu erläutern.
Bleibt nur noch die Ungewissheit, wie weit sich jeder Mensch selbst im Falle von Krankheit oder Verletzung behandeln kann. Gewissheit darüber erhält man nur im Ernstfall.

Ich selbst benötigte während meiner Weltumsegelung glücklicherweise nur:
Tabletten gegen Seekrankheit (bei mir wirkt ein Vitamin-B-Komplex in Verbindung mit Cola wahre Wunder)
diverse schmerzstillende Tabletten gegen Kopf- oder Halswirbelsäulenschmerzen
Tabletten gegen Durchfall
Heilsalbe zur Behandlung von Moskitostichen
Wundsalbe und Wundpuder nach Hautverletzungen
Salben zur Behandlung von Prellungen, Verstauchungen und Blutergüssen
Augentropfen gegen durch Wind und Sonne verursachte Bindehautentzündung
eine Packung Antibiotika zur Behandlung einer Halsinfektion in Fidschi

An Verbandsmaterial:
Bei der Zusammenstellung einer Bordapotheke kann ich jedem nur raten, dies mit Hilfe eines Arztes und unter Berücksichtigung seines Vorhabens und seiner speziellen Bedürfnisse zu tun.

Fotografieren

Bei der visuellen Aufbereitung meines Abenteuers habe ich mich ausschließlich auf das Fotografieren konzentriert. Das professionelle Aufzeichnen mit Hilfe von digitalen Videokameras hätte mangels Unterstützung von Seiten der einschlägigen Industrie meine finanziellen Möglichkeiten bei weitem überfordert. Zudem besitze ich eine Vorliebe für das Fotografieren impressionistischer Momentsituationen, auf die ich keinesfalls verzichten wollte. Unter diesen Voraussetzungen begab ich mich auf die Suche nach einer professionellen, jedoch für durchschnittliche Einkommensverhältnisse dennoch erschwinglichen Kameraausrüstung. Nach Einholen unzähliger Informationen und diverser Preisangebote entschied ich mich nach monatelangem Abwägen aller Für und Wider für Minolta. Meiner Auffassung nach bietet dieser Konzern auch im Amateurbereich durchaus professionell einsetzbare Kameras sowie Zubehör in einem auffallend günstigen Preis-Leistungs-Verhältnis an. Ich entschied mich für Kameragehäuse der xi-Serie (7xi) plus dazugehörige Objektive mit einer Brennweite von 19 mm bis 300 mm.
Außerdem verwendete ich das elektronische Blitzgerät 3500xi, welches mir auch das Erzielen diverser Spezialeffekte (Hintergrundbeleuchtung mittels eingebautem Infrarot-Fernauslöser etc.) ermöglichte. Ein weiterer wesentlicher Punkt war die Möglichkeit, die elektronischen Fähigkeiten der Kamera mittels Chipkarten zu erweitern. Ich verwendete hauptsächlich:

1. Den Chip zum Verwenden des Timerprogramms. Dieser ermöglichte mir das Programmieren diverser Timeraufnahmen für ein gesamtes Filmvolumen (36 Aufnahmen). Somit konnte ich mich relativ problemlos in diversen Situationen während der Reise porträtieren.
2. Den Chip für optimale Tiefenschärfe, welcher bei Landschaftsaufnahmen, die man aus teilweise verdeckter Position oder mit Vordergrundmotiv schießen möchte, schärfetechnisch einwandfreie Schnappschüsse gewährleistet.

Mit der Minolta Weathermatik, einer so genannten Schnorchelkamera, gelangen mir bei schwerem Wetter trotz heftiger Bewegungen des Schiffes im Seegang und oftmaliger Konfrontation mit Salzwasser einige hervorragende Aufnahmen. Anmerken möchte ich noch, dass die komplette Ausrüstung mit Ausnahme eines Kameragehäuses, welches durch mein Verschulden einen massiven Salzwassereinbruch erlitt, bis zuletzt technisch einwandfrei funktionierte. Selbst die Kenterung im Roten Meer, bei der die komplette Fotoausrüstung in der Tasche quer durch das Schiff geschleudert wurde und in der teilweise mit Salzwasser gefüllten Bilge landete, über-

standen Kameragehäuse und Objektive ohne Beschädigung. Aus diesen Gründen werde ich auch bei meinem nächsten Abenteuer im Grenzbereich Minolta-Kameras und Originalzubehör verwenden.
An Filmmaterial verwendete ich Diapositivfilme mit einer Lichtempfindlichkeit von 100, 200 und 400 ASA. Wo immer es möglich war, gab ich einem lichtempfindlichen Film gegenüber einer Blitzlichtaufnahme den Vorrang. Sämtliches belichtetes Filmmaterial wurde ausschließlich in Wien mit freundlicher und kreativer Unterstützung der Firma Foto Stepan ausgearbeitet. Vor allem die individuelle Beratung sowie konsequente Termineinhaltung dieser Firma hat mir so manchen Kummer beim Bearbeiten meines Fotomaterials erspart. Ihr habe ich es auch zu verdanken, dass diverse Notwendigkeiten, wie das Kopieren von Dias oder auch das gefürchtete Entwickeln von Kleinbildern bei Diavorlage, für mich ihren Schrecken verloren haben.
Zum Aufbewahren und Transportieren von Dias empfehle ich verglaste Rahmen. Diese sind zwar wesentlich teurer als glaslose Rahmen, bieten jedoch den meiner Meinung nach unbedingt notwendigen Schutz eines Diapositives vor Beschädigung und Pilzbefall.

Besonderheiten

Panamakanal

Im Jahr 2000 wird der Panamakanal zur Gänze von den USA an die panamesische Regierung übergeben werden. Was danach geschieht, bleibt abzuwarten. Bereits im Vorfeld zeichnen sich einige Veränderungen punkto Transit und Preisgestaltung ab. Detaillierte Vorgangsweisen zum Thema Yachttransit kann ich deshalb hier nicht empfehlen. Grundsätzlich aber wird jedes Schiff, das keinen gültigen Messbrief der Kanalverwaltung besitzt, neu vermessen, das kostete im Mai 1997 für die OASE II – zugleich auch die billigste Kategorie – 330 US$. Dazu kommen Gebühren für den Transit – im Mai 1997 für die OASE II und mich 120 US$ – sowie eine Kaution – im Mai 1997 100 US$ –, welche nach Abschluss der Kanaldurchfahrt, wenn die Kanalbehörde keinen Ersatzanspruch stellt, auf ein beliebiges Bankkonto rücküberwiesen wird. Die Spesen hierfür trägt selbstverständlich der Empfänger. Grundsätzlich benötigt jede Yacht nach wie vor einen Skipper plus mindestens vier Leinengeher. Professionelle Leinengeher kosteten zur Zeit meines Transits 50 US$ pro Person. Ich hatte das Glück, drei hilfreiche Yachties zu finden und musste somit nur für einen, allerdings sehr netten Burschen, welcher im Panama Yachtclub arbeitete, bezahlen.
Das Schiff muss eine Mindestgeschwindigkeit von 5 Knoten unter Motor laufen und benötigt vier mindestens 50 Meter lange Leinen in ausreichender Stärke.
Telefonisch muss man seinen Durchfahrtstermin erfragen. Kann man ihn nicht einhalten, so muss er mindestens 24 Stunden zuvor abgesagt werden.
Der Transit dauert zwei Tage. In Gamboa, das ist etwa auf halbem Weg, wird über Nacht geankert. Verpflegung für den Piloten und die Leinengeher – aber ich glaube, das versteht sich von selbst – muss bereitgestellt werden, andernfalls wird sie zusätzlich verrechnet.
Mein persönlicher Eindruck war, dass der Yachttransit in absehbarer Zukunft nicht einfacher und vor allem mit Sicherheit nicht billiger werden wird.

Suezkanal, Ägypten

Sollte ich in einer Quizsendung Schlagworte zum Thema Ägypten und Suezkanal aufzählen, wären die ersten mit Sicherheit Bakschisch, Bakschisch, Bakschisch …
Jetzt aber im Ernst. Leider spiegelt der oben stehende Satz die Realität zu 99 Prozent wider.
Im Land der Pyramiden stößt man, wenn man nicht kräftig mit US-Dollar nachhilft, schon sehr bald an die Grenzen des Mögli-

chen. Daran ändert auch das zumeist demonstrativ freundliche Auftreten der einfachen Bevölkerung gegenüber Fremden wenig. Tatsache ist, dass der Besucher auf Grund des wirtschaftlichen und politischen Systems, von kulturellen Gegensätzen einmal abgesehen, so gut wie gleich lokalen Helfern, sprich Agenturen, ausgeliefert ist. Oftmals muss man zur Kenntnis nehmen, dass eigene Wünsche und Vorhaben zwar durchaus im Rahmen des Machbaren und Legalen liegen, jedoch ausschließlich mit Hilfe von Agenten möglich werden. Ich möchte sogar behaupten, dass gewisse Formalitäten wie zum Beispiel die Behördenwege zum Kanaltransit absichtlich so gestaltet wurden, dass ein selbstständiges Abwickeln, wenn man der arabischen Sprache nicht mächtig ist und außerdem nicht über reichlich Zeit und eine Engelsgeduld verfügt, praktisch nicht möglich ist. Aus diesen Umständen ist der unkontrollierbaren Geschäftemacherei Tür und Tor geöffnet. Nervender Bürokratendschungel und im Grundsatz unterschiedliche Interessen spalten das Lager der Yachties und auch anderer Touristen immer deutlicher in drei Gruppen:

Zum einen sind es die relativ Begüterten. Sie verfügen über ausreichende finanzielle Mittel und kommen im Zuge ihrer Reise nach Ägypten. Dort wollen sie in kurzer Zeit möglichst viel erleben. Die Kosten sind dabei zweitrangig, solange alles einigermaßen funktioniert. Mit dieser Einstellung werden zwar mitunter einmalige Eindrücke von Land und Leuten konsumiert, andererseits verursacht aber auch gerade diese Einstellung das kontinuierliche Ansteigen der ohnehin überhöhten Preise für Mietwagen, Rundfahrten, Eintrittsgelder sowie andere Dienstleistungen.

Die zweite Gruppe sind Charteryachten mit professioneller Crew, welche bei diversen Überstellungstörns durch den Kanal schippern. Sie erledigen notwendige Formalitäten, bezahlen die geforderten Gebühren und ziehen weiter. Hier spielen die Kosten ebenfalls nur eine nebensächliche Rolle, da sie an den Kunden weitergegeben werden.

Die dritte Gruppe möchte ich als die Idealisten in der Fahrtenseglerszene bezeichnen. Einhandsegler, Familien mit und ohne Kinder, aber auch bunt zusammengewürfelte Crews aus aller Herren Länder. Sie ziehen über die Weltmeere und genießen ihr einfaches, finanziell mehr oder weniger knapp bemessenes, jedoch ruhiges und zufriedenes Leben. Vor allem diese Gruppe trifft die in Ägypten allgegenwärtige Praxis des Abkassierens mit ganzer Härte, benötigen sie doch nicht selten für die wenigen Tage des Suezkanaltransits ein ganzes Monatsbudget oder mehr. Immer öfter müssen sie der nüchternen Tatsache ins Auge sehen, dass ihre bescheidenen finanziellen Möglichkeiten gerade noch für die Durchreise, keinesfalls aber für ein Besichtigen des an sich eindrucksvollen Landes ausreichen.

Bevor ich nun einige Tipps für einen etwaigen Aufenthalt und Kanaltransit in Ägypten gebe, möchte ich eine Feststellung mahnend vorausstellen: „Vertrauen Sie in geschäftlichen Belangen niemandem.“ Diese Aussage mag so manchem Leser als übertrieben erscheinen, sie trifft jedoch nach meiner eigenen und auch der Erfahrung vieler anderer Fahrtensegler genau ins Schwarze. Nur wenn man ständig darauf achtet, nicht übervorteilt zu werden – eine, wie ich glaube, brauchbare Umschreibung für die im Strafrecht anders lautende Bezeichnung gleicher Tätigkeiten –, kommt man einigermaßen ungeschoren davon.

Einige Beispiele gefällig?

Verwendet man öffentliche Verkehrsmittel – etwa Minibusse in Suez –, erhält man in den seltensten Fällen ohne Aufforderung ein etwaiges Wechselgeld zurück. Die Fahrt vom Suez YC nach Suez Down-Town kostete übrigens im April 1998 25 Piaster.

Kauft man Obst oder Gemüse in Beglei-

tung Einheimischer, sind die Qualität und der Preis wesentlich besser. Kauft man allein bei Straßenverkäufern – z. B. bei Brotverkäufern in Hurghada –, ist der erstgenannte Preis zu 99 Prozent überhöht. Am besten beobachtet man erst Einheimische und stellt so den üblichen Verkaufspreis fest.
Unternimmt man Ausflüge nach Kairo oder zu den Pyramiden, liegen wahre Heerscharen von Taxifahrern, Eselstreibern und anderen Schleppern auf der Lauer, um den nichts ahnenden Touristen finanziell zu übervorteilen – z. B. das Taxi fährt zu Nebeneingängen an Stelle des Haupteinganges; Sie wollen zum Haupteingang, das kostet extra. Die ausgehandelten Preise für Kamel- oder Eselsritte beinhalten eben nur den Esel oder das Kamel. Kommt es zur Bezahlung, werden plötzlich Forderungen des Führers und diverser Begleitpersonen gestellt.
Empfohlene Läden, vor allem Touristenmärkte, haben deutlich überhöhte Preise.
Wäschereien – gemeint sind Personen, die gegen Bezahlung waschen – arbeiten äußerst sorglos. Nicht erst ein Yachtie bekam seine Kleidungsstücke noch verschmutzt, dafür jedoch verwaschen und unvollständig. Zudem werden neue Stücke gerne als Bakschisch einbehalten. Reklamationen benötigen genau das, was nur die wenigsten Durchreisenden haben, nämlich endlos Zeit. Zudem kostet jeder Tag in Suez oder auch Port Said Liegegebühren. Reklamieren wird also, da nahezu keine Aussicht auf Erfolg besteht, noch teurer.
Da ich an jedem Ort bemüht bin, möglichst viel der typischen Lebensart zu erfahren, könnte ich diese Liste endlos fortsetzen. Ich möchte jedoch keineswegs ein Land oder seine Bewohner in Verruf bringen. Es ist mir lediglich ein Bedürfnis, den Leser auf die in Ägypten herrschenden Gepflogenheiten einigermaßen vorzubereiten. Wenn man den Umgang mit der Bevölkerung, insbesondere bei Dienstleistungen und Einkäufen, äußerst bedacht, jedoch aufgeschlossen und kompromissbereit gestaltet, hat Ägypten mit Sicherheit unvergessliche Eindrücke anzubieten.
Noch ein Tipp im Interesse der eigenen Gesundheit: Leisten Sie sich einen Fahrer zum Mietwagen, der Straßenverkehr verläuft hierzulande nach eigenen, zum Teil haarsträubenden Gepflogenheiten.

Suezkanal-Transit

Nachstehende Informationen beziehen sich auf den Stand Frühjahr 1998.
Transit nach Norden, sprich von Suez YC nach Port Said:
Man läuft aus dem Golf von Suez kommend bis vor den Suez YC. Anmelden über UKW, Kanal 16, ist zu empfehlen, da aus Platzgründen das Ankern vor dem Yachtclub ohne ausdrückliche Genehmigung verboten ist. Wenn man ankert, wird dieselbe Gebühr wie für eine Boje verrechnet.
In der Regel kommt ein anwesender Agent zum einlaufenden Schiff, hilft beim Festmachen und wirbt anschließend für seine Dienste.
In Suez gibt es mehrere Agenturen. Nach meiner Erfahrung ist die „Prince of the Red Sea“ nicht nur die älteste, sondern auch mit Abstand die beste. Zumeist befindet sich ein Mitarbeiter der Agentur auf dem Gelände des Yachtclubs. Man kann also über UKW, Kanal 16, die Agentur über sein Eintreffen informieren und wird anschließend in Empfang genommen. „The Prince of the Red Sea“ bietet seinen Kunden neben dem üblichen Behördenservice auch noch Telefon- und Faxdienste sowie Leihwagen inklusive Fahrer und das Organisieren nahezu jeglicher Dienstleistung an. Außerdem dürfte die Agentur nach meinen Beobachtungen mit Abstand über die besten Kontakte zu diversen Behörden verfügen. Der Grund hierfür ist wohl die Tatsache, dass „The Prince of the Red Sea“ in erster Linie Agent der britischen Marine ist. Das Betreuen von Yachten entwickelte sich aus einem persönli-

chen Interesse des ehrwürdigen Senior-Prinzen. In der Zwischenzeit ist es für die Firma zu einem einträglichen Erwerbszweig geworden.

An Gebühren waren im Früjahr 1998 üblich:

Von Suez nach Port Said: 200 US$ pro Yacht zuzüglich 10 US$ pro Crewmitglied.

Von Port Said nach Suez: 350 US$ pro Yacht zuzüglich 10 US$ pro Crewmitglied.

Liegegebühren im Suez YC pro Tag: 6–10 Meter: 6 US$

10–15 Meter: 8 US$

ab 15 Meter: 12 US$

Liegegebühren beinhalten Duschen, Toilette und kleine Mengen an Wasser. Für größere Wassermengen wird ein geringes Entgelt verrechnet. Treibstoff über den jeweiligen Agenten.

Der Club verfügt über Waschmaschinen. Eine Füllung kostet 5 US$ (etwa 7 Kilo Trockenwäsche).

Die Transit- und Liegegebühren werden vom Agenten am Tag vor dem Kanaltransit verrechnet.

Von Norden kommend läuft man nach Voranmeldung über UKW, Kanal 16, in Port Said ein. Dort gibt es nach letzten Informationen lediglich einen Agenten, daher auch die überhöhte Preisgestaltung. Man kann aber auch mittels Fax „The Prince of the Red Sea“ über sein Einlaufen in Port Said zeitgerecht informieren. Die Agentur kümmert sich dann auch um die notwendigen Formalitäten für den Nord-Süd-Transit. Anfallende Kosten auf Anfrage.

Die Kanalpassage selbst besteht aus einer technischen Inspektion am Vortag des Transits sowie zwei Transittagen. Der „Schiffsingenieur“, welcher die Funktionalität der Hauptmaschine, der Bilgepumpen und das Vorhandensein eines UKW-Funkes sowie Feuerlöschers überprüft, fordert selbstverständlich Bakschisch ein. 1–2 Päckchen Zigaretten und maximal 5 US$ sind mehr als angemessen.

Am ersten Transittag fährt der Yachtkonvoi bis Ismailija. Dort wird über Nacht geankert, am zweiten Tag geht es weiter nach Suez bzw. Port Said. Das Unterbrechen des Transits für einen Tag in Ismailija ist möglich, muss jedoch bereits im Vorhinein bekannt gegeben werden. Als Mindestgeschwindigkeit im Kanal sind 5 Ktn. vorgeschrieben.

Das Verpflegen der Kanallotsen während ihrer Zeit an Bord versteht sich von selbst. Als Bakschisch für den Lotsen waren ebenfalls 1–2 Päckchen Zigaretten und 5 US$ üblich.

Jeder, der in Versuchung gerät, mit der Hoffnung auf eine reibungslose Durchfahrt mehr zu geben, sollte bedenken, dass er damit die ohnehin allgegenwärtigen, penetranten Forderungen nach zusätzlichen und wertvolleren Geschenken unterstützt. Ob dies im Sinne durchreisender Yachten ist, wage ich zu bezweifeln!

Abschließend möchte ich festhalten, dass ein Durchfahren des Suezkanals mit all seinen Begleitumständen zu einem mehr oder weniger schönen, aufregenden oder abenteuerlichen, in jedem Fall aber unvergesslichen Erlebnis wird.

Glossar

abdrehen: den Kurs ändern
achtern: hinten
aufentern: in den Mast klettern
aufklaren: an Bord aufräumen, sich auflösende Bewölkung
aufschießen: segelndes Boot in den Wind steuern und dadurch zum Stehen bringen; ein Seil, eine Leine zusammenlegen
Backbord: vom Heck zum Bug gesehen die linke Seite eines Schiffes
back stehen: Segel bekommt den Wind von der falschen Seite
Bändsel: dünnes, kurzes Seil
Beaufort (Bft.): Maß für die Windstärke
Bilge: unterster Raum im Schiff, in dem sich Wasser und Öl sammeln
Blister: leichtes, spinnakerähnliches Vorsegel
Boje: Schwimmkörper aus Kunststoff oder Metall zum Markieren
Bug: vorderes Schiffsende
Deck: obere Abschlußfläche des Bootsrumpfes
dicht holen: flacheres Trimmen des Segels durch Verkürzen der Schot
Dingi: kleines Beiboot
Drift: durch Wind, Seegang oder Strömung verursachte seitliche Bootsbewegung
dümpeln: unregelmäßige Längs- bzw. Querbewegungen des Schiffes bei wenig bewegter Wasseroberfläche
Dünung: vor oder nach einem Sturm vor- bzw. nachlaufende Wellen
einhand segeln: eine Person segelt ein Schiff allein
einklarieren: offizielles Melden und Erledigen der Einreiseformalitäten
einscheren: das Ende eines Seils durch einen Block ziehen
Etmal: Gesegelte Strecke innerhalb 24 Stunden, man sagt auch „Tagesetmal"
Fahrt über Grund: die tatsächliche Geschwindigkeit, mit welcher sich ein Boot über Grund bewegt, unterscheidet sich wegen Strömung, Abdrift usw. von der Fahrt durchs Wasser
Fall: Leine zum Setzen der Segel
Fender: Gummiballon, den man an der Bordwand aushängt, um Beschädigungen beim Anlegen zu vermeiden
Filibuster: Seeräuber
Fock: kleines bis mittleres Vorsegel
Fuß: englisches Längenmaß: 1 Fuß = 30,5 cm
Genua: großes Vorsegel
GPS: Satellitennavigationssystem
Groß: Hauptsegel, welches am Mast und Großbaum angeschlagen ist
Großbaum: Rundholz, das die Unterkante des Großsegels hält
hart am Wind: so steil wie möglich gegen den Wind segeln
Heck: hinteres Ende eines Schiffes
Hobbycat: sportlicher kleiner Katamaran (Zweirumpfboot)
Holepunkt: der Punkt an Deck, an dem eine Schot zwecks optimalem Segeltrimm umgelenkt wird
Huk (die): Küstenvorsprung
Jolle: kleines, offenes Boot
kabbelig: unruhiges Wasser bei Windeinwirkung gegen Strom
kentern: Umkippen des Bootes um mindestens 90°
Ketsch: Segelschiff mit zwei Masten
klarieren: Fallen, Schoten oder Segel für den weiteren ungestörten Gebrauch vorbereiten
Knoten: Maßeinheit für die Bootsge-

schwindigkeit, 1 Knoten = 1 Seemeile pro Stunde = 1.852 m/h
Koje: Schlafplatz an Bord
Kopfbeschlag: Beschlag am Ende einer Spiere
Koppelnavigation: das Errechnen eines Schiffsortes mit Hilfe eines zeitlich zurückliegenden bekannten Schiffsortes anhand bekannter bzw. geschätzter Faktoren wie Fahrt, Geschwindigkeit, Zeit, Strömung, Abdrift etc.
kreuzen: Zick-Zack-Kurs gegen den Wind segeln
Landabdeckung: Fahrbereich an der Küste mit geringerem Seegang bei Wind vom Land zur See
Lee: dem Wind abgewandte Seite
loggen: die Fahrt eines Bootes messen
Luv: dem Wind zugewandte Seite
Masttop: oberes Ende des Mastes
Muring: auf dem Meeresboden verankertes Seil, das in Häfen und Marinas statt eines Ankers verwendet wird
Passat: stetiger, relativ gleichmäßiger Wind in einer Zone nördlich bzw. südlich des Äquators
Plicht: an Deck befindlicher Sitz- und Arbeitsraum (Cockpit)
pullen: rudern
Pütz: Eimer für den Bordgebrauch
Rahsegel: rechteckiges Segel
reffen: verkleinern der Segelfläche ohne Segelwechsel, z. B. einbinden bzw. einrollen eines Teiles des gesetzten Segels
Rigg (Takelage): Mast und dazugehörige Abspannungen und Fallen
rollen: das seitliche Schwingen eines Schiffskörpers
Saling: beidseitige Abstützung auf etwa halber Höhe des Mastes, um das Durchführen einer Want und somit das Versteifen des Mastes in Längsrichtung zu ermöglichen
Sandwichlaminat: ein aus unterschiedlichen Werkstoffen gefertigtes, mit Polyester beidseitig beschichtetes Holz
Schapp: kleiner Stauraum an Bord
Schirokko: Mittelmeerwind
Schmetterlingsegeln: gleichzeitig an Backbord und Steuerbord gefahrene Segel
Schoten: Leinen zum Dichtholen eines Segels
Schotten: Trennwände im Schiff
Schratsegel: längsschiff stehendes Segel
schwoien: das Treiben des Bootes um den Anker
Schwoiradius: der Kreis um den Anker, welcher sich durch die Ketten- bzw. Seillänge ergibt
Seemeile: Nautisches Längenmaß = 1.852 Meter
Skipper: Verantwortliche(r) an Bord einer Yacht
Slup: einmastiges Segelboot
Spiere: Stange, z. B. Großbaum, Spinnakerbaum etc. an Bord
Spinnaker: großflächiges, zumeist buntes Vorsegel
Stagen: Mastabspannungen, welche zum Bug bzw. zum Heck führen
Stagreiter: Beschläge, mit deren Hilfe ein Vorsegel am Vorstag befestigt wird
stampfen: Schiffsbewegungen in Längsrichtung
Steuerbord: vom Heck zum Bug gesehen die rechte Seite eines Schiffes
Talje: Flaschenzug
Traveller: Schiene zum Einstellen des Holepunktes für die Großschot
trimmen: einstellen der Segel bzw. Gewichtsverteilung an Bord
unklar kommen: z. B. verheddern, verwickeln, verklemmen eines laufenden Gutes oder Segels
verholen: verändern des Liegeplatzes bzw. des Ankerplatzes
Vollzeug: segeln mit den Hauptsegeln, keines davon ist gerefft
Vorliekstrecker: Vorrichtung zum Spannen der Vorderkante eines Segels
Wanten: seitliche Mastabspannungen
Wantenspanner: Spannschraube zum Spannen der Wanten
wriggen: flossenartiges Bewegen des Ruderblattes, um etwas Bewegung im Schiffskörper zu erzeugen

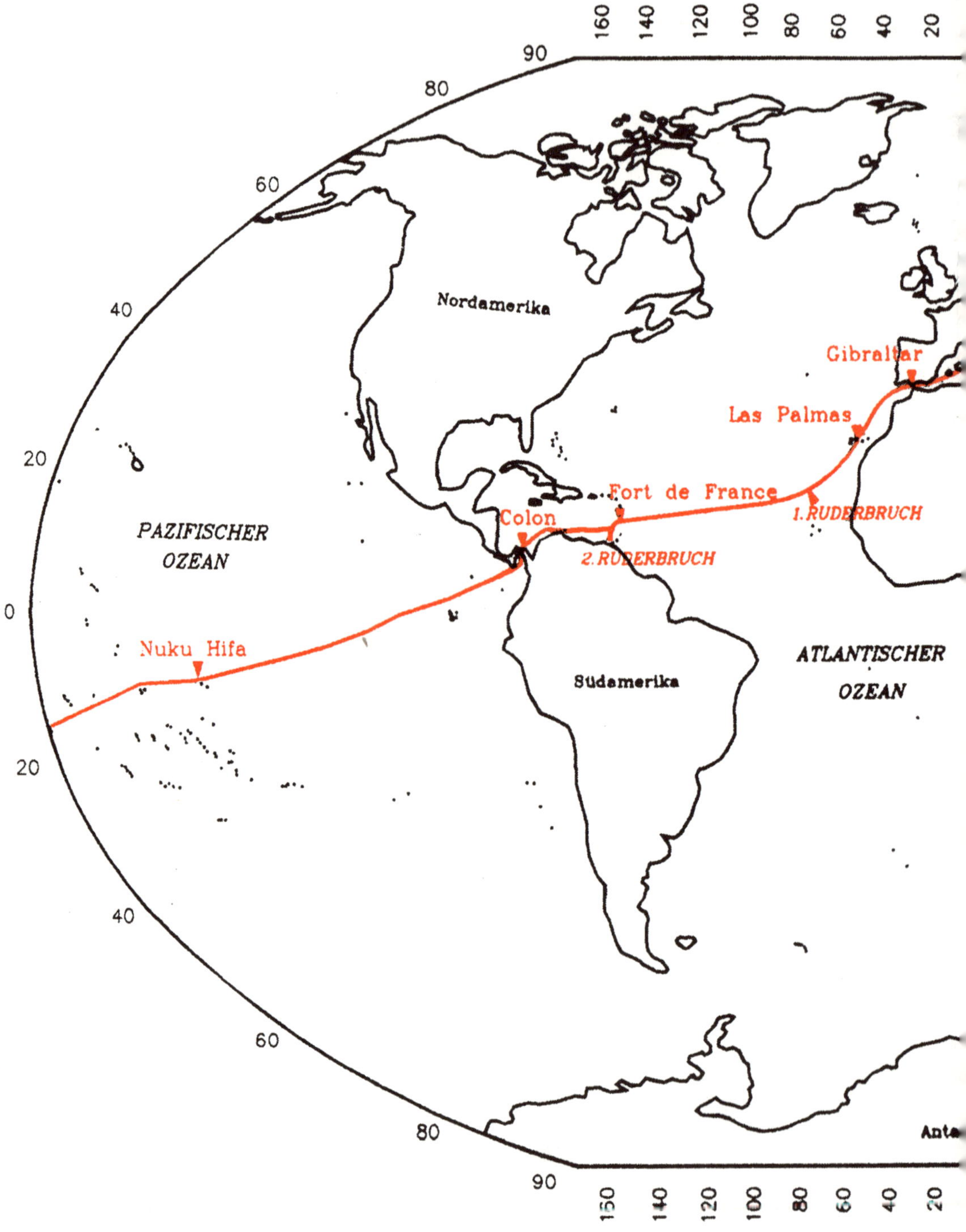

Adria, Mittelmeer

Grado – Otranto:	460 Sm
Otranto – Gibraltar:	1.438 Sm
Gibraltar – Gran Canaria:	660 Sm

Transatlantik

Gran Canaria – Martinique:	2.823 Sm

Karibisches Meer

Martinique – Panama:	1.260 Sm

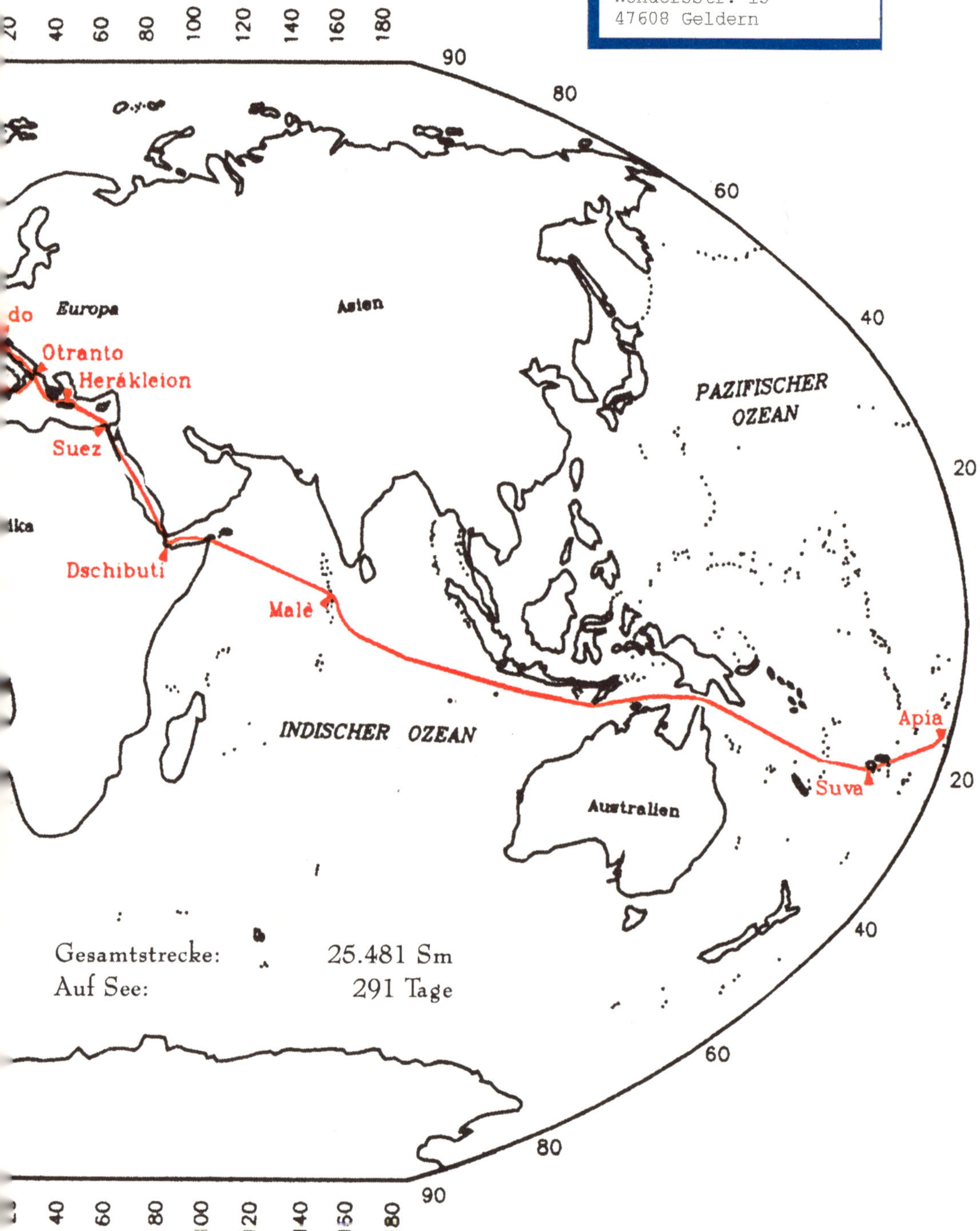

Pazifik

Panama – Marquesas:	4.004 Sm
Marquesas – West Samoa:	1.902 Sm
West Samoa – Fidschi:	700 Sm

Pazifik – Indischer Ozean

Non-Stop Fischi – Malediven:	6.740 Sm 65 Tage

Indischer Ozean, Rotes Meer, Mittelmeer, Adria

Malediven – Dschibuti:	1.903 Sm
Dschibuti – Suez:	1.816 Sm
Suez – Herakleion:	727 Sm
Herakleion – Grado:	1.048 Sm